MARTIN LUTHER

Freiheit und Lebensgestaltung

Ausgewählte Texte

Im Auftrage der Luther-Gesellschaft herausgegeben und teilweise neu übersetzt von Karl-Heinz zur Mühlen

VANDENHOECK & RUPRECHT IN GÖTTINGEN

CIP-Kurztitelaufnahme der Deutschen Bibliothek

Luther, Martin:
Freiheit und Lebensgestaltung : ausgew. Texte / Martin Luther. Im Auftr. d. Luther-Ges. hrsg. u. teilw. neu übers. von Karl-Heinz zur Mühlen. – Göttingen : Vandenhoeck und Ruprecht, 1983.
(Kleine Vandenhoeck-Reihe ; 1493)

ISBN 3-525-33486-9

NE: zur Mühlen, Karl-Heinz [Hrsg.]; GT

Kleine Vandenhoeck-Reihe 1493

Umschlag: Hans-Dieter Ullrich.
Schrift: 9/11 Punkt Times auf der V-I-P
Gesamtherstellung: Verlagsdruckerei E. Rieder, Schrobenhausen

Inhalt

Vorwort

Kontinuierlich will die Luther-Gesellschaft in erster Linie durch das Luther-Jahrbuch und die Zeitschrift »Luther« das Interesse am Reformator anregen und fördern. Für das Jahr 1983 hielt es der Vorstand der Luther-Gesellschaft für angebracht, zusätzlich die Veröffentlichung eines Bandes mit einer thematischen Auswahl von Luthertexten zu unterstützen. In der gegenwärtigen Situation schien es am wichtigsten, Luthertexte zum Thema der christlichen Freiheit leicht zugänglich zu machen. Karl-Heinz zur Mühlen, selber Mitglied des erweiterten Vorstandes der Luther-Gesellschaft, übernahm diese Aufgabe, wofür ihm sehr gedankt sei.

Eine Fülle von Luthertexten zum Thema Freiheit hätte man zusammenstellen können. Stattdessen wurden wenige Texte ausgewählt, an denen in einem größeren Sachzusammenhang Luthers Freiheitsverständnis studiert werden kann. Im Zentrum steht Luthers Freiheitstraktat von 1520 in einer neuen Übersetzung des lateinischen Textes. Wie Luther seine Einsichten auch bei diesem Thema zunächst als Professor der Bibelauslegung an der Universität vorgetragen hat, beleuchtet der erste Text.

Die Freiheit ist ein Wesenselement des christlichen Lebens, wenn es wirklich im Glauben gelebt wird und auf dem Grunde aufbaut, der mit der Taufe gelegt ist. Daraus zieht Luther im zweiten Text Folgerungen, die sich kritisch gegen das zu seiner Zeit herrschende kirchliche Verständnis von Taufe und christlichem Leben wenden. Das schließt im Ansatz schon jene Kritik an den religiösen Grundgedanken des Mönchtums mit ein, die dann im vierten Text mit energischer theologischer Argumentation durchgeführt wird und den Freiheitsbegriff im Geflecht einer weit ausgreifenden Erörterung von Sittlichkeit und Religiosität hervortreten läßt. In Luthers Freiheitsverständnis trifft seine Gotteserkenntnis mit seiner Sicht der Wirklichkeit des Menschen zusammen; das zeigt der letzte Text.

Aus der Geschichte des Freiheitsdenkens kann Luther nicht ausgeklammert werden. Luther selber ist im Laufe der neueren Geschichte mancherlei Mißverständnis ausgesetzt gewesen. Wer aber im Studium der Texte das ursprüngliche theologische Gewicht seines Verständnisses von christlicher Freiheit als Freiheit des Glaubens begreift, wird herausgefordert zur Auseinandersetzung mit der neuzeitlichen Religionskritik und ihrem Begriff von menschlicher Wirklichkeit.

München, im Mai 1983 — Reinhard Schwarz

1. Zum biblischen Hintergrund von Luthers Freiheitsbegriff

(Aus: Operationes zu Ps. 13 (14), 1 (1520); WA 5, 402, 20–408, 13)

Einleitung

Wie W. Maurer in einer instruktiven Untersuchung (Von der Freiheit eines Christenmenschen. Zwei Untersuchungen zu Luthers Reformationsschriften 1520/21. Göttingen 1949, 8ff.) nachgewiesen hat, bildet die Auslegung von Ps. 13 (14), 1 in der zweiten Psalmenvorlesung Luthers (1518–1521) den unmittelbaren exegetischen Hintergrund für den Freiheitsbegriff, den Luther in seinem Sermon »Von der Freiheit eines Christenmenschen« bzw. seinem »Tractatus de libertate Christiana« (vgl. u. S. 37–74) explizit darstellt. Wie Luther in der Vorrede zur Wittenberger Ausgabe seiner lateinischen Werke von 1545 berichtet (vgl. WA 54, 185, 12ff.), war er 1519 erneut zur Auslegung der Psalmen zurückgekehrt, die er ein erstes Mal bereits 1513–1516 ausgelegt hatte. Nun aber fühlte er sich geübter, erneut die Psalmen und ihren hintergründigen Inhalt auszulegen, nachdem er die Briefe des Paulus an die Römer, an die Galater und an die Hebräer (1515–1518) ebenfalls in Vorlesungen behandelt hatte und zum richtigen Verständnis der Gerechtigkeit Gottes als der Gerechtigkeit aus Glauben nach Röm. 1, 17 gelangt war. Die neue Vorlesung über die Psalmen begann wahrscheinlich im Wintersemester 1518 und wurde abgebrochen durch die Ereignisse um Worms im April 1521. In dieser Zeit legte Luther die Psalmen 1 bis 21 aus und verschaffte sich hier u. a. das exegetische Rüstzeug, mit dem er den seit 1517 öffentlich ausgebrochenen Kampf um die Reformation bestritt. Die umfangreichen Exegesen der zweiten Psalmenvorlesung sind deshalb für das exegetisch-theologische Verständnis der zu ihrem Höhepunkt gelangenden Reformation Luthers von ausschlaggebender Bedeutung. Es ist deshalb auch nicht verwunderlich, daß sich in dieser Vorlesung ein exegetischer Zusammenhang findet, der die unmittelbare Vorlage für die große Reformationsschrift »Von der Freiheit eines Christenmenschen« aus dem Jahre 1520 bildet. Es handelt sich um die Exegese von Ps. 13 (14), 1, die, wie W. Maurer (aaO) vermutet, Luther etwa Anfang April 1520 vorgetragen haben dürfte. Der Text: »Die Toren sprechen in ihrem Herzen: Es ist kein Gott. Sie taugen nichts und sind ein Greuel mit ihrem Wesen; da ist keiner, der Gutes tue«, gibt Luther Anlaß, darüber nachzudenken, daß die Toren ihr Vertrauen auf ihre Werke, menschliche Gesetze und Zeremonien (kirchliche Satzungen und Bräuche) setzen anstatt auf den Glauben allein. Der Glaubende dagegen, der Gott wahrhaft ehrt, setzt sein Vertrauen nicht mehr auf die Werke, Gesetze und Zeremonien. Er ist von ihnen frei und hat seine Gerechtigkeit vor Gott allein aus dem Vertrauen auf Gott selbst. Dennoch hat er keinen Grund, die Werke, Gesetze und Zeremonien zu verachten. Er nimmt sie in der Liebe freiwillig auf sich und dient in ihnen konkret dem Nächsten. So ist der Christ im Glauben frei von den Werken und zeremoniellen Gesetzen, in der Liebe aber bleibt daran gebunden. Der Glaube ist der Weg zu Christus, in dem uns Gott ohne Werke gerecht macht. In der Liebe gehen wir den Weg von Christus zum Nächsten und nehmen uns seiner geistigen und geistlichen Schwachheit an, sowie Christus sich unserer Schwachheit angenommen hat. In der Selbstentäußerung Christi in der Inkarnation ist für Luther die Spannung zwischen der »Freiheit in der Gebundenheit« und der »Gebundenheit in der Freiheit« (Maurer, aaO 14) begründet. Diese These, in der die Auslegung von Ps. 13 (14), 1 in der zweiten Psalmenvorlesung gipfelt, ist auch die Grundlage für das Verständnis des Freiheitstraktates vom November 1520. Aus dieser Auslegung bieten wir nun in deutscher Übersetzung den Textzusammenhang dar, der unmittelbar Luthers Freiheitsschrift vorbereitet.

Aus der Auslegung von Ps. 13 (14), 1: »Die Toren sprechen in ihrem Herzen: Es ist kein Gott. Sie taugen nichts und sind ein Greuel mit ihrem Wesen; da ist keiner, der Gutes tue.«

Deshalb muß man die Zeremonien im Glauben und in der Liebe gebrauchen, damit sie nützlich seien, ohne welche sie nur schaden und Anlässe des Verderbens sein können. Wenn nämlich alle anderen guten Werke außerhalb des Glaubens schädlich sind, um wieviel mehr sind es dann die von Menschen eingesetzten Werke der Zeremonien? Dann aber geschehen sie im Glauben und in der Liebe, wenn sie nicht aus der ihnen eigenen Notwendigkeit, noch deshalb, weil sie gut oder befohlen sind, geschehen, sondern aus der Freiheit des Geistes, d. h. wenn jemand das Vertrauen hat, er gefalle auch in den Dingen Gott, welche aus sich selbst heraus gleichgültig sind, indem er durch diesen seinen Glauben für sich aus einer solchen Sache Gewinn macht, welche an sich betrachtet weder Gewinn noch Schaden ist, und indem er aus einer nicht guten Sache eine gute macht. Dies zu tun, wird er nicht dadurch bewegt, daß er beabsichtigt, sich in diesen Dingen viele Verdienste zu verschaffen, sondern er tut es allein aus dem einzigen Grund, daß er notwendigerweise in einem Bereich leben muß, welcher der Zeremonien nicht entbehren kann, obgleich er selbst jener nicht bedarf und im Überfluß reich ist an Verdiensten allein aus seinem Glauben. Ferner weil er notwendigerweise mit solchen umgehen muß, die entweder weltliche Zeremonien nötig haben, um das vergehende Wesen dieser Welt zu verwalten, oder heilige Zeremonien wie Kinder und Schwache in Christus, die wie unter dem Zuchtmeister eines leiblichen Gesetzes ernährt und gepflegt werden müssen, bis sie selbst in der Erkenntnis unseres Herrn Jesus Christus heranwachsen, wie Petrus (1. Petr. 2, 2) sagt. Denn der Glaubende ist aufgrund der Liebe ein Schuldner von beiden, so daß er sich den Bräuchen derer anpaßt, mit denen er zusammenlebt, ja er richtet sich nicht nur nach ihnen, sondern er dient jenen durch diese, damit er nicht durch törichtes Vertrauen die Schwachen oder die weltliche politische Macht verachte und so beiden ein Ärgernis sei, was der Liebe widerspricht. So hat auch Christus Mt. 17, 27 Petrus befohlen, eine Silbermünze zu zahlen, damit er den Zöllnern der römischen Obrigkeit kein Ärgernis gebe. Auch Paulus gebietet Tit. 3, 1, daß die Christen der Obrigkeit untertan und gehorsam sein sollten, zu allem guten Werk bereit. Ebenso heißt es Röm. 13, 1 und 1. Petr. 2, 13: »Seid untertan aller menschlichen Kreatur (d. h. Einrichtung), es sei dem König als dem Obersten.« Nicht weil dies notwendig ist zur Rechtfertigung der Glaubenden, deren Gerechtigkeit Christus ist, sondern dazu, daß sie in der Liebe allen Menschen dienen und durch dieses gute Beispiel die Ungläubigen und Bösen zu Christus reizen und locken, das bedeutet (wie es in Tit. 2, 10 heißt), »daß sie die Lehre unseres Herrn Jesus Christus in allen Dingen zieren« oder daß sie nach 1. Kor. 10, 33 allen durch alles gefallen, sowie der Apostel sagt, daß er allen durch alles gefalle, indem er nicht das suche, was ihm selbst, sondern was vielen nütze, damit sie gerettet würden.

Kommen wir nun auf unsere Zeremonien zu sprechen. Weil täglich die Zahl der Kinder und Heranwachsenden beiderlei Geschlechtes sich in der Kirche vermehrt, denen es unmöglich ist, angesichts der Hitze ihres Alters und der Unerfahrenheit in den Dingen schon von selbst richtig zu leben, ist es nötig, daß beide Eltern sie als ihre Pädagogen in der Frömmigkeit üben, damit sie nicht durch Müßiggang oder Ungebundenheit verderben. Dabei ist es nötig, daß auch sie selbst zusammen mit ihnen die Zeremonien um des guten Beispiels willen wahren und auch solche, die ihnen selbst überflüssig und nicht notwendig sind, dennoch im Interesse jener halten, die sie nötig haben. So sagt der Apostel 1.Kor. 9,20, daß er den Juden ein Jude und den Heiden ein Heide geworden sei, damit er sie alle gewänne, und denen, die unter dem Gesetz waren, sei er zu einem geworden, der unter dem Gesetz lebe, obwohl er nicht unter dem Gesetz stehe. So wird auch von Christus 5. Mose 32,11 gesagt, daß er »wie ein Adler sich verhalte, der seine Jungen zum Fliegen anreize und über ihnen hin und her fliege«. Wenn nämlich die Eltern oder die Älteren die Zeremonien gänzlich fahren lassen oder sie verachten, wird dann nicht ein Kind oder ein unerfahrener Heranwachsender zuschanden, der durch solches Beispiel wie mit Milch ernährt werden muß, bis er zur vollendeten und festen Speise herangewachsen ist? Deshalb sollen diejenigen, die in der Kirche erwachsen und geistlich geworden sind und die Wahrheit erkannt haben, daß die Gerechtigkeit allein im Glauben liegt und daß die Zeremonien nichts sind, sowie auch Paulus über die Beschneidung zu den Galatern spricht, das sinnen, daß sie in Jesus Christus Knechtsgestalt annehmen (Phil. 2,7) und nicht müde werden im Blick auf die Schwachen, die der Zeremonien bis dahin noch bedürfen oder noch glauben, daß diese etwas bedeuten. Sie sollen vielmehr mit ihnen noch zwei weitere Meilen gehen (Mt. 5,40f.), ihnen den Mantel zuwerfen, sich ihrer Freiheit entäußern und mit keinem anderen Ziel die Zeremonien in jeder Hinsicht streng halten, die Schwachen nicht zu verletzen und den Kleinen kein Ärgernis zu geben und ihnen mit gutem Beispiel auch in den Zeremonien vorangehen, bis sie jene in dieselbe Erkenntnis der Freiheit führen.

Auch soll es nicht so sein, daß sich jemand rühme, er wisse, alle Dinge seien gleichgültig, indifferent und erlaubt und allein der Glaube rechtfertige. Diesem Argument ist schon längst der Apostel zuvorgekommen, wenn er 1.Kor. 8,1 sagt: »Wir haben alle das Wissen; das Wissen aber bläht auf, die Liebe aber erbaut«, und 1.Kor. 10,23: »Alles ist mir erlaubt, aber nicht alles ist nützlich. Alles ist mir erlaubt, aber nicht alles erbaut«, und wiederum (1. Kor. 10,29): »Wie sollte meine Freiheit von einem fremden Gewissen gerichtet werden?« Warum nützt und erbaut nicht alles, obwohl alles erlaubt ist? Weil nicht alle wissen, daß alles erlaubt ist. Deshalb kann zwar mein Wissen von dem unwissenden Gewissen eines anderen nicht gerichtet und verdammt werden, dennoch muß es sich unterordnen und zeitweilig dem Unwissen jenes anderen dienen und nicht wider dieses aufgeblasen werden, damit die Liebe, die der Unwissenheit und dem schwachen Gewissen jenes anderen dient, mächtiger sei als das aufgeblasene Wissen, das über dessen Unwissenheit herrscht. Wie auch Christus für uns zu einer bestimmten Zeit gestorben ist, indem er unseren Sünden und unserer Schwachheit, wie es Röm. 5,6 heißt, diente. Dazu muß er uns veranlassen, weil jene unsere Erkenntnis uns dessen versichert, daß die Werke der Zeremonien uns, die wir wissen, daß wir durch den Glauben gerechtfertigt werden, nicht schaden. Schließlich, weil wir alle unsere Güter in Christus haben, müssen wir darum nicht mehr Sorge tragen, wie wir gerechtfertigt werden. Deshalb sollen wir alles, was wir hinfort leben, dem Nächsten leben, wie Christus uns getan hat, und weil wir alles zum Wohlergehen der Nächsten wirken sollen, um wieviel mehr diese indifferenten Zeremonien. Und so »werden wir niemand etwas schuldig sein, als uns nur untereinander zu lieben« (Röm. 13,8). Durch diese Liebe geschieht es, daß alles gut ist, was wir tun, und daß wir dennoch nicht darauf aus sind, wegen der Werke gerechtfertigt zu werden. Das heißt wahrhaft ein Christ sein.

Was wir aber Beachtenswertes über die Kinder und Heranwachsenden, die durch den Gebrauch der Zeremonien und das Beispiel ernährt werden sollen, festgestellt haben, das muß auch im Blick auf die bekehrten Sünder gesagt werden, denen eine allzu große Tyrannei der kirchlichen Zeremonien, die ohne Zweck überliefert und gehandhabt worden sind, ein schwaches Gewissen macht. Fürwahr, wie diese mehr Kinder und ängstlich sind, um so mehr haben sie es kräftig nötig, daß ihre Meinung, welche sie von jenen Zeremonien haben, nicht zuschanden, sondern lieber allmählich verbessert wird, wenn mit ihnen zusammen das Beispiel und Werk derselben Zeremonien eifrig erfüllt wird, bis sie selbst auch zu diesem unserem Wissen heranwachsen, obwohl in Wahrheit jene römischen Priester und kirchlichen Tyrannen jedes Fluches würdig sind, die, während der Glaube an Christus verschwiegen wird, mit ihren ins Unendliche vermehrten Gesetzen die elendesten Gewissen der christlichen Brüder umstricken. Und diese Zweifel, Schwachheiten und Ärgernisse, welche sie entweder durch die Aufhebung ihrer Gesetze oder durch die Erziehung zum Glauben heilen und aufheben sollten, mißbrauchen sie nur, um ihre Tyrannei zu stabilisieren, und obwohl sie selbst täglich nichts von dem zum größten Ärgernis der Schwachen bewahren, unterlassen sie es dennoch nicht, durch jene leeren, verpesteten Überlieferungen die ängstlichen Gewissen zu erschrecken, sie sich selbst zu unterwerfen, zu berauben und Christus gänzlich zu entziehen. Dennoch sind die Gesetze jener durch den Glauben und die Liebe zu ertragen, obwohl sie tyrannisch und viel sind, wie die Gesetze des dem Gemeinwohl dienenden Staates, wie gesagt ist, und durch das Vorbild in der Befolgung derselben ist den Schwachen voranzugehen. Trotzdem sind die gottlosen Stifter der Gesetze selbst zu verabscheuen, die sich einer so großen verwirrten Menge nicht erbarmen, gleichsam als wären sie nur dazu eingesetzt, Gesetze zu erfinden und mit ihren verpesteten Statuten die Seelen zu erschrecken. Daher kommt es, daß die Oberen, die Priester, in der Kirche heute kein anderes Amt führen, als daß sie die Gewissen verwirren, zugrunderichten und umstricken. Uns aber ist es aufgetragen, daß wir die verwirrten Gewissen aufrichten, die zugrundegerichteten festigen, die ängstlichen beruhigen, jedoch so, daß wir uns ihrer henkerischen Tyrannei nicht widersetzen. Sie wollen nämlich, daß das Recht, führwahr der Dienst, die Gewissen zu verwirren, unbeschädigt gehalten wird. Und erfüllt ist jenes Wort des Sirach (Sirach 34, 28): »Wenn der eine baut und der andere zerstört, was haben sie davon als Mühe?« Denn was die unteren Prediger des Wortes Gottes aufbauen, das zerstören die oberen Tyrannen des menschlichen Wortes. Dahin ist, Petrus, dein Primat und deine kirchliche Macht gekommen!

Kommen wir zum Abschluß. Zuerst nehmen die Kleinen in Christus (d. h. die Knaben, die Heranwachsenden und die Jünglinge) die Zeremonien in Anspruch. Sie sollen von den Älteren in diesen Werken nicht verachtet werden, sondern durch das Beispiel, wenngleich es für sie selbst nicht notwendig ist, unterstützt werden. So ist nämlich ihre Liebe im Geist von diesen Dingen frei, und sie vertraut nicht auf sie, wenn sie dieselben pflegt, und sie verzweifelt nicht, wenn sie jene unterläßt, sondern nur äußerlich im Leibe begibt sie sich in die Knechtschaft für die Nächsten, damit sie dieselben gewinne und sie vor Sünden, durch die sie hitzig getrieben werden, durch ein gutes Beispiel und Regiment bewahre. Und so erfüllen sie das Gesetz Christi. Und wer jenen die Zeremonien wegnähme, täte nichts anderes, als wenn er das Schwert der weltlichen Macht aufhöbe und die Welt mit Ehebrechern, Mördern, Dieben und allen Frevlern füllte. Denn jene müssen durch die Furcht und das Gefängnis der Gesetze eingeschlossen werden auf Christus hin, wie Paulus Gal. (3, 23) lehrt.

Zweitens sind die Kleinen im Glauben, auch wenn sie Greise sind, als diejenigen, die derartige Zeremonien noch aus Furcht vor Sünden und dem Gewissen festhalten, weil sie noch nicht dies Wissen von der Freiheit haben, im Glauben zu unterrichten, und man muß es ihnen gestatten, an derartigen Werken zu hängen, welche sie nicht plötzlich fahren lassen können, bis sie erkennen, daß nicht auf diesen, sondern allein auf dem Glauben die Gerechtigkeit ruht. Daher muß man sich sehr hüten, die Zeremonien dieser Leute zu tadeln, bevor sie erzogen werden, wie manche es allzu dreist zu tun pflegen. Sie handeln darin sehr gut, daß sie die Zeremonien und die menschlichen Überlieferungen tadeln, aber darin handeln sie sehr schlecht, daß sie nicht mehr achthaben auf die Seelen, die in Schwachheit an diesen hängen, gebessert und sanft errettet werden müssen, als auf die zu tadelnden Zeremonien. Solche Narren sind denen ähnlich, die, wenn sie einen Freund am Hals mit Stricken umwickelt sehen, mit jähem Eifer auf die Stricke zufahren und sie mit ganzer Gewalt herabreißen. Und sie erwürgen lieber den Freund, als daß sie ihn befreien, wo es doch eher nötig gewesen wäre, die Stricke zuerst sanft und leicht zu lösen und so den Freund zu befreien. Da wir also die Gesetze der Menschen nicht mit Gewalt aufheben können, ist nach und nach der Geist selbst zu unterrichten, wie er diese richtig gebrauche. So sagt Paulus 1. Tim. 1, 8 f., daß das Gesetz gut sei, wenn jemand es richtig gebraucht, d. h. wenn er weiß, daß dem Gerechten kein Gesetz gegeben ist. Da den Glaubenden auch das Schlechteste zum Guten dient, um wieviel mehr dienen Überlieferungen, wie schädlich sie auch seien, denen, die unwissend sind, zum Guten, wenn jemand sie nur richtig gebraucht? Es gibt aber keinen anderen richtigen Gebrauch als den Glauben und die Liebe, wie gesagt ist. Dennoch sind dadurch die Gesetzgeber nicht entschuldigt. Sowie, wenn auch ich den Tod, die Schande, den Raub und alle bösen Dinge richtig zu meinem Guten gebrauche, mein Mörder, böswilliger Kritiker, Räuber und Verfolger nicht entschuldigt sein wird. So sind kirchliche Priester mit ihren schädlichen Gesetzen schuldig an allen Seelen, auch an denjenigen, die ihre Gesetze richtig gebraucht und zum Guten gewendet haben.

Und du mögest nicht zweifeln und dir ein sicheres Gewissen darüber schaffen, daß die Gesetze der Menschen in der Kirche an keinen anderen Ort zu setzen sind als unter die Schläge und Schalen des göttlichen Zorns sowie das Schwert der Türken, die Pest des Körpers und die Hungersnot eines Landes. Und wie du gelehrt wirst, dich unter diesen Übeln zu verhalten, so verhalte dich auch unter den Gesetzen der Menschen. Wie aber verhältst du dich unter jenen Übeln? Zum ersten gebrauche diese wie Mittel gegen deine Sünden, indem du diese Geißel Gottes in Geduld trägst. Darauf gebrauche sie wie vorsorgliche Arzneien, weil Du als einer, der durch diese Übel bedrückt ist, Vieles tust und unterläßt, was du als freier nicht tun und unterlassen würdest. So mögest du nicht zweifeln, daß die vielen menschlichen Gesetze zu deiner Geißel geworden sind, und sei dessen gewiß, daß aus deinen Hirten Henker gemacht worden sind, und als einer, der durch deren Gewalttätigkeit bedrückt und gequält wurde, wirst du, wenn du geduldig gewesen sein wirst, Vieles unterlassen und tun, welches du andernfalls niemals unterlassen und tun wirst. »Wer nämlich ist es, der euch schaden könnte (sagt Petrus 1. Petr. 3, 13), wenn ihr Nacheiferer des Guten gewesen sein werdet«, des »Guten«, d. h. einer guten Sache oder der Güte, oder dessen, was gut ist, (damit nicht eine Zweideutigkeit jemand täusche). Dieses aber werden diejenigen tun, die ein Wissen vom Gesetz und seinem richtigen Gebrauch haben, d. h. die Nacheiferer des Guten. Die Kleinen aber und die Schwachen begreifen dies nicht, deshalb werden sie durch diese seelentötenden Priester und Wortmacher zugrundegehen.

Zum dritten tun die Werke der Zeremonien Moab und Aaron und die Verehrer der Kälber von Bethaven und diejenigen, die sich der Werke und in ihren Werken rühmen, die blinden Führer der Blinden, und die die Erziehung zum Glauben nicht nötig haben wie die ersten vor allzu großer Weisheit und Gerechtigkeit, durch die sie wie Elihu Hiob 32, 18 f. wie ein Gefäß voll von Most und ohne Luftloch sind. Ohne Zweifel werden sie vor Weisheit und Gerechtigkeit bersten, welche auch dieser und alle Psalmen beschuldigen, und über welche wir oft geredet haben. Diese allein sind nach dem Urteil des Apostels hart zu beschuldigen. Sie verlangen niemals gelehrt zu werden, wie die zweiten, sondern ihnen ist die ganze Welt zu gering, als daß sie ihrer Erziehung genügen könnte. Dies ist jenes Volk Behemoth, dessen Herz verhärtet wird wie ein Amboß Hiob 41, 35. »Und ihre Augenlider sind in die Höhe gerichtet« Spr. 30, 13.

Viertens wirken diejenigen die Werke der Zeremonien, die sie im Geist wirken und über die wir gesprochen haben, d. h. Menschen, die in der Freiheit des Glaubens und in der Dienstbarkeit der Liebe jene nur zur Disziplinierung ihres Leibes in diesem Leben gebrauchen sowie jedes andere weltliche Handwerk, oder dazu, die Kleinen und Schwachen durch ein gutes Beispiel herauszufordern und vorwärts zu bewegen, wobei man sich hüten muß, ihnen Ärgernisse zu geben, bis Christus in ihnen Gestalt gewinnt. Ohne Zweifel gehört hierher, daß Paulus dort, wo er die verschiedenen Gaben Gottes erwähnt, dafür so sehr Sorge trägt, daß er überzeugend von der Einheit redet, weil er weiß, daß nicht bloß die verschiedenen Zeremonien, sondern auch selbst die Gaben des Geistes kräftigst gegen die Einheit kämpfen, wenn die Klugheit des Fleiches und der Teufel unter die Söhne Gottes kommt.

Aus alledem folgern wir, daß wir vor diesen Menschen die Zeremonien weder loben noch schelten müssen. Aber vor der dritten Art sind sie heftig zu verabscheuen und zu tadeln, weil diese unglücklichsten Menschen auf sie vertrauen, wodurch sie zu jenen Toren werden, die in ihrem Herzen sagen: Es ist kein Gott. Sie sind verabscheuenswert und in allen ihren Bemühungen verderbt, so daß sie auch nicht einmal Gutes wirken. Wo du aber dies tust, wirst du den ganzen Leib Behemoths mit allen seinen Schuppen erregen, und sie werden zu dir sagen: Du seiest ein Ketzer, ein Aufrührer, ein ehrvergessener, ärgerlicher Mensch, weil du die guten Werke, die heiligen Regeln der Väter und die Beschlüsse der Kirche verneinst, welche nicht irren kann. Vor der zweiten Art sind die Zeremonien mit Maß zu loben, und zwar eine zeitlang, damit ihre Schwachheit nicht zuschanden werde, welche, obwohl sie geneigt ist, das Bessere zu tun, dennoch nicht dazu in der Lage ist und es begreift. Sie ist im mütterlichen Schoß zu pflegen, ihr muß man durch die Finger sehen, und was sie loben, muß man loben, was sie tun, tun, durch welches Wohlwollen, wenn sie davon ergriffen sind, sie glauben und dem Besseren folgen mögen. Vor der ersten Art sind die Zeremonien heftig zu loben und zu fordern, weil jene Ungebildeten allein durch die Furcht zum Guten bewegt und vom Bösen abgeschreckt werden können, zugleich ist ihnen dennoch die reine Lehre des Glaubens und der Freiheit beizubringen, welche der Geist einsaugen möge als eine, die zukünftig Frucht trägt, wenn der Leib als ein durch die Zeremonien ermatteter und disziplinierter gelernt haben wird, sich dem Geist sanft zu unterwerfen und ihm, nachdem die jugendlich überschäumenden und wütenden Affekte beruhigt worden sind, zu dienen.

Und es soll in unseren Augen nicht verwunderlich sein, daß dieselben Zeremonien so verschieden behandelt werden. Wird denn nicht auch von Speise und Trank anders gegenüber den Schlemmern, anders gegenüber den Schwachen, anders gegenüber den Gesunden und Gemäßigten, anders gegenüber denen, die abergläubisch fasten, gelehrt und gehandelt? Vor den Schlemmern muß man tadeln, vor den Schwachen sanft reden, vor den Abergläubischen heftig loben, den Gesunden und Gemäßigten ist aber alles in ihrer freien Entscheidung zu lassen. Und wie das ein sehr schädlicher Haushalter ist, der ohne Auswahl von allen Hausgenossen dieselbe Gefräßigkeit oder Sparsamkeit im Blick auf die Speisen fordert, so ist die Obrigkeit in den Kirchen sehr schädlich, die von allen dieselben Mengen ihrer Gesetze mit gleichem Gehorsam ertrotzt. Hier nämlich tötet sie notwendigerweise sehr viele. Aus dem allen möge der kluge Christ entnehmen, nach welcher Regel er in den Zeremonien leben soll, auch um den anderen mit Rat in denselben zu nützen. Vor allem: Wo er nicht Sicherheit hat über die dritte Art der Menschen, möge er sich hüten, die Zeremonien zu tadeln oder den, den er in diesen einhergehen sieht, zu richten. Denn wer weiß, ob jemand aus Notwendigkeit (wie die ersten) oder aus Schwachheit (wie die zweiten) oder aus Freiheit (wie die vierten) in ihnen wandelt? Wollte man aber einen von diesen richten, heißt das nicht Christus richten? Wenn die Gemeinschaften der Klöster an diesen drei Arten eine Überfülle hätten, würde ihre Menge nichts schaden. Aber jetzt herrscht ein Überfluß an der dritten, äußerst unglücklichen Art derer, die mit den Zeremonien umgehen, welche in der Kirche nicht ein einziges Kloster oder Kollegium haben sollten, weil sie dem Volk Gottes nur eine Last und ein Ärgernis sind. Aber wer könnte alle Bösen von der Erde fortschaffen? Wir sind aber auf der Erde und werden gezwungen mit Leuten dieser Erde zu verkehren.

Fügen wir noch eines hinzu und kommen wir zum Schluß. Wenn jemand spürt, daß er Vertrauen auf die Werke der Zeremonien habe, der sei kühn und lasse endlich einmal von ihnen ab und frage dabei nicht nach der Einwilligung und Gewalt der Priester. In den Dingen, die zum Glauben gehören, ist jeder Christ sich selbst Papst und Kirche, und es kann nichts verordnet werden, noch ist irgendetwas Verordnetes zu halten, was irgendwie zu einer Gefahr für den Glauben werden kann. Wenn aber jemand in dieser Sache mit dem Nächsten Rat pflegen wollte, so möge er darin um so kühner sein in der Kraft jenes Wortes: »Wenn zwei auf Erden in welcher Sache auch immer übereinstimmten, (die sie erbitten wollen, es soll ihnen widerfahren von meinem Vater im Himmel)« (Mt. 18, 19). So handelt jemand sehr gut. Dies sage ich, weil ich weiß, ein wie hartnäckiges Übel das Vertrauen auf unsere Werke und wie gefährlich der Aberglaube gegenüber menschlichen Gesetzen für die Lauterkeit des Glauben ist.

Siehe also, wie uns alle Dinge frei sind durch den Glauben und dennoch Gegenstand des Dienstes durch die Liebe sind, so besteht miteinander die Dienstbarkeit der Freiheit und die Freiheit der Dienstbarkeit, weil wir niemand nichts schuldig sind, als daß wir einander lieben Röm. 13, 8. So sagt Christus Joh. 10, 9: »Ich bin die Tür, wer durch mich eintreten wird, der wird gerettet werden. Und wer ein- und ausgehen wird, der wird Weide finden.« Der Eingang zu Christus ist der Glaube, welcher uns an den Reichtum der Gerechtigkeit Gottes bindet, durch die wir Gott jetzt schon genugtun und gerecht sind, da wir keiner Werke mehr bedürfen, um die Gerechtigkeit zu erwirken. Der Ausgang von Christus aber ist die Liebe, welche uns, die wir mit der Gerechtigkeit Gottes bekleidet sind, im Gehorsam dem Nächsten und der Disziplinierung des eigenen Leibes darbietet, damit wir fremder Armut zur Hilfe kommen und diejenigen, die durch uns herangezogen sind, mit uns hineingehen zu Christus. Sowie nämlich Christus von Gott ausgegangen ist und uns zu sich gezogen hat und in seinem ganzen Leben nicht das Seine, sondern das Unsrige gesucht hat, so müssen auch wir, wenn wir durch den Glauben zu ihm eingegangen sind, herausgehen, um andere heranzuziehen, nur danach trachtend, daß wir allen dienen und viele zusammen mit uns retten.

2. Taufe und Freiheit

(Aus: De captivitate Babylonica ecclesiae praeludium 1520; WA 6,526,34–543,3)

Einleitung

Am 6. Okt. 1520 veröffentlichte Luther seine zweite große Reformationschrift mit dem Titel »De captivitate Babylonica ecclesiae praeludium« (Von der babylonischen Gefangenschaft der Kirche, ein Vorspiel). Mit dieser Schrift greift er das römisch-katholische Sakramentsverständnis und die Siebenzahl der Sakramente an. Jenes Sakramentsverständnis halte die Kirche wie das Volk Israel in Babylon gefangen. Seine Kritik will er jetzt erst in einem Vorspiel ausführen, um dann in späteren Ausführungen zu einer noch umfassenderen Kritik auszuholen. Doch übertraf dieses Vorspiel schon bei weitem seine bisherige Kritik an der römisch-katholischen Kirche und stellt selbst die reformatorische Begründung eines evangelischen Sakramentsverständnisses dar, wie es für Luther auch in seiner weiteren Sakramentstheologie wirksam geblieben ist. Veranlaßt wurde die Schrift durch einen Traktat »Über die Kommunion der Laien unter beiderlei Gestalt« des Leipziger Franziskaners Alfeld, der als einer der frühen Kritiker Luthers sich bemühte, die Kommunion aus der Rede vom Lebensbrot (Joh. 6) herzuleiten und die bisherige Praxis der Kommunion unter nur einer Gestalt zu verteidigen. Ferner antwortet Luther dem Cremoneser Dominikaner Isidor Isolani, der ihn 1519 mit einer Schrift zum römischen Stuhl zurückgerufen hatte. Doch bieten beide Schriften nur den äußeren Anlaß für Luthers Sakramentsschrift. Schon in seinen Sermonen über die Taufe, die Buße und das Abendmahl von 1519 und in seinem »Sermon von dem neuen Testament, das ist von der heiligen Messe« vom Juli 1520 hatte sich Luther eingehend mit den Sakramenten beschäftigt. Nun faßt er seine neuen Anschauungen zusammen und gründet die Sakramente auf die göttliche Verheißung und die dieser jeweils beigegebenen Sakramentszeichen und reduziert nach diesem Kriterium die Siebenzahl der römisch-katholischen Sakramente (Abendmahl, Taufe, Buße, Firmung, Ehe, Priesterweihe und letzte Ölung) auf Abendmahl und Taufe. Die Buße will er nur bedingt als Sakrament gelten lassen, weil ihr ein konkretes Sakramentszeichen fehlt und sie ihrem Wesen nach nichts anderes ist, als die ständige Rückkehr zur Taufverheißung. Dieses neue Sakramentsverständnis spitzt Luther nun kirchenkritisch zu, weil die bisherige römisch-katholische Sakramentslehre und -praxis den neutestamentlichen Sinn der Sakramente verfehlt und die Kirche in eine babylonische Gefangenschaft geführt habe. So sieht Luther in der unbiblischen Vorenthaltung des Kelchs für die Laien eine erste Gefangenschaft des Abendmahls. Eine zweite Gefangenschaft des Abendmahls sieht er in der im Hochmittelalter entwickelten Transsubstantiationslehre, nach der die Substanz von Brot und Wein in Leib und Blut Christi verwandelt wird, während ihre äußere Gestalt bleibt. Doch handelt es sich dabei mehr um eine Gefangenschaft des Sakramentes in den Kategorien aristotelischer Philosophie. Luther bringt demgegenüber zur Geltung, daß der Leib Christi im Abendmahl in der Kraft des Wortes real gegenwärtig und im Glauben an dieses Wort empfangen wird. Das Wort Gottes läßt das im Abendmahl gegenwärtig werden, was die Elemente von Brot und Wein äußerlich sichtbar machen. Doch die größte Gefangenschaft des Abendmahls bestand für Luther darin, daß man in der Messe aus demselben ein »Werk« oder Opfer gemacht habe, das der Priester Gott darbringt und dessen Frucht er in der Stillmesse gegen Bezahlung auch den Verstorbenen zuwenden kann. Geringer ist die Gefangenschaft der Kirche dagegen bei der Taufe. Hier hat es Gott nicht zugelassen, daß das Sakrament durch schändliche Gewinnsucht und gottlosen Aberglauben unterdrückt wurde. Und doch haben die Kirche und die Christen die herrliche Kraft der Taufe zurückgedrängt, indem sie deren Bedeutung auf den Eingliederungsakt des Täuflings in die christliche Kirche einschränkten und lehrten, daß die in der Taufe mitgeteilte Gnade durch erneute Sünden wieder verlorengehen könne, so daß man sich dann an das Bußsakrament und dessen neue Gnadenspendung zu halten habe. Demgegenüber macht Luther deutlich, daß die im Taufakt einmal über den Täufling ausgesprochene göttliche Verheißung dessen ganzes Leben bleibend umschließe und daß die Buße nichts anderes sei als eine ständige Rückkehr unter die Verheißung als die Konkretion der gnädigen Zuwendung Gottes zum einzelnen Christen. Die Taufverheißung konstituiert deshalb auch für Luther die Freiheit eines Christenmenschen, weil er in ihrer Macht wider

Sünde, Tod und Teufel ständig an der Gnade und Freiheit Gottes teilhaben darf. Taufe und geistliche Freiheit des Christen gehören für Luther wesentlich zusammen. Die Taufe ist deshalb auch nicht durch die sog. Mönchstaufe, d. h. durch die Gelübde eines Mönches zu ersetzen, der in Armut, Keuschheit und Gehorsam gelobt, ein Gott völlig hingegebenes Leben zu führen. Im Gegenteil, die aus der Taufe entspringende Freiheit eines Christenmenschen hebt die selbstgewählte Heiligung des Mönches bzw. die Knechtschaft derselben auf. Weil so die Taufe die Freiheit eines Christenmenschen begründet, kämpft Luther in seiner Sakramentsschrift für die Freiheit der Taufe aus der Babylonischen Gefangenschaft der Kirche.

Aus: De captivitate Baylonica ecclesiae praeludium von 1520: Über das Sakrament der Taufe[1]

»Gebenedeit sei Gott und der Vater unseres Herrn Jesu Christi« (Eph. 1,3), der »nach dem Reichtum seiner Barmherzigkeit« (Eph. 1,7) wenigstens dieses einzige Sakrament in seiner Kirche ungeschmälert und unbefleckt durch Menschensatzungen erhalten hat und es für alle Völker und alle Stände der Menschen freigehalten hat. Er hat nicht geduldet, daß es durch schändliche Gewinnsucht und gottlosen Aberglauben unterdrückt würde, sicher mit der Absicht, die kleinen Kinder, die des Geizes und des Aberglaubens noch nicht fähig sind, dadurch einweihen und sie mit dem ganz einfältigen Glauben an sein Wort geheiligt werden zu lassen. Ihnen ist die Taufe zur jetzigen Zeit auch am meisten nützlich. Denn wenn den Erwachsenen und den Großen dieses Sakrament gegeben werden sollte, so scheint es, daß seine Kraft und Herrlichkeit wegen der Tyrannei des Geizes und Aberglaubens nicht hätte bewahrt bleiben können, der uns alles Göttliche niedergestürzt hat. Die Klugheit des Fleisches hätte ohne Zweifel auch hier ihre »Vorbereitungen« und »Würdigkeiten« gefunden, danach Vorbehalte, Einschränkungen und was dergleichen Geldnetze mehr sind, infolge deren das Wasser nicht wohlfeiler als jetzt Pergamente verkauft würde.

Aber obwohl der Teufel die Kraft der Taufe in den Kindern nicht hat auslöschen können, hat er sie doch in allen Erwachsenen zu vertilgen vermocht, so daß es jetzt fast niemanden mehr gibt, der es beherzigt, daß er getauft ist, viel weniger, daß er sich dessen rühmt, nachdem so viele andere Wege zur Sündenvergebung und in den Himmel zu kommen erfunden worden sind. Zu dieser Auffassung hat ihnen eine gefährliche Rede des Hieronymus Anlaß gegeben, die entweder übel geredet oder übel verstanden worden ist, wo er die Buße das »zweite Brett nach dem Schiffbruch« nennt, gerade als ob die Taufe nicht eine Buße wäre.[2] Denn daher kommt es, daß sie, wenn sie in Sünden fallen, an dem ersten Brett oder Schiff, als ob sie es verloren hätten, verzweifeln und anfangen, sich allein auf das andere Brett, nämlich die Buße, zu stützen und zu verlassen. Von daher sind die unzähligen Lasten an Gelübden, Mönchsorden, Werken, Genugtuungen, Wallfahrten, Ablässen und Sekten gekommen, und über sie dann diese große Flut der Bücher, Fragen, Meinungen und Menschensatzungen, die die ganze Welt jetzt nicht fassen kann, so daß diese Tyrannei die Kirche Gottes viel ärger plagt als sie jemals der Juden Synagoge oder eine einzige andere Nation unter dem Himmel geplagt hat.

Aber die Bischöfe hätten das alles abtun und die Christen mit allem Fleiß zum wahren Wesen der Taufe zurückrufen sollen, damit sie verstünden, was sie wären und was den Christen zu tun zukäme. Aber allein das halten sie heutzutage für ihre Aufgabe, das Volk so weit wie möglich von der Taufe wegzuführen und alle in die Sintflut ihrer Tyrannei einzutauchen und zu erreichen, daß das Volk Christi (wie der Prophet sagt, Jer. 2, 32) seiner ewig vergesse. O wie unselig sind alle, die zu dieser Zeit Bischöfe genannt werden, die weder wissen noch tun, was Bischöfen zusteht, sondern auch nicht einmal wissen, was sie wissen und tun müßten! Sie erfüllen den Spruch, Jes. 56, 10 f.: »Alle ihre Wächter sind blind, sie wissen alle nichts; denn die Hirten kennen keinen Verstand, ein jeglicher sieht auf seinen Weg, ein jeglicher geizt für sich in seinem Stande« usw.

Das erste, was bei der Taufe beachtet werden muß, ist also die göttliche Verheißung, die sagt (Mk. 16, 16): »Wer da glaubet und getauft wird, der wird selig werden.« Diese Verheißung muß durchaus aller Pracht der Werke, Gelübde, Klosterregeln und allem, was von Menschen eingeführt ist, vorgezogen werden. Denn an dieser Verheißung hängt unsere ganze Seligkeit. Aber man muß sie so beachten, daß wir den Glauben an ihr üben und ganz und gar nicht zweifeln, daß wir selig sind, nachdem wir getauft sind. Denn wo ein solcher Glaube nicht da ist oder erlangt wird, da hilft die Taufe nicht, sondern sie schadet vielmehr, und zwar nicht allein dann, wenn man sie empfängt, sondern auch danach das ganze Leben hindurch. Denn ein solcher Unglaube straft die göttliche Verheißung Lügen, was die größte Sünde überhaupt ist. Wenn wir an diese Übung des Glaubens gehen, werden wir bald einsehen, wie schwer es ist, dieser göttlichen Verheißung zu glauben. Denn die menschliche Schwachheit, die sich ihrer Sünden bewußt ist, glaubt am allerschwersten, daß sie selig ist oder (doch wenigstens) selig werden solle. Dennoch kann nicht selig werden, wer das nicht glaubt, denn er glaubt der göttlichen Wahrheit nicht, welche die Seligkeit verheißt.

Diese Predigt hätte man dem Volk emsig einprägen, diese Verheißung ihm ohne Unterlaß vortragen, an die Taufe stets erinnern, den Glauben ständig erwecken und erhalten sollen. Denn wie die Wahrheit dieser göttlichen Verheißung, wenn sie einmal über uns ausgesprochen worden ist, bis in den Tod andauert, so soll auch unser Glaube an sie niemals aufhören, sondern bis in den Tod erhalten und gestärkt werden durch die ständige Erinnerung an diese Verheißung, die uns in der Taufe gemacht ist. Wenn wir darum von Sünden aufstehen oder Buße tun, so tun wir nichts anderes, als daß wir zu der Kraft und dem Glauben der Taufe, daraus wir gefallen sind, umkehren und wieder zu der damals gemachten Verheißung kommen, die wir durch die Sünde verlassen hatten. Denn die Wahrheit der einmal geschehenen Verheißung bleibt allezeit bestehen, die uns mit ausgestreckten Händen aufnehmen will, wenn wir umkehren. Und das ists – wenn ich mich nicht täusche – was die wollen, die etwas dunkel sagen, die Taufe sei das erste und das Fundament aller Sakramente, ohne das kein anderes erlangt werden könnte.

Darum wird es sehr dienlich sein, wenn der, der da Buße tut, vor allen Dingen sich seiner Taufe und der göttlichen Verheißung erinnert, die er verlassen hat und ihrer mit Zuversicht gedenkt, sie dem Herrn bekennt und sich freut, daß er noch so viel Hilfe zu seiner Seligkeit habe, daß er getauft ist, und seine gottlose Undankbarkeit verwünscht, daß er von dem Glauben und dem Vertrauen darauf abgefallen ist. Denn sein Herz wird wunderbar gestärkt und zur Hoffnung auf Barmherzigkeit ermuntert, wenn er bedenkt, daß die ihm geschehene göttliche Verheißung, die unmöglich lügen kann, daß sie noch unversehrt und unverändert ist und auch durch keine Sünde verändert werden kann, wie Paulus sagt, 2. Tim. 2, 13: »Glauben wir nicht, so bleibt er treu; er kann sich selbst nicht verleugnen.« Diese Wahrheit Gottes, sage ich, wird ihn so erhalten, daß, wenn schon alles andere dahinfiele, diese Verheißung – vorausgesetzt, daß er an sie glaubt – ihn doch nicht verlassen wird. Denn er hat durch sie etwas dem Feind, der auf ihn losstürmt, entgegenzusetzen. Er hat etwas, was er den Sünden entgegenstellen kann, die sein Gewissen beunruhigen. Er hat etwas, womit er dem Schrecken des Todes und des Gerichts begegnen kann. Er hat schließlich, was ihm ein Trost in allen Anfechtungen sein kann, nämlich diese eine Wahrheit, daß er sagt: Gott ist wahrhaftig in seinen Verheißungen (Ps. 33,4). Sein Zeichen habe ich in der Taufe empfangen. »Ist nun Gott für mich, wer mag wider mich sein?« (Röm. 8,31)

Denn wenn die Kinder Israel, im Begriff Buße zu tun, vor allen Dingen des Auszuges aus Ägypten gedachten und sich mit dieser Erinnerung zu Gott, der sie herausgeführt hatte, zurückwandten – diese Erinnerung und eben diese Hilfe ist ihnen von Mose so oft eingeschärft und von David ins Gedächtnis gerufen worden –, wieviel mehr sollen wir dann an unseren Auszug aus unserm Ägypten denken und durch die Erinnerung daran zu dem zurückkehren, der uns durch das Bad der neuen Geburt herausgeführt hat, dessen Gedächtnis eben hierzu uns anbefohlen ist? Das kann am allerbesten im Sakrament des Brots und Weins geschehen. Denn so sind vor Zeiten diese drei Sakramente, die Buße, die Taufe und das Brot, in einem Gottesdienst gefeiert worden und half eines dem andern. So lesen wir von einer gottesfürchtigen Jungfrau,[3] die, sooft sie angefochten wurde, sich allein auf die Taufe berief und ganz kurz sagte: »Ich bin eine Christin.« Denn der Feind merkte bald die Kraft der Taufe und des Glaubens, der auf der Wahrheit Gottes beruhte, der da verheißt, und floh vor ihr.

So siehst du, wie reich ein Christ, d. h. ein Getaufter ist, der, selbst wenn er schon wollte, seine Seligkeit auch durch die größten Sünden nicht verlieren kann, es sei denn, er wolle nicht glauben. Denn keine Sünde kann ihn verdammen außer dem Unglauben allein. Alle anderen Sünden werden, wenn der Glaube wiederkommt oder auf der göttlichen Verheißung besteht, die ihm in der Taufe widerfahren ist, in einem Augenblick durch denselben Glauben, ja durch die Wahrheit Gottes verschlungen. Denn Gott kann sich selbst nicht verleugnen, wenn du ihn bekennst und an ihm, der es verheißen hat, mit festem Vertrauen hängst. Aber die Zerknirschung und die Beichte der Sünden und danach die Genugtuung[4] und alle jene von Menschen erdachten Bemühungen werden dich plötzlich im Stich lassen und dich nur unglücklicher machen, wenn du diese göttliche Wahrheit vergißt und dich in diese Dinge verlierst. Denn nichtiges Nichts und eine bloße Plage des Geistes ist alles, was außerhalb des Glaubens an die Wahrheit Gottes an Bemühungen geschieht.

Gleichzeitig siehst du, wie gefährlich, ja wie falsch es ist zu meinen, daß die Buße die zweite Planke nach dem Schiffbruch ist, und wie schädlich so ein Irrtum ist zu glauben, daß durch die Sünde die Kraft der Taufe gänzlich vergangen und daß dieses Schiff leck geworden ist. Es bleibt dieses Schiff allein fest und unüberwindlich und wird niemals in einzelne Planken zerschellen. In ihm fahren alle, die zu dem Hafen der Seligkeit fahren, welches die Wahrheit Gottes ist, die in den Sakramenten etwas verheißt. Trotzdem geschieht es, daß viele unbesonnen aus dem Schiff in das Meer springen und untergehen. Das sind die, die den Glauben an die Verheißung verlassen und sich in die Sünde stürzen. Aber das Schiff selbst bleibt und setzt unversehrt seinen Kurs fort. Kann (der Herausgesprungene) durch irgendeinen Gnadenerweis zum Schiff zurückkehren, so wird er nicht mit einer Planke, sondern mit dem ganzen Schiff selbst zum Leben geführt: er ist dann der, der zu der festen und bleibenden Verheißung Gottes durch den Glauben zurückkehrt. Daher klagt Petrus (2. Petr. 1, 9) diejenigen an, die dadurch sündigen, daß sie vergessen haben, daß sie von ihren vorigen Sünden rein geworden sind. Ohne Zweifel tadelt er damit die Undankbarkeit gegenüber der empfangenen Taufe und ihren gottlosen Unglauben.

Was hilft es nun, soviel von der Taufe zu schreiben und diesen Glauben an die Verheißung nicht zu lehren? Alle Sakramente sind eingesetzt, den Glauben zu stärken und den berühren sie so wenig, daß diese gottlosen Leute sogar sagen, niemand dürfe der Vergebung seiner Sünden oder der Gnade der Sakramente gewiß sein. Durch diese Ruchlosigkeit betören sie die ganze Welt und nehmen damit nicht allein das Sakrament der Taufe, in dem doch der Ruhm unseres Gewissens in erster Linie besteht, gefangen, sondern tilgen es auch gänzlich aus. Gleichzeitig wüten sie gegen die armen Seelen mit ihren Zerknirschungen, ängstlichen Beichten, (Berichten über alle) Umstände, Genugtuungen, Werken und dergleichen unzähligem Tand.

Darum sieh zu, daß dich der Aufwand an Werken und die trügerischen Menschensatzungen nicht verführen, der göttlichen Wahrheit und deinem Glauben Unrecht zu tun. Beim Glauben an die Sakramente mußt du anfangen, ohne alle Werke, willst du selig werden. Auf den Glauben aber folgen die Werke, nur daß du den Glauben nicht so gering achtest, der doch unter allen anderen das vortrefflichste und schwierigste »Werk« ist, durch das du allein, und wenn du schon auf alle anderen verzichten müßtest, selig wirst. Denn er ist ein Werk Gottes und nicht des Menschen, wie Paulus (Eph. 2,8) lehrt. Alle anderen Werke wirkt Gott mit uns und durch uns, allein dieses wirkt er in uns und ohne uns.

Daraus können wir klar erkennen, was für ein Unterschied bei der Taufe besteht: zwischen dem Geistlichen, einem Menschen, und dem Stifter, Gott. Denn der Mensch tauft und tauft nicht: er tauft, denn er verrichtet das Werk und taucht den Täufling unter; und er tauft nicht, denn er tut in diesem Werk nichts aus eigener Gewalt, sondern an Gottes Statt. Darum dürfen wir die Taufe aus den Händen eines Menschen nicht anders annehmen, als wenn uns Christus, ja Gott selbst mit seinen eigenen Händen taufte. Denn die Taufe, die wir aus eines Menschen Hand empfangen, ist nicht die eines Menschen, sondern Christi und Gottes. Ebenso ist auch eine jede andere Kreatur, die wir durch eines anderen Hand gebrauchen, allein Gottes. Hüte dich demnach, die Taufe so zu unterscheiden, daß du die äußerliche dem Menschen und die innerliche Gott zuschreibst. Beide schreibe allein Gott zu und halte die Person des Täufers nur für ein Werkzeug an Gottes Statt, durch welches der Herr, der im Himmel sitzt, dich mit seinen eigenen Händen in das Wasser taucht. Er ist es, der dir Vergebung der Sünden auf Erden verheißt, wenn er zu dir mit eines Menschen Stimme durch den Mund seines Dieners redet....

Auf welche Weise die Taufe vollzogen wird, wenn sie nur nicht im Namen eines Menschen, sondern im Namen des Herrn geschieht, so macht sie mit Sicherheit selig. Ja, ich würde nicht zweifeln: wenn sie jemand im Namen des Herrn empfinge, obschon ein gottloser Diener sie nicht im Namen des Herrn gäbe, so wäre derselbe doch wahrhaftig im Namen des Herrn getauft. Denn die Kraft der Taufe ist nicht so sehr an des Taufenden als des Getauften Glauben und Gebrauch gebunden. Diese und dergleichen ängstliche Überlegungen und Fragen haben diejenigen angestellt, die dem Glauben nichts, den Werken und Zeremonien aber alles zuschreiben, wohingegen wir doch den Zeremonien nichts, dem Glauben allein aber alles zu danken haben, welcher uns durch den Geist von allen diesen ängstlichen Zweifeln und Meinungen frei macht.

Das andere, was zur Taufe gehört, ist das Zeichen oder das Sakrament, nämlich das Eintauchen in das Wasser. Daher hat sie auch den Namen. Denn »baptizo« heißt auf griechisch, was »mergo« auf lateinisch bedeutet (»ich tauche ein«), und »baptisma« heißt »Eintauchen«. Denn, wie gesagt, neben den göttlichen Verheißungen werden uns auch Zeichen gegeben, die das darstellen, was die Worte bedeuten....

Wir aber sollen die Augen auftun und lernen, mehr das Wort als das Zeichen, mehr auf den Glauben als das Werk oder den Gebrauch des Zeichens zu achten, und wissen, daß dort, wo Gottes Verheißung ist, der Glaube gefordert wird, und daß beides so notwendig ist, daß keines ohne das andere wirksam sein kann. Denn es kann nichts geglaubt werden, es sei denn eine Verheißung da, und es hat auch eine Verheißung keinen Bestand, sie werde denn geglaubt; wenn aber beides da ist und sie sich gegenseitig ergänzen, geben sie den Sakramenten die volle und sehr gewisse Wirkung. Darum die Wirkung des Sakramentes außerhalb der Verheißung und des Glaubens zu suchen, hieße sich umsonst bemühen und dafür die Verdammnis finden. So sagt Christus (Mk. 16, 16): »Wer da glaubet und getauft wird, der wird selig werden; wer aber nicht glaubt, der wird verdammt werden.« Dadurch weist er darauf hin, daß der Glaube beim Sakrament so notwendig ist, daß er auch ohne das Sakrament selig machen kann. Deshalb wollte er nicht hinzufügen: Wer nicht glaubt und nicht getauft wird.

So bedeutet nun die Taufe zweierlei: den Tod und die Auferstehung, d. h. eine vollständige und vollkommene Rechtfertigung. Denn daß der Geistliche das Kind in das Wasser taucht, bedeutet den Tod; daß er es aber wieder herausnimmt, bedeutet das Leben. So legt es Paulus, Röm. 6, 4 aus: »Wir sind mit Christus begraben durch die Taufe in den Tod, damit gleich wie Christus ist auferweckt von den Toten durch die Herrlichkeit des Vaters, also sollen auch wir in einem neuen Leben wandeln.« Diesen Tod und diese Auferstehung nennen wir »neue Kreatur«, »Wiedergeburt« und »geistliche Geburt«, die man nicht allegorisch von dem Tod der Sünde und von dem Leben der Gnade, wie es viele zu tun pflegen, sondern von dem wahren Tod und von der wahren Auferstehung verstehen muß. Denn die Taufe ist nicht eine Erdichtung. Die Sünde stirbt auch nicht ganz, und die Gnade wird nicht eher voll sichtbar, bis der Leib der Sünde, den wir in diesem Leben tragen, zerstört wird, wie Paulus (Röm. 6, 6) sagt. Denn solange wir im Fleisch sind, regen sich und werden erregt die Begierden des Fleisches. Darum beginnen wir auch zugleich dieser Welt zu sterben und Gott im zukünftigen Leben zu leben, sobald wir zu glauben anfangen, so daß der Glaube wirklich ein Tod und eine Auferstehung ist, d. h. die geistliche Taufe, in welcher wir eingetaucht werden und wieder hervorkommen.

Wenn nun der Taufe die Abwaschung von Sünden zugeeignet wird, so geschieht das völlig zu Recht. Aber diese Bedeutung ist zu matt und zu schwach, als daß sie das Wesen der Taufe zum Ausdruck brächte. Sie ist vielmehr ein Symbol des Todes und der Auferstehung. Aus diesem Grunde möchte ich, daß die Täuflinge ganz in das Wasser eingetaucht werden, wie es das Wort besagt und worauf die geheimnisvolle Handlung hindeutet. Nicht daß ich es für notwendig erachte, aber es wäre schön, wenn einer so tiefen und vollkommenen Sache auch ein tiefes und vollkommenes Zeichen beigegeben würde, wie es ohne Zweifel auch von Christus gestiftet ist. Denn es geht nicht so sehr darum, daß der Sünder abgewaschen wird, als vielmehr darum, daß er stirbt, auf daß er ganz erneuert werde zu einer anderen Kreatur und daß er dem Tod und dem Auferstehen Christi entspreche, mit dem er durch die Taufe stirbt und wieder aufersteht. Denn wenn man gleich sagen kann, Christus sei von der Sterblichkeit abgewaschen worden, als er starb und wieder auferstand, wäre das doch weniger als wenn man sagte, er wäre ganz verändert und erneuert. So ist es besser zu sagen, die Taufe bedeutet für uns ganz sterben und zum ewigen Leben auferstehen, als von Sünden abgewaschen werden.

Hier siehst du abermals, daß das Sakrament der Taufe, auch soweit es sich auf das Zeichen bezieht, nicht eine Sache des Augenblicks, sondern von Dauer ist. Denn wenn auch der Taufakt schnell vorbei ist, so dauert doch die in ihm dargestellte Sache bis in den Tod, ja bis zur Auferstehung am Jüngsten Tage. Denn solange wir leben, tun wir stets das, was die Taufe bedeutet, d. h. wir sterben und stehen wieder auf. Wir sterben, sage ich, nicht nur innerlich und geistlich, indem wir der Sünde und den Eitelkeiten der Welt absagen, sondern wir fangen tatsächlich an, dieses leibliche Leben zu verlassen und das zukünftige zu ergreifen, so daß es sich also um einen richtigen und leiblichen Übergang aus dieser Welt zum Vater handelt.

Darum sollen wir uns vor denen hüten, welche die Kraft der Taufe so klein und so gering machen, daß sie sagen, die Gnade werde zwar in der Taufe eingegossen, aber nachher durch die Sünde fahrengelassen; dann müßte man auf einem anderen Weg, gleich als wenn die Taufe jetzt ganz ungültig gemacht wäre, zum Himmel gehen. So sollst du nicht urteilen, sondern die Bedeutung der Taufe so verstehen, daß du durch sie stirbst und lebst; deswegen kannst du weder durch die Buße noch auf sonst einem anderen Weg zurückkehren als allein zur Kraft der Taufe, und wiederum das tun, was zu tun du getauft worden bist und was deine Taufe bedeutet. Die Taufe wird niemals ungültig, du verzweifelst denn und willst nicht zu deinem Heile zurückkehren. Du kannst wohl eine Zeitlang vom Zeichen (der Taufe) abirren, aber darum ist das Zeichen nicht ungültig. Du bist also einmal mit dem Sakrament getauft, aber du mußt immer durch den Glauben getauft werden, allezeit sterben und wieder leben. Die Taufe hat den ganzen Leib gleichsam verschlungen und wieder herausgegeben; so soll auch die Kraft der Taufe dein ganzes Leben mit Leib und Seele verschlingen und wieder herausgeben am Jüngsten Tage, angetan mit dem Kleide der Verklärung und der Unsterblichkeit. Deshalb sind wir niemals ohne die Kraft und ohne das Zeichen der Taufe, sondern müssen allezeit mehr und mehr getauft werden, bis wir das Zeichen am Jüngsten Tage vollkommen erfüllen.

Du verstehst nun, daß alles, was wir in diesem Leben tun und was dazu dient, das Fleisch zu töten und den Geist lebendig zu machen, zu der Taufe gehört. Je kürzer wir vom Leben befreit werden, um so schneller erfüllen wir unsere Taufe, je Schwereres wir leiden, um so vollkommener werden wir unserer Taufe gleichförmig. Deshalb war die Kirche auch zu der Zeit im besten Stand, als täglich Märtyrer getötet und wie Schlachtschafe geachtet wurden. Denn damals herrschte in der Kirche mit allem Nachdruck die Kraft der Taufe, die wir jetzt vor der Unzahl der Werke und Menschenlehren gar nicht mehr kennen. Denn alles, was wir leben, soll Taufe sein und das Zeichen oder Sakrament der Taufe erfüllen, wenn wir von allem anderen befreit allein der Taufe geweiht sind, d. h. dem Tode und der Auferstehung.

Daß nun diese Herrlichkeit unserer Freiheit und dieses Verständnis der Taufe heute gefangengehalten ist, auf wessen Rechnung können wir das setzen als allein auf die der Tyrannei des römischen Papstes?, d. h. desjenigen, der, wie es einem Oberhirten zukommt, vor allen anderen in ganz besonderer Weise ein Prediger und Verkündiger dieser Freiheit und dieses Verständnisses hätte sein sollen, wie Paulus 1. Kor. 4 (,1) sagt: »Dafür halte uns jedermann, nämlich für Christi Diener und Haushalter über Gottes Geheimnisse (oder Sakramente).« Er aber ist allein darum bemüht, uns mit seinen Dekreten und Rechten zu unterdrücken und in die Tyrannei seiner Gewalt als Gefangene zu verstricken. Ich beschwöre dich, mit welchem Recht (um nicht zu sagen, wie gottlos und verdammenswert er diese Geheimnisse zu lehren unterläßt) hat denn der Papst Gesetze über uns erlassen? Wer hat ihm denn die Macht gegeben, diese unsere Freiheit, die uns die Taufe geschenkt hat, gefangen zu halten? Eine Aufgabe, wie gesagt, ist uns für das ganze Leben gestellt, nämlich daß wir uns taufen lassen, d. h. daß wir absterben und leben durch den Glauben an Christus; dieser Glaube hätte einzig und allein gelehrt werden müssen, besonders von dem obersten Hirten. Aber nun schweigt man vom Glauben und verwirrt die Kirche durch unzählige Gesetze von Werken und Zeremonien. Man hat die Kraft und das Verständnis der Taufe aufgehoben und den Glauben an Christus gehindert.

Ich sage deshalb: Weder der Papst noch ein Bischof noch irgendein Mensch hat das Recht, auch nur eine Silbe über einen Christenmenschen festzusetzen, es geschehe denn mit dessen Zustimmung. Alles, was sonst vorgenommen wird, geschieht in einem tyrannischen Geist; daher bestimmt und fordert der Papst jene Gebete, Fasten, Schenkungen und alles, was er sonst in allen seinen zahlreichen und ungerechten Dekreten bestimmt und fordert, völlig ohne Recht und versündigt sich an der Freiheit der Kirche, so oft er eines von diesen Dingen antastet. Daher kommt es, daß die heutigen Geistlichen zwar tapfere Beschützer der kirchlichen Freiheit sind, d. h. von Steinen und Holz, Äckern und Zinsen (denn so sehr versteht man heute unter ›kirchlichen‹ Angelegenheiten geistliche Dinge!); aber mit denselben heuchlerischen Worten führen sie die wahre Freiheit der Kirche nicht nur gefangen, sondern richten sie gänzlich zugrunde, ja sogar noch mehr als der Türke, wider das Wort des Apostels: »Werdet nicht der Menschen Knechte.« (1.Kor. 7,23) Denn das heißt wahrhaftig Knechte der Menschen werden, ihren Bestimmungen und ihren tyrannischen Gesetzen sich unterwerfen zu müssen.

Diese gottlose und unnütze Tyrannei unterstützen noch die Schüler des Papstes, indem sie das Wort Christi: »Wer euch hört, der hört mich« (Lk. 10. 16), verdrehen und verfälschen. Denn mit vollen Bakken blasen sie dieses Wort auf zugunsten ihrer Satzungen, obwohl es doch Christus zu den Aposteln gesagt hat, als sie hingingen, das Evangelium zu predigen, und es deshalb allein auf das Evangelium bezogen werden darf; aber sie lassen das Evangelium fahren und wenden es auf ihre Fabeln an. Denn er sagt Joh. 10 (,27): »Meine Schafe hören meine Stimme, aber der Fremden Stimme hören sie nicht.« Deshalb ist uns ja auch das Evangelium überlassen worden, damit die Bischöfe die Stimme Christi erschallen lassen sollten; nun aber lassen sie ihre eigenen Stimmen erschallen und wollen doch gehört sein. Auch der Apostel spricht (1.Kor. 1,17), er sei gesandt, nicht um zu taufen, sondern wir selbst solche kleinen Kinder, die wir fort und fort in Christus getauft werden.

Vielleicht wird man meinen Worten die Kindertaufe entgegenhalten: die Kinder verstünden die Verheißung Gottes nicht, könnten auch den Glauben der Taufe nicht haben; deshalb würde entweder der Glaube nicht gefordert oder die Kinder würden vergebens getauft. Hier sage ich, was alle sagen, daß den Kindern mit dem fremden Glauben derer zu Hilfe gekommen werde, die sie zur Taufe bringen. Denn wie das Wort Gottes, wenn es erschallt, fähig ist, auch eines Gottlosen Herz zu verändern, das doch nicht weniger taub und unempfänglich ist als irgendein kleines Kind, so wird durch das Gebet der Kirche, welche das Kind darbringt und den Glauben hat, dem alle Dinge möglich sind, auch das kleine Kind durch den eingegossenen Glauben verändert, gereinigt und erneuert. Ich möchte auch nicht daran zweifeln, daß selbst ein erwachsener Ungläubiger, wenn diese Kirche (für ihn) betete und ihn Gott darbrächte, durch ein jedes Sakrament verändert werden könnte, wie wir es von dem Gichtbrüchigen im Evangelium (Mt. 9, 1 ff.) lesen, der durch den Glauben anderer gesund gemacht worden ist. Und aus diesem Grunde will ich gern zugeben, daß die Sakramente des neuen Gesetzes kräftig sind, die Gnade nicht allein denen zu geben, die dem keinen Riegel vorschieben, sondern auch denen, die das aufs hartnäckigste tun. Denn was sollte wohl der Glaube der Kirche und das Gebet des Glaubens nicht hinwegnehmen, da man doch glaubt, daß Stephanus den Apostel Paulus mit dieser Kraft bekehrt habe? Aber dann wirken die Sakramente solches nicht aus eigener, sondern durch die Kraft des Glaubens, was sie wirken, ohne den sie, wie ich gesagt habe, gar nichts wirken. ...

Eins füge ich hier noch hinzu, und wollte Gott, ich könnte alle dazu überreden: daß alle Gelübde sämtlich aufgehoben oder vermieden würden, mag es sich dabei um Klostergelübde, um Gelübde zu einer Wallfahrt oder zu anderen Werken handeln, und daß wir in der allergeistlichsten und überaus wirksamen Freiheit der Taufe blieben. Es ist nicht zu sagen, wieviel dieser mehr als zuviel verbreitete Gelübdewahn der Taufe Eintrag tut und das Wissen um die christliche Freiheit verdunkelt,[5] ganz zu schweigen von den unsagbaren, unzähligen Gefahren für die Seele, welche diese Sucht Gelübde abzulegen und die unbedachte Unbesonnenheit täglich mehr und mehr häuft. O ihr ruchlosen Bischöfe und ihr unseligen Hirten, die ihr in falscher Sicherheit schnarcht und eure Leidenschaften pflegt und euch nicht um den großen und sehr gefährlichen »Schaden Josephs« kümmert (Anm. 6,6).

Hier sollte man mit einer allgemeinen Anordnung entweder alle Gelübde aufheben, insbesondere die auf Lebenszeit und jedermann wieder zum Taufgelübde zurückrufen oder fleißig dazu ermahnen, daß niemand unbesonnen etwas gelobte, niemanden dazu auffordern, ja schwer zugänglich und langsam sein, Gelübde zuzulassen. Denn wir haben in der Taufe genug gelobt – mehr als wir erfüllen können – und werden genug zu schaffen haben, wenn wir nur dieses einzige Gelübde halten wollen. Aber jetzt »durchziehen wir Wasser und Land, damit wir viele Proselyten gewinnen« (Mt. 23, 15), wir füllen die Welt mit Pfaffen, Mönchen und Nonnen, und alle diese kerkern wir mit ewigen Gelübden ein. Hier findet man Leute, die disputieren und behaupten, ein Werk innerhalb eines Gelübdes sei besser als ein Werk, das außerhalb eines und ohne ein Gelübde getan wird, und sei – ich weiß nicht, um wie großer Belohnungen im Himmel willen – anderen vorzuziehen. O diese blinden und gottlosen Pharisäer, die an der Größe, an der Vielfalt und anderen Eigenschaften der Werke die Gerechtigkeit und Heiligkeit messen, die bei Gott allein an dem Glauben gemessen wird, bei dem es keinen Unterschied der Werke gibt, außer was den Unterschied des Glaubens betrifft.

Mit solchen aufgeblasenen Worten verschaffen sich diese gottlosen Leute mit ihren Erfindungen eine guten Ruf und rühmen die Werke der Menschen, um den unverständigen Pöbel anzulocken, der durch den äußeren Schein der Werke für gewöhnlich zu einem starken Verlust des Glaubens, zum Vergessen der Taufe und zur Schädigung der christlichen Freiheit verleitet wird. Denn weil ein Gelübde gewissermaßen ein Gesetz ist und eine Auflage, werden, wenn die Gelübde vervielfacht werden, auch die Gesetze und Werke notwendigerweise vervielfacht; werden aber diese vervielfacht, so wird der Glaube ausgelöscht und die Freiheit der Taufe gefangen genommen. Mit solchen gottlosen Schmeichelreden nicht zufrieden, fügen einige noch hinzu, der Eintritt in einen Orden sei eine Art neue Taufe,[6] die man so oft erneuern könne, so oft der Vorsatz zum mönchischen Leben erneuert wird. So haben sich diese Gelübdeanpreiser die Gerechtigkeit, die Seligkeit und den Ruhm allein zugeschrieben; den Getauften haben sie gar nichts übriggelassen, womit sie ihnen verglichen werden könnten. Der römische Bischof, Quelle und Hauptursache allen Aberglaubens, bestätigt, billigt und lobt jetzt diese Art zu leben mit herrlichen Bullen und Gnadenerweisen, während die Taufe niemand auch nur einer Erwähnung wert findet. Und mit diesem glänzenden Aufwand treiben sie – wie gesagt – das willige Volk Christi, wohin sie wollen, daß sie sich, undankbar gegen ihre Taufe, rühmen, mit ihren Werken etwas Besseres zu leisten als andere mit ihrem Glauben. ...

Aber hier mag ein jeder das Seine darüber denken. Ich will das, was ich angefangen habe, fortsetzen. Weil ich für die Freiheit der Kirche und die Sache der Taufe eintrete, muß ich öffentlich den Rat geben, den ich durch den heiligen Geist gelernt habe. Darum rate ich zuerst den Vorstehern der Kirchen, daß sie all diese Gelübde oder die (Vorschriften für die) Lebensweise der Gelobenden abschaffen, oder daß sie sie weder billigen noch besonders herausstellen. Oder, wenn sie das nicht tun, rate ich allen, die mit größerer Gewißheit (als bisher) selig werden wollen, daß sie sich von allen Gelübden und besonders von den großen und lebenslänglichen enthalten, in Sonderheit die jungen Leute. Das rate ich erstens deshalb, weil solch eine Lebensweise, wie gesagt, kein Zeugnis noch Beispiel in der Schrift hat, sondern allein durch der Menschenpäpste Bullen – rechte Wasserblasen[7] – aufgeblasen worden ist; weiter, weil sie wegen ihres äußeren Scheines und ihrer Besonderheit willen zur Heuchelei neigt. Von da kommen der Hochmut und die Verachtung des allgemeinen christlichen Lebens. Und wenn sonst keine andere Ursache wäre, solche Gelübde abzuschaffen, hätte doch diese allein Gewicht genug, daß durch sie dem Glauben und der Taufe Abbruch geschieht und Werke gerühmt werden, die ohne Verderben nicht gerühmt werden können. Denn unter vielen tausenden ist kaum einer, der in den Orden nicht viel mehr die Werke als den Glauben hochhält. In diesem Wahnsinn will noch ein jeder besser sein als der andere, wie die »Strengeren« vor den »Laxeren«, wie sie sagen.

Deshalb rate ich niemandem, ja ich rate vielmehr allen ab, in einen Orden oder Priesteramt zu treten, er sei denn mit dem Wissen ausgerüstet, daß er verstehe, daß die Werke der Mönche und Priester, wie heilig und hoch sie auch sein mögen, vor dem Angesicht Gottes in nichts unterschieden sind von den Werken eines Bauern, der auf dem Acker arbeitet, oder eines Weibes, das ihrer Haushaltung wartet, sondern daß alles vor Gott nach dem Glauben gemessen wird, wie Jeremia 5,3 sagt: »Herr, deine Augen sehen nach dem Glauben«, und Sirach 32,27: »Was du vornimmst, so vertraue Gott von ganzem Herzen. Denn auch das ist ein Halten der Gebote Gottes.« Ja, es kommt häufiger vor, daß ein häusliches und schlichtes Werk einer Magd oder eines Knechtes Gott wohlgefälliger ist als alle Fasten und Werke eines Ordensmannes und Priesters – wegen des fehlenden Glaubens. Weil demnach die Gelübde heutzutage wahrscheinlich nur zur Prahlerei und zur Anmaßung wegen der Werke dienen, steht zu fürchten, daß es nirgends weniger Glauben, weniger von der Kirche gibt als eben bei Priestern, Mönchen und Bischöfen, und daß sie rechte Heiden und Heuchler sind, die sich für die Kirche oder für das Herz der Kirche, ebenso für Geistliche und Leiter der Kirche halten, obwohl sie doch nichts weniger als das sind. Vielmehr sind sie in Wahrheit das Volk, das in das Exil geführt wird, bei welchem alles das gefangengehalten wird, was uns als Freiheit in der Taufe geschenkt worden ist, während das geringe Volk des Landes zurückgeblieben ist, die in den Augen jener gering geachtet werden, wie es z. B. den Verheirateten (von den Mönchen) ergeht. ...

Dies sei einstweilen genug von der Taufe und ihrer Freiheit. Später werde ich vielleicht die Gelübde ausführlicher[8] behandeln, wie es wirklich dringend nötig wäre, sich mit ihnen besonders zu beschäftigen.

Anmerkungen

1 Den folgenden Text geben wir mit der freundlichen Genehmigung des Verlages Vandenhoeck & Ruprecht nach der Übersetzung von K. Aland, Luther deutsch. Die Werke Martin Luthers in neuer Auswahl für die Gegenwart. Bd. 2: Der Reformator. Göttingen 1962, 201–215, wieder.

2 Da nach der Anschauung der mittelalterlichen Gnadenlehre die in der Taufe empfangene Gnade durch erneute Sünden verlorengeht, bedarf es des Bußsakramentes, welches den Sünder von der Schuld neuer Sünden befreit und ihm neu die Gnade vermittelt. Entsprechend bezeichnete man seit Hieronymus (gest. 420) die Buße als das zweite Brett bzw. die Planke, auf die man sich nach dem Schiffbruch erneuter Sünden retten konnte, während das erste Brett die Taufe war.

3 Vielleicht denkt Luther hier an die heilige Blandina, die zu den Opfern der Christenverfolgung in Lyon unter Mark Aurel gehörte und deren Bekennermut bei Euseb (hist. eccles. V,1) besonders hervorgehoben wird.

4 Reue, Beichte und Genugtuung nach dem Empfang der Absolution sind die Grundelemente des römisch-katholischen Bußsakramentes, auf das Luther hier anspielt.

5 Zum Zusammenhang von Taufe, christlicher Freiheit und Mönchsgelübde vgl. u. S. 121ff.

6 Zu dieser Vorstellung vgl. u. S. 110 Anm. 12.

7 Die Bullen sind feierliche und kirchenrechtlich verbindliche Erlasse der Päpste. Da das lateinische Wort »bulla« die Bezeichnung für »Blase«, »Wasserblase« ist, hat Luther die Bullen oft als Wasserblasen verspottet.

8 Das geschah in der Schrift »De votis monasticis Martini Lutheri iudicium« (Ein Urteil über die Mönchsgelübde) von 1521, die u. S. 75ff. in Übersetzung abgedruckt wird.

3. Freiheit und Lebensgestaltung

(Tractatus de libertate christiana 1520; WA 7, 49, 5–73, 15)

Einleitung

Eine ausführliche Darstellung von Luthers Freiheitsverständnis findet sich in Luthers Sermon »Von der Freiheit eines Christenmenschen« bzw. in der lateinischen Fassung dieser Schrift im sogenannten »Tractatus de libertate christiana«. Beide Fassungen der Freiheitsschrift Luthers gehen zurück auf eine Initiative des sächsischen Landedelmanns und päpstlichen Kammerjunkers Karl von Miltitz, der im Zusammenhang der deutschen Kaiserwahl Friedrich dem Weisen, Luthers Landesherrn, 1519 die goldene Tugendrose überbracht und sich bei dieser Gelegenheit, seine Möglichkeiten überschätzend, noch um eine Annäherung Luthers an Rom in letzter Minute bemüht hatte. Erreichte er 1519 nur Luthers Versprechen, fortan zu schweigen, wenn auch seine römischen Gegner schwiegen und die reformatorische Streitsache durch einen gelehrten Bischof schlichten zu lassen, so konnte er im Oktober 1520 bei einem Treffen mit Luther in der Antoniterpräzeptorei Lichtenburg an der Elbe zwischen Wittenberg und Leipzig diesen dazu bewegen, in einem Sendbrief an Leo X. noch einmal seinen Fall zu schildern und zu versichern, daß er niemals die Absicht gehabt habe, Leo X. persönlich anzugreifen. Dieser Sendbrief sollte mit einem kleinen Traktat verbunden sein, in dem Luther klar und ohne Polemik noch einmal die Summe seiner neuen reformatorischen Theologie zusammenfassen sollte. Miltitz wollte Luthers Sendbrief und Traktat selbst nach Rom bringen und dort die irrige Beurteilung der Luthersache aus dem Weg räumen. Doch hatte Miltitz schon 1519 seine Möglichkeiten überschätzt, so auch jetzt. War doch bereits am 15. Juni 1520 die Bannandrohungsbulle »Exsurge Domine« gegen Luther erlassen worden, die ihn aufforderte, 41 Sätze aus seinem Werk binnen 60 Tagen zu widerrufen, andernfalls treffe ihn endgültig der Bann der römischen Kirche. Luther hat möglicherweise die ganze Sache doch noch als einen letzten Ausgleichsversuch verstanden. Doch war die Chance, den Papst von der römischen Kurie und seinen Anhängern zu trennen und zum Einlenken zu bewegen, gering und die Aussichtslosigkeit des Unternehmens war Luther wohl auch bewußt. Dennoch sah Luther in dieser Aufforderung nochmals eine Gelegenheit, angesichts des drohenden Bannes die Summe seiner reformatorischen Erkenntnis öffentlich mitzuteilen. Am 20. November 1520 lagen der Traktat von »Von der Freiheit eines Christenmenschen« und der Sendbrief an Leo X. deutsch und lateinisch vor. Die deutsche Fassung wirkt unmittelbarer und frischer, die lateinische ist ausführlicher, gedankenreicher, übersichtlicher und in sich geschlossener. Der Traktat wirkt wie ein Gegenstück zur erst im Oktober 1520 erschienenen Schrift »Von der babylonischen Gefangenschaft der Kirche, ein Vorspiel«. Nun stellt Luther unter dem Stichwort von der Freiheit eines Christenmenschen positiv das Programm seiner neuen reformatorischen Theologie vor. Wie schon in seiner Exegese von Ps. 13 (14), 1 in den Operationes in Psalmos vom April 1520, so beschreibt Luther auch jetzt die christliche Freiheit durch eine Doppelthese, die der Spannung von Freiheit und Dienstbarkeit in der christlichen Existenz Rechnung trägt: »Ein Christenmensch ist ein freier Herr aller Dinge und niemand untertan« und »Ein Christenmensch ist ein dienstbarer Knecht aller Dinge und jedermann untertan.« Verständlich wird diese paradoxe Doppelthese, wenn man hinzufügt, ein Christenmensch ist ein freier Herr aller Dinge »im Glauben« und ein dienstbarer Knecht aller Dinge »in der Liebe«. Von der Freiheit im Glauben und von der Dienstbarkeit in der Liebe handeln dann auch die beiden Hauptteile der Freiheitsschrift. Luther verbindet diese Teile mit der aus der deutschen Mystik bzw. aus der paulinischen Anthropologie stammenden Unterscheidung von innerem und äußerem Menschen.

Den inneren Menschen oder, wie Luther auch sagt, die Person des Menschen macht kein äußeres Ding frei, noch bindet es ihn. Die Freiheit der Person entspringt dem Glauben an das Evangelium, weil Gott die Person an seiner bzw. der Freiheit Christi durch sein göttliches Wort partizipieren läßt und diese Partizipation sich durch den Glauben, der Gott allein die Ehre gibt, indem er Gott Gott sein läßt, sich in uns vollzieht. Gott schenkt dem Glaubenden Freiheit, indem er ihn durch sein Wort rechtfertigt und ihn von seinen Sünden befreit. Es entsteht eine Gütergemeinschaft zwischen Gott und dem Menschen, die Luther mit Hilfe von Vorstellungen der bernhardinischen Brautmystik als ein Verhältnis von Braut und Bräutigam, von Christus und Seele beschreibt. Der dieses Verhältnis besiegelnde Brautring ist der Glaube. Die Gütergemeinschaft zwischen Christus und der Seele teilt in einem fröhlichen Wechsel alle Güter miteinander. Christus schenkt der Seele seine Gerechtigkeit und sein Heil, und die Seele, das »arme Hürlein«, gibt Christus ihre Sünde und ihre Heillosigkeit. Zugleich läßt Christus die Glaubenden an seinem königlichen und priesterlichen Amt teilhaben, indem er sie zu Königen und Priestern macht. Als Könige sind sie geistlich und unsichtbar mit Christus allen irdischen Dingen und ihrem Verhaftetsein in Kreuz und Tod überlegen, als Priester können sie fürbittend für den Nächsten vor Gott eintreten. Freiheit, Gerechtigkeit, geistliches Königtum und Priestertum ermöglichen dem Christen so nicht die Werke, sondern der Glaube, weil er allein an der Freiheit, Gerechtigkeit, Königtum und Priestertum Christi partizipiert. So machen auch nicht die Werke die menschliche Person gerecht, sondern der Glaube. Die durch den Glauben gerecht gemachte Person bringt spontan gute Werke hervor, wie der gute Baum die guten Früchte. Diese Früchte aber sind nicht beliebig oder überflüssig, sondern notwendig, um das eigene leiblich-konkrete Leben, den äußeren Menschen, zu disziplinieren und mit anderen Menschen in der Welt umzugehen. Davon handelt der zweite Teil der Freiheitsschrift.

Die im Glauben gewährte Freiheit eines Christenmenschen sichert Luther im zweiten Teil gegen ein libertinistisches Mißverständnis. Denn der im Glauben freie Mensch ist den Bedingungen seines leiblichen Seins unterworfen, das er durch Disziplin und asketisches Verhalten steuert, um es seiner inneren Freiheit gleichförmig zu machen. Zugleich lebt er zusammen mit anderen, denen er in der Liebe dient, um sie in die Freiheit einzuladen, aus der er selbst geistlich lebt. Da die Gemeinschaft der Menschen untereinander nach wie vor einer Regulierung durch Gesetze und Gebote bedarf, nimmt der Christ diese Gesetze und Gebote, deren Forderungen er eigentlich spontan erfüllt, freiwillig auf sich. Darüber hinaus macht er die Not des anderen zu seiner eigenen, um ihm zu helfen, wie auch Christus sich seiner Not angenommen und ihm geholfen hat. Seine geistliche Freiheit im Glauben ist so zugleich Freiheit zur Liebe, in der der Christ ein dienstbarer Knecht aller Dinge wird und jedermann untertan ist. Doch dient er als der Freie. Denn alles, was er tut zur Disziplinierung seines Leibes oder zur Aufhebung der Not des Nächsten, ist nicht mehr Gegenstand seiner Rechtfertigung vor Gott. Denn gerechtfertigt wird er allein aus Gott bzw. allein durch den Glauben, mit dem er der Gnade Gottes vertraut. Aus ihr empfängt er geistlich seine Freiheit, die ihn ermächtigt, alles, was er tut, nicht mehr zu seiner Selbstbegründung mißbrauchen zu müssen. Diese Freiheit setzt ihn auch instand, mit Rücksicht auf die Schwachen kirchliche Gesetze und zeremonielle Gebräuche auf sich zu nehmen, die die Schwachen noch nötig haben, um zur Erkenntnis der geistlichen Freiheit heranzuwachsen. Er wird sie aber in dem Augenblick mutig durchbrechen, in dem sie als Mittel zur Rechtfertigung vor Gott von Kirchenlehrern und Gesetzesmenschen sanktioniert werden. So gebraucht der Christ seine Freiheit weder libertinistisch, noch läßt er sie nomistisch einschränken.

Da die deutsche Fassung von Luthers Freiheitsschrift in mehreren Auswahlausgaben[1] leicht zugänglich ist, eine deutsche Übersetzung der lateinischen Fassung aber abgesehen der älteren durch Lemme[2] zur Zeit fehlt, bieten wir im folgenden eine neue deutsche Übertragung des Tractatus de libertate christiana. Da diese Fassung für Leo X. und für gelehrte Ohren bestimmt war, ist sie umfangreicher, klarer und geschlossener als die deutsche. Auch deshalb empfiehlt es sich, sie in einer Übersetzung für die Erörterung von Luthers Freiheitsverständnisses zu Gehör zu bringen.

Übersetzung des Tractatus de libertate christiana 1520

Als ein unbedeutendes Ding ist vielen der christliche Glaube erschienen, den auch nicht wenige den Tugenden oder mit ihnen verbundenen Verhaltensweisen zurechnen; was sie jedoch nur tun, weil sie von demselben nicht die geringste Erfahrung gemacht noch von der Größe seiner Kraft je einen Geschmack bekommen haben. Denn unmöglich kann jemand recht über ihn schreiben oder richtige Schriften über ihn recht verstehen, der nicht den Geist desselben in der Anfechtung der Trübsale einmal geschmeckt hat. Wer aber auch nur ein wenig geschmeckt hat, der kann niemals über ihn genug schreiben, reden, denken, hören: denn er ist ein lebendiger Quell, der in das ewige Leben sprudelt, wie ihn Christus Joh. 4 (14) beschreibt. Ich aber, obwohl ich mich einer Überfülle nicht rühmen mag und weiß, wie mangelhaft mein Rüstzeug ist, hoffe dennoch infolge mancher großer Versuchungen manchen Tropfen vom Glauben erlangt zu haben und wenn auch nicht feiner, so doch gründlicher über denselben reden zu können, als jene höchst spitzfindigen Wortklauber bisher darüber gehandelt haben, ohne ihre eigenen Reden zu verstehen. Um aber den Ungelehrten – denn diesen allein diene ich – einen leichteren Weg zu bahnen, schicke ich diese beiden Sätze über die Freiheit und Dienstbarkeit des Geistes voran:

1. Ein Christenmensch ist ein ganz freier Herr über alle Dinge und niemand untertan;
2. Ein Christenmensch ist ein ganz dienstbarer Knecht aller Dinge und jedermann untertan.

Obgleich sich diese Sätze zu widersprechen scheinen, werden sie doch, wenn ihre Übereinstimmung entdeckt wird, wohl zu unserem Vorhaben geeignet sein. Denn sie stammen von Paulus selbst, der beides in 1. Kor. 9, (19) sagt: »Obwohl ich frei bin, habe ich mich jedermann zum Knecht gemacht«, und (Röm. 13, 8): »Seid niemand etwas schuldig, als daß ihr euch untereinander liebet. Die Liebe aber ist ihrem Wesen nach dienstbar und untertan dem, den sie liebt. So ist auch Christus, obwohl er ein Herr über alle Dinge ist, aus einem Weibe geboren, dem Gesetz untertan gemacht (Gal. 4, 4), zugleich ein Freier und ein Knecht, zugleich in göttlicher Gestalt und in Knechtsgestalt (Phil. 2, 6 f.).

Daß wir das gründlich und fruchtbar erkennen mögen, wollen wir von Grund auf anfangen.

Der Mensch besteht aus einer doppelten Natur, einer geistlichen und einer leiblichen: nach der geistlichen, die man Seele nennt, heißt er ein geistlicher, innerlicher, neuer Mensch, nach der leiblichen, die man Fleisch nennt, heißt er ein fleischlicher, äußerlicher, alter Mensch, von dem der Apostel 2. Kor. 4 (,16) sagt: »Wenn auch unser äußerlicher Mensch verdirbt, so wird doch der innerliche von Tag zu Tag erneuert.« Und um dieses Unterschiedes willen werden von demselben Menschen in der Schrift einander widerstreitende Dinge gesagt, weil auch wirklich in demselben Menschen zwei Menschen wider einander kämpfen, wenn das Fleisch wider den Geist und den Geist wider das Fleisch gelüstet Gal. 5 (,17).

So nehmen wir uns zuerst den inwendigen Menschen vor, um zu sehen, aus welchem Grund jemand ein gerechter, freier und wahrhaft christlicher, d. h. ein geistlicher, neuer, innerlicher Mensch werde. So steht es fest, daß keines von den äußerlichen Dingen, wie immer sie genannt werden mögen, irgendeine Kraft hat zur christlichen Gerechtigkeit und Freiheit sowie auch nicht zur Ungerechtigkeit und Knechtschaft, was durch eine einfache Beweisführung überzeugend dargelegt wird. Denn was kann es der Seele helfen, wenn der Leib sich wohl fühlt, frei und lebendig ist, ißt, trinkt und lebt, wie es ihm beliebte, da ja in diesen Dingen auch die gottlosesten Knechte aller Freveleien blühen? Wiederum was schadete der Seele eine schlechte Gesundheit oder Gefangenschaft oder Hunger oder Durst und irgendeine äußerliche Beschwerde, da ja in diesen auch die Frömmsten und durch ein reines Gewissen Freiesten geplagt werden. Keines dieser Dinge reicht bis an die Freiheit oder Knechtschaft der Seele. So hat es nichts genützt, wenn der Leib mit heiligen Kleidern nach der Sitte der Heiligen geschmückt wird oder an heiligen Orten wandelt oder von heiligen Aufgaben in Anspruch genommen wird, oder betet, fastet, sich gewisser Speisen enthält und jedes gute Werk tut, das durch den Leib und in dem Leib geschehen kann: eine weit andere Sache wird nötig sein zur Gerechtigkeit und Freiheit der Seele, weil das, was genannt ist, auch von jedem Gottlosen ausgeführt werden kann und aus diesen Bemühungen nur Heuchler hervorgehen. Umgekehrt wird es der Seele nicht schaden, wenn der Leib mit weltlichen Kleidern bekleidet wird, an weltlichen Orten wandelt, ißt, gemeinschaftlich trinkt, nicht laut betet und alles unterläßt, was, wie oben gesagt, durch die Heuchler geschehen kann.

Und daß wir alles zurückweisen, auch Spekulationen, Meditationen und alles, was durch die Mühen der Seele getan werden kann, nützt nichts. Einer Sache und dieser allein bedarf es zum christlichen Leben, zur christlichen Gerechtigkeit und Freiheit. Dies ist das hochheilige Wort Gottes, das Evangelium Christi, sowie Joh. 11 (,25) sagt: »Ich bin die Auferstehung und das Leben, wer an mich glaubt, wird nicht sterben in Ewigkeit«, ebenso (Joh. 8,36): »Wenn euch der Sohn freimacht, werdet ihr wahrhaft frei sein«, und Mt. 4 (,4): »Der Mensch lebt nicht vom Brot allein, sondern von jedem Wort, das aus dem Mund Gottes hervorgeht.« Also mögen wir gewiß wissen und als einen feststehenden Sachverhalt annehmen, daß die Seele aller Dinge mit Ausnahme des Wortes Gottes entbehren kann, ohne welches jener mit überhaupt keinen Dingen Sorge getragen werden kann. Wenn sie aber das Wort hat, ist sie reich und bedarf sie keines Dinges, denn es ist ein Wort des Lebens, der Wahrheit, des Lichtes, des Friedens, der Gerechtigkeit, des Heils, der Freude, der Freiheit, der Weisheit, der Tugend, der Gnade, der Herrlichkeit und jedes Gute in unschätzbarer Weise. Das ist es, was der Prophet in dem ganzen, nach Abschnitten von je acht Versen gegliederten Psalm (Ps. 119) und an vielen anderen Stellen mit Seufzern und lauten Worten ersehnt und anruft, nämlich das Wort Gottes. Wiederum gibt es keine grausamere Plage des Zornes Gottes, als wenn er einen Hunger nach dem Hören seines Wortes sendet, wie Amos (8,11f.) sagt, sowie es auch keine größere Gnade gibt, als wenn er sein Wort aussendet, wie es Ps. 107 (,20) heißt: »Er hat sein Wort gesandt und sie geheilt, und hat sie ihrem Untergang entrissen.« Und es ist auch Christus zu keinem anderen Amt gesandt als zu dem des Wortes; und der apostolische, bischöfliche und der ganze geistliche Stand ist allein zum Dienst am Wort berufen und eingesetzt.

Fragst du aber: »Was ist denn dieses Wort, oder auf welche Art und Weise ist es zu gebrauchen, weil es so viele Worte Gottes gibt?« So antworte ich: Der Apostel beschreibt es Röm. 1 (,1 ff.), nämlich als das Evangelium Gottes von seinem Sohn, der Fleisch geworden ist, gelitten hat, auferstanden und verherrlicht ist durch den Heiligen Geist, der da heilig macht. Nämlich daß Christus gepredigt hat, das bedeutet, daß er die Seele geweidet, gerechtfertigt, frei und selig gemacht hat, sofern sie der Predigt glaubte. Denn der Glaube allein ist der heilsame und wirksame Gebrauch des Wortes Gottes, wie es Röm. 10 (,4) heißt: »Wenn du mit deinem Munde bekennst, daß Jesus der Herr sei, und glaubst in deinem Herzen, daß ihn Gott von den Toten auferweckt hat, so wirst du selig.« Und wiederum: »Christus ist das Ende des Gesetzes zur Gerechtigkeit jedem, der da glaubt« (ebd.), und Röm. 1 (,17): »Der Gerechte wird aus seinem Glauben leben.« Denn das Wort Gottes kann nicht durch Werke, sondern nur durch den Glauben angenommen und gepflegt werden. Deshalb ist es klar, wie die Seele allein das Wort Gottes nötig hat zum Leben und zur Gerechtigkeit, so wird sie allein durch den Glauben und nicht durch die Werke gerechtfertigt. Wenn sie nämlich durch etwas anderes gerechtfertigt werden könnte, bedürfte sie des Wortes Gottes nicht und infolgedessen auch nicht des Glaubens. Denn dieser Glaube kann mit Werken zusammen gänzlich nicht bestehen, d. h. wenn du dich vermissest, durch die Werke, welche es auch immer sind, zugleich gerechtfertigt zu werden: denn das hieße hinken nach beiden Seiten, Baal anbeten und die Hand küssen, was die größte Ungerechtigkeit ist, wie Hiob sagt (Hiob 31.27). Deshalb wenn du anfängst zu glauben, lernst du zugleich, daß alles, was in dir ist, gänzlich Schuld, Sünden und Verdammenswertes ist, nach jenem Wort Röm. 3 (,23): »Alle haben gesündigt und mangeln des Ruhmes vor Gott«, und Röm. 3 (,10ff.): »Da ist kein Gerechter, keiner, der

Gutes tue. Alle sind sie abgewichen und alle untüchtig geworden.« Denn wenn du dies erkannt hast, wirst du wissen, daß Christus dir notwendig ist, der für dich gelitten hat und auferstanden ist, damit du, wenn du an ihn glaubst, durch diesen Glauben ein anderer Mensch werdest, indem alle deine Sünden erlassen werden und du durch fremde Verdienste gerechtfertigt wirst, nämlich durch die Christi allein.

Da also dieser Glaube nur im inneren Menschen regieren kann, sowie es Röm. 10(,10) heißt: »Mit dem Herzen glaubt man zur Gerechtigkeit«, und da er allein rechtfertigt, so ist offenbar, daß der innere Mensch durch überhaupt kein äußeres Werk und Geschäft gerechtfertigt, frei und selig werden kann und daß alle Werke ihn nichts angehen, sowie er umgekehrt allein durch Gottlosigkeit und Unglauben des Herzens schuldig und ein verdammenswerter Knecht der Sünde wird, und nicht durch äußere Sünde oder Werke. Deshalb soll die erste Sorge jedes Christen sein, daß er, nachdem er die falsche Meinung über die Werke beiseitegesetzt hat, allein den Glauben mehr und mehr stärke und durch denselben wachse in der Erkenntnis nicht der Werke, sondern Jesu Christi, der für ihn gelitten hat und auferstanden ist, wie Petrus 1. Petr. (5, 10) zuletzt lehrt. Denn kein anderes Werk macht den Christen. So sagt auch Christus Joh. 6(,28 f.), als die Juden ihn fragten, was sie tun sollten, daß sie die Werke Gottes wirkten, indem er die Menge der Werke, durch die er jene sich rühren sah, zurückwies und nur das Eine ihnen vorschrieb: »Das ist Gottes Werk, daß ihr glaubt an den, den er gesandt hat, denn diesen hat Gott der Vater als Zeichen gegeben.«

Daher ist der rechte Glaube an Christus ein unvergleichlicher Schatz, der alle Seligkeit mit sich bringt und vor jedem Übel bewahrt, sowie Mk. (16, 16) zum Schluß sagt: »Wer da glaubt und getauft wird, der wird selig. Wer aber nicht glaubt, der wird verdammt werden.« Diesen Schatz schaute Jesaja und verkündigte Jes. 10. 22: »Der Herr wird ein verkürztes und vollendendes Wort auf Erden wirken, und die vollendete Abkürzung wird die Gerechtigkeit überfließen lassen«, als wollte er sagen: »Der Glaube, welcher eine kurze und vollendete Fülle im Blick auf das Gesetz darstellt, wird die Glaubenden mit so großer Gerechtigkeit anfüllen, daß sie keiner anderen Sache zur Gerechtigkeit bedürfen.« So spricht auch Paulus Röm. 10(,10): »Mit dem Herzen wird geglaubt zur Gerechtigkeit.«

Fragst du aber, aus welchem Grund es geschieht, daß der Glaube allein rechtfertigt und ohne Werke einen Schatz so großer Güter darbietet, obwohl so viele Werke, Zeremonien, Gesetze uns in der Schrift vorgeschrieben sind, so antworte ich: Vor allem sei eingedenk dessen, was gesagt ist, daß allein der Glaube ohne Werke rechtfertigt, befreit und rettet, etwas, was wir unten deutlicher machen werden. Inzwischen ist festzustellen, daß die ganze Schrift Gottes in zwei Teile geteilt wird: in Gebote und Verheißungen. Die Gebote lehren zwar die Güter, aber es geschieht nicht sogleich, was gelehrt ist: sie zeigen nämlich, was wir tun sollen, aber die Kraft zum Tun schenken sich nicht. Dazu sind sie verordnet, daß sie den Menschen sich selbst zeigen, daß er durch diese sein Unvermögen zum Guten erkennt und an seinen Kräften verzweifelt. Aus diesem Grund heißen und sind sie auch der alte Bund. Z. B. ist geboten: »Du sollst nicht begehren!«, wodurch wir alle als Sünder überführt werden, da niemand ohne Begierde sein kann, was er auch immer dagegen unternehmen wird. Damit er nicht begehrt und das Gebot erfüllt, wird er gezwungen an sich selbst zu verzweifeln und anderswo und durch einen anderen Hilfe zu suchen, welche er in sich nicht findet, wie Hosea (13,9) sagt: »Du bist dein Verderben, Israel, deine Hilfe steht allein bei mir.« Was aber über dieses eine Gebot ausgeführt wird, dasselbe wird über alle ausgeführt: Sie sind nämlich in gleicher Weise uns unmöglich.

Wenn nun aber der Mensch durch die Gebote über sein Unvermögen belehrt und ängstlich geworden ist, mit welcher Mühe er dem Gesetz genugtue, weil dem Gesetz genuggetan werden muß, so daß kein Iota oder Tüpfelchen vergehe (andernfalls wird er ohne Hoffnung verdammt werden), dann ist er wahrhaft gedemütigt und zu nichts geworden in seinen Augen und findet in sich nichts, wodurch er möge gerechtfertigt und gerettet werden. Hier hilft nun der andere Teil der Schrift, die Verheißungen Gottes, welche die Herrlichkeit Gottes verkündigen und sagen: »Wenn du das Gesetz erfüllen und nicht begehren willst, wie das Gesetz es fordert, siehe da, glaube an Christus, in dem wird dir Gnade, Gerechtigkeit, Friede, Freiheit und alles verheißen; glaubst du, so wirst du es haben, glaubst du nicht, so wirst du es nicht haben.« Denn was dir unmöglich ist in allen Werken des Gesetzes, die viele und dennoch unnütz sind, wirst du auf einem leichten und kurzen Weg durch den Glauben erfüllen. Denn Gott der Vater hat alles in den Glauben gesetzt, so daß jeder, der ihn haben wird, alles haben soll, und der ihn nicht haben wird, nichts haben soll. »Denn er hat alle beschlossen unter den Unglauben, auf daß er sich aller erbarme«

(Röm. 11,32). So schenken die Verheißungen Gottes das, was die Gebote fördern, und erfüllen, was das Gesetz befiehlt, so daß alles allein Gottes Sache ist, die Gebote und ihre Erfüllung. Er selbst allein gebietet, er erfüllt auch allein: so beziehen sich die Verheißungen auf den neuen Bund, ja vielmehr sie sind der neue Bund.

Da aber diese Verheißungen Gottes heilige, wahre, gerechte, freie, friedliche und aller Güte volle Worte sind, geschieht es, daß die Seele, die an jenen mit festem Glauben hängt, so mit ihnen vereinigt, ja vielmehr gänzlich von ihnen verschlungen wird, daß sie nicht nur teil hat, sondern gesättigt und getränkt wird mit aller Kraft derselben. Wenn nämlich die Berührung Christi gesund machte, um wieviel mehr wird diese zarteste Berührung im Geist, ja fürwahr die Verschlingung durch das Wort der Seele alles mitteilen, was dem Wort gehört. Auf diese Weise wird die Seele allein durch den Glauben, ohne die Werke, aus dem Wort Gottes gerechtfertigt, wahrhaftig gemacht, mit Frieden erfüllt, befreit und mit jedem Gut erfüllt und wahrhaft ein Kind Gottes, sowie es Joh. 1 (,12) heißt: »Er gab ihnen Macht, Gottes Kinder zu werden, denen, die an seinen Namen glaubten.«

Daraus ist leicht zu verstehen, woher der Glaube so Großes vermag und warum ihm keine guten Werke, auch nicht alle zusammen ihm gleichen können, denn kein Werk kann an dem göttlichen Wort hängen und kann auch nicht in der Seele sein, allein aber der Glaube und das Wort regieren in ihr. Wie das Wort ist, so wird von ihm her die Seele, gleichwie das feurige Eisen vor Hitze glüht wie das Feuer durch seine Vereinigung mit dem Feuer, so daß es deutlich ist, daß ein Christenmensch an seinem Glauben für alles genug hat und nicht der Werke bedarf, damit er gerechtfertigt werde. Wenn er keiner Werke bedarf, so bedarf er auch keines Gesetzes. Bedarf er aber keines Gesetzes, so ist er gewiß frei vom Gesetz und es ist wahr: »Dem Gerechten ist kein Gesetz gegeben.« (1. Tim. 1,9) Und dies ist die christliche Freiheit, unser Glaube, der da wirkt, daß wir nicht müßig gehen oder übel leben, wohl aber daß niemand des Gesetzes oder der Werke bedarf zur Gerechtigkeit und zum Heil.

Dies soll die erste Kraft des Glaubens sein. Nun laßt uns auch die andere ansehen. Denn dem Glauben kommt diese Verbindlichkeit zu, daß er den, dem er glaubt, mit der frömmsten und höchsten Meinung verehrt, weil er den wirklich für wahr und würdig hält, dem zu glauben ist. Und es gibt keine andere Ehre, die dieser Meinung von der Wahrheit und Gerechtigkeit gleich ist, durch die wir den ehren, dem wir glauben. Was können wir jemand Größeres zuschreiben als Wahrheit und Gerechtigkeit und überhaupt absolute Güte? Umgekehrt ist es die höchste Schmach, jemand in der Meinung der Lüge und der Ungerechtigkeit zu feiern oder zu verdächtigen, was wir tun, wenn wir ihm nicht glauben. So hält auch die Seele, wenn sie fest dem verheißenden Gott glaubt, ihn für wahr und gerecht, mit welcher Meinung sie Gott nichts Größeres zuteilen kann. Dies ist die höchste Gottesverehrung, ihm die Wahrheit, die Gerechtigkeit gegeben zu haben und alles gewährt zu haben, was man dem schuldet, dem man glaubt. Hier gibt sich die Seele wohlbereitet allen seinen Vorhaben hin, hier heiligt sie seinen Namen und läßt mit sich handeln, wie es Gott gefallen mag, denn an seinen Verheißungen hängend, zweifelt sie nicht, daß er wahrhaftig, gerecht und weise sei und alles in bester Weise tun, ordnen und versorgen werde. Ja ist nicht eine solche Seele durch diesen ihren Glauben in jeder Hinsicht Gott gehorsam? Welches Gebot bleibt übrig, das ein solcher Gehorsam nicht überreichlich erfüllt habe? Welche Fülle ist voller als dieser ganze Gehorsam? Aber diesen leisten die Werke nicht, sondern allein der Glaube. Umgekehrt welche Empörung, welche Gottlosigkeit, welche Schmach, gegenüber Gott ist größer als dem Verheißenden nicht zu glauben? Was nämlich ist das anderes, als Gott zum Lügner zu machen oder zu zweifeln, daß er wahrhaftig sei? Das aber heißt, sich selbst die Wahrheit zuteilen, Gott aber die Lüge und den leeren Schein, worin man doch Gott leugnet und sich selbst als Abgott im eigenen Herzen aufrichtet? Was also nützen die Werke, die in solcher Gottlosigkeit geschehen, auch wenn sie von Engeln oder Aposteln stammten? Richtig hat also Gott alles nicht unter den Zorn oder die Begierde, sondern unter den Unglauben beschlossen, damit nicht diejenigen, die vorgeben, das Gesetz mit reinen und sanften Werken zu erfüllen – wie es ja in der Tat bürgerliche und menschliche Tugenden solcher Art gibt – sich anmaßen, selig zu werden, weil sie, von der Sünde des Unglaubens ergriffen, entweder Barmherzigkeit suchen oder durch die Gerechtigkeit verdammt werden sollen.

Wenn aber Gott sieht, daß ihm Wahrheit zugesprochen und er durch den Glauben unseres Herzens mit so großer Ehre geehrt wird, deren er würdig ist, so ehrt er selbst wiederum uns, indem er auch uns Wahrheit und Gerechtigkeit um dieses Glaubens willen zuteilt. Der Glaube nämlich wirkt Wahrheit und Gerechtigkeit, indem er Gott das Seine gibt, wiederum gibt Gott deshalb unserer Gerechtigkeit Ehre. Denn es ist wahr und gerecht, daß Gott wahr und gerecht ist, und dies ihm zuteilen und zu bekennen, d. h. wahr und gerecht sein. So heißt es 1. Sam. 2 (,30): »Wer mich ehrt, den werde ich ehren, die mich aber verachten, die werden verachtet sein.« Entsprechend sagt Paulus Röm. 4 (,3), Abraham sei sein Glaube zur Gerechtigkeit gerechnet worden, weil er durch denselben Gott ganz und gar die Ehre gab, und aus demselben Grund muß auch uns zur Gerechtigkeit gerechnet werden, wenn wir geglaubt haben.

Die dritte unvergleichliche Gnade des Glaubens ist die, daß sie die Seele mit Christus vereinigt sowie eine Braut mit dem Bräutigam. Durch dieses Geheimnis (wie der Apostel Eph. 5, 30 ff. lehrt) werden Christus und die Seele ein Fleisch. Wenn sie aber ein Fleisch sind, so wird auch eine wahre, fürwahr eine allervollkommenste Ehe zwischen ihnen vollzogen, obwohl die menschlichen Ehen schwache Abbilder dieser einzigartigen Ehe sind. Und es folgt daraus, daß alle ihre Güter, gute wie schlechte, ihnen gemeinsam werden, so daß sich die glaubende Seele alles dessen, was Christus hat, als ihres Eigentums rühmen kann, und Christus alles das zueigen annimmt, was die Seele hat. Vergleichen wir jene Güter, so werden wir unschätzbare Dinge sehen. Christus ist voll von Gnade, Leben und Heil, die Seele ist voll von Sünden, Tod und Verdammung. Tritt nun der Glaube dazwischen, so geschieht es, daß Sünden, Tod und Hölle Christus zueigen sind, der Seele aber Gnade, Leben und Heil zukommen. Denn wenn er der Bräutigam ist, muß er zugleich das annehmen, was die Braut hat, und der Braut mitteilen, was sein eigen ist. Wer nämlich seinen Leib und sich selbst jener schenkt, wie sollte er da nicht alles Eigene ihr schenken? Und wer den Leib der Braut annimmt, wie sollte er nicht alles, was der Braut gehört, annehmen?

Hier entsteht nun das allersüßeste Schauspiel nicht nur von der Gemeinschaft, sondern auch von einem heilsamen Streit und Sieg, vom Heil und der Erlösung. Weil Christus Gott und Mensch und eben die Person ist, welche nicht gesündigt hat, noch stirbt, noch verdammt wird, aber auch nicht sündigen, sterben und verdammt werden kann und ihre Gerechtigkeit, Leben und Heil unüberwindlich, ewig und allmächtig ist, weil, sage ich, eine derartige Person sich die Sünden, den Tod und die Hölle der Braut um des Brautringes, d. h. des Glaubens willen gemeinsam, ja vielmehr zueigen gemacht hat und sich in ihnen nicht anders verhält, als wenn sie sein Eigentum wären und als wenn er selbst gesündigt hätte, sich mühend, sterbend und zur Hölle herabsteigend, damit er alles überwände, und Sünde, Tod und Hölle ihn nicht verschlingen konnten, so sind sie notwendigerweise in ihm selbst verschlungen in einem bewundernswerten Kampf. Denn seine Gerechtigkeit ist stärker als alle Sünden, sein Leben mächtiger als jeder Tod, sein Heil unbesiegbarer als jede Hölle. So wird die gläubige Seele durch den Mahlschatz ihres Glaubens in ihrem Bräutigam Christus von allen Sünden frei, vor dem Tode und der Hölle sicher, beschenkt mit der ewigen Gerechtigkeit, dem Leben und dem Heil ihres Bräutigams Christus. So stellt sich die Braut herrlich ohne Makel und Runzel dar, indem sie sich reinigt durch ein Bad im Wort des Lebens, d. h. durch den Glauben an das Wort des Lebens, der Gerechtigkeit und des Heils. So verlobt er sie sich im Glauben, in Barmherzigkeit und Erbarmungen, in Gerechtigkeit und Gericht, wie Hos. 2(,19f.) sagt.

Wer vermag diese königliche Hochzeit genug zu schätzen? Wer vermag den herrlichen Reichtum dieser Gnade zu begreifen? Wo der reiche und fromme Bräutigam Christus das arme, verachtete, gottlose Hürlein zur Frau nimmt, indem er es loskauft von allen seinen Übeln und es schmückt mit allen seinen Gütern. Daher ist es dann unmöglich, daß ihre Sünden sie zugrunderichten, weil sie auf Christus gelegt und in ihm selbst verschlungen sind; sie selbst aber hat nun eine derartige Gerechtigkeit in Christus, ihrem Bräutigam, über die sich wie über eine eigene rühmen soll und die sie gegen alle ihre Sünden, gegen Tod und Hölle mit Vertrauen setzen und über die sie sagen kann: »Wenn ich gesündigt habe, hat doch mein Christus nicht gesündigt, an den ich glaube, von dem alles mein ist und alle Meine sein«, wie es im Hohenlied (2,16) heißt: ›Mein Geliebter ist mein, und ich bin sein.‹ Das ist es, was Paulus 1. Kor. 15(,57) sagt: »Gott sei Dank, der uns den Sieg gegeben hat durch unsern Herrn Jesus Christus«, nämlich den Sieg über Sünde und Tod, wie er dort ausführt: »Die Sünde ist des Todes Stachel, die Kraft der Sünde aber ist das Gesetz.« (1. Kor. 15,56)

Hieraus erkennst du wiederum, aus welchem Grund nur dem Glauben zugeschrieben wird, daß er allein das Gesetz erfüllt und ohne alle Werke rechtfertige. So siehst du nämlich, daß das erste Gebot, durch welches gesagt wird: »Du sollst den einen Gott ehren«, allein durch den Glauben erfüllt wird. Auch wenn du selbst von der Sohle bis zum Scheitel nichts anderes wärest als gute Werke, so wärest du dennoch nicht gerecht und verehrtest weder Gott noch erfülltest du das erste Gebot, denn Gott kann nicht verehrt werden, ihm werde denn der

Ruhm der Wahrheit und aller Güte zugeschrieben, wie es ihm in Wahrheit auch zuzuschreiben ist. Dies aber tun nicht die Werke, sondern allein der Glaube des Herzens. Denn nicht durch Handeln, sondern durch Vertrauen verherrlichen wir Gott und bekennen ihn als wahrhaftig. Auf diese Weise ist der Glaube allein die Gerechtigkeit eines Christenmenschen und die Erfüllung aller Gebote. Wer nämlich das erste Gebot erfüllt, der erfüllt leicht auch alle übrigen Werke. Die Werke aber, da sie seelenlose Dinge sind, können Gott nicht verherrlichen, obwohl sie (wenn der Glaube da ist) zur Ehre Gottes geschehen können. Aber wir suchen zu dieser Zeit nicht das, was getan wird, wie beschaffen die Werke sind, sondern den, der sie wirkt, der ehrt und die Werke hervorbringt. Dies ist der Glaube des Herzens, das Haupt und das Wesen unserer ganzen Gerechtigkeit. Daher ist die Lehre blind und gefährlich, welche lehrt, daß durch die Werke die Gebote erfüllt werden, weil vor allen Werken die Gebote erfüllt sein müssen und die Werke der Erfüllung folgen, wie wir hören werden.

Damit wir aber jene Gnade, welche jener unser innerer Mensch in Christus hat, weiter ins Auge zu fassen vermögen, ist zu wissen, daß im alten Bund Gott sich jede männliche Erstgeburt heiligte. Und die Erstgeburt war von großem Wert, einer doppelten Ehre vor den übrigen mächtig, nämlich des Priestertums und der Herrschaft. Denn der erstgeborene Bruder war Priester und Herr über alle anderen, durch welches Bild Christus vorausdargestellt ist, der der wahrhafte und einzige Erstgeborene Gottes des Vaters und der Jungfrau Maria ist, wahrhaftiger König und Priester, nicht nach dem Fleisch und der Erde. Denn sein Reich ist nicht von dieser Welt. In himmlischen und geistlichen Dingen, die da sind Gerechtigkeit, Wahrheit, Weisheit, Friede, Heil etc. regiert und heiligt er selbst. Das bedeutet nicht, daß ihm nicht auch alle irdischen und unterirdischen Dinge unterworfen seien, (wie könnte er uns sonst vor jenen schützen und erretten), sondern daß sein Reich nicht in ihnen und nicht aus ihnen besteht. So besteht auch sein Priestertum nicht in der äußeren Pracht der Kleider und Gebärden, wie beschaffen jenes menschliche Priestertum Arons war und unser kirchliches Priestertum heute geartet ist, sondern in geistlichen Dingen, durch welche er im Himmel durch ein unsichtbares Amt bei Gott für uns eintritt und durch welche er sich dort selbst darbringt und alles tut, was ein Priester tun muß, sowie ihn Paulus Hebr. 6f. aufgrund des Vorbilds Melchisedeks beschreibt. Aber er bittet nicht nur für uns und tritt für uns ein, sondern lehrt uns auch innen im Geist mit den lebendigen Lehren seines Geistes, welches sind eigentlich die beiden Aufgaben eines Priesters; was bei den fleischlichen Priestern abgebildet ist durch sichtbare Bitten und Predigten.

Wie aber Christus durch die Erstgeburt diese seine beiden Würden erhalten hat, so teilt er dieselben mit und macht sie jedem, der an ihn glaubt, gemeinsam durch das Recht der zuvor besprochenen Ehe, durch das der Braut alles gehört, was dem Bräutigam gehört. Darum sind wir in Christus alle Priester und Könige, alle die wir an Christus glauben, so wie er 1. Petr. 2 (,9) sagt: »Ihr seid das auserwählte Geschlecht, das Volk des Eigentums, ein priesterliches Königreich und ein königliches Priestertum, damit ihr erzählen sollt die Tugenden dessen, der euch berufen hat von der Finsternis zu seinem wunderbaren Licht.« Um diese beiden Würden steht es so: Erstens, was die Herrschaft angeht, wird jeder Christ durch den Glauben so über alle Dinge erhöht, daß er durch geistliche Macht gänzlich ein Herr über alle Dinge ist, so daß ihm überhaupt kein Ding etwas schaden kann, fürwahr alles ist ihm unterworfen und gezwungen, ihm zum Heil zu dienen. So sagt auch Paulus Röm. 8 (,28): »Alle Dinge wirken den Auserwählten zum Guten« und ferner 1 Kor. 3 (,22 f.): »Alles ist euer, es sei der Tod oder das Leben, Gegenwärtiges oder Zukünftiges, ihr aber seid Christi.« Nicht daß mit körperlicher Macht irgendein Christ über alles gesetzt ist, um es zu besitzen und zu verwalten, in welchem Wahn bestimmte kirchliche Amtsträger überall unvernünftig befangen sind (dies ist nämlich eine Sache der Könige, Fürsten und Menschen auf Erden), da wir ja auch aus dem Umgang mit dem Leben selbst sehen, daß wir allen Dingen unterworfen sind, vieles leiden und so sehr sterben. Fürwahr je christlicher einer ist, desto mehr Übeln, Leiden und Sterben ist er unterworfen, wie wir an dem erstgeborenen Fürsten, Christus selbst, und an allen seinen heiligen Brüdern sehen. Diese Macht ist vielmehr geistlich, welche inmitten der Feinde herrscht und mitten in Bedrängnissen mächtig ist, was nichts anderes ist als die Kraft, die in der Schwachheit vollendet wird, und daß ich in allen Dingen das Heil gewinnen kann, so sehr, daß auch Kreuz und Tod gezwungen werden, mir zu dienen und zum Heil zu wirken. Dies ist eine mühevolle und zugleich ausgezeichnete Würde, eine wahre und allmächtige Macht, eine geistliche Herrschaft, in der keine Sache so gut, keine so böse ist, welche mir nicht zum Guten dienen würde, wenn ich nur geglaubt haben werde. Dennoch bedarf ich keines Dinges, da der Glaube allein zum Heil genügt, es sei denn, daß der Glaube darin die

Macht und die Herrschaft seiner Freiheit übe. Siehe dies ist die unschätzbare Macht und Freiheit der Christen.

Wir sind aber nicht nur die freiesten Könige über alle Dinge, sondern auch Priester in Ewigkeit, was weit vortrefflicher ist als jene königliche Herrschaft, weil wir durch das Priestertum würdig sind, vor Gott zu erscheinen, für andere zu beten und uns wechselseitig die göttlichen Dinge zu lehren. Denn dies sind die Aufgaben der Priester, welche einem Ungläubigen in keiner Weise zugestanden werden können. So hat es uns Christus erwirkt, wenn wir an ihn glauben, daß wir gleichwie wir Mitbrüder, Miterben und Mitkönige so auch Mitpriester mit ihm sind, die es wagen mit Vertrauen durch den Geist des Glaubens vor Gott zu treten und zu schreien: »Abba, lieber Vater« und einer für den anderen zu beten und alles zu tun, was wir durch das sichtbare und leibliche Priesteramt getan und abgebildet sehen. Wer aber nicht glaubt, der dient oder wirkt nichts zum Guten, sondern er selbst ist ein Knecht aller Dinge und alles gereicht ihm zum Bösen, weil er alle Dinge gottlos zu seinem Vorteil und nicht zur Ehre Gottes gebraucht. Also ist er auch nicht Priester, sondern ein prophaner Mensch, dessen Gebet zur Sünde wird und niemals vor Gott erscheint, weil Gott die Sünder nicht erhört. Wer also kann die Höhe der Christenwürde begreifen, die durch ihre königliche Macht über alle Dinge, den Tod, das Leben, die Sünde etc. herrscht und durch ihre priesterliche Herrlichkeit sogar bei Gott alles vermag, weil Gott tut, was sie bittet und wünscht, wie geschrieben steht (Ps. 145, 19): »Gott wird den Willen derer tun, die ihn fürchten, und er wird ihre Bitte erhören und sie erretten.« Zu dieser Herrlichkeit kommt sie sicherlich nicht durch die Werke, sondern allein durch den Glauben.

Daraus kann jeder deutlich sehen, wie ein Christenmensch frei ist von allen und über alle Dinge, so daß er dazu keiner Werke bedarf, daß er gerecht und selig sei, sondern der Glaube schenkt dies alles mit Überfülle. Wenn nun jemand so töricht wäre, daß er sich vornähme, durch irgendein gutes Werk gerecht, frei, selig oder ein Christ zu werden, würde er sofort den Glauben mit allen Gütern verlieren, eine Torheit, die vortrefflich dargestellt ist in jener Fabel, in der ein Hund, der im Wasser läuft und ein wirkliches Stück Fleisch im Maul trägt, getäuscht durch den Schatten des im Wasser erscheinenden Fleisches, das wirkliche Fleisch zugleich mit dem Schattenbild verliert, als er mit geöffnetem Maul nach demselben schnappt.

Hier wirst du nun fragen: »Wenn alle, die in der Kirche sind, Priester sind, mit welchem Namen werden dann diejenigen, die wir jetzt Priester nennen, von den Laien unterschieden?« Antwort: Diesen Vokabeln »Priester«, »Kleriker«, »Geistlicher«, »Kirchenmann« ist Unrecht geschehen, indem sie von allen übrigen Christen auf jene wenigen übertragen wurden, die jetzt durch einen schädlichen Gebrauch kirchliche Priester genannt werden. Denn die Heilige Schrift macht keinen Unterschied zwischen ihnen, es sei denn, daß sie diejenigen Diener, Knechte und Haushalter nennt, die jetzt als Päpste, Bischöfe und Herren gerühmt werden, welche den übrigen mit dem Dienst am Wort dienen sollen, um den Glauben an Christus und die Freiheit der Glaubenden zu predigen. Denn wenn es auch wahr ist, daß wir alle gleicherweise Priester sind, dennoch können wir nicht alle – und wenn wir es könnten – müssen wir nicht alle öffentlich dienen und predigen. So sagt Paulus 1. Kor. 4 (,1): »Dafür halte uns jedermann, für Diener Christi und Haushalter der Geheimnisse Gottes.«

Aber nun hat sich jene Haushaltung zu so einer großen Pracht der Macht und einer gewissen furchterregenden Tyrannei entwickelt, so daß mit ihr weder heidnische noch irgendwelche weltlichen Herrschaftsweisen verglichen werden können, gleichsam als wären die Laien etwas anderes als Christen: eine Verkehrtheit, durch die es geschehen ist, daß das Wissen um die christliche Gnade, den Glauben, die Freiheit und den ganzen Christus verlorengegangen ist, während an seine Stelle eine unerträgliche Gefangenschaft menschlicher Werke und Gesetze getreten ist, und wir nach den Klageliedern des Jeremia (Klagel. 1, 11) Knechte der alleruntüchtigsten Leute auf Erden geworden sind, die unser Elend zu allen Schimpflichkeiten und Schändlichkeiten ihres Willens mißbrauchen.

Zurückkehrend zu dem, was wir begonnen haben, meine ich, es sei dadurch klar, daß es nicht genug, noch christlich sei, wenn wir die Werke, das Leben und die Worte Christi auf eine historische Weise als bestimmte Ereignisse der Vergangenheit predigen, welche zu kennen ausreicht als Beispiel der Lebensgestaltung, in welcher Weise diejenigen, die jetzt noch die besten sind, predigen – um wieviel weniger genügt es, wenn davon gänzlich geschwiegen wird und Menschen-Gesetze und die Dekrete der Väter an seiner Stelle gelehrt werden. Auch gibt es nicht wenige, die mit solchem Eifer Christus predigen und lesen, daß sie die menschlichen Affekte zum Mitleid mit Christus und zur Empörung über die Juden bewegen, und entsprechend dieser Art gibt es noch anderes kindisches und weibisches Gerede. Aber es ist nötig, daß Christus zu dem Zweck gepredigt wird, daß dadurch der Glaube an ihn gefördert werde, auf daß er nicht nur der Christus sei, sondern dir und mir der Christus sei, und in uns das wirke, was über ihn gesagt wird und wie er selbst genannt wird. Dieser Glaube aber entsteht und wird bewahrt, wenn gepredigt wird, warum Christus gekommen sei, was er gebracht und uns gegeben habe, mit welchem Gebrauch und zu welcher Frucht er anzunehmen sei. Dies geschieht, wo die christliche Freiheit richtig gelehrt wird, die wir von ihm haben und weshalb wir als Christen alle Könige und Priester sind, worin wir auch aller Dinge mächtig sind und darauf vertrauen, daß alles, was wir vor Gott getan haben, angenehm und angenommen sei, wie ich bisher gesagt habe.

Denn wessen Herz dies hört, soll es sich nicht aus innerstem Grund freuen und durch den Empfang eines so großen Trostes nicht zärtlich werden in Liebe zu Christus? Zu dieser Liebe kann man aber niemals mit Gesetzen oder Werken gelangen. Wer könnte einem solchen Herzen schaden oder es erschrecken? Bricht die Gewissensnot der Sünde oder der Schrecken des Todes herein, so ist es bereit, auf den Herrn zu hoffen, und fürchtet sich nicht über jene böse Kunde und wird nicht erschreckt und erregt sich nicht, bis es herabblickt auf seine Feinde. Denn es glaubt, Christi Gerechtigkeit sei ihm eigen und seine eigene Sünde sei nicht mehr seine, sondern Christi. Wird ja doch von dem Anblick der Gerechtigkeit Christi jede Sünde verschlungen, was notwendigerweise aus dem Glauben an Christus folgt, wie oben gesagt worden ist, und es lernt mit dem Apostel den Tod und die Sünde zu verhöhnen und zu sagen: »Wo ist nun Tod dein Sieg? Wo ist nun Tod dein Stachel? Der Stachel aber des Todes ist die Sünde, die Kraft der Sünde aber das Gesetz. Aber Gott sei Dank, der uns den Sieg gegeben hat durch Jesus Christus unseren Herrn!« (1. Kor. 15, 55–57) Denn der Tod ist verschlungen nicht nur durch den Sieg Christi, sondern auch durch unseren Sieg, weil sein Sieg durch den Glauben der unsere wird und wir auch durch ihn siegen.

Dies sei gesagt über den inneren Menschen, seine Freiheit und seine grundlegende Gerechtigkeit aus Glauben, welche keiner Gesetze und guten Werke bedarf, ja sie sind ihr sogar schädlich, wenn jemand sich anmaßt, durch sie gerechtfertigt zu werden.

Wenden wir uns jetzt dem anderen Teil, dem äußeren Menschen zu. Denn hier wird geantwortet allen jenen, die sich ärgern über das Wort vom Glauben und über das, was gesagt worden ist, und sprechen: »Wenn der Glaube alles tut und allein zur Gerechtigkeit genügt, warum sind dann die guten Werke geboten? So wollen wir guter Dinge sein und nichts tun, zufrieden mit dem Glauben.« Ich antworte: Nicht so, ihr Gottlosen, nicht so. Wahrlich jene Sache verhielte sich so, wenn wir gänzlich und vollkommen innerlich und geistlich wären, was nicht geschehen wird bis auf den jüngsten Tag der Auferstehung der Toten. Solange wir im Fleisch leben, beginnen wir nur und schreiten fort zu dem, was im zukünftigen Leben vollendet werden wird, weshalb der Apostel das, was wir in diesem Leben haben, die ersten Früchte des Geistes nennt (Röm. 8, 23), weil wir nämlich das Zehnfache und die Fülle des Geistes in der Zukunft empfangen werden. Auf diesen Teil bezieht sich, was oben formuliert ist, daß der Christ ein Knecht aller Dinge und allen Dingen unterworfen ist. Denn in dem Teil, in dem er frei ist, wirkt er nicht, in dem aber, in dem er Knecht ist, wirkt er alles. Aus welchem Grund das geschieht, wollen wir sehen.

Obwohl der Mensch, wie ich gesagt habe, innerlich nach dem Geist durch den Glauben reichlich und genug gerechtfertigt wird, und alles hat, was er haben soll, nur daß dieser Glaube selbst von Tag zu Tag wachsen muß bis zum zukünftigen Leben, bleibt er dennoch in diesem sterblichen Leben auf der Erde, auf welcher es notwendig ist, daß er seinen eigenen Leib regiert und mit Menschen umgeht. Hier beginnen nun die Werke, hier muß man nicht müßiggehen, hier muß man Sorge dafür tragen, daß der Leib durch Fasten, Wachen, Arbeiten und andere maßhaltende Disziplinen geübt und dem Geist unterworfen wird, daß er dem inneren Menschen und dem Glauben gehorche und gleichförmig werde, ihm nicht widerstrebe, noch ihn hindere, wie es sein Streben ist, wenn er nicht gezügelt wird. Denn der innere Mensch ist Gott gleichförmig und nach dem Ebenbild Gottes geschaffen durch den Glauben, und er freut sich und wird ergötzt um Christi willen, in dem ihm so große Güter zuteil geworden sind, weshalb auch dies allein seine Tätigkeit ist, daß er Gott mit Freude und umsonst in freier Liebe diene.

Während er darauf bedacht ist, siehe da stößt er in seinem eigenen Fleisch auf einen entgegengesetzten Willen, welcher danach strebt, der Welt zu dienen und das zu suchen, was sein ist, eben das, was der Geist des Glaubens nicht ertragen kann noch mag, und er macht den Versuch, jenen mit freudigem Eifer zu unterdrücken und zu zügeln, sowie Paulus es in Röm. 7, 22 f. sagt: »Ich habe Lust am Gesetz Gottes nach dem inneren Menschen. Ich sehe aber ein anderes Gesetz in meinen Gliedern, das widerstreitet dem Gesetz meines Geistes und nimmt mich gefangen im Gesetz der Sünde«, und andernorts heißt es: »Ich züchtige meinen Leib und zähme ihn, daß ich nicht anderen predige und selbst verwerflich werde« (1. Kor. 9, 27), und Gal. 5, 25: »Die Christus gehören, haben ihr Fleisch mit samt seinen Begierden gekreuzigt.«

Aber diese Werke müssen nicht in der Meinung geschehen, daß jemand durch dieselben vor Gott gerechtfertigt werde, denn diese falsche Meinung wird der Glaube nicht ertragen, der allein die Gerechtigkeit vor Gott ist, sondern nur in der Meinung, daß der Leib unter den Gehorsam gebracht und gereinigt werde von seinen bösen Begierden, so daß er sein Augenmerk nur darauf richtet, die Begierden auszutreiben. Denn weil die Seele durch den Glauben gereinigt und zur Liebhaberin Gottes geworden ist, wollte sie gern, daß alles in gleicher Weise gereinigt werde, vor allem der eigene Leib, damit alles zusammen mit ihr Gott liebte und lobte. So geschieht es, daß der Mensch, weil es sein Leib erfordert, nicht müßig gehen kann und genötigt wird, dazu viele gute Werke zu tun, daß er ihn sich gehorsam mache. Dennoch sind die Werke selbst nicht das, wodurch er vor Gott gerechtfertigt wird, sondern er soll sie aus freier Liebe im Gehorsam gegen Gott tun als einer, der nichts anderes im Auge hat als das göttliche Wohlgefallen, dem er durch alles mit vollem Eifer gehorchen will.

In dieser Weise kann ein jeder sich selbst leicht belehren, mit welchem Maß oder welcher Lebensklugheit (wie sie sagen) er seinen Leib züchtigen soll. Denn er wird soviel fasten, wachen, arbeiten, wie er sieht, daß es genüge, um die übermütige Begierde zu dämpfen. Diejenigen aber, die sich anmaßen, durch Werke gerechtfertigt zu werden, haben nicht acht auf die Ertötung der Begierden, sondern nur auf die Werke in der Meinung, wenn sie nur möglichst viele und große täten, würden sie sich richtig verhalten und gerecht geworden sein, wobei sie zuweilen auch das Gehirn schädigen und die Natur entkräften oder wenigstens unbrauchbar zurücklassen. Dies ist eine ungeheuere Torheit und Unkenntnis des christlichen Lebens und Glaubens, nämlich ohne Glauben durch die Werke gerechtfertigt und gerettet werden zu wollen.

Damit aber das, was wir gesagt haben, leichter begriffen wird, wollen wir es mit Gleichnissen verdeutlichen. Die Werke eines Christenmenschen, der durch seinen Glauben aus reiner Barmherzigkeit Gottes gerechtfertigt und gerettet wurde, müssen keinen anderen Stellenwert haben, als ihn die Werke Adams und Evas und aller ihrer Söhne im Paradies gehabt hätten, wenn sie nicht gesündigt hätten, über welche 1. Mose 2, 15 gesagt wird: »Gott setzte den Menschen, den er gebildet hatte, in das Paradies, daß er dasselbe bearbeiten und hüten sollte.« Nun war Adam von Gott gerecht und gut geschaffen und ohne Sünde, so daß er durch sein Arbeiten und Hüten nicht nötig gehabt hätte, gerechtfertigt und rechtschaffen zu werden, sondern damit er nicht müßig ginge, gab ihm Gott die Aufgabe, daß er das Paradies pflege und bewahre. Dies wären wahrhaftig völlig freie Werke gewesen, d. h. um keines Dinges willen getan, als allein Gott zu gefallen, und nicht, um damit die Gerechtigkeit zu erlangen, die er schon vollständig hatte, welche auch uns allen angeboren gewesen wäre.

So sind auch die Werke eines glaubenden Menschen zu beschreiben, der durch seinen Glauben von neuem ins Paradies gesetzt und von neuem geschaffen worden ist. Er bedarf keiner Werke, damit er gerecht werde oder gerecht sei, sondern damit er nicht müßig sei und seinen Leib bearbeite und bewahre, soll er solche freien Werke allein zu Gottes Wohlgefallen tun und das nur deshalb, weil wir noch nicht völlig neugeschaffen sind in vollkommenem Glauben und vollkommener Liebe, die noch vermehrt werden müssen, jedoch nicht durch die Werke, sondern durch sich selbst.

Ein anderes Beispiel: Ein geweihter Bischof, der eine Kirche weiht, Kinder firmt oder irgendetwas anderes, was seines Amtes ist, tut, wird durch dieselben Werke nicht zum Bischof geweiht, im Gegenteil, wenn er nicht zuvor ein geweihter Bischof wäre, vermöchte keines jener Werke etwas und sie wären töricht, kindisch und Narrenwerk. So tut auch ein Christ, der durch seinen Glauben geweiht ist, gute Werke, aber er wird durch dieselben nicht mehr geweiht oder Christ. Dies ist nämlich allein Sache des Glaubens, fürwahr, wenn er nicht zuvor glaubte und Christ wäre, vermöchten alle seine Werke gänzlich nichts und wären wahrlich gottlose und verdammenswerte Sünden.

Deshalb sind diese beiden Aussagen wahr: »Gute Werke machen nicht einen guten Mann, sondern ein guter Mann wirkt gute Werke, böse Werke machen nicht einen bösen Mann, sondern ein böser Mann wirkt böse Werke«, so daß vor allen guten Werken die Substanz selbst oder die Person gut sein muß und die guten Werke folgen und aus der guten Person hervorgehen müssen. Sowie auch Christus sagt: »Ein schlechter Baum trägt keine guten Früchte und ein guter Baum trägt keine schlechten Früchte.« (Mt. 7, 18) Es ist aber klar, daß die Früchte nicht den Baum tragen noch der Baum auf den Früchten wächst, sondern umgekehrt die Bäume tragen die Früchte und die Früchte wachsen auf den Bäumen. Wie es also notwendig ist, daß die Bäume früher da sein müssen als ihre Früchte, und die Früchte nicht die Bäume gut oder schlecht machen, sondern es umgekehrt ist, wie die Bäume beschaffen sind, derartige Früchte bringen sie hervor, so ist es notwendig, daß zuerst die Person des Menschen gut oder böse sei, bevor er ein gutes oder ein böses Werk hervorbringt. Und seine Werke machen ihn nicht gut oder böse, sondern er selbst macht seine Werke gut und böse.

Ähnliches kann man an allen Handwerkern sehen. Ein schlechtes oder gutes Haus macht nicht einen schlechten oder guten Zimmermann, sondern ein guter oder schlechter Zimmermann macht ein gutes oder schlechtes Haus. Und so ist es im allgemeinen: kein Werk macht einen Meister nach der Art, wie es selbst beschaffen ist, sondern ein Meister macht ein Werk nach der Art, wie er selbst beschaffen ist. Also verhält es sich auch mit den Werken der Menschen: von welcher Art jemand selbst ist im Glauben oder Unglauben, derartig sind auch seine Werke; sie sind gut, wenn sie im Glauben geschehen, böse, wenn sie im Unglauben geschehen. Dies läßt sich aber nicht umkehren, so daß nach der Art des Werkes auch der Mensch im Glauben oder Unglauben beschaffen ist. Denn die Werke machen keinen Glaubenden, auch keinen Gerechten. Aber der Glaube, wie er gläubig und gerecht macht, so macht er auch gute Werke. Weil also die Werke niemand rechtfertigen und der Mensch gerecht sein muß, bevor er Gutes wirkt, ist es völlig klar, daß es allein der Glaube ist, der aus der reinen Barmherzigkeit Gottes durch Christus in seinem Wort die Person würdig macht, genugsam rechtfertigt und rettet, und daß kein Werk, kein Gesetz einem Christen notwendig ist zum Heil, weil er durch den Glauben frei ist von jedem Gesetz und aus lauter Freiheit alles umsonst tut, was immer er tut, wobei er nichts an Nutzen oder Heil erstrebt, weil er schon gesättigt und gerettet ist durch Gottes Gnade aus seinem Glauben, sondern allein das göttliche Wohlgefallen.

So nützt auch dem Ungläubigen kein Werk zur Gerechtigkeit und zum Heil. Wiederum kein böses Wort macht ihn böse oder verdammt, sondern der Unglaube, der die Person und den Baum schlecht macht, wirkt schlechte und verdammenswerte Werke. Deshalb, wenn jemand gut oder böse wird, geht das nicht von den Werken aus, sondern vom Glauben oder Unglauben, sowie der Weise spricht: »Der Anfang der

Sünde besteht darin, von Gott abzufallen« (Sir. 10, 14f.), und d. h. nicht zu glauben. Und Paulus sagt Hebr. 11, 6: »Wer herzukommen will, muß glauben.« Und dasselbe sagt Christus: »Entweder macht ihr den Baum gut und seine Früchte gut, oder ihr macht den Baum schlecht und seine Früchte schlecht«, als wollte er sagen: »Wer gute Früchte haben will, der wird mit dem Baum beginnen und einen guten Baum pflanzen.« So möge auch der, der Gutes tun will, nicht beim Wirken anfangen, sondern beim Glauben, daß er die Person gutmacht. Denn nur der Glaube macht die gute Person, und nur der Unglaube die böse Person.

Das freilich ist wahr, daß ein Mensch vor den Menschen durch die Werke gut oder böse wird. Dies Werden bedeutet aber dasselbe wie offenkundig und erkannt werden, wer gut oder böse ist, wie Christus Mt. 7, 20 sagt: »Aus ihren Früchten werdet ihr sie erkennen.« Aber das alles bleibt im Anschein und äußerlich, durch den in der Sache viele getäuscht werden, die sich anmaßen, über die guten Werke zu schreiben und zu lehren, durch die wir gerechtfertigt werden sollen, und gewiß des Glaubens inzwischen nicht mehr gedenken, während sie dahingehen, auf ihren Wegen selbst irren und immer täuschen und fortschreiten zum Schlechteren als blinde Blindenleiter, wobei sie sich mit vielen Werken abmühen und dennoch niemals zur wahren Gerechtigkeit kommen, von welchen Paulus 2. Tim. 3, 5. 7 sagt: »Sie haben zwar den Schein der Frömmigkeit, ihre Kraft aber leugnen sie; sie lernen ständig und gelangen doch niemals zur Erkenntnis der Wahrheit.« Wer also mit jenen Blinden nicht irren will, muß weiter sehen als auf die Werke, Gesetze oder Lehren über die Werke, fürwahr, wenn er den Blick von den Werken abgewendet hat, wird er auf die Person sehen und darauf, aus welchem Grund jene gerechtfertigt werde, welche nicht durch die Werke noch durch die Gesetze, sondern durch das Wort Gottes (d. h. durch die Verheißung seiner Gnade) und den Glauben gerechtfertigt und gerettet wird, auf daß der Ruhm der Majestät Gottes zukomme, der uns nicht aus den Werken der Gerechtigkeit, die wir getan haben, sondern nach seiner Barmherzigkeit durch das Wort seiner Gnade selig macht, wenn wir glauben.

Aus diesen Überlegungen heraus ist leicht zu verstehen, auf welche Weise die guten Werke abzuweisen oder gutzuheißen sind, und nach welcher Regel man die Lehren aller, die über die Werke geschrieben sind, verstehen soll. Wenn nämlich die Werke geboten werden zur Gerechtigkeit und mit dem verkehrten Teufelswahn und in der falschen

Meinung geschehen, daß du dich anmaßest, durch sie selbst gerechtfertigt zu werden, so erlegen sie einen Zwang auf und vernichten die Freiheit zusammen mit dem Glauben, und eben durch diese zusätzliche Funktion sind sie nicht mehr gut, sondern wahrhaft verdammenswert. Sie sind nämlich nicht frei und lästern die Gnade Gottes, die allein imstande ist durch den Glauben zu rechtfertigen und zu retten, was die Werke nicht zu leisten vermögen, und worauf sie sich doch durch unsere Torheit in Vermessenheit einlassen und so in das Amt seiner Gnade und Herrlichkeit gewaltsam eingreifen. Wir weisen also nicht die guten Werke ab, fürwahr wir heißen sie gut und lehren sie allermeist, denn wir verurteilen sie nicht um ihrer selbst willen, sondern wegen jener gottlosen zusätzlichen Funktion und der irrigen Meinung, die Gerechtigkeit damit zu erreichen, und die zur Folge hat, daß die Werke nur äußerlich gut erscheinen, obwohl sie in Wahrheit nicht gut sind, durch welche man getäuscht wird und täuscht wie die reißenden Wölfe in Schafskleidern.

Aber dieser Teufelswahn und diese verkehrte Meinung im Blick auf die Werke ist unüberwindlich, wo der lautere Glaube fehlt. Denn jener Irrtum kann von jenen Werkheiligen nicht fern sein, solange bis der Glaube als sein Zerstörer kommt und im Herzen regiert. Die Natur kann jene verkehrte Meinung durch sich selbst nicht austreiben, ja nicht einmal erkennen. Sie hält sie sogar für den heiligsten Willen, wodurch, wenn die Gewohnheit hinzukommt und diese Verkehrung der Natur bestärkt (sowie das durch gottlose Lehrer geschehen ist), jene ein unheilbares Übel ist und unendlich viele unwiederbringlich verführt und verdirbt. Deshalb, wenn es auch gut ist über die Buße, die Beichte, die Genugtuung zu schreiben und zu predigen, sind es ohne Zweifel verführerische und teuflische Lehren, wenn man hier stehen bleibt und nicht voranschreitet, den Glauben zu lehren. So hat nämlich Christus zusammen mit Johannes nicht nur gesagt: »Tut Buße«, sondern er fügte, das Wort des Glaubens sprechend, hinzu: «Das Himmelreich wird naheherbeikommen.« (Mt. 4, 7)

Denn man muß nicht nur einerlei, sondern beiderlei Wort Gottes predigen und Neues und Altes aus dem Schatz hervorholen, sowohl die Stimme des Gesetzes, als auch das Wort der Gnade. Die Stimme des Gesetzes soll man hervorholen, damit die Sünder erschreckt werden und zur Erkenntnis ihrer Sünden geführt werden und deshalb sich zur Buße und zu einem besseren Leben bekehren. Aber man soll dabei nicht stehen bleiben. Denn das hieße nur verwunden und nicht verbinden, niederschlagen und nicht heilen, töten und nicht lebendigmachen, in die Hölle führen und nicht wieder herausführen, demütigen und nicht erhöhen. Deshalb muß auch das Wort der Gnade und der Verheißung der Vergebung gepredigt werden, um den Glauben aufzurichten und zu lehren, ohne welches das Gesetz, die Buße und alles andere vergeblich geschieht und gelehrt wird.

Gewiß sind bis jetzt noch Prediger der Buße und der Gnade übriggeblieben, aber sie legen das Gesetz Gottes und die Verheißung nicht zu dem Zweck und in dem Geist aus, daß jemand lernen kann, woher Buße und Gnade kommen. Denn die Buße geht aus dem Gesetz Gottes, der Glaube oder die Gnade aber aus der Verheißung Gottes hervor, wie es Röm. 10, 17 heißt: »Der Glaube kommt aus der Predigt, das Predigen aber durch das Wort Christi.« Dadurch geschieht es, daß der Mensch durch den Glauben an die göttliche Verheißung getröstet und erhöht wird, der durch die Drohungen und die Furcht vor dem göttlichen Gesetz erniedrigt und zur Selbsterkenntnis geführt worden ist. So heißt es Ps. 30, 6: »Den Abend lang währt das Weinen, aber des Morgens ist Freude.«

Dies sei gesagt von den Werken im allgemeinen und zugleich von denjenigen, die ein Christ im Blick auf seinen eigenen Leib übt. Zuletzt wollen wir auch von denjenigen sprechen, die er gegenüber seinem Nächsten tut. Denn der Mensch lebt nicht für sich allein in diesem sterblichen Leibe, um an ihm zu handeln, sondern auch für alle Menschen auf der Erde, ja vielmehr er lebt allein für die anderen und nicht für sich selbst. Denn dazu macht er sich seinen Leib untertan, um desto aufrichtiger und freier anderen zu dienen, sowie Paulus Röm. 14, 7 f. sagt: »Niemand lebt sich selbst, und niemand stirbt sich selbst; denn wer lebt, der lebt dem Herrn, und wer stirbt, der stirbt dem Herrn.« Deshalb kann es nicht geschehen, daß jemand in diesem Leben müßig und ohne Werk gegenüber seinen Nächsten ist. Denn es ist notwendig, daß er mit den Menschen redet, wirkt und umgeht, sowie Christus »gleich wie ein anderer Mensch und an Gebärden als ein Mensch erfunden« (Phil. 2, 7) wurde und mit den Menschen umging, wie es Baruch 3, 38 heißt.

Dennoch ist dem Menschen keines von den Werken zur Gerechtigkeit und zum Heil nötig. Deshalb soll er in allen seinen Werken von der Meinung bestimmt sein und darauf allein schauen, daß er anderen diene und in allem, was er getan haben wird, nütze, indem er nur die

Not und den Vorteil des Nächsten vor Augen hat. Denn so befiehlt uns der Apostel, mit den Händen zu arbeiten, damit wir davon geben können dem, der in Not geraten ist, obwohl er hätte sagen können, damit wir uns dadurch selbst ernähren, aber er sagt: »Er gebe dem, der in Not geraten ist.« (Eph. 4, 28) Denn im Blick darauf ist es christlich, Sorge zu tragen für den Leib, wodurch wir durch seine Gesundheit und sein Wohlbefinden arbeiten, Gewinn erwerben und bewahren können zur Unterstützung der Bedürftigen, so daß das starke Glied dem schwachen Glied diene und wir Söhne Gottes seien, einer für den anderen besorgt und tätig, in dem wir gegenseitig Lasten tragen und so das Gesetz Christi erfüllen. (Gal. 6, 2) Siehe das ist in Wahrheit christliches Leben, hier ist in Wahrheit der Glaube durch die Liebe wirksam, d. h. es geht mit Freude und Liebe an das Werk einer ganz freien Dienstbarkeit, durch die es dem anderen umsonst und freiwillig dient, es selbst aber ist überreich gesättigt durch die Fülle und den Reichtum seines Glaubens.

Weil Paulus die Philipper so gelehrt hatte, wie reich sie durch den Glauben an Christus geworden wären, in dem sie alle Dinge erlangt hätten, lehrt er sie weiter und spricht: »Wenn es diese Ermutigung durch Christus, diesen Trost der Liebe, diese Gemeinschaft des Geistes gibt, dann erfüllt meine Freude, daß ihr eines Sinne seid und dieselbe Liebe habt, einmütig und gleichgesinnt seid. Nichts tut durch Streit und eitlen Ruhm, sondern in Demut achte einer den andern höher als sich selbst, und ein jeder sehe nicht auf das Seine, sondern auf das, was des anderen ist.« (Phil. 2, 1–3) Hier sehen wir klar, daß das Leben der Christen vom Apostel an der Regel orientiert wird, daß alle unsere Werke auf den Nutzen der anderen ausgerichtet werden, weil jeder durch seinen Glauben so überreich ist, daß alle anderen Werke und das ganze Leben mehr als hinreichend vorhanden sind, wodurch er dem Nächsten durch freiwilliges Wohlwollen dient und Gutes tut.

Dafür führt er Christus als Beispiel an, wenn er sagt: »Seid in euch gesinnt, wie Christus auch war, welcher, obwohl er in göttlicher Gestalt war, es nicht für einen Raub hielt, Gott gleich zu sein, sondern entäußerte sich selbst und nahm Knechtsgestalt an und war gleich wie ein anderer Mensch und an Gebärden als ein Mensch erfunden; er war gehorsam bis zum Tod.« (Phil. 2, 5–8) Dies überaus heilsame Wort des Apostels haben uns nämlich diejenigen verdunkelt, welche die apostolischen Wendungen »göttliche Gestalt«, »Knechtsgestalt«, »Gebärde«, »Gleichheit mit den Menschen« überhaupt nicht verstanden und sie auf die Naturen der Gottheit und Menschheit übertragen haben, obgleich Paulus darauf hinaus will, daß Christus, obwohl er ganz von göttlicher Gestalt und an allen Gütern reich war, so daß er keines Werkes und keines Leidens bedurfte, um gerecht und selig zu werden (er hatte nämlich dies alles nach seiner Herkunft), sich dennoch dessen nicht rühmte und sich über uns erhob noch sich derart Gewalt über uns anmaßte, wenngleich er das mit Recht gekonnt hätte. Er handelte im Gegenteil vielmehr als einer, der sich müht, wirkt, leidet, stirbt, so daß er den übrigen Menschen gleich an Haltung und Gebärde und nichts anderes als ein Mensch war, gleichsam als bedürfte er alles dessen und hätte nichts an göttlicher Gestalt, was er dennoch alles unsertwegen getan hat, damit er uns diente und uns alles das zuteil würde, was er in dieser Knechtsgestalt wirkte.

So soll auch ein Christ wie sein Haupt Christus, durch seinen Glauben reich und satt, sich genügen lassen an dieser durch Glauben erlangten göttlichen Gestalt, nur daß er, wie ich gesagt habe, eben diesen Glauben mehren muß, bis er vollendet wird. Denn dieser Glaube ist sein Leben, Gerechtigkeit und Heil, der die Person selbst bewahrt und angenehm macht und ihr alles mitteilt, was Christus hat, wie oben gesagt ist, und es Paulus Gal. 2(,20) bestätigt, wenn er sagt: »Was ich aber im Fleisch lebe, das lebe ich im Glauben an den Sohn Gottes.« Und obwohl er so frei ist von allen Werken, muß er sich doch wiederum dieser Freiheit entäußern, Knechtsgestalt annehmen, den Menschen gleich werden und im Verhalten wie ein Mensch erfunden werden und dienen, helfen und auf jede Weise mit seinem Nächsten umgehen, wie er sieht, daß Gott mit ihm durch Christus gehandelt hat und handelt, und das alles umsonst mit keiner anderen Rücksicht als der auf Gottes Wohlgefallen, und also denken: »Wohlan, mir unwürdigem und verdammten Menschlein hat mein Gott ohne alles Verdienst aus seiner reinen und gnädigen Barmherzigkeit in Christus allen Reichtum der Gerechtigkeit und des Heils gegeben, daß ich weiter gänzlich keiner anderen Sache bedarf als des Glaubens, welcher glaubt, daß es sich so verhalte. Warum sollte ich einem solchen Vater, der mich mit diesem seinem überschwenglichen Reichtum überschüttet hat, nicht wiederum freiwillig, fröhlich, von ganzem Herzen und mit spontanem Eifer alles das tun, was nach meinem Wissen vor ihm wohlgefällig und angenehm ist? Ich will mich deshalb meinem Nächsten sozusagen als Christus darbieten, gleichwie Christus sich mir dargeboten hat, und dabei nur das tun, was in meinen Augen meinem Nächsten notwendig, nützlich und heilsam ist, da ich ja durch den Glauben in Christus an allen Gütern überreich bin.«

Siehe so fließt aus dem Glauben die Liebe und Freude im Herrn und aus der Liebe ein fröhlicher, freiwilliger und freier Geist, dem Nächsten spontan zu dienen, ohne Rücksicht auf Dank, Undank, Lob und Tadel, auf Gewinn oder Schaden. Denn er trachtet nicht danach, sich die Menschen zu verpflichten, noch unterscheidet er zwischen Freunden und Feinden, noch richtet er sich auf Dankbare oder Undankbare, sondern teilt ganz frei und freiwillig sich und das Seine aus, mag er es auch unter Undankbaren verlieren oder gewinnen. So nämlich handelt sein Vater auch, der allen alle Dinge reichlich und ganz frei zuteilt und seine Sonne aufgehen läßt über Gute und Böse. So handelt und leidet auch der Sohn in uneigennütziger Freude, durch die er durch Christus in Gott, dem Geber so großer Güter, erfreut wird.

Du siehst also, wenn wir die größten und wertvollen Dinge, die uns gegeben sind, erkennen, daß, wie Paulus (Röm. 5, 5) sagt, durch den Geist bald die Liebe in unsere Herzen ausgegossen wird, durch welche wir freie, fröhliche und allmächtige Täter und Sieger in allen Anfechtungen, der Nächsten Diener, nichtsdestoweniger dennoch Herren aller Dinge sind. Diejenigen aber, die die ihnen durch Christus geschenkten Gaben nicht erkennen, für die ist Christus vergeblich geboren, jene gehen durch Werke einher und werden niemals zum Geschmack und Fühlen jener Dinge gelangen. Sowie also unser Nächster Not leidet und unseres Überflusses bedarf, so haben auch wir vor Gott Not gelitten und seiner Barmherzigkeit bedurft. Deshalb wie uns der himmlische Vater in Christus umsonst geholfen hat, so sollen auch wir durch den Leib und seine Werke unserem Nächsten umsonst helfen und ein jeder dem anderen sozusagen ein Christus werden, so daß wir uns wechselseitig ein Christus seien und derselbe Christus in allen sei, d. h. wahrhaft Christenmenschen sein.

Wer kann also den Reichtum und die Herrlichkeit eines Christenlebens begreifen? Es ist ein Leben, das alle Dinge vermag und hat und keines Dinges bedürftig ist, eine Herrin der Sünde, des Todes und der Hölle, zugleich dennoch allen Dingen dienstbar und nachgiebig und nützlich, das aber heute – o weh! – in der ganzen Welt unbekannt ist, nicht verkündigt noch gesucht wird, so daß wir selbst unseren eigenen Namen gar nicht kennen (und nicht wissen), warum wir Christen seien und heißen. Gewiß werden wir so doch von Christus her genannt, der nicht abwesend ist, sondern in uns wohnt, d. h. wenn wir an ihn glauben und wir uns untereinander und wechselseitig einer dem anderen ein Christus sind, so wir an den Nächsten handeln, wie Christus an uns gehandelt hat. Aber jetzt werden wir durch menschliche Lehren gelehrt, nur Verdienste, Lohn und das, was uns zukommt, zu suchen, und so haben wir aus Christus einen weit über Mose hinausgehenden Eintreiber gemacht.

Ein Beispiel eben desselben Glaubens hat vor anderen auch die heilige Jungfrau Maria gegeben, indem sie, wie es in Lk. 2,22 f. geschrieben steht, sich reinigen ließ nach dem Gesetz des Mose wie alle anderen Weiber, obwohl sie durch ein solches Gesetz nicht gebunden, noch dieser Reinigung bedürftig war, unterwarf sie sich dennoch spontan und aus freier Liebe dem Gesetz, indem sie den anderen Weibern gleich wurde, um nicht bei ihnen anzustoßen oder sie zu verachten. Sie ist nicht gerechtfertigt worden durch dieses Werk, sondern als gerechte hat sie dies umsonst und frei getan. So sollen auch unsere Werke geschehen, nicht um der Rechtfertigung willen, weil wir als zuvor durch den Glauben gerechtfertigte alles frei und fröhlich um der anderen willen tun sollen.

Auch St. Paulus ließ seinen Timotheus beschneiden, nicht daß jenem die Beschneidung zur Gerechtigkeit nötig wäre, sondern daß er den im Glauben schwachen Juden kein Ärgernis gäbe noch sie verachte, die die Freiheit des Glaubens noch nicht fassen konnten. Aber umgekehrt, als sie die Freiheit des Glaubens verachteten und darauf drangen, daß die Beschneidung zur Gerechtigkeit notwendig sei, widerstand er und ließ den Titus nicht beschneiden Gal. 2,3. Sowie er nämlich niemandes Schwachheit im Glauben zunahetreten oder verachten wollte, wenn er zeitweilig ihrem Willen nachgab, so wollte er wiederum nicht, daß die Freiheit des Glaubens von verhärteten Gesetzesmenschen geschädigt oder verachtet werde, wenn er so einen mittleren Weg einschlug, indem er die Schwachen zeitweilig schonte und den Verhärteten immer widerstand, damit er alle zur Freiheit des Glaubens bekehrte. Mit demselben Streben soll auch das Unsrige geschehen, so daß wir die Schwachen im Glauben aufnehmen, wie er Röm. 14 (,1 ff.) lehrt, aber den verhärteten Lehrern der Werke tapfer widerstehen, worüber wir unten weiter reden wollen.

Auch Christus disputierte mit St. Petrus Mt. 17 (,24 ff.), als von seinen Jüngern der Zinspfennig gefordert wurde, darüber, ob nicht Königskinder frei wären vom Zins. Und als Petrus dies bejahte, befahl er dennoch, daß er zum Meer ginge, und sprach: »Auf daß wir sie nicht ärgern, so gehe hin und nimm den ersten Fisch, den du fängst, und in seinem Maul wirst du einen Pfennig finden, den nehme und gib ihn für mich und dich.« Dieses Beispiel stimmt vortrefflich zu dem Vordersatz, in dem Christus sich und die Seinen Freie und Königskinder nennt, die keines Dinges bedürfen, und doch unterwirft er sich spontan und entrichtet den Zins. So viel wie also dieses Werk Christus zur Gerechtigkeit und zum Heil notwendig oder nützlich war, so viel vermögen alle seine anderen und der Seinen Werke zur Gerechtigkeit, weil sie alle nach der Gerechtigkeit kommen und frei sind. Sie sind allein zum Gehorsam gegenüber den anderen und als Beispiel geschehen.

Derartig ist auch das, was Paulus sowohl Röm. 13 (,1 ff.) als auch Tit. 3 (,1) gebot, daß sie den politischen Gewalten untertan und zu jedem guten Werk bereit seien, nicht um dadurch gerechtfertigt zu werden, da sie ja schon gerecht sind aus dem Glauben, sondern um in Freiheit des Geistes dadurch anderen und den politischen Gewalten zu dienen und ihrem Willen aus freier Liebe zu gehorchen. Derartig sollten auch die Werke aller Stifte, Klöster und Priester sein, so daß jeder die Werke seines Ordens und Standes allein darum täte, um dadurch nicht die Gerechtigkeit, sondern die Unterwerfung seines Leibes zu üben, den anderen zum Beispiel, die auch selbst die Züchtigung ihres Leibes nötig haben. Sodann dazu, daß sie nur aus freier Liebe dem Willen der anderen gehorchten, wobei dies jedoch immer mit größter Vorsicht zu beachten ist, daß niemand sich in eitlem Vertrauen anmaße, durch dasselbe gerechtfertigt zu werden, etwas zu verdienen oder gerettet zu werden, was allein Sache des Glaubens ist, wie ich oft gesagt habe.

Wenn jemand dieses Wissen hätte, könnte er leicht ohne Gefahr leben unter jenen unzähligen Vorschriften und Geboten des Papstes, der Bischöfe, der Klöster, der Kirchen, der Fürsten und Magistrate, welche Gebote einige törichte Seelenhirten so treiben, als wären sie notwendig zur Gerechtigkeit und zum Heil, und sie nennen sie Gebote der Kirche, obwohl sie nichts weniger als das sind. Denn ein freier Christ wird so sprechen: »Ich werde fasten, beten, dies und das tun, was durch Menschen geboten ist, nicht weil ich jenes nötig habe zur Gerechtigkeit und zum Heil, sondern weil ich gegenüber dem Papst, dem Bischof, jener Gemeinde oder jenem Magistrat oder meinem Nächsten zum Beispiel die Sitte wahren will und alle Dinge tun und leiden will, gleichwie Christus für mich viel mehr Dinge getan und gelitten hat, von denen er selbst gar keines bedurfte, und meinetwegen unter das Gesetz getan wurde, obwohl er nicht unter dem Gesetz war.« Und obwohl die Tyrannen Gewalt oder Unrecht tun, wenn sie dies fordern, dennoch wird es nicht schaden, solange es nicht wider Gott sein wird.

Aus dem allen wird ein jeder ein sicheres Urteil und eine zuverlässige Unterscheidung unter allen Werken und Gesetzen nehmen und wissen können, welche Seelenhirten blind und töricht und welche wahr und gut sind. Denn jedes Werk, welches nicht darauf allein ausgerichtet wird, daß es geschehe, den Leib zu züchtigen oder dem Nächsten gehorsam zu sein (sofern es nicht etwas wider Gott fordert), ist nicht gut noch christlich. Und daher fürchte ich gar sehr, daß heute wenige oder keine Stifte, Klöster, Altäre und Kirchendienste christlich sind, und auch das Fasten und die Gebete, die bestimmten Heiligen getan werden. Ich fürchte nämlich, daß in allen diesen Dingen nur das Unsere gesucht wird, indem wir meinen, daß dadurch unsere Sünden wieder gut gemacht und das Heil gefunden wird, und so wird von Grund auf die christliche Freiheit ausgelöscht, was aus Unkenntnis des christlichen Glaubens und der Freiheit geschieht.

Diese Unkenntnis und Unterdrückung der Freiheit befestigen sehr viele und gänzlich blinde Seelenhirten eifrig dadurch, daß sie die Leute zu diesen Bemühungen anreizen und treiben, indem sie derartige Verhaltensweisen loben und mit ihren Ablässen steigern, den Glauben aber nimmermehr lehren. Ich aber will dir raten, wenn du etwas beten, fasten oder eine kirchliche Stiftung, wie sie es nennen, machen willst, hüte dich davor, es zu dem Zweck zu tun, dir dadurch einen zeitlichen oder ewigen Vorteil zu verschaffen. Denn du wirst deinem Glauben Unrecht tun, der dir allein das alles gewährt. Deshalb ist er allein zu pflegen, damit er, in Werken oder in Leiden geübt, gemehrt werde. Aber das, was du gibst, das gebe frei und umsonst, damit andere aus dir und deiner Güte gemehrt werden und es gut haben. So wirst du nämlich wahrhaft gut und christlich sein. Denn was sollen dir deine guten Werke, die reichlich fließen zur Züchtigung deines Leibes, da du für dich überreich bist durch deinen Glauben, in dem dir Gott alles geschenkt hat?

Siehe nach dieser Regel müssen die Güter, die wir aus Gott haben, fließen von einem zum anderen und gemeinsam werden, so daß ein jeder sich seines Nächsten annehme und sich ihm gegenüber so verhalte, als wäre er selbst an seiner Stelle. Aus Christus sind die Güter geflossen und fließen sie zu uns, der sich unser angenommen und so für uns gehandelt hat, als wäre er selbst das gewesen, was wir sind. Aus uns fließen sie zu denen, die sie nötig haben, so sehr, daß auch mein Glaube und meine Gerechtigkeit vor Gott hintreten muß zur Deckung und Fürbitte für die Sünden des Nächsten, welche ich auf mich nehmen und so in ihnen mich abmühen und dienstbar sein soll, als wären sie meine eigenen. Denn so hat Christus an uns gehandelt. Dies ist nämlich die wahre Liebe und die unverfälschte Regel eines christlichen Lebens. Dort aber ist die Liebe wahr und unverfälscht, wo der Glaube wahr und unverfälscht ist. Daher teilt der Apostel 1. Kor. 13, 5 der Liebe zu, daß sie nicht das Ihre sucht.

Deshalb kommen wir zu dem Schluß, daß ein Christenmensch nicht in sich selbst lebt, sondern in Christus und seinem Nächsten, oder er ist kein Christ, in Christus durch den Glauben, im Nächsten durch die Liebe; durch den Glauben wird er über sich hinaus und hinauf in Gott gerissen, durch die Liebe gleitet er wieder herab unter sich zu dem Nächsten, aber dennoch bleibt er immer in Gott und seiner Liebe, sowie Christus Joh. 1 (,51) sagt: »Wahrlich, ich sage euch, von nun an werdet ihr sehen den Himmel offen stehen und die Engel Gottes herauf- und herabfahren auf des Menschen Sohn.«

Dies sei nun genug gesagt über die Freiheit, welche, wie du siehst, geistlich und wahr ist, und unsere Herzen freimacht von allen Sünden, Gesetzen und Geboten, wie Paulus 1. Tim. 1 (,9): »Dem Gerechten ist kein Gesetz gegeben.« Diese Freiheit übertrifft alle äußeren Freiheiten so weit, wie der Himmel die Erde überragt. Christus lasse sie uns verstehen und bewahren. Amen.

Zum Schluß ist noch um derjenigen willen, denen sich nichts so deutlich sagen läßt, daß sie es nicht durch Mißverstehen entstellen, ein Zusatz zu machen, wenn sie doch nun diesen verstehen möchten. Es gibt recht viele, welche, wenn sie von der Freiheit des Glaubens hören, diese zu einer Gelegenheit des Fleisches verkehren, indem sie meinen, nun sei ihnen alles erlaubt, und sie wollen durch nichts anderes frei und als Christen erscheinen als durch Verachtung und Kritik menschlicher Zeremonien, Satzungen und Gesetze, als ob sie deshalb Christen seien, weil sie an bestimmten Tagen nicht fasten oder selbst Fleisch essen, wenn andere fasten, oder die üblichen Gebete unterlassen, indem sie mit erhobener Nase die menschlichen Gebote verspotten, wobei sie alles Übrige, was sich auf die christliche Religion bezieht, vernachlässigen. Diesen widerstehen nun anderseits hartnäckigst diejenigen, die sich abmühen, allein durch Beobachtung und Hochschätzung der Zeremonien gerettet zu werden, als ob sie deshalb gerettet seien, weil sie an bestimmten Tagen fasten und sich des Fleisches enthalten oder bestimmte Gebete sprechen, indem sie sich im Blick auf die Gebote der Kirche und der Väter rühmen, ohne doch von dem, was die Sache unseres unverfälschten Glauben ist, auch nur ein Härchen zu tun. Beide Teile sind darin gänzlich schuldbeladen, daß sie die wichtigeren, zum Heil notwendigen Dinge vernachlässigen und über diese leichteren, nicht notwendigen Dinge einen so lauten Streit führen.

Wieviel richtiger lehrt dagegen der Apostel Paulus, den mittleren Weg einzuschlagen, und verurteilt beide Seiten, wenn er sagt: »Wer da ißt, der verachte den nicht, der nicht ißt, und wer nicht ißt, der richte den nicht, der da ißt.« (Röm. 14, 3) Hier siehst du, daß diejenigen, die die Zeremonien nicht aus Frömmigkeit, sondern bloß auch Verachtung unterlassen und schelten, getadelt werden, weil der Apostel lehrt, sie nicht zu verachten. Denn solches Wissen verführt sie zu Selbstruhm. Wiederum lehrt er die Hartnäckigen auf der anderen Seite, daß sie jene nicht richten sollen. Denn keiner von beiden wahrt die gegenseitig erbauende Liebe. Darum soll man hier die Schrift hören, die lehrt, daß wir uns weder zur Rechten noch zur Linken neigen sollen, sondern den richtigen und gerechten Werken des Herrn folgen sollen, die die Herzen erfreuen. Denn wie nicht jemand gerecht ist, weil er den Werken und zeremoniellen Gebräuchen dient und hingegeben ist, so wird er auch nicht deshalb allein für gerecht gehalten, weil er jene Dinge unterläßt und verachtet.

Denn durch den Glauben an Christus sind wir nicht frei von den Werken, sondern von den Einschätzungen der Werke, d. h. von der törichten Anmaßung einer durch die Werke erstrebten Rechtfertigung. Denn der Glaube erlöst, bewahrt und macht unsere Gewissen richtig, durch den wir erkennen, daß die Gerechtigkeit nicht aus den Werken hervorgeht, obgleich die Werke weder fehlen können noch sollen. Gleichwie wir ohne Speise und Trank und ohne eine umfassende Mühe um diesen sterblichen Leib nicht sein können, und dennoch gründet unsere Gerechtigkeit nicht in diesen Dingen, sondern im Glauben, ohne daß darum jene Dinge zu verachten und zu unterlassen sind. So sind wir in der Welt durch die Notwendigkeit dieses leiblichen Lebens bestimmt, aber daraus sind wir nicht gerecht. »Mein Reich ist nicht von hier oder von dieser Welt«, hat Christus gesagt (Joh. 18, 36), aber er hat nicht gesagt: »Mein Reich ist nicht hier oder in dieser Welt«; und Paulus spricht: »Wenn wir gleich im Fleisch wandeln, so streiten wir doch nicht nach dem Fleisch.« (2.Kor. 10,3). Und Gal. 2 (,20) heißt es: »Was ich lebe im Fleisch, das lebe ich im Glauben an den Sohn Gottes.« Was wir also tun, leben und sind in Werken und Zeremonien, das bewirkt die Notwendigkeit dieses Lebens und die Sorge für die Beherrschung des Leibes, dennoch sind wir darin nicht gerecht, sondern im Glauben an den Sohn Gottes.

Deshalb soll ein Christenmensch mitten hindurchgehen und sich jene beiden Arten von Menschen vor Augen halten. Entweder nämlich treten ihm hartnäckige, verhärtete Zeremonienmenschen entgegen, die wie taube Nattern die Wahrheit von der Freiheit nicht hören wollen, sondern ihre Zeremonien gleichsam als Rechtfertigungsmöglichkeiten rühmen, gebieten und betonen ohne den Glauben, wie einst die Juden, die nicht verstehen wollten, wie sie gut handeln sollten. Diesen muß man widerstehen, ihnen gegenüber muß man das Gegenteil tun und ihnen tapfer ein Ärgernis geben, damit sie nicht durch jene gottlose Meinung sehr viele in die Irre führen. Vor deren Augen ist es förderlich, Fleisch zu essen, Fasten zu brechen und andere Dinge für die Freiheit des Glaubens zu tun, die sie für die größten Sünden halten, und über sie ist zu sagen: »Laßt sie, sie sind blind und Leiter von Blinden.« (Mt. 15,14) In dieser Weise hat auch Paulus Titus nicht beschneiden lassen wollen, weil jene ihn bedrängten, und Christus verteidigte die Apostel, weil sie am Sabbat Ähren raufen wollten, und viele ähnliche Fälle (wären zu nennen). Oder es treten ihm Einfältige, Ungebildete, Unwissende und, wie der Apostel sie nennt, Schwache im Glauben (Röm. 14,1) entgegen, die jene Freiheit des Glaubens noch nicht fassen können, selbst wenn sie es wollten. Diese soll man schonen, damit sie nicht verletzt werden, und man soll es ihrer Schwachheit zugute halten, bis sie ausreichender unterrichtet sind. Denn weil diese nicht aus verhärteter Bosheit so handeln und denken, sondern allein aus der Schwäche des Glaubens, so soll man, um Ärgernis gegen sie zu vermeiden, das Fasten und andere Dinge bewahren, die diese für nötig erachten. Denn dies fordert die Liebe, die niemand verletzt, sondern allen dient. Denn schwach sind sie nicht aus eigener Schuld, sondern durch die Schuld ihrer Seelenhirten, welche sie durch die Schlingen und Satzungen ihrer Überlieferungen gefangen geführt und bös verwundet haben, von denen sie doch befreit und geheilt werden sollten durch die Lehre vom Glauben und von der Freiheit. So spricht der Apostel Röm. 14 (,15): »Wenn meine Speise meinen Bruder ärgert, so will ich ewiglich kein Fleisch essen«, und wiederum: »Ich weiß, daß durch Christus nichts gemein ist an sich selbst, sondern nur dem, der es für gemein hält, und böse ist es dem, der es mit Anstoß ißt.« (Röm. 14,14).

Deshalb wenn auch jenen Lehrern mit ihren Überlieferungen tapfer zu widerstehen ist und die Gesetze der Päpste scharf zu tadeln sind, mit denen sie wider das Volk Gottes wüten, so soll man doch den verschüchterten Haufen schonen, den jene gottlosen Tyrannen mit denselben Gesetzen gefangenhalten, bis sie loskommen. Also kämpfe munter gegen die Wölfe, aber für die Schafe und nicht zugleich gegen die Schafe. Das wirst du tun, wenn du die Gesetze und die Gesetzgeber angreifst, und dennoch zugleich mit den Schwachen diese bewahrst, damit sie nicht zuschanden werden, solange bis auch sie selbst die Tyrannei erkennen und ihre Freiheit verstehen. Willst du nun deine Freiheit gebrauchen, so tue es im Verborgenen, sowie Paulus sagt Röm. 14 (,22): »Habe du den Glauben, den du hast, bei dir selbst vor Gott«; hüte dich aber ihn vor den Schwachen zu gebrauchen. Wiederum vor den Tyrannen und Hartnäckigen gebrauche denselben ihnen zur Verachtung am allerbeharrlichsten, damit auch sie selbst einsehen, daß sie gottlos sind und daß ihre Gesetze mit der Gerechtigkeit nichts zu tun haben, daß sie sogar kein Recht gehabt haben, dieselben zu erlassen.

Da man also dieses Leben ohne Zeremonien und Werke nicht führen kann, ja das feurige und rohe Jugendalter dessen bedarf, in solche Fesseln eingeschlossen und in ihnen bewahrt zu werden, und da ein jeder seinen Leib mit solchen Mühen züchtigen muß, so soll ein Diener Christi klug und zuverlässig sein, daß er so die Gemeinde Christi leite und lehre in allen diesen Dingen, damit ihr Gewissen und ihr Glaube nicht verletzt werde und daß nicht etwa eine bittere Wurzel oder Meinung unter ihnen entstehe und viele durch dieselbe verunreinigt werden, wie Paulus die Hebräer zuvor ermahnt hat (Hebr. 12,15), d. h. daß sie nicht unter Verlust des Glaubens anfingen sich mit der Meinung von den Werken zu beflecken, als ob sie durch dieselben gerechtfertigt werden sollten. Dies geschieht leicht und verunreinigt sehr viele, wenn nicht zugleich der Glaube beharrlich eingeschärft wird. Aber es ist unmöglich zu vermeiden, wo der Glaube verstummt und allein Menschensatzungen gelehrt werden, wie es bisher geschehen ist durch die verderblichen, gottlosen, seelenmörderischen Überlieferungen unserer Päpste und Meinungen der Scheintheologen, mit dem Erfolg, daß unzählige Seelen durch diese Schlingen zur Hölle geschleift sind, so daß du den Antichristen erkennen kannst.

Kurz, wie die Armut an den Reichtümern, die Treue an den Geschäften, die Demut an den Ehrungen, die Enthaltsamkeit an den Gelagen, die Keuschheit an den Lustbarkeiten ihre Gefahr hat, so die Gerechtigkeit des Glaubens an den Zeremonien. »Kann jemand«, sagt Salomo, »Feuer im Busen tragen, ohne daß seine Kleider verbrennen?« (Spr. 6,27) Und dennoch wie in Reichtümern, in Geschäften, in Ehrungen, bei Gastmählern, in Lustbarkeiten so muß man auch in den Zeremonien, d. h. in Gefahren, sich bewegen. Ja wie es den kleinen Kindern durchaus nötig ist, ernährt zu werden am Busen und gepflegt zu werden durch den Dienst der Mädchen, damit sie nicht verderben, während ihnen doch, wenn sie erwachsen sind, der Aufenthalt unter den Mädchen Gefahr für ihr Seelenheil mit sich bringt, so ist es dennoch ungebildeten Menschen im feurigen Jugendalter nötig, sich von den Schranken der Zeremonien und selbst von eisernen einschließen und beschränken zu lassen, damit nicht ihr unbändiger Geist durch Laster jäh zugrundegehe; und dennoch wird es ihr Tod sein, so sie in der Meinung der Rechtfertigung bei diesen verharren, da sie vielmehr belehrt werden müssen, daß sie nicht deshalb in diesem Kerker eingeschlossen waren, daß sie dadurch gerecht und verdienstvoll seien, sondern daß sie nichts Böses täten und leichter zur Gerechtigkeit des Glaubens erzogen werden möchten, was sie vor lauter Jugenddrang, wenn er nicht gebändigt würde, nicht vollbringen würden.

Daher sollen die Zeremonien im Christenleben keinen anderen Ort haben als bei den Handwerkern und Künstlern die zum Bauen und Gestalten dienenden Vorbereitungen, die nicht dazu angestellt werden, um etwas zu sein oder zu bleiben, sondern deshalb, weil ohne diese nichts gebaut noch getan werden kann; denn wenn der Bau vollendet ist, werden sie beiseitegelegt. Hier siehst du, daß diese Dinge nicht verachtet, sondern in jeder Hinsicht erstrebt werden, verachtet aber wird eine falsche Einschätzung, weil niemand meint, diese Dinge seien der wirkliche und bleibende Bau. Und wenn jemand so auffallend unsinnig wäre, daß er sein ganzes Leben der Aufgabe widmete, diese Vorbereitungen so kostspielig, sorgfältig und beharrlich wie möglich herzurichten, niemals aber an den Bau selbst dächte, indem er sich gefiele und seine Mühe rühmte in den Vorbereitungen und in jenen nichtigen Gestellen, würden da nicht alle seinen Unsinn bedauern und das Urteil abgeben, daß mit solchem vergeudeten Aufwand etwas

Großes hätte gebaut werden können? So verachten wir nicht die Zeremonien und Werke, fürwahr wir erstreben sie sehr, wir verachten aber die Einschätzung der Werke, auf daß nicht jemand meine, jene sei die wahre Gerechtigkeit, wie es die Heuchler tun, die das ganze Leben an diese Bemühungen heften und verlieren, und zu dem Ziel, um dessentwillen es geschieht, nicht gelangen, oder wie der Apostel sagt: »Es sind diejenigen, die da stets lernen und nie zur Erkenntnis der Wahrheit gelangen.« (2.Tim.3,7) Denn scheinbar wollen sie bauen und bereiten sich dazu vor, und dennoch bauen sie niemals, so bleiben sie im Schein der Frömmigkeit und berühren ihre Kraft nicht. Dennoch gefallen sie sich inzwischen in diesen Bemühungen und wagen sogar alle anderen zu richten, die sich nicht mit gleicher Pracht der Werke gleißen sehen, während sie doch mit diesem eitlen Aufwand und Mißbrauch der Gaben Gottes, wenn sie vom Glauben erfüllt gewesen wären, große Dinge hätten vollbringen können zu ihrem und anderer Heil.

Weil aber die menschliche Natur und sogenannte natürliche Vernunft von Natur aus abergläubisch ist und, wenn ihr irgendwelche Gesetze und Werke vor Augen gestellt werden, geneigt ist zu der Meinung, die Rechtfertigung sei durch sie zu erhalten, ferner weil sie durch den Brauch aller irdischen Gesetzgeber in demselben Sinne geschult und bestärkt ist, so ist es unmöglich, da sie sich durch sich selbst dieser Knechtschaft der Werke entledigen möge zur Erkenntnis der Freiheit des Glaubens. Darum bedarf es des Gebetes, daß uns der Herr zu sich ziehe und uns zu »Theodidakten« (Joh.6,45), d. h. zu von Gott Gelehrten, mache und selbst nach seiner Verheißung das Gesetz in unsere Herzen schreibe, andernfalls ist es um uns geschehen. Denn wenn er nicht selbst innen diese in einem Geheimnis verborgene Weisheit (1.Kor.2,7) lehrt, so kann die Natur sie nur verurteilen und für ketzerisch erklären, weil sie ein Ärgernis an ihr nimmt und sie für töricht ansieht, wie wir gesehen haben, daß es einst den Propheten und Aposteln ergangen ist, wie es auch jetzt mit mir und meinesgleichen die gottlosen und blinden Päpste samt ihren Schmeichlern machen, deren sich Gott einmal mit uns erbarmen und sein Antlitz über sie leuchten lassen möge, auf daß wir auf Erden seinen Weg erkennen und unter allen Völkern das Heil dessen, der gelobt sei in Ewigkeit, Amen.

1 Der deutsche Sermon »Von der Freiheit eines Christenmenschen« ist leicht zugänglich z. B. in: Martin Luther, Schriften des Jahres 1520. Bearb. v. G. Merz u. E. Kinder. München [3]1948. K. Aland, Luther deutsch. Die Werke Martin Luthers in neuer Auswahl für die Gegenwart. Bd. 2: Der Reformator. Göttingen 1962. M. Luther, Von der Freiheit eines Christenmenschen. Fünf Schriften aus den Anfängen der Reformation. (Calwer Luther-Ausgabe Bd. 2). Hg. v. W. Metzger, Gütersloh [4]1977. M. Luther, Ausgewählte Schriften. Hg. v. K. Bornkamm u. G. Ebeling, (Insel-Luther) Bd. 1. Frankfurt a. M. 1982.

2 Eine ältere Übersetzung des Tractatus de libertate Christiana liegt vor bei L. Lemme, Die drei großen Reformationsschriften Luthers vom Jahre 1520. Gotha 1875, 187–215. Wir haben diese Übersetzung für unsere eigene Übertragung mit Gewinn benutzen können.

4. Freiheit und Gelübde

(De votis monasticis Martini Lutheri iudicium 1521.
WA 8, 573, 1–669, 23)

Einleitung

Wie sehr Luther die Freiheit eines Christenmenschen persönlich in seiner Auseinandersetzung mit dem monastischen Ideal des Mittelalters zur Geltung brachte, zeigt seine Schrift »De votis monasticis Martini Lutheri iudicium« (»Ein Urteil Martin Luthers über die Mönchsgelübde«). Hier hat u. a. Luthers Kampf um die Freiheit eines Christenmenschen einen konkreten Sitz im Leben. In seiner umfassenden Studie zum Thema »Mönchtum und Reformation« (FKDG 12. Göttingen 1963) hat B. Lohse gezeigt, daß Luther mit dem Mönchtum endgültig erst 1521 bricht. In diesem Jahr greift er von der Wartburg aus mit zwei Schriften über die Mönchsgelübde, nämlich mit den »Themata de votis« (WA 8, 323–335) und der Schrift »De votis monasticis Martini Lutheri iudicium« in eine Debatte ein, die im Herbst 1521 in Wittenberg von Karlstadt und Melanchthon über die Verbindlichkeit der Gelübde von Pfarrgeistlichen und Mönchen geführt wurde und die in dieser Frage zu keinem befriedigenden Ergebnis geführt hatte. So hatte Karlstadt in seiner Schrift »Von Gelübden Unterrichtung« zwar die Möglichkeit ausgesprochen, die Klöster zu verlassen und die mönchischen Gelübde der Armut, des Gehorsams und der Keuschheit zu brechen, doch sei das mit Rücksicht auf Ps. 76, 12 (»Gelobet und haltet dem Herrn, eurem Gott ...«) als eine Sünde anzusehen. Aber um der großen Mißstände und Sünden willen, in denen sich ein Mönch durch seine Gelübde verstricke, sei der Bruch der Gelübde eine geringere Sünde als das Bleiben im Mönchsstand. Das aber konnte die angefochtenen Gewissen derer, die im Gefolge der Reformation Luthers die Klöster verlassen oder als Pfarrgeistliche das Gelübde der Ehelosigkeit brechen wollten, so wenig befriedigen wie Melanchthons Auskunft, man könne die Gelübde brechen, da man ohnehin nicht wisse, ob man sie zu halten und wahrhaft zu erfüllen die Kraft habe. Luther erkannte, in welche Gewissensnot diejenigen getrieben wurden, die auf dieser Basis den Austritt aus dem Kloster und den Bruch mit den Gelübden wagten. So stellte er bereits in den »Themata de votis« vom 9. Sept. 1521 fest, daß die Gelübde deshalb nicht zeitlebens verbindlich seien, weil sie als Ausdruck der Werkgerechtigkeit dem Glauben widersprächen, der allein die Gerechtigkeit vor Gott empfange. Als Luther dann vom Austritt mehrerer Augustinereremiten aus dem Kloster zu Wittenberg erfuhr, sah er sich im November 1521 genötigt, ihnen in seiner Schrift über die Mönchsgelübde das Gewissen zu stärken. Denn der Austritt aus dem Kloster und das Brechen von Gelübden sei mehr als ein bloß emanzipatorischer Akt. Man müsse vielmehr wissen, was man damit tue, d. h. man müsse und könne es nur aufgrund eines durch das Evangelium befreiten Gewissens tun. Denn die Gelübde seien wider das Wort Gottes, das die mittelalterliche Unterscheidung von Geboten, die von allen Christen zu halten seien, und evangelischen Räten nur für Vollkommene wie z. B. die Mönche nicht kenne. Sie widersprächen aber auch dem Glauben, in dem allein unser Verhältnis zu Gott begründet sei und den Gott in uns wirke, so daß er nicht durch eine selbstgewählte Frömmigkeitsübung zu ersetzen sei. Schließlich seien die Gelübde wider die evangelische Freiheit, die im Blick auf das Sein vor und aus Gott jeden gesetzlichen Zwang aufhebt und nach der es wohl freie, d. h. wieder auflösbare, aber nicht zeitlebens bindende Gelübde gebe. Sie verletzten ferner die Gebote Gottes, insbesondere das Gebot der Liebe, weil sie dem Mönch die Möglichkeit nähmen, die Pflichten der Liebe gegenüber seinen Eltern oder seinen Nächsten generell zu erfüllen. Ferner ständen sie auch im Widerspruch zur Vernunft, nach welcher tatsächlich unhaltbar gewordene Versprechen ihre Kraft verlieren. Das gelte besonders für den, dem das Gelübde der Ehelosigkeit zu schwer werde, und das umso mehr, als er die allen von Gott gebotene Keuschheit besser in der Ehe halten könne. Mit diesen kritischen Bemerkungen zu den Mönchsgelübden und dem Gelübde der Ehelosigkeit wollte Luther die Institution des Mönchtums jedoch nicht grundsätzlich aufheben. Es ist für ihn auch denkbar, daß charismatisch dazu begabte Christen ehelos oder in einer christlichen Kommunität leben, nur daß letztere kein privilegierter Weg zum Heil und auch nicht dem Gottesdienst jedes Christen im Alltag vorzuziehen sei.

Mit diesen Ausführungen ist bei Luther zugleich das Ende einer Identitätskrise gegeben, in die er selbst durch seinen Eintritt ins Kloster im Juli 1505 geraten war. Seine untadelige mönchische Existenz vermochte eben nicht seine Klosteranfechtungen zu verhindern. Doch ließ sich Luther lange Zeit, bis er im Namen der evangelischen Freiheit den elitären Weg monastischer Frömmigkeit verließ. Als er im November 1521 die Schrift über die Mönchsgelübde schreibt, hat er jene Identitätskrise bereits hinter sich und ist nun in der Lage, auf dem Boden der Hl. Schrift die Gewissen seiner Klosterbrüder zu stärken und ihnen ein neues Zentrum innerer Freiheit aufzuzeigen. Zusammen mit seinem Abschied vom Mönchtum bereinigt Luther zugleich einen seit seinem Eintritt ins Kloster schwelenden Konflikt mit seinem Vater, der 1505 seiner Entscheidung, Mönch zu werden, mit Berufung auf das 4. Gebot und die darin ausgesprochene Pflicht der Elternliebe widersprochen hatte. Doch stimmt Luther auch jetzt nicht einfach der Forderung seines Vaters zu, sondern versöhnt sich mit diesem im Geist evangelischer Freiheit. So heißt es in einem Brief, den Luther seiner Schrift über die Mönchgelübde voranstellt und mit dem er seinem Vater diese Abhandlung schickt: »Ich sende dir also dies Buch, aus dem du ersehen magst, durch welche Zeichen und wunderbaren Kräfte Christus mich von dem Mönchsgelübde erlöst und mir solche Freiheit geschenkt hat, daß, während er mich zum Knecht aller gemacht hat, ich niemand untertan bin, denn ihm allein. Denn er ist, wie man sagt, mein unmittelbarer Bischof, Abt, Prior, Herr, Vater und Lehrer. Einen anderen kenne ich nicht mehr. So hoffe ich, er habe dir einen Sohn genommen, daß er vielen anderen und ihren Söhnen durch mich zu helfen anhebe; dies darfst du nicht nur gern tragen, sondern auch gar sehr dich dessen freuen« (vgl. u. S. 82). Stellvertretend für viele Zeitgenossen hat Luther die Macht der christlichen Freiheit entdeckt und bewährt in den Konflikten einer Institution, die zu den großen und bedeutsamen Wegen abendländischer Frömmigkeit gehört. Weil das lebendige Zeugnis von der christlichen Freiheit ausdrücklich in der Schrift von den Mönchsgelübden thematisiert wird (vgl. u. S. 121–139) und die geheime Mitte aller ihrer Argumentationen darstellt, wollen wir im folgenden diese Schrift als ganze in der deutschen Übersetzung von O. Scheel darbieten.[1]

Übersetzung von De votis monasticis Martini Lutheri iudicium (Martin Luthers Urteil über die Mönchsgelübde)

Jesus

Seinem Vater Hans Luther wünscht sein Sohn Martin Luther Heil in Christus.

Dieses Buch, liebster Vater, habe ich dir zu widmen beabsichtigt, nicht um deinen Namen in die Welt zu tragen, daß wir uns fleischlich rühmten wider die Lehre des Paulus (Gal. 6, 13), sondern um die sich uns beiden günstig bietende Gelegenheit zu ergreifen, durch ein kurzes Vorwort den Grund, Inhalt und die Absicht dieses Buches den frommen Lesern zu erzählen. Und um hiermit zu beginnen: ich will dich wissen lassen, daß dein Sohn es soweit gebracht hat, schon ganz überzeugt zu sein, daß nichts so heilig, nichts so zu allererst, nichts so gewissenhaft beobachtet werden müsse, wie das göttliche Gebot. Da wirst du sagen: So hast du denn in unglückseliger Verblendung daran jemals gezweifelt und jetzt erst diesen Sachverhalt gelernt? Ja freilich, in ganz unglückseliger; denn ich habe nicht nur daran gezweifelt, sondern überhaupt nicht diesen Sachverhalt gekannt. Ja noch mehr, wenn du es duldest, bin ich bereit zu zeigen, daß du mit mir zusammen diese Unwissenheit geteilt hast. Es geht jetzt fast in das sechzehnte Jahr meiner Möncherei, in die ich mich gegen deinen Willen und ohne dein Wissen begab. Du sorgtest dich in väterlicher Liebe um meine Schwachheit, da ich bereits herangewachsen, ins 22. Lebensjahr eingetreten war, also, um ein Wort Augustins zu benutzen, der wallenden Leidenschaft der Jugend anheimgeben war; denn du hattest an vielen Beispielen gelernt, daß diese Art des Lebens manchen zum Unheil ausgeschlagen sei. Du hattest sogar die feste Absicht, mich durch eine ehrenhafte und reiche Ehe zu binden. Diese Sorge bekümmerte dich, es war auch dein Unwille über mich eine zeitlang unversöhnlich; vergeblich suchten die Freunde dir die Überzeugung beizubringen, daß, wenn du Gott etwas opfern wolltest, du dein Liebstes und Bestes opfern müßtest. Indessen ließ der Herr in deine Gedanken jenes Wort des Psalms hineintönen, aber nur dumpf: »Der Herr weiß die Gedanken der Menschen, daß sie eitel sind« (Ps. 94, 11). Endlich gabst du nach und unterwarfst Gott deinen Willen, doch ohne die Sorge um mich aufzugeben. Denn ich erinnere mich – es ist mir allzu deutlich gegenwärtig – folgenden Vorfalls: Als du bereits ausgesöhnt mit mir redetest und ich versicherte, durch Schrecken vom Himmel gerufen zu sein – denn nicht mit Lust und Willen wurde ich Mönch, noch viel weniger aber um des Bauches willen, sondern voller Schrecken und Angst vor einem plötzlichen Tode gab ich ein gezwungen und gedrungen Gelübde – da sagtest du: Möchte es kein Wahn und Blendwerk gewesen sein. Dies Wort schlug durch, als wenn Gott selbst es durch deinen Mund gesprochen hätte, und setzte sich fest, tief drinnen in mir; ich aber versperrte mein Herz, so gut ich es vermochte, gegen dich und dein Wort. Du fügtest noch ein anderes hinzu. Als ich dir bereits in Sohneszuversicht deine Entrüstung vorwarf, da wiesest du mich sofort zurecht, und trafst mich wieder so geschickt und passend, daß ich in meinem ganzen Leben von einem Menschen kaum ein Wort gehört habe, das kräftiger in mir geklungen und fester gehaftet hat. Du sagtest nämlich: »Hast du denn nicht auch gehört, daß man den Eltern soll gehorsam sein?« Aber ich, sicher in meiner Gerechtigkeit, hörte dich an wie einen Menschen und dachte gar gering von dir; doch von Herzen dies Wort zu verachten war ich nicht imstande.

Hier sieh nun zu, ob nicht auch dir unbekannt war, daß man Gottes Gebote allen anderen vorziehen müsse. Denn hättest du nicht, falls du gewußt hättest, daß ich damals noch in deiner Hand gewesen, kraft deiner väterlichen Gewalt mich ganz aus der Kappe gerissen? Aber auch ich hätte, wenn ich's gewußt, nicht ohne dein Wissen und wider deinen Willen dies gewagt, wenn ich auch viele Tode hätte erleiden sollen. Denn mein Gelübde war keinen Pfifferling wert; denn ich entzog mich damit der Gewalt des Vaters, und dem Willen des göttlichen Gebotes. Ja noch mehr, mein Gelübde war gottlos; und daß es nicht aus Gott sei, bewies nicht nur dies, daß es wider deine Gewalt sündigte, sondern auch, daß es nicht aus freiem und willigem Antrieb kam. Dazu geschah es auf Menschenlehren und heuchlerischen Aberglauben hin, die Gott nicht geboten hat. Doch Gott, dessen Barmherzigkeit keine Zahl kennt und dessen Weisheit kein Ende nimmt (Ps. 147,5), siehe, wie große Güter hat er doch aus all diesen Irrtümern und Sünden geschaffen! Möchtest du nun nicht lieber hundert Söhne verloren, als dies Gut nicht gesehen haben? Mich dünkt, Satanas habe von meiner Jugend an etwas in mir von dem vorausgesehen, das er jetzt leidet; darum hat er mich zu verderben und zu hindern mit unglaublichen Listen gewütet, daß ich gar oft mich staunend gefragt, ob ich allein unter den Sterblichen es sei, nach dem er trachte. Es wollte aber, wie ich nun sehe, der Herr, daß ich die Weisheit der hohen Schulen und die Heiligkeit der Klöster aus eigener und gewisser Erfahrung, d. i. durch viele

Sünden und gottlos Treiben kennenlerne, damit nicht die gottlosen Menschen Gelegenheit fänden gegen ihren zukünftigen Widersacher groß zu tun, als verdamme ich unbekannte Dinge. Darum habe ich als Mönch gelebt, nicht zwar ohne Sünde, doch ohne Vorwurf. Denn Ruchlosigkeit und Gottesverachtung werden im Reich des Papstes für große Frömmigkeit gehalten, geschweige denn, daß sie zum Vorwurf gemacht werden.

Was also denkst du jetzt? Willst du mich noch herausreißen? Denn noch bist du Vater, noch bin ich Sohn, und alle Gelübde bedeuten nichts. Auf deiner Seite steht göttliche Autorität, auf meiner Seite steht menschliche Vermessenheit. Denn selbst sogar die Enthaltsamkeit gilt nichts ohne Gehorsam gegen das Gebot Gottes, mögen sie noch so sehr mit vollen Backen sie lärmend predigen. Enthaltsamkeit ist nicht geboten; Gehorsam aber ist geboten. Wiewohl die tollen und einfältigen Papisten nichts der Jungfräulichkeit und Enthaltsamkeit zu vergleichen dulden, mit abenteuerlichen Lügen beides immer im Munde führend, so daß schon die Tollheit des Lügens, und dann die Größe der Unwissenheit jede allein sollte verdächtig machen, was sie tun und als weise Rede vorgeben. Denn von welcher Einsicht zeugt es, das Wort des Weisen: »Nichts hält einen Vergleich aus mit einer keuschen Seele« (Jes. Sir. 26, 20), dahin zu drehen und zu deuteln, als habe er die Jungfräulichkeit und Enthaltsamkeit allem vorgezogen, daß man sie nicht dürfe wandeln und davon dispensieren können? Während er doch dies Wort als Jude an Juden geschrieben hat im Hinblick auf eine keusche Ehefrau; denn bei den Juden war Jungfräulichkeit und Enthaltsamkeit verdammt. So beziehen sie auch jenes Wort, das eine Verherrlichung eines keuschen Eheweibes ist: »Sie ist es, die kein Ehebett in Sünden gekannt hat« (Weish. Sal. 3, 13) auf die Jungfrauen. Kurz, während die Jungfräulichkeit in der Schrift nicht angepriesen, sondern nur gutgeheißen wird, wird sie mit dem Ruhm der ehelichen Keuschheit gleichwie mit fremden Federn von denjenigen geschmückt, die bereit sind, die Seelen zu dem zu entflammen, das ihrem Heil Gefahren bringt. Aber hält nicht auch mit einer gehorsamen Seele nichts einen Vergleich aus? Gerade deswegen hält nichts einen Vergleich aus mit einer keuschen Seele, d. h. mit einem keuschen Eheweib, nicht nur, weil es ihr von Gott befohlen ist, sondern auch, weil, wie ein weit verbreitetes Sprichwort lautet, nichts unter den Menschen begehrenswerter ist denn ein keusches Eheweib. Aber jene tüchtigen Ausleger der Schrift verstehen das, was von der gebotenen

Enthaltsamkeit gesagt wird, von der nicht gebotenen, und dann lassen sie mit göttlicher Schätzung bekleidet sein, was nur das Gewicht von Menschenmeinung hat. Darum dispensieren sie von allem, auch von dem Gehorsam gegen Gott. Von der Enthaltsamkeit aber, auch wenn sie verboten ist, wenn sie nämlich gegen die Autorität der Eltern übernommen ist, dispensieren sie nicht. O über diese echten und wahrhaft papistischen Doktorleins und Lehrerleins! Die Jungfräulichkeit und Keuschheit sind zu preisen aber so, daß durch ihre Größe die Menschen mehr abgeschreckt als angelockt werden; wie Christus seine Jünger, als sie die Enthaltsamkeit mit den Worten lobten: »Steht die Sache eines Mannes mit seinem Weibe also, so ist es nicht gut, ehelich werden« (Mt. 19,10), alsbald zurückwies und sprach: »Das Wort fasset nicht jedermann« (Mt. 19,11). Fassen muß man das Wort, doch von wenigen wollte es verstanden werden.

Doch ich kehre zu dir zurück, lieber Vater, und sage wiederum: Wirst du mich noch aus der Möncherei herausnehmen? Aber auf daß du dich nicht rühmst, ist der Herr dir zuvorgekommen, und hat selbst mich herausgenommen. Denn was hat es zu bedeuten, ob ich Kutte und Platte trage oder ablege? Es machen doch nicht die Kappe und die Platte den Mönch? »Alles ist euer«, sagt Paulus, »ihr aber seid Christi« (1. Kor. 3,22.23); und ich sollte der Kappe gehören, und nicht vielmehr die Kappe mir? Mein Gewissen ist frei geworden; und das heißt im vollsten Sinn frei geworden sein. Darum bin ich schon ein Mönch und bin doch kein Mönch, eine neue Kreatur, nicht des Papstes, sondern Christi. Denn es schafft auch der Papst, aber Puppen und Pappen, d. h. ihm ähnliche Fratzen und Götzenbilder, deren eines ich auch einst gewesen, verführt durch den mannigfachen Gebrauch der Worte, durch den auch der Weise (Jes. Sir. 34,12.13) bis in Todesgefahr geraten zu sein erklärt, aber durch Gottes Gnade sei er befreit. Aber ich beraube dich doch nicht wiederum deines Rechts und deiner Autorität? Nein fürwahr, deine Gewalt über mich bleibt ganz unangetastet, soweit es die Möncherei betrifft; aber die hat, wie gesagt, nun nichts mehr für mich zu bedeuten. Im übrigen hat der, der mich herausgezogen hat, über mich ein größeres Recht denn du; denn er hat mich, wie du siehst, nicht mehr in den erdichteten Gottesdienst der Mönche, sondern in den wahren Gottesdienst gesetzt. Denn wer kann zweifeln, daß ich im Dienste des Wortes stehe? Und hier ist fürwahr der Gottesdienst, dem die Gewalt der Eltern weichen muß, nach dem Wort Christi: »Wer Vater und Mutter mehr liebt denn mich, der ist meiner nicht wert« (Mt. 10,37). Nicht als hätte er durch dies Wort die Gewalt der Eltern aufgehoben, da doch der Apostel oft genug einprägt, daß die Kinder den Eltern gehorchen sollen (Eph. 6, 1; Kol. 3, 20); aber wenn der Eltern und Christi Ruf oder Autorität wider einander streiten, so soll Christi Autorität allein herrschen. Darum könnte ich dir bei Gefahr meines Gewissens nicht ungehorsam sein – so fest ist jetzt meine Überzeugung – wenn nicht über die Möncherei hinaus noch der Dienst des Wortes hinzugekommen wäre. Das meinte ich, wenn ich sagte, daß weder du noch ich zuvor gewußt haben, daß Gottes Gebote allen anderen vorgezogen werden müssen. Aber fast die ganze Welt leidet an dieser Unwissenheit, da die Wirkung des Irrtums unter dem päpstlichen Greuel herrscht, was auch Paulus vorausgesagt hat, wenn er erklärt, es werde Menschen geben, die den Eltern den Gehorsam versagen (2. Tim. 3, 2). Das trifft gar fein auf die Mönche und Priester, ganz vornehmlich auf die, so unter dem Schein der Frömmigkeit und dem Titel der Dienstbarkeit gegen Gott sich der Gewalt der Eltern entziehen, als ob es einen anderen Dienst Gottes gäbe, als seinen Geboten zu gehorchen, unter welchen auch ist der Gehorsam gegen die Eltern.

Ich sende dir also dies Buch, aus dem du ersehen magst, durch welche Zeichen und wunderbaren Kräfte Christus mich von dem Mönchsgelübde erlöst und mir solche Freiheit geschenkt hat, daß, während er mich zum Knecht aller gemacht hat, ich niemand untertan bin, denn ihm allein. Denn er ist, wie man sagt, mein unmittelbarer Bischof, Abt, Prior, Herr, Vater und Lehrer. Einen anderen kenne ich nicht mehr. So hoffe ich, er habe dir einen Sohn genommen, daß er vielen andern (und) ihren Söhnen durch mich zu helfen anhebe; dies darfst du nicht nur gern tragen, sondern auch gar sehr dich dessen freuen; und ich lebe der ganz gewissen Überzeugung, daß es also bei dir der Fall sein wird. Doch wenn mich der Papst töten und noch über die Hölle hinaus verdammen sollte? Den er getötet, wird er nicht auferwecken, daß er mich mehrmals töte. Hat er mich aber verdammt, so ist es mein Wille, daß er mich niemals absolviere. Denn ich hoffe, daß der Tag nahe sei, an dem dies Reich des Greuels und Verderbens vernichtet wird. O, daß wir doch zuvor wert wären, von ihm verbrannt oder erwürget zu werden, daß unser Blut möchte lauter schreien und drängen, das Gericht über ihn zu beschleunigen. So wir aber nicht wert sind, durch unser Blut Zeugnis abzulegen, so laßt uns wenigstens bitten und flehen um die Barmherzigkeit, daß wir mit unserem Leben und unseren Worten bezeugen mögen, daß Jesus Christus allein der Herr, unser Gott ist, gebenedeiet von Ewigkeit zu Ewigkeit, Amen. In demselbigen lebe wohl, liebster Vater, und grüße in Christus meine Mutter, deine Margarete, samt der ganzen Verwandtschaft. Aus der Wüste, am 21. November 1521.

Jesus

Urteil Martin Luthers über die Mönchsgelübde

Vor allem will ich denjenigen, die vorlängst aus eingewurzeltem Haß gegen meinen Namen selbst die ganz offenkundige Wahrheit um meinetwillen verdammen, gemeldet wissen, daß ich für sie in diesem Buche nichts schreibe; ich möchte nämlich nicht jenen tauben Nattern, die ihre Ohren verstopfen (Ps. 58,5), mit meiner Zauberformel beschwerlich fallen und nicht, um mit Salomo zu sprechen, meine Worte unnütz vergeuden, wo man doch nicht ihrer achtet (Jes. Sir. 32,6), auch nicht das Heilige den Hunden geben oder Perlen vor die Säue werfen (Mt. 7,6). Sie mögen die Dekretalen[2] ihres Schöpfers lesen und ihre eigene Weisheit, da sie es ja so wollen. Denen allein diene ich, die im eisernen Ofen Ägyptens (5. Mos. 4,20) und in der heißen, feurigen Glut Babylons, das ist, unter der Tyrannei ihres Gewissens und ihrer Sünde gequält werden. Denn von den Mönchsgelübden wollen wir sprechen, die wir vielfältig vermehrt und verbreitet sehen zum großen Verderben des Christentums und zum unermeßlichen Unheil der Seelen. Gott erbarme sich unser und segne uns, er lasse leuchten sein Angesicht über uns (Ps. 67,2–5), daß wir auf Erden seinen Weg erkennen mögen, unter allen Heiden sein Heil, daß auch die Völker sich zu ihm bekennen, die Heiden sich freuen und jauchzen, weil er sie von den Überlieferungen der Menschen befreit und nun selbst sie in Billigkeit richtet und die Völker auf der Erde leitet. Amen.

Hier soll nicht erörtert werden, ob ein Gelübde zu halten sei, sondern welche Gelübde wahrhaftig Gelübde sind.

Niemand kann leugnen, daß von Gott das Recht gesetzt sei, ein Gelübde zu halten; sagt doch die Schrift: »Gelobet und haltet« (Ps. 76,12), so daß es schlechterdings sich nicht schickt zu erörtern, ob ein Gelübde zu halten sei. Wir erötern auch nicht, ob man ein Gelübde halten soll, sondern davon wollen wir reden, wie wir die Gelübde unterscheiden mögen und erkennen, welche fromm, gut und Gott wohlgefällig sind, von welchen auch allein gelten darf, daß sie in der Schrift als Gelübde bezeichnet und gefordert werden. Wiederum, welche gottlos, böse und Gott nicht gefällig sind, die nicht anders als Gelübde zu achten sind, wie wenn man den Mord des Nächsten oder Ehebruch Frömmigkeit heißen wollte, so daß es hier nicht nötig ist zu disputieren, ob dergleichen Gelübde zu halten oder zu widerrufen sind. Denn es ist nichts so fromm und heilig je eingerichtet worden, auf das man es nicht mit verkehrter Nacheiferung und gottlosem Schein abgesehen gehabt hat; ja je heiliger etwas ist, desto mehr trachten danach in verkehrter Nacheiferung die Gottlosen und Heuchler. Was gibt es Heiligeres als den Gottesdienst, der im vornehmsten und ersten Gebot befohlen ist? Was wiederum ist allgemeiner verbreitet, als der Aberglaube, das ist, der falsche und erheuchelte Gottesdienst? so daß man fürchten muß, daß durch eben diese Verkehrtheit auch die Lauterkeit der Gelübde in Heuchelei und gottlosen Aberglauben entartet sei. Denn wahre Frömmigkeit und ein aufrichtiges Gelübde ist ein gar selten Ding, zumal in diesen letzten, gefährlichen, gottlosen und bösen Zeiten, in denen nach der Prophezeiung Glaube und Liebe untergehen sollen (Mt. 24, 12).

I. Daß die Gelübde nicht auf Gottes Wort sich gründen, vielmehr Gottes Wort widersprechen

Ohne Zweifel ist das Mönchsgelübde grade deswegen gefährlich, weil es ein Ding ist ohne Grund und Beispiel der Schrift; es wissen aber auch die erste Kirche und das Neue Testament überhaupt nichts von dem Brauch irgendetwas zu geloben, geschweige denn, daß sie dies besondere ewige Gelübde einer gar seltenen und wunderbaren Keuschheit billigen. Denn es ist eine reine und verderbliche Erfindung von Menschen, gleichwie alles andere, das von Menschen erfunden ist. Wenn aber in der Apostelgeschichte St. Paulus zufolge eines Gelöbnisses sich mit vier anderen Männern reinigte (Apg. 21, 23 ff.), so sieht wohl ein jeder, daß dies aus dem alten Gesetz noch übrig geblieben war; um davon zu schweigen, daß es ein zeitliches Gelübde war. Denn also beobachtete derselbe Apostel auch alle anderen Forderungen des alten Gesetzes mit den Juden. Er wollte aber nicht, daß dies ein Beispiel sei für das Neue Testament, kümmerte er sich doch vielmehr mit den Heiden nicht um das Gesetz.

Der heilige Antonius, der eigentliche Vater der Mönche und der Anfänger des mönchischen Lebens, urteilte und lehrte gar weise und christlich, man solle durchaus nichts unternehmen, was keinen Schriftgrund habe. Und er selbst hat diese mit verbindlichen Gelübden und Zeremonien sich befassende Sorte von Mönchen überhaupt nicht gekannt, sondern frei in der Wüste gewohnt und in freier Weise ehelos gelebt, nach der Form des Evangeliums. Die nach ihm kamen, haben einen Zwang und eine Knechtschaft aus seinem Unternehmen gemacht; sie folgten nur dem Schein und einer trügerischen Nacheiferung der Regel des Antonius, die die Regel Christi ist; denn es war eitel menschlich, was sie ausdachten.

Ebenso auch der Apostel Paulus; wenn er auch öfters die Form und Überlieferung rühmt, die durch seinen Dienst den Kirchen gegeben sei, und fordert, daß sie ihm nacheifern, so will er doch keineswegs, daß sie ihm als Paulus nacheifern, sondern Christus in ihm, wenn er sagt: »Seid meine Nachfolger, gleichwie ich Christi« (1.Kor. 11,1). Gewiß ist uns ein anderer Führer nicht gegeben, als der, von dem die glänzende Herrlichkeit des Vaters mit diesem Wort gezeugt hat: »Diesen sollt ihr hören.« (Mt. 17,5). Durch dieses Wort ist Christus allen zum Führer gesetzt, und alle sind ihm unterworfen und untergeordnet; wie zuvor Mich. c. 5 prophezeit hatte, daß von Bethlehem sollte ausgehen der Führer (Mich. 5,1), der das Volk Gottes leiten sollte. Darum legt er auch selbst mit seinem Vater dasselbe Zeugnis ab, und spricht: »Wer mir nachfolgt, der wandelt nicht in der Finsternis.« (Joh. 8,12). Und wiederum: »Ich bin das Licht der Welt« (ebd.). Denn er steht zu einem Zeichen für die Völker (Jes. 11,12), das Gott hat aufgerichtet, die Flüchtlinge Israels zu sammeln. Wie er denn wiederum sagt Joh. 14.6: »Niemand kommt zum Vater, denn durch mich«. »Ich bin die Tür« (Joh. 10,7). »Ich bin der Weg, die Wahrheit und das Leben« (14.6).

Diese und ähnliche Aussprüche der Schrift, die ja klarer sind als das Licht und ganz zuverlässig, zwingen uns gewißlich zu verdammen, was an Regeln, Statuten, Orden, Sekten vorhanden ist, was ohne, außer oder über Christus hinaus einhergeht, mags auch gleich durch Engel vom Himmel gegeben und durch gewaltige Wunder bestätigt sein. Nicht will er's leiden, daß man einen andern Weg zu gehen sich unterstehe, er, der gesagt hat: »Ich bin der Weg« (Joh. 14,6). Denn mit diesem Wort hat er gar alle anderen früheren, gegenwärtigen und künftigen Wege widerrufen, aufgehoben und zunichte gemacht. Und es läßt keinen anderen Führer und Meister sich erheben, der da gesagt hat: »Diesen sollt ihr hören« (Mt. 17,5), mag er es nun versuchen, Besseres oder Ärgeres zu bieten; sondern mit diesem Wort hat er verdammt, was an Gesetzen und Überlieferungen abgesehen von Christus da ist, wie auch Christus sagt Joh. 10: »Alle, die vor mir gekommen sind, sind Räuber und Diebe gewesen.« (Joh. 10,8).

Daraus ergibt sich aufs deutlichste, daß es durchaus nicht erlaubt ist, Möncherei zu geloben, und es sind durch diese himmlischen Donnerschläge völlig von Grund aus weggenommen, verboten und verdammt alle Gelübde dieser Art, da niemand leugnen kann, daß in der Möncherei vieles, vielmehr alles und nur das gelobt wird, das außerhalb Christi und ohne Christus ist, das ist, ohne Weg, ohne Licht, ohne Wahrheit, ohne Leben, ohne Gott. Wie sie denn sogar selbst prahlerisch und ohne Scham bekennen, daß sie solche sind, die über Christus hinaus ein höheres und vollkommeneres Leben führen möchten. O welche unermeßliche Blindheit!

Es möge also dies vor allen Dingen sicher festgelegt sein: Was man über und ohne Christus entweder selbst sich anmaßt, oder aus den Beispielen und Unternehmungen der Heiligen sich herholt, das ist, als etwas Menschliches schon längst durch göttliche Autorität verboten, verdammt und es ist entschieden, daß man's nicht geloben und zu einem Gebot oder notwendigen Lebensweg machen darf, noch wenn man es gelobt hat, erfüllen und halten darf, sondern es lösen und freigeben muß. Denn es steht unerschüttert fest dieser Fels: Ich bin das Leben, und kein anderer. Was aber dieser Weg nicht gewesen ist, das ist irrig, schlüpfrig und finster.

Aber auch St. Franziskus, der bewundernswerte und geistesgewaltige Mann, hat sehr weise gesagt, daß seine Regel das Evangelium Jesu Christi sei. Das Evangelium aber läßt die Keuschheit frei und enthält nichts von dem, was jetzt diese Minoriten (Franziskaner) in unglaublicher Gleisnerei beobachten. Fürwahr, da Franziskus wollte, daß die Seinen nach dem Evangelium lebten, wollte er sie ganz frei sowohl von Gelübden wie von allen menschlichen Überlieferungen wissen, so daß die Minoritenbrüder auch kraft ihres Gelübdes und ihrer Regel die Erlaubnis haben, ehelos und ehelich zu leben und in ihren Klöstern und bei allen ihren Statuten zu bleiben, so lange sie wollen; denn etwas anderes haben nicht gelobt noch geloben können, die das Evangelium gelobt haben. Nun aber gibt es heute keine in größeren Aberglauben und ängstlichere Grübeleien verstrickte Sorte von Menschen als diese, die die freiesten hätten sein sollen, aber gefesselt sind durch unendliche Statuten, durch viele Satzungen und kindische, lächerliche Gebräuche.

Doch leider ließ auch der heilige Mann entweder durch die Menge derer, die in der Welt das Evangelium verachten, oder durch die irrige Bemühung um die päpstliche Bestätigung und Genehmigung sich gefangen nehmen, daß er das allen Gläubigen gemeinsame Evangelium zu einer besonderen Regel für wenige machte und was Christus als Gemeingut angesehen wissen wollte, zu einem Sondergut machte. Denn nichts gelobt der Minoritenbruder, wenn er seine Regel gelobt, als was er bereits zu Anfang in der Taufe gelobt hat, nämlich das Evangelium. Es sei denn, daß Franziskus vielmehr dem Irrtum unterlegen sei, geglaubt zu haben, daß vieles im Evangelium aus Räten[3] bestehe, wie die Gottlosigkeit der papistischen Schulen es ausgedacht hat; diese habe er dann durch die Regel zu Geboten machen wollen. Warum ich dies einem solchen Mann nicht zutraue, will ich hernach sagen.

Wenn du daher einen Minoriten fragst, warum er ehelos lebt, und warum er sich mit Geld nicht befaßt, da er doch ein Bekenner des Evangeliums ist und Christus die Ehelosigkeit hat frei sein lassen und sogar bei der Münze des Kaisers (Mt. 22, 19), sich auf Geld eingelassen hat, was wird er anders antworten, als daß er das halte, was in der Regel des Franziskus menschliche Weisheit ist und durch päpstliche Tyrannei verderbt ist, daß er aber das, was göttliche Weisheit ist, daß nämlich seine Regel das Evangelium sei, nicht halte? Du siehst also bewiesen, daß Franziskus wie ein Mensch geirrt habe, als er seine Regel schuf. Denn was bedeutet das Wort: »Die Regel der Minoritenbrüder ist das Evangelium« anderes denn zu erklären: Die Minoritenbrüder allein sind Christen? Denn so das Evangelium nur ihnen eignet, so gibt es keine Christen außer den Minoriten, während doch ohne Widerrede das Evangelium ausschließlich dem ganzen christlichen Volke gehört. Franziskus wurde auch getäuscht, wenn er lehrte – wenn er denn so lehrte – von neuem zu geloben, was man selbst mit allen zusammen schon vorlängst in der Taufe gelobt habe, nämlich das allen gemeinsame Evangelium.

Doch hier fallen mir zwei Hauptgründe ihres Glaubens oder vielmehr ihres Unglaubens ein, die ich behandeln muß. Der erste ist der, daß das Evangelium nicht allen gemeinsam ist, sondern in Räte und Gebote geteilt sei. Ihre Möncherei nun befolge die Räte, nicht nur die Gebote, die dem sonstigen gemeinen Volk aufgegeben sind. Hier aber verfallen sie in mehr als einen und in einen nicht geringen Fehler. Und nun davon abzusehen, daß sie zufolge dieser Unterscheidung nicht zu wissen bezeugen, was eigentlich das Evangelium ist – indem sie Gebote und Räte daraus machen – das ja aus den lauteren Verheißungen Gottes besteht, die die dargebrachten Wohltaten den Menschen anzeigen, unter welchen auch sind jene Erläuterungen der Gebote Gottes und Ermahnungen, sie zu halten, die Christus Mt. 5, 6 u. 7 gegeben; was wollen sie zu dem Worte Christi Markus am letzten sagen: »Gehet hin in alle Welt und verkündigt das Evangelium aller Kreatur?« (Mk. 16, 15). Wollen sie etwa hier vorgeben, etwas anderes sei es zu predigen, etwas anderes sei es, zu gebieten, etwas zu halten? Warum befiehlt er, daß man der ganzen Welt und aller Kreatur predigen soll, was er nur von wenigen gehalten sehen will? Wie oft aber rühmt auch Paulus, daß er für das Evangelium ausgesondert sei (Röm. 1, 1. 2), daß das Evangelium verheißen sei, daß es eine Kraft Gottes zur Seligkeit sei für jeden, der da glaubt (Röm. 1, 16), und daß alle einfach untergehen, in denen das Evangelium Christi verdeckt ist (2. Kor. 4, 3). Daß nichts allgemeiner, nichts nötiger sei als das Evangelium, das lehrt er fast überall.

Aber nun wissen sie nicht, was das Evangelium ist, weil sie ein Gesetz daraus machen, so verstehen sie auch diese Worte des Paulus gar nicht. Laßt uns also zu ihnen an diesen finsteren Ort hinabsteigen und mit den Kindern im Evangelium stammeln, indem wir Räte und Gebote nennen, was im Evangelium Ermahnungen sind. Denn Moses hat Gebote, wie Joh. 1 sagt: »Das Gesetz ist durch Moses gegeben« (Joh. 1, 17); das Evangelium hat Gnade, wie derselbe sagt: »Die Gnade und Wahrheit ist durch Jesum Christum geworden«. Laßt uns darum sehen, was der Erfolg derer ist, die über Christus hinauszufliegen sich unterstehen, wohin sie ihre irrige, gottlose Vermessenheit schleudert. Denn wenn wir werden beweisen können, daß es keine Räte sind, die sie rühmen und geloben, ertappen wir sie dann nicht dabei, daß sie verdammenswert irren und ihre Gelübde auf ihre ruchlosen Lügen gründen? Denn Räte zu nennen, was nicht Räte sind, und göttliche Gebote zu lösen, was ist das anders, als die Wahrheit Gottes zu verleugnen und in Lüge umzuwandeln, ja Gott zu lästern? Oder ist das keine Gotteslästerung, wenn Gott sagt: »Dies ist mein Gebot«, und sie im Namen des Herrn wider ihn sagen: »Das ist kein Gebot, sondern ein Rat«? Und in und über dieser Gotteslästerung dann in Möncherei zu geloben, die Augenbrauen schwarz zu färben, sich den Mund zu wischen und zu sagen: »Ich habe nichts Böses, sondern Gutes getan?« (Jer. 4,30). Denn wer begreift nicht, daß alle, die die Gebote Gottes für Räte ansehen, mit solchem gottlosen und gotteslästerlichen Gewissen ihre Gelübde ablegen? Und derart sind sicherlich jetzt aller Mönche Gelübde, die von dieser verruchten und gotteslästerlichen Meinung über Räte und Gebote überzeugt sind.

Laßt uns darum jetzt diese Gottlosigkeit enthüllen. Die Räte, die sie erdichten, sind fast nur die Sprüche, die Christus Mt. 5 lehrt (Mt. 5,25.39 ff.), sich nicht zu rächen, nicht Böses mit Bösem zu vergelten, nicht vor dem Gericht Händel zu haben, auch den Mantel zu geben, wenn der Rock genommen ist, auch die andere Backe hinzuhalten, mit dem, der eine Meile zu gehen nötigt, auch zwei Meilen zu gehen, und überhaupt nicht dem Übel zu widerstehen, und willfährig zu sein dem Widersacher auf dem Wege; desgleichen seine Feinde zu lieben, wohlzutun denen, die uns hassen, zu bitten für die, die uns verfolgen und verleumden; desgleichen jedem, der da bittet, umsonst zu geben und ohne Zinsen zu borgen (Mt. 5,44.42), alles zu verkaufen und zu verlassen und Christus nachzufolgen (Mt. 19,21), allen sich unterzuordnen, auch den Geringeren. Dazu füge noch hinzu die Jungfräulichkeit und Enthaltsamkeit. Es gibt auch einige, die noch die acht Seligpreisungen Mt. 5 hinzunehmen, um doch ja alle Gebote Gottes zu brechen und zu leugnen. Inwiefern die Keuschheit ein Rat sei, wollen wir nachher untersuchen; jetzt laßt uns das übrige betrachten.

Daß dies alles nicht Räte, sondern nötige Gebote sind, erhellt erstens daraus, daß Matthäus, im Begriff, dies zu schreiben, vorausschickt, daß Christus auf einen Berg gestiegen sei, sich niedergesetzt, seinen Mund aufgetan und gelehrt habe (Mt. 5,1.2). Lehren ist aber nicht dasselbe wie raten, sondern mitteilen, was man notwendig tun müsse. Und hernach sagt Christus selbst: »Ich bin nicht gekommen das Gesetz aufzulösen, sondern zu erfüllen« (Mt. 5,17). Deshalb, was er dort lehrt, das lehrt er darum, daß das Gesetz erfüllt werde, nicht aber, um Räte aufzuzählen. Dort sagt er denn auch, gleichsam mit dem Finger auf das hinweisend, was er damals lehrte: »Wer nun eins von diesen kleinsten Geboten auflöset und lehret die Leute also, der wird der kleinste heißen im Himmelreich; wer es aber tut und lehret, der wird groß heißen im Himmelreich« (Mt. 5, 19). Hier siehst du, wie offenkundig er als Gebote bezeichnet, was er lehrt, und das Wort des Lehrens legt er selbst dahin aus, daß es heiße: Gebote mitzuteilen.

Darnach zu dem kommend, was sie Räte nennen, sagt er: »Es sei denn eure Gerechtigkeit besser, denn der Schriftgelehrten und Pharisäer, so werdet ihr nicht in das Himmelreich kommen« (Mt. 5, 20). Verneint er da nicht das Himmelreich nur denen, die die Gebote nicht halten? Und dies versichert er von dem, was er selbst hier lehrt, noch über das hinaus, was die Schriftgelehrten und Pharisäer gelehrt hatten. Ich bitte, wer mag sich so erdreisten, daß er hier von Räten spricht, wo Christus durch so viele Worte des Lehrens und Befehlens, durch so viele und schwere Drohungen zwingt, notwendig alles zu halten, was daselbst geschrieben ist. Auf Grund welcher Autorität wollen sie versichern, daß dies Räte seien? Wo ist die Schriftstelle? Sie mögen doch nur ein Jota für ihren Beweis herbeibringen. Und die gottlosen Leute sind so dreist, aus eigenem Kopf, ohne Schriftgrund, Räte daraus zu machen, wider so viele der Kraft eines Blitzes zu vergleichende unwiderstehliche Lehren, Gebote, Drohungen, Verheißungen. Oder sollen wir etwa dem tollen Wahn des Pariser Gomorrha folgen, wo sie in ihrem schönen Urteil sagen,[4] dies beschwere allzu sehr das christliche Gesetz? O Sodom, o Gomorrha, die nach den Kräften des freien Willens die göttlichen Gebote bemessen, anstatt nach der Gnade Gottes und ihnen selbst.

Überdies aber zermalmt er unter den Räten selbst ihre unverschämte Stirn, wenn er sagt: »Sei gewogen deinem Widersacher, daß er dich nicht etwa überantworte dem Richter, und der Richter überantworte dich dem Diener, und werdest in den Kerker geworfen. Wahrlich, ich sage dir, du wirst nicht von dort herauskommen, bis du auch den letzten Heller bezahlst« (Mt. 5, 25. 26). Hier mögen nun die Pariser Maulwürfe und Fledermäuse antworten, ob irgendeine Strafe angedroht wird, wenn man einen Rat unbeachtet läßt, vollends eine so gewaltige und ewige Strafe, daß dem Richter, dem Diener, dem Kerker überantwortet wird, und niemals herauskommen soll, wer dem Widersacher nicht gewogen gewesen. Ebenfalls, wenn er sagt: »So ihr nur die liebet, die euch lieben, was werdet ihr für Lohn haben? Tun nicht dasselbe auch die Zöllner und Sünder?« (Mt. 5, 46), heißt dies denn, Räten nicht gehorcht haben, wenn man keinen Lohn hat und den Zöllnern und Sündern gleich ist? Dasselbe versichert auch der Herr mit vielen Worten Lukas 6 (Lk. 6, 20ff.).

Es dürfte also klar sein, daß alle ihre angezeigten Räte wahrhaftig und ohne Zweifel notwendige Gebote sind, die Christus Matthäus 6 lehrt. So sagt auch Petrus 1. Petr. 5: »Ihr sollt alle untereinander demütig sein« (1. Petr. 5, 5). Und: »Achtet euch unter einander einer den anderen höher, denn sich selbst« (Phil. 2, 3; Röm. 12, 10).

Daß aber das nicht ein Rat ist, daß wir uns vor dem Geringeren demütigen, beweist Petrus, wenn er folgenden Grund vorbringt und sagt: »Denn Gott widersteht den Hochmütigen, aber den Demütigen gibt er Gnade« (1. Petr. 5, 5). Glaubst du noch, es sei ein Rat, wo Petrus doch es Hochmut nennt, der Gott widersteht, wenn du dem Geringeren dich nicht unterwirfst? Daß aber alles verkaufen und den Armen geben nicht, wie sie es heißen, mönchische Armut sei, beweist dies, daß Petrus nach der Auferstehung fischen ging (Joh. 21, 3), wie auch zuvor, da er doch alles verlassen hatte. Doch die Mönche verkaufen nicht nur nicht das Ihre und geben es den Armen, sondern scharren alles Gut aller zusammen und sind im Vergleich mit allen anderen reich.

Man muß aber nicht nur die ruchlose Gotteslästerung der Schulen und Klöster verdammen, daß sie diese gottlosen Dinge zu lehren wagen, sondern auch ihr Schnarchen und Gähnen verfluchen und ihre schändliche Faulheit oder ihre träge Gleichgültigkeit, daß diese tierischen Bäuche nicht so viel um das Evangelium sich gekümmert haben, daß sie die Bücher einmal aufgeschlagen, die Blätter umgewandt und die Worte wenigstens sich angesehen haben. Denn durch das bloße Anschauen der Worte, die ja so klar und deutlich sind, hätten sie ihre ungeheuerlichen, ruchlosen Gotteslästerungen vermeiden können. Was also sind sie anders denn Schulen und Klöster? Schulen, weil sie spielen und sich narren lassen durch Lügen; Klöster, weil sie für sich allein da sind, ohne Christus, gar weit weg gelegen vom gemeinsamen Weg der christlichen Wahrheit.

Da siehst du also, mit was für einem Glauben und mit welcher Gottesfurcht diese Bordelle des Satans ihre Gelübde ablegen und leben. Paulus sagt: »Wenn du mit Menschen- und Engelzungen redetest, wenn du alle deine Habe zur Speisung der Armen verteiltest, wenn du dich selbst hingäbest dich verbrennen zu lassen, so wärest du nichts und hättest nichts getan, wenn du die Liebe nicht hättest.«

(1. Kor. 13, 1–3). Um wie viel mehr, wenn du Mönch würdest und diese Räte gelobtest, wärest du nichts und hättest du nichts getan, wenn du mit gotteslästerlichen und frevelndem Gewissen, das die Wahrheit Gottes verleugnet, dies tätest, wie du es jene tun siehst. Man liest von Pelagius, daß er ein unbescholtenes Leben geführt habe; weil er aber die Gnade Gottes verleugnete, hat er um dieser einen Gottlosigkeit willen alles vergeblich gelebt. Wenn einer die Jungfräulichkeit Marias leugnet oder sonstwie einen einzelnen Artikel des Glaubens nicht glaubt, so wird er verdammt, wenn er auch sonst die Jungfräulichkeit und Heiligkeit der Jungfrau selbst hätte. Um wie viel mehr werden die Mönche verdammt werden, dies Volk des Verderbens, weil sie die göttlichen Gebote verleugnen und verändern, auflösen und austilgen?

Siehe da, das Fundament der Klostergelübde ist Frevel, Gotteslästerung und Ruchlosigkeit. Und dies widerfährt ihnen, daß sie Christus als Führer und Licht verachten und nun anderem und besserem zu folgen sich unterstehen. Denn wer die Wahrheit als Führerin verläßt, wem anders soll er folgen, als der Lüge? Wer der Ehre Gottes nicht folgt, der folgt billig den Gotteslästerungen. Es ist also dies schon der zweite Grund, warum man Klostergelübde meiden und wegfegen soll, so viel ihrer unter dem Himmel sind; und alle, die sie gelobt haben, sollen auf den gemeinsamen Weg der Christen zurückkehren, Christus nachfolgend mit ruhigem und gutem Gewissen. Denn Gott selbst ist es, der davon zurückruft, dessen Gelübde verbietet, verdammt und als der höchsten Gottlosigkeit überführt.

Von der Jungfräulichkeit

»Aber die Jungfräulichkeit und Ehelosigkeit ist ein Rat.« Christus selbst hat sie jedenfalls nicht geraten, sondern vielmehr davon abgeschreckt, er hat sie nur gezeigt und gepriesen, als er der Verschnittenen gedenkend sagte: »Wer es fassen kann, der fasse es« (Mt. 19, 12) und wiederum: »Nicht alle fassen dies Wort« (Mt. 19, 11). Sind das nicht vielmehr die Worte eines, der abrät und abschreckt? Denn niemand lädt er ein und fordert er dazu auf, sondern zeigt es allein. Paulus allerdings sagt: »Ich gebe einen Rat« (1. Kor. 7, 25); aber selbst er lädt niemand dazu ein, ja er schreckt noch mehr ab und warnt davor, da er sagt: »Aber ein jeglicher hat seine eigene Gabe von Gott«

(1. Kor. 7, 7). Er rät weder zu noch ab, läßt's in der Schwebe. Doch unsere unreinen Ehelosen fassen das Wort »raten« nicht anders denn: einladen, anspornen, auffordern und überreden zur Ehelosigkeit, andererseits abraten, abmahnen, warnen, abschrecken vor der Ehe, was sie denn auch tun in allen ihren Predigten und Schriften. Doch kommen wir zur Sache selbst! Wenn die Ehelosigkeit ein evangelischer Rat ist, was sollen denn eure tollen Gelübde, daß ihr über das Evangelium hinaus aus einem Rat ein starres hartes Gebot macht? Denn nun lebt ihr schon nicht mehr nach dem Evangelium, sondern über das Evangelium hinaus, darum auch gegen das Evangelium, weil ihr's nicht mehr als Rat achtet. Wenn ihr dem Evangelium gehorcht, müßt ihr die Ehelosigkeit frei lassen; wenn ihr sie nicht lasset frei sein, gehorcht ihr dem Evangelium nicht. Denn unmöglich kann ein Rat des Evangeliums zu einem Gebot werden, und ebenso unmöglich ist es, daß euer Gelübde ein Rat sei. Die gelobte Keuschheit widerstreitet also diametral dem Evangelium.

Darum so Gott, der Urheber des Evangeliums, nichts annimmt, das nicht evangelisch ist, so ist's unmöglich, daß er das Gelübde der Enthaltsamkeit billige, und nicht vielmehr es verabscheue. Wißt ihr Mönche darauf etwas zu antworten? Verneint, daß der Rat des Evangeliums ein Rat ist, oder gebt zu, daß euer Gelübde nicht evangelisch ist. Denn ihr werdet euch nicht erdreisten zu versichern, Gott werde es leiden, daß irgendjemand aus seinem Rat ein Gebot mache oder anderes, wie sein Evangelium, gelten lasse und fordere. Darum müßt ihr notwendig bekennen, daß euer Gelübde Gott nicht gefalle. Und hier haben wir bereits das dritte Gerüst, das fest und mächtig genug gegen die Mönchsgelübde aufgerichtet steht. Wir sehen also, daß die Mönchsgelübde nicht anders erfunden werden, denn als ein durch sich selbst immer trügender und verführender Irrtum, den der Christ meiden und verlassen muß. Er kann auch nur denen unschädlich sein, die geistlich sind und sich retten, indem sie ihn gut benutzen; doch das ist allein den Auserwählten möglich, denen weder Irrtümer noch Sünden schließlich schaden können.

Der andere Grund ihres Unglaubens ist, daß sie das christliche Leben in den Stand der Vollkommenheit und Unvollkommenheit zerteilen. Der großen Menge geben sie den Stand der Unvollkommenheit, sich selbst den der Vollkommenheit. Und diese Unterscheidung bemessen sie nicht nach dem Maß des Geistes und des Glaubens und der Liebe, die sicher im gemeinen Volk allermeist herrschen, sondern nach dem Gepränge und der Fratze der äußeren Werke und ihrer Gelübde, in denen nichts von Geist, Glauben und Liebe ist; ja sie tilgen geradezu den Geist des Glaubens und der Liebe aus. Der Stand der Vollkommenheit ist aber der, daß man in trotzigem Glauben den Tod, das Leben, den Ruhm und die ganze Welt verachtet, und in heißer Liebe allen dient. Doch kaum findet man solche, die gieriger sind nach Leben und Ruhm, dazu leerer an Glauben, die den Tod heftiger fürchten, als diejenigen, die echte, rechte Mönche sind. Denn es kann nicht anders sein – so werden wir sagen – es müssen die den Glauben austilgen, die sich auf Gelübde und Werke verlassen. Es verlassen sich aber darauf diejenigen, die sie für nötig erachten; denn wenn sie sich fürchten, sobald sie sie übertreten haben, müssen sie hoffen, wenn sie sie halten. Von ein- und demselben hängen ab Furcht und Hoffnung; davon ein ander Mal. Es ist eine reine Erfindung und ein erdichtetes Narrenspiel, wenn sie vom Stand der Vollkommenheit und Unvollkommenheit sprechen; dies stammt aus der Unkenntnis des Glaubens und ist nur zur Verführung geeignet. Da wir also sehen, daß diese Möncherei gestopft voll ist von Gottlosigkeit, Irrtümern, Unwissenheit, so daß, wo auch immer man sie anschaut, man Unwissenheit, Gottlosigkeit und Irrtum findet, was zweifelst du denn, daß sie Gott mißfalle und die auf sie hin abgelegten Gelübde ungültig sind und vollständig zu lösen? Das sind die falschen Christusse, die da lehren: »Hier und dort ist Christus« (Mt. 24, 23 f.), und viele verführen, auch sogar die Auserwählten, durch ihre lügenhaften Zeichen und Wunderwerke.

Ein Irrtum, sage ich, und ein gewaltiger Irrtum ist es, den Stand der Vollkommenheit nach den Räten und nicht nach den Geboten zu bemessen. Denn nicht sind, wie sie fälschlich vorgeben, die Räte über den Geboten, sondern im Gegenteil steht jener Rat der Enthaltsamkeit – denn es gibt nur diesen einen Rat – unter seinem Gebot. Denn das Gebot lautet, man solle nicht Begierde haben. Doch ohne Begierde gibt es weder eine Jungfrau noch einen Ehelosen in diesem Leben. Aber es weiß auch dieser elende, unwissende Haufe nicht, warum jenes geraten sei. Denn deswegen halten sie selbst diesen Rat, weil die Enthaltsamkeit an sich, wie sie meinen, ein sehr lobenswertes Werk sei, in dem Heil und Ehre sei; darum stellen sie sich sogar hoch über die übrigen Christen.

Aber Christus und Paulus lehren anders; sie erheben allein den Glauben und preisen die Ehelosigkeit nicht darum, weil sie vollkommen sind in der Keuschheit vor den anderen, oder nicht wider das Gebot böse Begierde haben, sondern weil sie losgelöst von den Sorgen und der Anfechtung des Fleisches (1. Kor. 7, 32), die Paulus der Ehe zuteilt, ungehinderter und freier dem Wort und Glauben sich Tag und Nacht mit Eifer widmen können, während der Mann, sich sorgend um Frau, Kinder, Familie und die Dinge dieses Lebens, losgerissen wird, und in viele Geschäfte sich teilen muß, die mit dem Wort nichts zu tun haben. So lobt Christus die Verschnittenen (Mt. 19, 12), nicht weil sie sich selbst entmannen, sondern weil sie um des Himmelreichs willen sich entmannen, aber nicht also um des Himmelreichs willen, daß sie durch die Keuschheit selig werden, denn sonst müßten alle entmannt werden, während doch der Glaube allein selig macht, sondern um des Evangeliums willen, das er das Himmelreich nennt; denn der Predigt und Verbreitung des Evangeliums unter den Völkern kann der besser dienen, der unverheiratet ist und, ohne um andere sich sorgen zu müssen, ehelos lebt.

Es will also Christus, daß die Keuschheit eine Dienerin des Himmelreichs sei, und zwar eine freiwillige Dienerin, nicht eine solche, die es verdienen will, sondern die es bereits hat und um es anderen zu vermitteln, in einem Gehorsam, der keinen Lohn verlangt, arbeitet oder doch wenigstens sich selbst es mehrt, stets bereit, um des Himmelreichs willen zu sterben und die Welt zu verlassen. Und Paulus sagt, der ehelose Stand sei gut, wegen der bevorstehenden Not, nicht wegen des Glorienscheins im Himmel; denn die Not dieses, zumal des christlichen Lebens, ertragen besser, die frei und ehelos sind, als diejenigen, die gebunden und Eheleute sind. Und wiederum sagt Paulus: »Die Jungfrau und die Ledige sorget, was dem Herrn angehöret, wie sie Gott gefalle, daß sie heilig sei an Leib und Geist« (1. Kor. 7, 32.34). »Was heißt das: »Sorgen, was dem Herrn angehöret?« Doch wohl nicht, in einsamer und müßiger Keuschheit dahinleben? Nein, sondern auf das Wort Gottes Bedacht nehmen, ihm dienen, es predigen, Zeugnis ablegen und bereit sein, dafür sein Leben zu wagen; diesem Brauch der Keuschheit ist nichts fremder und nichts ist weiter davon entfernt, als das gegenwärtige Treiben der Mönche. Sie sind es auch gerade, die von ihrem rechten Brauch überhaupt nichts wissen, da sie nur für sich selbst keusch sind und lediglich mit Lärmen und Geräusch in den Kirchen dienen und goldenen Lohn im Himmel sich selbst versprechen; natürlich, haben sie doch den Glauben ausgerottet.

Fürwahr, wenn du die Sache recht überlegst, kannst du sehen, daß Satanas deswegen die Lüge von den Räten und dem Stand der Vollkommenheit ausgeheckt hat, um diese heillose Möncherei herzurichten. Da er nämlich sah, daß man nichts dort gelobe, aber auch nicht geloben könne, das nicht zuvor alle in der Taufe gelobt haben – mit Ausnahme der Enthaltsamkeit – hub er an Vollkommenheiten und Räte zu erdichten, um den allgemeinen Weg verächtlich und diesen besonderen durch falschen Schein ansehnlich zu machen, damit man nicht geringe Dinge zu geloben schiene. Und er gewann die Macht in der Wirkung des Irrtums.

Noch weit frevelhafter ist aber dies, daß sie aus jenen vielen vorhergenannten und von ihnen erdichteten Räten nur drei ausgewählt haben, den Gehorsam, die Armut und die Keuschheit, die übrigen weder geloben noch halten sie; denn ganz frei haben sie gerichtliche Händel, rächen sie sich, hassen sie ihren Widersacher, fordern sie ihre Rechte ein, geben und borgen sie nichts, und doch rühmen sie sich noch, kraft einer zweiten Lüge und eines größeren Betruges, des Standes der Vollkommenheit und der Räte. Wahrlich, wenn sie diese Stücke für Räte und Vollkommenheit halten, so müßte man sie auch geloben, wenn der Stand der Vollkommenheit und der Räte in der Einrichtung der Gelübde besteht.

Wenn du nun jene drei ausgewählten Gelübde unter die Lupe nimmst, so wirst du sehen, daß ihr Gehorsam und ihre Armut in keiner Weise so sind, wie die Räte sie vorschreiben. Denn die Räte lehren, daß man sich allen unterwerfen und jeder den anderen höher achten müsse. Aber ihr Gelübde des Gehorsams nimmt sie vollständig heraus aus jener allgemeinen Demut, die durch das Evangelium übermittelt ist, und macht sie allein ihren Obersten untertan, und zwar nur gemäß der Regel ihrer Profeß, so daß denn auch St. Bernhard versichert, der Mönch sei nicht einmal seinem Abt verbunden, wenn er ihm anderes befiehlt, als die Regel enthält. Ich bitte euch, was ist das doch für ein Gehorsam, wenn man aus allem herausgenommen und nur einem, und auch diesem nur teilweise unterstellt wird? Ist nicht ein feiner Betrug ein solches Gelübde des Gehorsams? Das Evangelium befiehlt, allen stets und in allen Dingen zu weichen, untertan zu sein und zu gehorchen. Und die öffentlichen Bekenner der Räte unterwerfen sich weder Gleichgestellten noch Geringeren, sondern nur allein ihrem Vorgesetzten und zwar nicht in allen, sondern in einigen Dingen. Da siehst du wiederum das Gedeihen derer, die Besseres aussuchen, als Christus gelehrt hat, und mit Verachtung ihres Führers sich selbst leiten.

Diese eigentlich faßt Petrus ins Auge, wenn er sagt 2. Petr. 3, es werden kommen, die nach ihren eigenen Wünschen wandeln, Betrüger und Spötter (2.Petr.3,3). Wahrhaftig, Betrüger und Spötter brüsten sich des Gehorsams, lehren aber und befolgen mehr den Ungehorsam, verspotten jedoch die Vernunft aller und betrügen die Seelen der einfältigen Leute mit diesem Gepränge. Also siehst du, daß das mönchische Leben durch die Vermischung von Irrtümern, Lügen, Unwissenheit, Torheit, Täuschung und Betrug das echte, rechte Babylon darstellt, in dem die Erwählten nur wunderbar, wie die drei Knaben im Ofen (Dan.3,21ff.) gerettet werden.

Was also gelobt nun ein Mönch? Seine Worte werden, falls du sie sinngemäß auslegst, folgende sein: »Gott, ich gelobe dir, nicht nach deinem Evangelium allen unterworfen sein zu wollen, sondern nur einem einzigen Vorgesetzten, und nur nach der vorgeschriebenen Regel; und also gelobe ich dir, dein Evangelium zu halten.« Was ist dies wiederum anders, denn das Evangelium durch Geloben zu verleugnen und ein eigenes Evangelium zu begründen? Hier könnte man mit Jesaias sprechen, daß ihr Gelübde sei, wie wenn einer den Sohn vor den Augen des Vaters schlachte (Jes.66,3). Oder schlachten sie nicht den Sohn Gottes, wenn sie sein Evangelium so ruchlos verleugnen, und doch gerade hierdurch es Gott darzubringen sich anmaßen? Sie bekennen sich zum Gehorsam und verleugnen den Gehorsam. Und du meinst, daß solche ruchlose Gelübde etwas gelten bei Gott und gefordert werden?

Ebenso steht es auch mit dem Gelübde der Armut. Die evangelische Armut besteht darin, nichts zu wünschen im Geist und die Dinge frei zu verwalten zum Vorteil anderer. Was können denn jene darüber hinaus geloben, es sei denn den äußeren Gebrauch der Dinge? Denn die innere Begierde ist ja in der Taufe verleugnet worden, und die äußere Verwaltung der Dinge ist auch durch das Evangelium zugelassen, und seines Gebrauchs können auch sie selbst nicht entraten. Aber auch hier betrügen sie sich selbst und alle, da sowohl niemand mehr Güter verwaltet als sie, wie auch niemand mehr als sie nicht zu anderer, sondern zu eigenem Vorteil sie braucht; unter jenem heiligen Armutsgelübde sind sie die Geizigsten geworden und von allen am meisten in zeitlich Gut verstrickt. Da brüsten sie sich noch als öffentliche Bekenner der Räte, während doch kein weltlicher Mensch weiter von der Armut fern ist.

Daran liegt nichts, daß sie durch einen anderen ihre Güter besorgen. Denn mit dem Einverständnis und Willen aller besorgt ein Verwalter ihre Güter. Während sie so über das Evangelium hinausfliegen und Christus als Führer verlassen haben, stürzen sie dagegen in den Abgrund des schändlichsten Irrtums, indem sie sagen, daß sie gehorsam und arm seien, während sie doch von allen die ungehorsamsten und reichsten sind; das kann jeder mit Händen greifen, und doch blenden diese Betrüger unsere Sinne mit ihren erdichteten Worten »Gehorsam«, »Armut«, »Räte«, »Vollkommenheit«, »Orden« und ähnlichen.

Darum ist von den Räten bei den öffentlichen Bekennern der Räte nichts vorhanden, sondern alle sind den Geboten aufs äußerste zuwider, ausgenommen allein die Keuschheit, die jedoch ohne evangelischen Brauch und Frucht da ist; denn sie hat Satanas durch keinen Schein ins Gegenteil verkehren können, wie er es mit dem Gehorsam und der Armut getan hat, er hat sie müssen lassen unberührt, aber zum allergrößten Verderben. Denn ihren rechten Brauch hat er vernichtet und sie über den gemeinsamen Glauben hinaus erhoben; dann hat er sie über die Maßen verbreitet, um auf Grund dessen, daß sie der Natur unmöglich ist, zahllose Seelen in seiner Schlinge zu fangen und zu verderben. So bleibt den öffentlichen Bekennern der Räte nur eine Keuschheit übrig, aber eine verkehrte und gottlose, die auch fast ganz durch Lüste völlig verderbt ist. Wehe jener verderbten Profeß der Räte und dem Stande der Vollkommenheit; denn was ist dies ganze, das so anspruchsvoll auftritt, anders, denn Irrtum, Betrug und Gottlosigkeit? Aber »du bist gerecht, Herr, und richtig ist dein Urteil« (Ps. 119, 137); denn so müssen die fallen, die nicht nur ähnlich, sondern überlegen sein wollen dem Höchsten und seinen Bund vergessen (Ps. 119, 167), wie jenes Weib Spr. 2, 17, die da verließ den Führer ihrer Jugend.

Wie ich denn nun, wie gesagt, dem Franziskus und den anderen Vätern den Irrtum zuweise, daß sie das Evangelium für sich besonders entsprechend der Leidenschaft des Geistes in Anspruch genommen haben, so spreche ich sie doch von diesem Irrtum frei, daß ich nicht glaube, daß sie die Lügen und Erdichtungen von Räten, Vollkommenheit, erdichtetem Gehorsam und Armut und verkehrter Keuschheit gebilligt haben. Denn während sie auf Antrieb des heiligen Geistes und in starkem Glauben und brennender Liebe nur dahin getrieben wurden, dem Evangelium in vollkommenster und würdigster Weise zu entsprechen, dachten sie nicht daran, wem es gehörte und auf wen es sich bezog, sondern nur daran, es zu erfüllen. Denn hatten nicht sie das

Reich Gottes in Worten, sondern in Kraft (1. Kor. 4, 20). Aber ihre blind darauf losstürmenden Nachfolger haben nur ihren äußeren Wandel angenommen, ihren Geist und Glauben aber haben sie lassen fahren, und es ist ihnen gegangen, wie den Chaldäern, die das Feuer unter den Ofen Babylons legten (Dan. 3, 22); sie selbst kommen um, und die Heiligen werden gerettet, darum daß sie nach Psalm 27 die Werke Gottes nicht begriffen haben und seine Taten nicht erkannt haben, darum zerstört sie Gott und erbaut sie nicht (Ps. 28, 5). Denn es sagt Ps. 76: »Deine Pfade sind in großen Wassern, und deine Fußstapfen werden nicht erkannt werden« (Ps. 77, 20). Und Psalm 4: »Erkennet doch, daß der Herr seine Heiligen wunderlich führet« (Ps. 4, 4). Und Psalm 67: »Gott ist wundersam in seinen Heiligen« (Ps. 68, 36). Und Psalm 15: »Für die Heiligen, die auf Erden sind und für die sich Auszeichnenden, an denen habe ich mein ganzes Gefallen« (Ps. 16, 3).

Aus diesen Zeugnissen lernen wir, daß man an den Heiligen Gottes nicht die Maske der äußeren Werke beachten muß, sondern den Glauben, durch den er sie leitet und wunderbar rettet, indem er zuläßt, daß sie oft irren und sündigen im äußeren Wandel, den jene gleichsam als Werke Gottes und rechten Weg annehmen, und im Abgrund der Irrtümer versinken. Und der Apostel fügt Hebr. 13 nach der Aufforderung, auf den Ausgang der Vorsteher hinzuschauen, hinzu: »auf daß wir ihren Glauben nachahmen«. (Hebr. 13, 7). Denn es steht fest bei Gott der Spruch, daß alle Heiligen durch denselben Geist und denselben Glauben leben, getrieben und geleitet werden, aber verschiedene Werke äußerlich wirken. Denn wie Gott nicht zu derselben Zeit durch sie wirkt, so auch nicht an demselben Ort, auch nicht dasselbe Werk und auch nicht vor denselben Personen, sondern er geht durch die Zeiten, Orte, Werke und verschiedenen Personen und leitet sie immer in demselben Geist und Glauben, auf daß seine Wege verborgen seien und seine Fußstapfen unbekannt, während er jeden durch ein anderes Werk, einen anderen Ort, eine andere Zeit, andere Personen übt, als er an den anderen Heiligen gesehen und gehört hat und genötigt wird, durch Werk, Ort, Zeit, Personen, zufällige Umstände, die früher ihm unbekannt waren, dem leitenden und führenden Gott zu folgen.

Das ist die Glaubenserziehung, in der alle Heiligen erzogen sind, ein jeder durch seine Berufung. Darum ist es unmöglich, daß jene stürmischen Nacheiferer der Heiligen nicht höchst verderblich irren sollten, wenn sie mehr den Werken der Väter, auch den besten, folgen als ihrem Glauben im Geist, geschweige denn, sobald sie ihre Irrtümer und

Sünden annehmen. Denn alle diese stehen in der Tür ihres Zeltes und sehen den Rücken des Mose, der ins Bundeszelt eintritt (2. Mos. 33, 8), und sie wähnen, Gott zu finden in den genannten Werken, die zu dem allen zugänglichen Vorhof gehören, während doch geschrieben steht: »Der Herr ist an seinem heiligen Ort« (Ps. 68, 6) und: »Der Herr hat versprochen, er wolle im Dunkeln wohnen« (I. Kön. 8, 12). Lies die ganze Schrift und sieh zu, ob die heiligen Männer dasselbe Werk ausgerichtet haben.

Mit Rücksicht darauf scheint mir Psalm 61 (62) offenbart zu sein, den man wohl mit Nutzen hier durchgehen dürfte: »Meine Seele ist stille zu Gott; denn von ihm kommt mein Heil. Er ist mein Fels und mein Heil, und mein Schutz, ich werde nicht wanken. Wie stürzt ihr euch alle auf einen Mann, und werdet alle getötet? Wie eine überhängende Wand und eine zerstoßene Mauer. Sie gedachten ihn zu heben und zu vertreiben. Sie werden Gefallen haben an Lügen, sie werden segnen mit ihrem Mund und in der Tiefe ihres Herzens werden sie verfluchen. Sela. Aber sei stille zu Gott, meine Seele, denn von ihm kommt meine Hoffnung. Er ist mein Fels und mein Heil, mein Schutz, nicht werde ich wanken. Auf Gott steht mein Heil und mein Ruhm; der Fels meiner Kraft, meine Zuversicht ist in Gott. Hoffet, ihr Völker, auf ihn allezeit, schüttet aus euer Herz vor ihm, Gott ist unsere Zuversicht. Sela. Doch Eitelkeit sind die Menschenkinder; Lüge sind die Söhne der Leute, sie sind in der Wage, um emporzuschnellen; insgesamt sind sie Eitelkeit. Setzt nicht eure Hoffnung auf Verleumdung und Raub, hütet euch, eitel zu werden; fließt euch Reichtum zu, hängt euer Herz nicht daran. Gott hat einmal geredet, das hab' ich zweimal gehört, daß die Kraft Gott gehört. Und dein, Herr, ist die Barmherzigkeit, denn du wirst jedem vergelten nach seinen Werken.«

Es gibt keinen anderen Psalm, in dem so oft wiederholt und eingeprägt wird die Hoffnung, die Zuversicht, die Erwartung auf Gott. Denn zwanzigmal fast wiederholt er sie, und der ganze Psalm läßt die Zuversicht auf Gott erklingen, der von allem am kräftigsten widersteht das Beispiel der Werke der Heiligen. Denn dies ist der wahre Heilsweg, Gott untertan zu sein, ihm im Glauben nachzugeben und stille zu sein, wegzutun alle geräuschvolle Hoffnung auf die Werke, durch die die Gottlosen ihn zu finden suchen, und sich seiner Führung darzubieten, daß er selbst in uns wirke, und nicht wir wirken. Denn wir sehen an den Nachfolgern der Heiligen nichts als das Getöse der Werke, die sie an den Heiligen gesehen haben; denn damit ermüden sie sich Tag und

Nacht, niemals aber sind sie stille zu Gott, ihm untertan durch den Glauben. Darum wanken sie und sind unbeständigen Herzens, da das Herz nicht durch Werke Ruhe finden kann. Ihre Zuversicht steht auf den Werken, die sie dem Beispiel der Heiligen abgesehen haben, durch die sie hoffen dorthin zu gelangen, wohin jene durch den Glauben allein gelangt sind.

Es schreit aber der Psalmist über ihre sich überstürzende Blindheit, in der sie herdenweise darauf losstürmen, das Werk irgendeines großen Mannes nachzuahmen, statt daß sie vielmehr und zunächst es lernen, stille zu sein und Gott zu trauen. Warum, so sagt er, stürzt ihr euch so auf die Larve der Werke? Warum tötet ihr euch selbst alle? Ihr lauft dahin und stürzt euch alle selbst jählings in den Tod. Gott ist eine hohe Mauer und ein treuer Schutz, wie Salomo sagt: »Ein hoher Turm, d. i. ein hoch erbauter, ist der Name des Herrn, zu ihm eilt der Gerechte hin und wird gerettet« (Spr. 18, 10). Aber dagegen ihr! Alles was ihr schafft, wird sein wie eine überhängende Wand und wie eine zerbröckelnde Mauer. Wer sich an sie anlehnt, wird mit ihr fallen, ausgestoßen werden und sehr wanken. Das Wort »ihr stürzt euch« wollen sie auch dasselbe bedeuten lassen wie »versammelt werden« und auch »arg werden«. Beides bestätigt den vorgenannten Sinn.

Dunkel aber und zweifelhaft ist, was nun folgt: »Sie gedachten ihn zu heben und zu vertreiben.« Unser Text[6] hat die Worte: »Gleichwohl mein Lohn«; das römische Psalterium[7]: »meine Ehre«, Hieronymus[8]: »mein Teil«, nämlich mein Opfer. Denn von dem Wort werden Opfer, Gaben und Teile der heiligen Dinge genannt, nämlich von »erheben«. Ich meine darum, daß der Sinn sei, daß die Gottlosen an den Beispielen der Heiligen das, was allein kostbar, verehrungswürdig, edel und vornehm, und sogar ein Teil der Heiligkeit selbst ist, nämlich den Glauben, nicht nur nicht befolgen, sondern in einhelliger Absicht oder Raserei vielmehr darauf aus sind, ihn herauszuwerfen und zu vertilgen, und nur die Fratzen der Werke rühmen und predigen. Denn niemand folgt weniger dem Beispiel der Heiligen, niemand auch macht es mehr zunichte, als wer allein ihren Werken und nicht ihrem Glauben nachfolgt. So ist niemand heute weniger Franziskaner, als gerade die am meisten Franziskaner sein wollen, die nämlich, die nach der Observanz[9] genannt werden. Ja gerade sie sind seine erbittertsten Feinde und sind aufs wütendste darauf bedacht, seinen Glauben zu verstoßen.

Darum folgt: »Sie werden Gefallen haben an Lügen«; sie halten nämlich fest am Schein, verwüsten den Glauben und rühmen sich dessen und gefallen sich sonderlich vor allen anderen Menschen, als wären sie die heiligsten; sie segnen mit dem Munde und fluchen mit dem Herzen. Denn sie loben Gott, Christus, St. Franziskus, Dominikus und die anderen, deren Nachfolger zu sein sie sich rühmen. Aber dies Lob ist die größte Gotteslästerung, da sie den Glauben vertilgen und nur den Schein als Wahrheit annehmen. So ist denn nun der ganze Psalm deutlich, der uns lehrt, Gott zu vertrauen und daß ohne Glauben alles Lüge ist.

Jes. 30 hat diesen Psalm entweder nachgebildet oder ausgelegt, wenn es dort ebenfalls heißt: »Denn es ist ein Volk, das zum Jähzorn reizt, verlogene Kinder, die nicht hören wollen das Gesetz Gottes. Sie sagen zu den Sehern: ›Ihr sollt nicht sehen‹, und zu den Weissagern: ›Ihr sollt uns nicht weissagen, was recht ist; ihr sollt reden, was uns gefällt; weissaget uns Irrtümer, nehmt mir weg den Weg, entfernt von mir den Pfad; es möge weichen von unserem Antlitz der Heilige Israels‹. Darum spricht der Heilige Israels also: Dafür, daß ihr dies Wort verworfen habt und gehofft habt auf Frevel und Getümmel und euch darauf gestützt habt, darum soll euch diese Missetat werden wie ein Riß, der Einsturz droht und an einer hohen Mauer hervortritt; denn eilends, wenn man es nicht erwartet, wird die Zertrümmerung kommen.« (Jes. 30, 9–13). Und weiter unten: »Wenn ihr umkehrt und ruhig werdet, so werdet ihr gerettet. In Stille und Hoffnung wird eure Stärke bestehen« usw. (Jes. 30, 15).

II. Daß die Gelübde wider den Glauben sind

Daß die Mönchsgelübde wider das Wort Gottes sind, dürfte hiermit ausreichend besprochen sein. Wir wollen nun beweisen, daß sie auch dem christlichen Glauben widerstreiten, auf daß wir um so mehr mögen erkennen, daß dies hauptsächlich den Greuel ausmacht, der an heiliger Stätte stehet (Mt. 24, 15). Laßt uns aber hier als unseren festen, starken Fels, der unser Glaubensgrund ist, das Wort des Paulus Röm. 14 nehmen: »Alles, was nicht aus dem Glauben kommt, ist Sünde« (Röm. 14, 23). Daraus schließen wir, daß die Mönchsgelübde Sünde sind, wenn sie nicht aus dem Glauben stammen. Aus dem Glauben aber sind sie nicht, wenn sie ewig gezwungen und nicht frei sind, also daß man sie halten oder nicht halten kann.

Aber weil diese Blätter Gegnern oder Schwachen in die Hände fallen werden, muß ich ihren Auswegen zuvorkommen, und die Furt, die durch diesen Jordan führt, vorher besetzen, daß uns nicht diese Fürsten der Midianiter entkommen (Ri. 7,24). Denn zunächst werden sie leugnen, daß der Glaube an dieser Stelle (Röm. 14,23) der christliche Glaube sei; sie haben nämlich eine menschliche Glosse, die noch dunkler ist als der Text, und die von ihnen selbst nie verstanden ist, auf daß sie nach ihrer Weise die Kraft der Schrift verspotten durch solche Fündlein, denen sie mehr glauben als den lauteren und klaren Worten Gottes, aus keiner anderen Ursache, als weil sie dem Grund ihres Unglaubens widerstreiten, durch den sie festgesetzt haben, nicht alles sei Sünde, das ohne Glauben geschehe. Da nun Paulus dieser gegen Gott gerichteten Lüge widerstrebte, wurde er genötigt, die Maske einer Glosse anzulegen und dem Verständnis jener zu weichen. Die Glosse lautet aber so: »Glaube« bedeute an diesem Ort »Gewissen«. Das »nicht aus dem Glauben sein« heißt also soviel wie: »gegen das Gewissen handeln«. Wer aber wider das Gewissen handelt, der baut sich den Weg zur Hölle. Dies habe ich berichtet, damit sie nicht glauben, daß ich ihre treffliche Weisheit weder kenne noch gelesen habe. Sodann werden sie auch dies ganz besonders kräftig leugnen, daß erzwungene Gelübde ohne Glauben sind. Denn sie haben einen in viele Teile zerlegten Glauben: den allgemeinen, den besonderen, den erworbenen, den eingeflößten, den ungestalteten, den gestalteten, den katholischen, den partikularen, den unvollständigen und den vollständigen Glauben, das heißt also, ein echt babylonisches Wirrwarr von Irrtümern und Meinungen. Damit nun diese Amoriter und Frösche nicht auf den Gedanken kommen, ich wisse nichts davon, werde ich genötigt, gegen sie zu disputieren, und meinen Felsen zwar nicht zu befestigen, aber als einen festen zu erweisen und den Rauch, die Wolken und den Nebel zu vertreiben, der durch Menschen gewirkt ist.

Christus sagt: »Wer nicht glaubt, wird verdammt«, Markus am letzten (Mk. 16,16). Und Joh. 8: »Wenn ihr nicht glaubt, daß ich es bin, werdet ihr sterben in eurer Sünde.« (Joh. 8,24). Und Joh. 16: »Er wird die Welt strafen um die Sünde, daß sie nicht glauben an mich« (Joh. 16,8 f.). Nimm also einen Mönch, der keusch, gehorsam, arm, aller Tugenden voll ist, noch so große Werke verrichtet, aber ohne Glauben, wird der etwa nicht verdammt werden? Bleibt nicht der Spruch: »Wer nicht glaubt, wird verdammt?« Hat er nicht eine Sünde, die der Geist straft? Wird er nicht in seiner Sünde sterben? Aber Tod, Verdammnis, Strafe wird dem nicht gedroht, der nicht sündigt.

Und es geht nicht an, mit ihnen auszuweichen und zu sagen, daß die Sünde des Unglaubens zwar verdammt werde, aber nicht alles, was in der Sünde des Unglaubens geschieht. Kann denn etwa ein schlechter Baum gute Früchte bringen? (Mt. 7, 18). Und ist, was in der Sünde geschehen, nicht Sünde? Mit dem Vorsatz des Ehebruchs Brot dem Bedürftigen zu geben ist Sünde, und ein Gelübde abzulegen mit dem Vorsatz nicht zu glauben, ist keine Sünde? Aber auch Joh. 3 verstopft solch gottlosen Mund, wenn er sagt: »Wer nicht glaubt, der ist schon gerichtet, denn er glaubet nicht an den Namen des eingebornen Sohnes Gottes« (Joh. 3, 18). Von welchem Glauben, frage ich, redet er hier? Von dem eingeflößten, dem erworbenen, dem allgemeinen usw.? Spricht er nicht von dem, der lebendig macht? Wer ohne den ist, der ist schon gerichtet. Und wiederum: »Wer nicht dem Sohn glaubt, wird das Leben nicht sehen, sondern der Zorn Gottes bleibt über ihm« (Joh. 3, 36). Aber der Zorn Gottes bleibt nicht über denjenigen, die nicht sündigen. Wenn also die Werke ohne den Glauben nicht Sünde sind, so ruht kein Zorn über dem, der solche Werke tut, und durch Werke wird er den Zorn von sich abwenden, so daß der Glaube nicht nötig ist. Gibt es eine größere Gotteslästerung als diese?

Unser Fels wird also als fest erfunden, und nachdem die Wolken vertrieben sind, stürzt er den Grund ihres Unglaubens um; es steht auch unerschütterlich fest das Wort des Paulus: »Alles, was nicht aus dem Glauben ist, ist Sünde«, und er kümmert sich nicht darum, daß der Spruch ihnen hart erscheint. Hart war auch für Christus der Tod, den er für uns auf sich nahm; etwas Großes war es, daß der Sohn Gottes Fleisch wurde und für uns dahingegeben wurde. Nichtsdestoweniger glauben wir jedoch, daß dies geschehen. Man muß in Gottes Sachen nicht unserem Urteil folgen, und nicht zum Maßstab der Definition das machen, was unserem Verstande hart, weich, schwer, leicht, gut, böse, gerecht, ungerecht scheint. »Du sollst nicht tun,« heißt es 5. Mos. 12, »was dich recht dünket« (5. Mos. 12, 18). So machen es jedoch die ganz gottlosen Rotten der Schulen; alles Göttliche schätzen sie nach dem Urteil des menschlichen Verstandes ab, und wo der Fels des Glaubens sollte stehen, da legen sie den Sand und den Sumpf des Unglaubens als Glaubensgrund. Aber den Worten ihres Glaubens muß sich unser Verstand anschmiegen, und unsere Vernunft muß sich gefangen nehmen lassen in den Gehorsam Christi (2. Kor. 10, 5).

Das hat nicht getan die Pariser Hure[10] mit ihrer unverschämten Stirn und ihrer schon vor Zeiten preisgegebenen Schamhaftigkeit, die neulich es gewagt hat, ihre Beine zu spreizen und der ganzen Welt ihre ekelhafte Schande zu entblößen (Hes. 16, 25; 23, 18) und zu sagen, das Gebot, sich nicht zu rächen, müsse als Rat angesehen werden, nicht deswegen, weil die heiligen Schriften so lehren, sondern weil der menschliche Verstand behauptet, es beschwere dies allzusehr das christliche Gesetz. In derselben frommen Weise werden sie auch sagen, daß keine Hölle sei, sondern die Schrift drohe nur damit; denn der menschliche Verstand schrecke vor der Annahme zurück, daß ein Mensch ewig gequält werde; wie es denn heißt, daß Origenes über diese Meinung gestrauchelt sei. O welche Schulen! O welche Fakultäten! O welche Theologen! Der neueste Auswurf und Unflat! In dieser Form nehmt ihr euren Verstand, das sind die Worte Gottes, gefangen in den Gehorsam Christi, das ist in eure eigene Vernunft! Darum schließen wir hier auf Grund dieser göttlichen Autorität und wagen zuversichtlich zu sagen: Dies sagt der Herr der Heerscharen: Die Mönchsgelübde, die ohne Glauben geschehen und gehalten sind, sind Sünde, darum auch nichtig, verdammenswert, zu widerrufen und aufzugeben, oder aber anders aufs neue zu geloben und zu halten.

Daß sie nun den Glauben an diesem Ort zum Gewissen machen, tun sie aus lauterer, menschlicher Verwegenheit. Denn sie können kein Jota aus der Schrift anführen, um zu beweisen, daß der Glaube bisweilen in diesem Sinne verstanden werde. Ich habe noch keinen Ort gesehen, an dem der Glaube anders wie überall und gleichmäßig als christlicher Glaube verstanden werde. Doch es würde zu weit führen und von der Sache abbringen, dies jetzt zu zeigen. Laßt uns jedoch diese ihre dunkle Glosse ertragen und diese menschliche Bosheit zum Guten ausnutzen durch den Geist, der uns gegeben ist. Denn wenn sie das Wort Gewissen in jener Glosse recht verstünden, so würden sie nicht übel reden. Denn es ist gewißlich wahr, wenn du ein Werk tust und glaubst, darin übel zu tun, so sündigst du und pflasterst dir, wie es heißt, einen Weg zur Hölle. Aber darin irren sie, daß sie dies Gewissen nicht zu einem solchen machen, das allen ohne den Glauben an Christus geschehenen Werken gilt, sondern es nur gewissen Fällen vorbehalten, in welchen man, wie sie sagen, ein irrendes Gewissen habe.

Sie irren deswegen hierin, weil sie ihr Auge nur auf die groben Sünden der Lust, des Zorns, der Begierde richten, dagegen auf diese feinen und tiefen Sünden des Herzens ein solches Gewissen nie beziehen. Wohlan, laßt uns versuchen, ob wir dies tun können. Wenn du ein Werk tust, von dem du nicht fest glaubst, daß es Gott gefalle, oder so du zweifelst, daß es Gott gefalle, handelst du da nicht wider das Gewissen? Denn du tust es, und glaubst nicht, Gott zu gefallen; wenn du aber nicht glaubst, ihm zu gefallen, so hast du das Gewissen, daß das Werk nicht wohlgefällig sei. Und also tust du wider das Gewissen das, von dem du selbst sagst, daß es Gott nicht wohlgefällig sei.

Aber sind nicht derartig alle Gelübde und gelobten Werke, die außerhalb des Glaubens stehen? Nenne mir einen, der zu versichern wagte, sein Gelübde sei gefällig und angenehm vor Gott. Lehren sie doch vielmehr, dies zu versichern sei Anmaßung, da es ihr Wille ist, daß man in Furcht und Ungewißheit bleibe. Aber Gott hat geheißen, sicher und ohne Zweifel auf seine Barmherzigkeit zu trauen und zu hoffen, daß wir und unsere Werke wohlgefällig sind, nicht auf Grund seiner Güte. Denn dies ist das Gewissen eines gesunden Glaubens, welches diesem Befehl und dieser Verheißung treu und ohne Wanken anhängt. Ein solches Gewissen aber verwüstet und gegen ein solches Gewissen sündigt ein Gewissen, welches nicht glaubt, oder, was dasselbe ist, zweifelt, daß es mit seinen Werken Gott gefalle; darum sündigt es gegen sich selbst und zugleich gegen die Verheißung Gottes, da es etwas tut, von dem es glaubt, daß es nicht gefällt.

Wer aber befreit uns von diesem gottlosen, gegen sich selbst sündigenden Gewissen? Die Natur kann es nicht; denn wieviel Gutes du auch tust, wenn du auch dein Blut vergießest, immer und andauernd zuckt doch unruhig dein Gewissen und sagt: Wer weiß, ob dies Gott gefällt? Denn wahr ist jenes Wort des Weisen: »Die Gedanken der Menschen sind furchtsam, und unsicher ist unsere Vorsorge« (Weish. Sal. 9, 14). Darum ist die Natur nicht im Besitz, und erlangen die Werke nicht ein gutes und sicheres Gewissen. Wenn aber Christus dadurch, daß man sein Wort hört, dem Herzen offenbar geworden ist, daß er es sei, der für uns zum Priester gemacht ist, uns gegeben, sein Blut vergossen, unsere Sünden getragen und uns als die Seinen angenommen hat, so erfreut, sage ich, dies Wort das Herz, richtet das Gewissen auf, daß es wagt zu sprechen und seiner sich zu rühmen: »Wenn Christus für mich und mein ist, wer ist gegen mich? (Röm. 8, 31). Wie soll ich und all mein Werk nicht wohlgefällig sein, wenn Christus mir gehört und ich ihm? Christus kann doch nicht mißfällig sein?«

Siehe, das ist der Glaube, den die Schrift lehrt; wer den hat, kann nicht wider das Gewissen handeln, denn er kann nicht zweifeln, daß er Gott gefalle um Christi willen, der ihm geschenkt ist. Wer ihn aber nicht hat, der muß immer wider das Gewissen handeln, weil er zweifeln muß, daß er Gott gefalle. Denn es fehlt die Verheißung Gottes und Christus, das Pfand der Verheißung; zurückgeblieben ist allein die Natur, die ungewiß ist darüber, was Gott von ihr denkt. Aber der die Verheißung und Christum hat, der weiß ganz gewiß, was Gott über ihn denkt, nämlich Gedanken des Friedens, um des Blutes Christi willen, welches Vergebung der Sünden und »Abba, lieber Vater« (Röm. 8, 15) in unseren Herzen schreit.

Also sind die Gedanken der Menschen verzagt und er will nicht, daß wir uns auf sie stützen. Darum hat er die Verheißung der Barmherzigkeit gegeben, zu vertrauen geheißen, als unschätzbares Pfand seinen eingeborenen Sohn hinzugefügt, daß wir auf seine Gedanken, die durch die Verheißung offenbart und durch Christus versiegelt sind, sicher und fest auch gegen die Pforten der Hölle uns stützen, in der Weise, daß wenn wir auch straucheln und sündigen, wir doch bald wieder aufstehen, immer wissend, daß wir ihm um Christi willen gefallen müssen, die wir um unseretwillen mißfallen müssen.

In diesem Sinn ist jene Glosse fromm, gewinnt eine gute Verwendung und stimmt mit Paulus und der ganzen Schrift in allem zusammen. Denn der handelt wahrhaftig wider sein Gewissen und sündigt, der nicht glaubt oder Christus nicht hat. Und umgekehrt, der glaubt nicht wahrhaftig, der gegen sein Gewissen handelt, so daß der Spruch bestehen bleibt: »Wer nicht glaubt, der wird verdammt werden« (Mk. 16, 16), weil er nicht glaubt, daß ihm die Sünden unzweifelhaft vergeben sind; dieses Gewissen taucht ihn in die Verdammnis hinein, denn es bleibt beschwert mit Sünden.

Nun müssen wir weiter sehen, wie Klostergelübde ohne Glauben sind. Es ist gezeigt und durch unüberwindliche Zeugnisse bekräftigt, daß alles, was nicht aus dem Glauben stammt, Sünde ist (Röm. 14, 23), es aber allein des Glaubens Sache ist, Sündenvergebung zu wirken, ein gewisses, fröhliches und von Sünden freies Gewissen zu schaffen. Die Werke aber oder die Früchte des Glaubens erstrecken sich nicht eigentlich auf die Vergebung der Sünden und ein frohes Gewissen, sondern sind die Früchte der schon gegenwärtigen und vorangehenden Vergebung und des guten Gewissens. Erinnere dich bitte so genau wie möglich, lieber Leser, dessen, daß die Werke vor dem Glauben Sünde sind, daß allein der Glaube ohne die Werke Sündenvergebung, Rechtfertigung und ein gutes Gewissen wirkt, daß die Werke aber nach dem Glauben die Früchte des bereits gerechtfertigten Menschen sind, und aus der Sündenvergebung und dem guten Gewissen, d. i. aus Glauben und Liebe hervorgehen.

Erinnere dich, sage ich, dessen; denn dies ist der Wind, der da wird wehen auf das Gras der Gelübde und ihre Blüte (Jes. 40, 7), und das Gras austrocknen, und ihre Blüte verwelken lassen wird. Nicht Menschliches, sondern Göttliches ist es, worauf wir uns stützen. Denn es steht fest, daß vor dem Glauben und ohne jenen lebendigmachenden und besten christlichen Glauben nicht nur Vergebung der Sünden und gutes Gewissen durch Werke oder Gelübde nicht erreicht werden kann, sondern daß notwendig, was geschieht, Sünde ist. Hier wirst du schon sehen, wie geartet die Frömmigkeit derer ist, die ihre Gelübde ablegen, und wie beschaffen ihr allgemeiner, erworbener, eingeflößter Glaube ist, in dem sie ihr Gelübde geben, ob du sie für Juden oder Christen halten sollst. Paulus sagt zu den Galatern im dritten Kapitel: »Das Gesetz ist nicht aus dem Glauben« (Gal. 3, 12). Und wiederum: »Aus den Werken des Gesetzes wird kein Fleisch vor ihm gerechtfertigt« (Röm. 3, 30). Und: »Die der Gerechtigkeit des Gesetzes nachtrachten, gelangen nicht zur Gerechtigkeit des Gesetzes« (Röm. 9, 31).

Dies alles ergibt mit dem Vorausgegangenen folgende Bestimmung: Wer die Vergebung, die Genugtuung für die Sünden, die Rechtfertigung einem anderen Ding als dem Glauben allein zuschreibt und auf anderem Wege als durch den Glauben zu erlangen sucht, der hat Christum verleugnet, die Gnade verworfen und als Abtrünniger das Evangelium verlassen. Denn so läßt sich Paulus gegen die Galater hören: »Ihr seid von der Gnade abgefallen, die ihr durch das Gesetz gerecht werden wollt« (Gal. 5, 4). Nun sind Gelübde und Werke der Gelübde Gesetz und Werke, nicht Glaube und nicht aus dem Glauben. Denn was ist das Gelübde anderes, denn ein Gesetz? Ich berufe mich auf ihre eigenen Worte, die da lauten: »Was vor dem Gelübde frei war, ist nach dem Gelübde notwendig, und ist kein Rat mehr, sondern ein Gebot.«

Die also in der Absicht ihr Gelübde geben, durch diese Art des Lebens gut und selig zu werden, ihre Sünden zu tilgen und an guten Werken reich zu werden, sind sie nicht ganz offenkundig gottlos und Juden, vom Glauben abgefallen, ja lästern und verleugnen sie nicht vielmehr den Glauben? Denn sie teilen ihren Gesetzen und Werken das zu, was dem Glauben allein eigentümlich ist. Von ihnen hat Paulus vortrefflich geweissagt: »In den letzten Tagen werden etliche vom Glauben abtreten und anhangen den Geistern des Irrtums und den Lehren der Teufel, die in Gleißnerei Lüge reden« (1. Tim. 4, 1. 2). Diese Trennung und diesen Abfall erwähnt er auch im Brief an die Thessalonicher (2. Thess. 2, 3). Wo aber ist diese Trennung, wenn nicht dort, wo man zu den Werken läuft und den Werken das zuteilt, was dem Glauben gehört?

Laß uns nun alle diejenigen, die Gelübde ablegen, fragen, in welcher Meinung sie diese ablegen, und du wirst sie von der ruchlosen Meinung besessen finden, daß sie glauben, die Gnade der Taufe sei nichtig geworden und man müsse schon auf dem zweiten Brett der Buße dem Schiffbruch entfliehen.[11] Darum müsse man suchen, durch eine gelobte und geweihte Form des Lebens nicht nur gut zu werden und die Sünden zu tilgen, sondern auch größere Reue zu bezeugen und besser zu werden, als die übrigen Christen. Daß sie dies alles in Werken und Gelübden suchen und nicht im Glauben, ist ganz gewiß, das bezeugt ihr Wort: Wenn ich dies nicht suchte und fände, was sollte ich dann im Kloster suchen? Was sollte ich dann mich anstrengen?

Denn so sie wüßten, daß man durch Glauben allein dies leisten und gewinnen könne, so würden sie folgern: Was ist's also nötig, Gelübde abzulegen und Mönch zu werden? Denn sofort würden sie begreifen, daß diese Art des Lebens überflüssig und unnötig sei, sowohl zur Gerechtigkeit wie zum Heil, ja sogar eitel und zuwider. Denn sobald erst die Kunde vom Glauben offenbart wird, wird alles übrige als unnötig zur Gerechtigkeit befunden. Wenn sie nun dies gewußt hätten, so hätten sie niemals ein Gelübde abgelegt. Denn niemand würde vergeblich arbeiten wollen, besonders wenn es sich um eine solche, das ganze Leben währende Anstrengung handelt. Darum werden sie durch dies Zeugnis überführt, daß sie deswegen ihr Gelübde abgelegt haben, weil sie diese geweihte Art des Lebens für nützlich und notwendig zur Gerechtigkeit oder zum guten Leben gehalten haben, ja vielmehr, daß sie nichts für nützlicher und besser gehalten haben. Aber diese Meinung ist gottlos, frevelhaft, wider den Glauben, der allein nötig und nützlich ist, und es gibt nichts, das nützlicher und nötiger zur Gerechtigkeit wäre.

Dies aber überführt sie viel kräftiger und sicherer, daß sie in keiner anderen als dieser ungläubigen und gottlosen Meinung ihr Gelübde ablegen und leben, daß sie den Grund ihres Unglaubens öffentlich lehren und sagen, der Mensch könne durch seine natürlichen Werke die Gnade und Vergebung der Sünden erlangen. Denn das ist aller Überzeugung, deswegen nämlich geloben sie auch, um durch diese Art des Lebens die Gnade Gottes zu erlangen, gemäß dem vorgenannten Grund ihres Unglaubens; doch was tun sie damit anders, denn daß sie Christum verleugnen und vom Glauben abtreten? Ja, ich habe mit meinen eigenen Ohren gehört, daß einige sehr angesehene Leute unter ihnen lehren, der Mönch sei durch diese Gnade ganz besonders reich, so daß, so oft er das Ordensgelübde in seinem Herzen durch irgend eine kleine Zerknirschung erneuert hat, er ebenso oft von neuem in den Orden eintritt. Diesen Eintritt aber verglich er der Taufe, wie es alle tun.[12] So viele Wasserfluten der Taufen haben jene verderbten Sachwalter der Werke, und geben dem Glauben nur die eine Taufe, die aber durch eine einzige Sünde vernichtet ist.

Wenn nun einige da sind, die nicht dieser Überzeugung sind, während sie doch weder anderes hören noch sehen, so müssen sie doch mitten in dieser gottlosen Lehre und diesem ungläubigen Leben gleichwie die Knaben im feurigen Ofen zu Babylon durch die Kraft Gottes allein, der inwendig richtig lehrt und mächtig rettet, wunderbar bewahrt werden. Darum, wenn es keine andere Ursache gäbe, das Mönchsgelübde zu widerrufen und zu verlassen, so würde doch diese gottlose Verleugnung Christi und Verachtung des Glaubens ganz hinreichend dringen und zwingen. Niemand kann ausreichend ermessen, wie gewichtig und ernst das Wort des Paulus ist, das wir angeführt haben: »In den letzten Tagen werden etliche vom Glauben abtreten und anhangen den Geistern des Irrtums und den Lehren der Teufel, die in Gleißnerei Lügen reden, die ein Brandmal in ihrem Gewissen haben, die verbieten ehelich zu werden, und zu meiden die Speisen, die Gott geschaffen hat, zu nehmen mit Danksagung, den Gläubigen und denen, die die Wahrheit erkannt haben« (1. Tim. 4, 1–3).

Ich darf durchaus vermöge der Kraft dieses Wortes allein, da es ein Wort des heiligen Geistes ist, der unser Gott ist hochgelobet, Amen, es wagen, alle Mönche von ihren Gelübden loszusprechen und mit Zuversicht zu verkünden, daß ihre Gelübde vor Gott verworfen und nichts sind. Denn vorher habe ich allein die Priester von der Ehelosigkeit auf die Kraft dieses Wortes hin losgesprochen, ich habe aber die Sache mir näher angesehen und die Worte des Paulus sorgfältiger erwogen und nun gefunden, daß seine Lehre ganz allgemein allen gelte, sowohl Mönchen wie Priestern. Darum dürfte es nützlich sein, etwas genauer diese Worte des Paulus zu beachten.

Und zunächst gilt es, diejenigen von Grund aus zu widerlegen, die um den Papst, die Priester und Mönche zu ehren diese Stelle gewaltsam auf die Tatianer[13] deuten und es nicht dulden, daß sie von unserer Ehelosigkeit verstanden werde. Die Worte selbst zwingen dazu, daß man sie von den Tatianern verstehe. Denn die Tatianer verboten nicht nur, sondern verdammten die Ehe überhaupt, indem sie sagten, sie sei böse und Sünde. Ähnlich auch die Manichäer,[14] sie verboten nicht nur, sondern verdammten die Speisen, als die mit einem Stück der Finsternis vermischt waren usw. Aber der Papst und die Papisten verdammen weder die Speise noch die Ehe, sie verbieten nur zu heiraten und verlangen die Enthaltsamkeit von guten Speisen, die sie als von Gott geschaffen bekennen, und sie tun dies unter dem Schein einer größeren Frömmigkeit, was Paulus vor aller Welt berührt, wenn er sagt: »Die in Gleißnerei Lügen reden.«

Denn die Papisten lehren nicht, daß es nötig sei oder von Gott geboten, von Speisen und Ehe sich zu enthalten; sondern mit Wissen und Einsicht verbieten sie solches aus eigener Gewalt, um Heuchelei zu erzielen. Die Tatianer und Manichäer aber wollten ihre Erdichtung als notwendig und von Gott geboten angesehen wissen; sie wußten nicht, daß es eigene Fündlein waren, die sie lehrten, und sie glaubten nicht durch den Schein einer größeren Frömmigkeit, sondern durch die wahre und allgemein notwendige Frömmigkeit getrieben zu werden. Daher haben wir diesen Spruch des Paulus, der gerade unsere Ehelosen trifft, den Papst, die Priester, die Mönche und Nonnen.

Und gesetzt auch, wir geben noch so bereitwillig zu, daß Paulus von den Tatianern und Manichäern spricht, so kann doch nicht geleugnet werden, daß er auch von den Papisten spricht, soweit sie mit jenen zusammenstimmen. Redet der Evangelist Johannes nicht deswegen gegen Sabellius von der Gottheit Christi, weil seine Worte gegen die Arianer[15] kämpfen? Oder redet er nicht gegen Cerinth,[16] weil seine Worte die Juden widerlegen? Oder gelten sie nicht wider die Türken, weil sie gegen die Heiden Geltung haben? Sie gelten und kämpfen überhaupt gegen alle, unter welchem Namen und welcher Sekte sie auch befaßt werden, sofern sie eben leugnen, daß Christus Gott sei, mögen sie nun im übrigen mit ihnen ganz zusammenstimmen oder auch weniger. So verdammt auch hier der Spruch des Paulus alle, die zu heiraten verbieten und von Speisen sich zu enthalten lehren, mögen sie Tatianer, Manichäer, Türken, Papisten oder was sonst noch sein. Denn auch der Türke enthält sich des Weins unter dem Schein der Frömmigkeit.

Da also nicht geleugnet werden kann, daß der Papst die Ehe verbietet gleichwie auch die Speisen, ist es offenbar, daß er dem heiligen Geiste in diesem Worte des Paulus widerstehet und daß seine Lehre teuflisch und irrig und lauter Heuchelei ist. Hat hier jemand ein Wort, das er dem entgegenhalten könnte? Ist dies nicht ganz klar und unüberwindlich? Es sei so, die Papisten sind nicht Türken noch Manichäer noch Tatianer, und wir klagen sie nicht als solche an; aber soweit sie mit den Türken, Manichäern und Tatianern übereinstimmen, klagen wir sie an. Sie sind nicht Türken, tun jedoch und lehren dasselbe wie die Türken.

Da es sich nun so verhält, daß die Mönchsgelübde durch das göttliche Urteil des Geistes als Stücke einer irrigen, teuflischen und heuchlerischen Lehre erklärt werden, was fürchtest du dich da noch, sie zu widerrufen und fahren zu lassen? Oder hast du Angst, den Geist, deinen Schöpfer zu hören und ihm zu folgen? Fürchtest du, daß der Geist der Wahrheit dir lüge oder zürne, wenn du seiner Stimme gehorchst? Wenn du wüßtest, du hättest gelobt, einen Kirchenraub zu begehen, so würdest du doch dein Gelübde ungültig machen und ändern, warum änderst du nicht auch dies Gelübde und machst es ungültig? Aber vielleicht hält dich das zurück, was auch mich bisher zurückgehalten hat: daß die Mönche es nicht lehren, sondern aus freien Stücken auf diese Sorte von Lehre und Heuchelei sich einlassen, die Priester aber durch Gebot des Papstes gezwungen werden, nicht freiwillig geloben. Und dies freiwillige, von niemand geforderte Gelübde hat mich bisher stark bewegt; aber es bewegt mich nun nicht mehr.

Erstens, weil Paulus so frei und unverschleiert versichert, daß die Lehren der Geister des Irrtums und der Dämonen Lügen sind, was auch die Sache selbst zugleich mit den Worten des Paulus beweist. Denn sie lehren, daß man durch Werke gerechtfertigt und gerettet werde, und sie weichen ab vom Glauben, da sie ihren Gehorsam, ihre Armut und Keuschheit nicht nur für sichere Wege zum Heil halten, sondern auch für vollkommenere und bessere Wege, als die der übrigen Gläubigen; das ist aber ganz offenbar Lüge und Irrtum und Sünde wider den Glauben. Und nichts bleibt ihnen übrig, denn Heuchelei und ein Gewissen mit Brandmalen.

Sodann, gleichsam um nicht zu dulden, daß jemand zweifle, Paulus rede von ihnen, rasen sie noch weiter und bringen die Lügen unverschämt vor. Denn sie verkaufen und teilen anderen ihre guten Werke, Verdienste und Bruderschaften[17] mit, gleich als wären sie solche, die nicht nur auf einem besseren Wege wandeln, sondern auch aus ihrem Überfluß heraus andere zugleich mit sich selbst selig machen könnten. Kann etwa jemand leugnen, daß dies von ihnen öffentlich und allenthalben geschehe? Und kann irgendetwas gegen Christus und den Glauben an ihn ausgedacht werden, das gotteslästerlicher und toller wäre als dies, den Werken soviel zuzuschreiben, daß sie nicht nur ihre eigenen, sondern auch die Sünden anderer tilgen, und nicht nur sich, sondern auch anderen zum Heil dienen? Wer von den Juden, wer von den Heiden, wer von den Türken ist so wahnsinnig? Heißt dies nicht, nicht bloß die eigenen, sondern auch die Gewissen anderer aufzufordern und zu verlocken, den Werken und Verdiensten jener zu vertrauen? Doch was heißt dies anders, denn der verfluchtesten Lüge zu trauen? Und doch verschlingen sie vermöge dieser Lüge in Müßiggang und Üppigkeit die Schätze der ganzen Welt.

Endlich haben sie kürzlich den Gipfel ihres Wahnsinns erreicht, indem sie den Menschen den Eintritt in den Himmel verheißen, die im Angesicht des Todes die Mönchskappe anziehen. Was ist ein Greuel, wenn dies kein Greuel ist? Du siehst also, ja fassest hier mit Händen, nicht nur, daß sie vom Glauben abgefallen sind, sondern mit ihren abscheulichen Lügen auch die Welt verführt haben. Denn einem jeden ist sein eigener Glaube nötig und auch genug zur Vergebung der Sünden und zum Heil; denn er bringt uns Christus, d. i. er macht uns zu einem Fleisch mit ihm, zu einem Gebein mit seinen Gebeinen, und läßt uns teilnehmen an allem mit ihm, auf daß in ihm und seinetwegen unser Gewissen sich rühme, weil wir durch sein eigen Blut und Verdienst gerechtfertigt leben, und gerettet in Ewigkeit leben sollen, ohne unsere eigenen oder anderer Werke.

Denn der Glaube an Christus kann es nicht leiden, daß durch unsere oder anderer Werke die Gnade und Gerechtigkeit komme; denn er weiß und bekennt fest, daß dies allein Christi Sache ist. Wenn jene nun diesen Glauben lehrten, würden sie nicht ihre Werke anderen verkaufen, sondern sich und alle anderen vom Vertrauen auf die Werke losreißen und auf Christum allein hinführen, und zugleich zeigen, wie schlechterdings nicht zur Gerechtigkeit, zum Heil, zur Vergebung der Sünden ihr geweihtes Leben in Gelübden nötig sei, sondern daß allein der Glaube nötig sei.

Sie hat recht eigentlich Christus geweissagt Mt. 24: »Viele werden kommen in meinem Namen und sagen: ich bin Christus« (Mt. 24, 5). Merke bitte auf die Worte Christi: »In meinem Namen werden sie kommen und sagen: ich bin Christus.« Jene papistischen Mönche nennen sich niemals mit dem Wort »Christus«, keiner sagt: »Ich heiße und will genannt sein Christus.« Alle aber sagen: »Ich bin Christus«; sie enthalten sich des Namens, aber das Amt, das Werk und die Person maßen sie sich an. Du fragst, wie sie dies tun? Höre zu: Christus allein gebührt es, durch seine Verdienste und Werke anderen zu helfen und sie zu retten. Die Werke aller anderen nützen keinen Menschen, auch nicht ihnen selbst; denn es steht fest der Spruch: »Der Gerechte wird aus seinem Glauben leben« (Röm. 1,17).

Denn der Glaube setzt uns auf die Werke Christi, ohne unsere Werke, und führet uns aus dem Exil unserer Sünden in das Reich seiner Gerechtigkeit. Das ist der Glaube, das ist das Evangelium, das ist Christus. Doch wo führen die Papisten diesen Glauben hin? Nicht auf sich selbst hin? Denn sie lehren die Menschen auf ihre eigenen Verdienste ihr Vertrauen zu setzen, teilen ihre Werke und Bruderschaften den übrigen Sündern mit, daß sie deren Sünden tragen und tilgen und sie gerecht und selig machen. Heißt dies nicht sagen: »Ich bin Christus?« Heißt dies nicht tun, was Christus tut? Sie sind nicht mehr Christen, sondern Christus. Denn eines Christen Bezeichnung ist die, daß er glaubt, allein durch die Werke Christi ohne eigene Werke gerechtfertigt, von den Sünden befreit und gerettet zu werden. Christi Bezeichnung aber enthält das Wort: »Der sein Volk selig machen wird von ihren Sünden« (Mt. 1,21), indem er ihnen seine eigenen Verdienste und seine ganze Gerechtigkeit gibt. Doch eben dies tun unsere Mönche. »In meinem Namen,« sagt er, »werden sie kommen« (Mt. 24,5), d. i.: sie tun dies nicht als Heiden, sondern als Christen, ja vielmehr als die Allerchristlichsten. Denn sie lassen es nicht zu, daß irgendein anderer sich des Namens Christi hochfahrender rühme.

Ich erinnere mich hier öfters gehört zu haben, daß einige von dieser Sorte Menschen Sündern, die vor dem Tode lagen, alle ihre guten Werke mit den Worten übergeben haben: »Siehe da, ich gebe dir, was ich Gutes getan habe in meinem Leben.« So wollen sie mit diesem Wahn ein unschätzbares Werk der Liebe getan haben, während sie vielmehr jenen elenden Menschen von Christus abgezogen und auf Menschenwerk haben vertrauen lassen. O über diese schreckliche Finsternis, o über diese bejammernswerte Blindheit, o über diesen greulichen Wahn! So also spielst du, Satanas, mit den Seelen, die verführt werden und verführen?

Aus diesen Früchten, glaube ich, wird hinreichend erkannt, in welcher Meinung diese räuberischen Wölfe ihre Gelübde geben und leben, so daß niemand leugnen kann, daß ein Mönch zu werden – wenn man nicht durch ein Wunder gerettet wird – dasselbe ist wie vom Glauben abtrünnig zu werden, und wie Petrus vorhergesagt hat, zum heidnischen Auswurf zurückzukehren (2. Petr. 2,22). Denn du siehst, daß von diesen verderbten Menschen nur Werke angesehen werden, und zwar solche Werke, die sie den Werken Christi vergleichen, allein aus dem Grunde, weil sie unter dem Vorwand des Christennamens von Christen getan sein sollen, in jenem gotteslästerlichen und greulichen Glauben, den sie den allgemeinen und ungestalteten nennen.

Darum, wie gesagt, hält mich nicht mehr jenes freiwillige Mönchsgelübde zurück, daß es nicht gebrochen werden könnte und dürfte. Denn was ist dies Gelübde anderes, denn ein mit den Teufeln geschlossener Bund? Daß du Teufelslehren, Irrtümer und Lügen gelobt hast, sagt der Geist, dein Gott, und du zweifelst, ob du dich von diesem Gelübde zurückziehen und es aufgeben darfst? Gib acht auf Paulus, der nicht allein derer, die sie lehren oder dazu zwingen, sondern auch derer, die ihnen anhangen, gedenkt, und vornehmlich von denen, die ihnen anhangen, sagt: »Sie werden abtreten vom Glauben und anhangen den Geistern des Irrtums und den Lehren der Dämonen« (1. Tim. 4,1). Du siehst hier, daß die Hörer und schnell gelehrigen Anhänger an erster Stelle genannt werden. Und fürwahr, wenn die Mönche freiwillig ihr Gelübde geben, so lehren sie nicht diese Lügen, sondern folgen nach, belehrt und verführt. Deswegen redet Paulus durchaus im allgemeinen wider alle diese Ehelosen und nimmt niemand aus.

Und was sollen wir noch viele Worte machen? Wem dies nicht genug ist, daß der Geist erklärt, alles, was man gelobt, sei Teufelslehre, Lüge, Irrtum, Heuchelei, was wird dem genug sein? Wer hält den Bund mit den Teufeln, um selig zu werden, und bricht und vernichtet ihn nicht vielmehr sobald als möglich? Doch laß uns zugeben, daß du durch lauteren Glauben wunderbar gerettet bist trotz des Gelübdes und des Lebens in Gelübden, wie Bernhard und viele andere gerettet sind, denen wegen des Glaubens an Christus, dessen sie voll waren, dies Gift keinen Schaden brachte. Trotzdem, da es kraft göttlicher Autorität gewiß ist, daß dies lügenhafte Teufelslehren sind, die ihrem Wesen nach betrügen und verführen, da sie nur Werke lehren können, kannst und mußt du das Gelübde, sie zu halten, brechen. Denn durch kein Beispiel eines Heiligen werden aus Menschenlehren Gotteslehren. Die Lehre Gottes lehrt den Glauben, über den hinaus etwas anderes zu lehren diese Bekenner des Gelübdes sich rühmen. Aber dies andere ist und kann nur ein Werk sein. Werke aber kann man nicht lehren, ohne den Glauben zu verletzen; denn Glauben und Werke stehen aufs heftigste wider einander in Sachen der Rechtfertigung.

So kommt es, daß die Lehre von den Werken notwendig Teufelslehre ist und Abfall vom Glauben. Niemand aber lehrt Werke, ohne sie für notwendig zur Gerechtigkeit und zum Heil zu halten: denn hält er sie nicht für notwendig, wird er sie fruchtlos lehren. Denn wozu auch sonst sollte er sie lehren? Und wer würde ihnen folgen und sie halten, wenn er einen anderen Weg zur Gerechtigkeit und zum Heil wüßte? Mit Recht hat darum Paulus gesagt: »Das Gesetz ist nicht aus dem Glauben« (Gal. 3, 12) und »Aus Gesetzes Werken wird niemand gerechtfertigt« (Röm. 3, 20). So ist weder das Gelübde aus dem Glauben, noch wird aus dem Gelübde irgendjemand gerechtfertigt. Und alles, was Paulus zu den Galatern wider Gesetz und Gesetzeswerke redet, das gilt auch wider das Gelübde und die Werke des Gelübdes. Mögen sie also in frommer oder unfrommer Meinung ihre Gelübde ablegen, sie müssen sie brechen, da sie von Gott verworfen und auf Dinge, die Gott verworfen hat, getan sind.

Darum sind Bernhard und die anderen, die in frommer Meinung ihre Gelübde abgelegt und in ihren Gelübden gelebt haben, jenen 200 Männern zu vergleichen, die mit Absalom von Jerusalem nach Hebron gingen (2. Sam. 15, 11), als er die Empörung wider das Reich seines Vaters David plante. Sie wußten nämlich nichts von dem Vorhaben Absaloms und gingen mit einfältigem Herzen hin, die, nachdem sie die Sache erkannt, gewiß ihren Sinn geändert haben. Aber wären sie mitten im Handel ertappt, so hätten sie wegen Majestätsverbrechens angeklagt werden können, so man auf ihr Werk und ihren Weg schaut; wäre aber ihre Gesinnung beurteilt, so wären sie freigesprochen. Diese Erzählung ist ein schönes Gleichnis für unseren Fall, doch ist hier nicht der Ort, dabei zu verweilen. Kurz, Absalom ist das Reich der Papisten, das gegen Christi Reich wütet, welches es auch vertrieben hat, und sitzt mitten in Jerusalem. Aber die Frommen, die zu ihm gehalten haben, haben doch nicht dieser rasenden Tollheit zugestimmt.

Und um die anderen zu übergehen, von Bernhard bin ich gewiß, daß er jenen 200 Männern ähnlich gewesen, was er auch deutlich selbst gezeigt hat; denn als er einst auf den Tod krank geworden war, ließ er kein anderes Bekenntnis als dies hören: »Ich habe meine Zeit verloren, weil ich verdammlich gelebt habe. Aber eins tröstet mich, daß du einen zerschlagenen und gedemütigten Geist nicht verachtest.« Und anderswo: »Mit doppeltem Recht besitzt Christus das Himmelreich; einmal weil er Sohn ist, sodann weil er gelitten hat. Und dieses zweiten Verdienstes bedurfte er in keiner Weise, er gab es aber mir und allen, die da glauben.« Hier siehst du die Worte eines echten christlichen Herzens, das seine ganze Zuversicht auf Christus setzt, an seinen eigenen Werken gänzlich verzweifelt. Er rühmt sich nicht des Gelübdes der Armut, des Gehorsams, der Keuschheit, ja er nennt sogar sein Leben verloren; und in diesem Glauben ist er gerettet und mit allen Heiligen gerechtfertigt worden. Oder meinst du, er habe gelogen oder im Scherz gesagt, sein Leben sei verloren? Er fühlt das Urteil Gottes, vor dem niemand als allein Christus und seine Gerechtigkeit besteht; deswegen läßt er sich fahren und geht zu ihm über, sein ganzes gerechtes Leben für verloren erklärend.

Wenn man nun schon predigen hört, die Gelübde und das Leben der Mönche seien verdammlich und ganz unnütz zur Gerechtigkeit und zum Heil, wer wird da noch Gelübde ablegen? Wer wird im Gelübde bleiben? Wenn du sie aber nicht verdammlich nennst, wirst du wahrhaftiglich verloren sein und den Gelübden der heiligen Väter in keinem Teil nachfolgen. Wie aber Bernhard gewesen ist, so haben alle heiligen und frommen Mönche sein müssen, so daß du klar siehst, daß alle wunderbarlich gerettet sind und endlich zuletzt notwendig dahin zurückgekehrt sind, die Gelübde für nichts und für verdammlich zu erachten, um durch den Glauben allein gerechtfertigt und gerettet zu werden. Die Gottlosen aber verachten diesen Glauben der Väter, richten und blasen auf die Werke, die jene verdammt haben, und unter dem Vorwand des Beispiels der Heiligen lehren sie den Abfall vom Glauben und betrügen wider das Beispiel der Väter mit ihren Lügen die ganze Welt. Siehe, das bedeutet das Wort: daß Gott sei wunderbar in seinen Heiligen (Ps. 68, 36).

Wenn sie aber die Möncherei deswegen vor Gott wollen für gut angesehen haben, weil die Heiligen in ihr wohlgefällig gelebt haben, warum lehren sie nicht, daß Feuer, Schwert, Kälte, wilde Tiere, Kreuz und Tod Gott wohlgefällig seien und gelobt werden müssen? Oder haben nicht hierin die heiligen Märtyrer gut gelebt? Die heilige Agnes blieb im Bordell Jungfrau.[18] Und wie viele läßt Gott in Sünden stürzen, damit sie Demut lernen und sich selbst erkennen? Paulus bekennt Röm. 7, daß die Sünde in seinem Fleisch wohne (Röm. 7, 18), und doch lebt er mitten in der Sünde richtig und gebraucht die Sünde recht. Und wer von den Heiligen lebt nicht im Fleisch, in der Welt, unter den Teufeln wohl? Muß man darum das Werk des Fleisches, der Welt und des Teufels geloben?

Aber diese Gottlosen wollen das Mönchsleben nicht nur als solches angesehen wissen, in welchem, sondern durch welches, oder vielmehr wo man gut lebt. Sie lehren, daß die Art und das Wesen solchen Lebens gut sei, wodurch man gut und selig werde. Das ist frevelhaft, das ist ruchlos und gotteslästerlich, das ist ihre Lüge, das ist Irrtum und Gleißnerei, das ist eine Erfindung der Teufel. Damit verführen sie die Herzen der Einfältigen und reden von hochmütigen, eitlen Dingen, wie Petrus sagt (2. Petri 2, 18). Denn kein Heiliger ist durch solch Leben gut geworden, und nicht können sie dessen irgendein Beispiel aufweisen. Alle aber sind allein in Christus durch den Glauben gut und selig geworden, wie wir es an Bernhard gezeigt haben.

Aber auch St. Augustinus sagt: »Wehe dem Leben der Menschen, und sei es noch so lobenswert, wenn es ohne Barmherzigkeit gerichtet werden soll.« Und wiederum: »Ich werde erschrecken, aber nicht ganz erschrecken, denn ich erinnere mich der Wunden des Herrn.« Du siehst auch ihn sein eigenes und aller anderen Leben verdammen, zu den Wunden Christi aber seine Zuflucht nehmen. Und Paulus sagt Gal. 1: »Ich lebe, aber nicht ich, sondern Christus lebt in mir« (Gal. 2, 20). Alle leben, geloben glauben und rühmen sich allein in Christus, und halten nichts von ihren Werken. Darum sagen auch wir: verflucht, wer anders lehren sollte, als daß allein im Glauben Gerechtigkeit und Heil sei. Ist das nicht klar genug?

Klar ist es also zugleich, daß die Mönchsgelübde, da sie über und ohne den Glauben gelehrt werden müssen, gottlos, heidnisch, jüdisch, frevelhaft, lügenhaft, irrig, teuflisch, heuchlerisch, abtrünnig, auch den Beispielen der Heiligen zuwider sind. Darum muß man sie auch getrost widerrufen und aufgeben, auch wenn sie in frommer und ernster Meinung abgelegt gewesen sind. Denn wenn der Apostel die Werke des göttlichen Gesetzes verbietet zu lehren und mit brennendem Eifer die Galater und Römer nötigt sie zu verlassen, wie viel mehr sind jene von Menschen ausgesuchten Werke und Gelübde zu verbieten und zu verlassen.

Summa Summarum: Werke und Gelübde kann man nur lehren und empfehlen, wenn man sie als heilsam und nützlich für das Heil und die Gerechtigkeit bezeichnet. Denn was wäre das, zu lehren, daß Werke und Gelübde nicht heilsam und nötig seien? Wer würde zuhören? Wer würde sie annehmen? Doch sie als heilsam zu lehren, wäre teuflisch und Abfall vom Glauben, da allein der Glaube notwendig und heilsam ist. Darum kann man die Mönchsgelübde und Werke entweder nicht ernstlich lehren und lernen, oder es muß von Christus abfallen und vom Glauben abweichen, sowohl wer sie lehrt als wer ihnen anhängt. Und es steht Paulus fest, daß sie Teufelslehren seien, Lügen und Irrtum; und du wirst ewig verloren sein, wenn du von ihnen nicht abläßt, und sei es auch erst mit St. Bernhard am Ende des Lebens.

Da nun dies alles wahr und fest ist, gestützt durch göttliche Stützen, überführt es davon, daß die Herzensmeinung dessen, der ohne Glauben die Mönchsgelübde ablegt, vor Gott folgende sein muß: »Siehe da, mein Gott, ich gelobe dir, nicht mehr ein Christ sein zu wollen, ich widerrufe das in der Taufe gegebene Gelübde, ich will mich nicht mehr an Christus lehnen, noch in ihm leben. Denn dies ist alles nichtig und schon längst verworfen. Ich gelobe dir aber über und außer Christus ein neues und weit besseres Gelübde, nämlich in den eigenen Werken der Keuschheit, des Gehorsams und der Armut und dieser ganzen Regel zu leben. Denn durch diese Werke werde ich gerecht und selig sein und anderen mit mir zur Gerechtigkeit und zum Heil verhelfen.« Erschrickst du und leugnest du, daß der Gelobende so denke? Doch wenn du leugnest, wirst du zugleich leugnen, daß alles wahr sei, was vorher gesagt war. Denn das Herz, das nicht auf den lauteren Glauben auf Christus erbaut ist, und sich untersteht, ein Gelübde abzulegen, kann nicht anders gesinnt sein, denn wie gesagt ist. Denn es muß die Werke ansehen und achten, sonst würde es nicht geloben. Aber die Werke achten, heißt den Glauben verleugnen, die Taufe widerrufen, Christum verschmähen, wie bereits oft genug gesagt ist. Und dies ganz gottlose Gelübde glaubst du, könne Gott gefallen und von ihm gefordert werden, und müsse nicht vielmehr von ihm aufs höchste gehaßt und verdammt werden? So geht es denen, die ohne Glauben umhergehen und die Werke ergreifen.

Ja, siehe noch eine viel elendere Zerknirschung und Unglückseligkeit auf ihren Wegen. Als die besten gelten unter ihnen diejenigen, die dieser Gottlosigkeit am nächsten kommen; denn selten und wenig sind die, die keusch, arm, gehorsam und auch sonst nach der Regel leben. Welche Bußen gibt es da, welche Kerker, welche Strafen, welche Schmerzen derer, die nicht das Ziel erreichen? Wie lastet es auf ihrem Gewissen, ihren Orden nicht gehalten zu haben? Um solchen Schweiß verkauft Satanas sein Verderben. Was man mit stärkster Kraft und ganzem Gewissen fliehen sollte, sucht man mit eben diesen Mitteln zu gewinnen. Der Wahrheit gemäß hat Moses gesagt: »Ihr werdet dort fremden Göttern dienen, die euch weder Tag noch Nacht Ruhe geben werden« (5. Mos. 28, 64–66). Davon hat auch Christus offenbar geweissagt: »Strebet danach, durch die enge Pforte einzutreten; denn viele werden suchen hineinzugehen und werden es nicht können« (Luk. 13, 24).

Es scheint aber Gott ihnen barmherzig zu widerstreben, daß sie nicht ihren Stand der Vollkommenheit erlangen, d. h. den Gipfel der Gottlosigkeit; denn er läßt sie straucheln und verzäunt ihren Weg mit Dornen, wie es bei Hosea heißt, damit die ertappten Sünder in ihren Ängsten in sich gehen und zu ihrem früheren Herrn zurückkehren, wo sie es besser hatten, als jetzt (Hos. 2, 6. 7). Ist dies also nicht eine unglaubliche Verkehrung? Die ersten sind die letzten und die letzten sind die ersten. Die Abtrünnigen sind fromm, und die Frommen sind abtrünnig. Und die die Gelübde weniger halten, halten sie mehr, die sie mehr halten, halten sie weniger. Recht so, Herr, recht so: »Du wirst verkehrt mit dem Verkehrten« (Ps. 18, 27). So wird jener Psalm erfüllt: »Jammer und Elend ist auf ihren Wegen, und den Weg des Friedens haben sie nicht erkannt« (Ps. 14, 3).

Wiederum, wer mit christlichem und frommem Sinn gelobt, der wird notwendig so vor Gott denken: »Siehe da, mein Gott, diese Art des Lebens gelobe ich dir, nicht weil ich glaube, dies sei der Weg zur Gerechtigkeit und zum Heil und zur Genugtuung für die Sünden. Solche Meinung möge deine Barmherzigkeit von mir abwenden. Sie würde über die Maßen meinen Herrn Christus beleidigen; denn dies hieße seine Verdienste leugnen und sein Blut für besudelt erachten, und deinen Sohn zum Gespött machen (Hebr. 6, 6; 10, 29), dem allein dieser Ruhm gebührt, daß er das Lamm Gottes ist, das der Welt Sünde trägt (Joh. 1), in seinem Blut alle reinwäscht und rechtfertigt; nicht will ich so frevelhaft deine Gnade von mir stoßen. Ich will solche Erwartung und Hoffnung auf ihn allein setzen, keineswegs auf mich oder irgendwelche Kreatur, geschweige auf meine Gelübde und Werke. Aber das will ich tun, sintemal ich im Fleische leben muß und nicht müßig gehen darf: ich will diese Form des Lebens ergreifen, um meinen Leib in Zucht zu halten, dem Nächsten zu dienen, über dein Wort nachzusinnen, wie ein anderer den Ackerbau oder ein Handwerk ergreift, ein jeder zu seiner Übung und Beschäftigung, ohne irgendwelche Rücksicht auf Verdienste oder Rechtfertigung, die im Glauben zuvor da sein muß und immer die erste bleiben und in allem herrschen muß.«

Ist nicht also der Sinn dessen, der da gelobt, so merkst du aus dem, was vorher gesagt war, daß sein Gelübde nicht fromm und nicht wahrhaftig ein Gelübde sein kann. Denn diesen Sinn fordert der Glaube, wenn er da ist, oder er ist kein Glaube. Denn fest steht der Spruch: »Der Gerechte wird aus Glauben leben« (Röm. 1,17), aus Werken wird niemand leben, darum wird er auch nicht aus Gelübden leben. Du nun siehe zu, wie viele es sind, die so geloben; es sind gewiß keine, oder nur solche, die wunderbar eingeführt sind.

Denn ein solcher Sinn verachtet die Gelübde und hält sie um nichts für besser, denn Ackerwerk oder irgendein anderes Handwerk. Doch wer von den Mönchen gelobt jemals, ohne das Werk des Gelübdes für ein Extrawerk und Vollkommenheit zu halten, dem nichts ähnlich oder gleich sei? Wie sie es auch auf das Unverschämteste lehren.

Dazu hält dieser Sinn solche Art des Lebens für eine Übung und ein Geschäft, nicht für die Sache und das Wesen selbst. Denn den Glauben hält er für die Sache und das Wesen. Wie der Mensch das Wesen ist, seine Arbeit der natürliche Brauch seines Wesens ist, so benützt der Glaube alle Geschäfte und Werke. Dagegen halten jene es nicht für einen Gebrauch, sondern für das Wesen selbst. Denn Mönch sein, das bedeute, sagen sie, vollständig im guten Stande sein, den man nicht gebrauchen müsse, sondern der vielmehr alles andere gebrauche; er sei das Haupt, das Erste und das Letzte, das A und O.

III. Daß die Gelübde wider die evangelische Freiheit sind

Bisher haben wir gesehen, wie unsere Möncherei wider das Wort Gottes wie gegen den christlichen Glauben sei. Und wie überreichlich sie auch auf Grund dieser zwei Punkte verdammt und verworfen ist und allem mit Recht verhaßt geworden – denn was Gott und seinem Wort zuwider befunden wird, von dem erschließt man zugleich leicht, daß es allen Dingen zuwider ist und auch mit sich selbst nicht übereinstimmt – so wollen wir doch dies weiter anzeigen denen, die es durch sich selbst nicht finden können. Und nunmehr wollen wir zum dritten beweisen, daß sie der Frucht des Worts und Glaubens widerstreite, nämlich der christlichen und der evangelischen Freiheit, die verletzt und nicht unverrückt bewahrt zu haben, nicht weniger gottlos ist, als den Glauben verleugnet zu haben und abgefallen zu sein, wie wir aus des Paulus Brief an die Galater belehrt werden.

Wir wiederholen daher, was gesagt ist, und wollen als zuverlässigen Grund hinstellen, daß Gott kein Gelübde gefallen, aber auch nicht als Gelübde bei ihm geachtet werden könne, wenn es nicht echt christlich und fromm ist. Denn er kann nicht anerkennen, was wider die christliche Frömmigkeit geht; das kann er ganz genau so wenig, wie sich selbst verleugnen. Denn er hat die christliche Frömmigkeit durch das erste und höchste Gebot geboten. Ein Gelübde aber ist nur christlich und fromm, wenn es ohne Verletzung des Glaubens gelobt wird. Der Glaube ist dann unverletzt, wenn das Gelübde als eine freie und zur Gerechtigkeit und zum Heil nicht notwendige Sache angesehen wird, welche letztere gewiß durch keine Gesetze, keine Werke, sondern allein durch den Glauben an Christus erlangt werden, wie wir dies alles fest genug bewiesen und deutlich gezeigt haben.

Denn vor allen Werken müssen Gerechtigkeit und Seligkeit da sein, aber keine beliebige Gerechtigkeit und Seligkeit, sondern die von Gott stammende, d. i. eine ewige, die von Ewigkeit zu Ewigkeit bleibt, die allein Gott uns gibt und in uns wirkt; und gerade deswegen, weil sie das Werk Gottes allein in uns ist, kann sie durch unsere Werke verhindert, aber nicht zubereitet werden. Denn es sagt Joh. 6: »Das ist das Werk Gottes, daß ihr an den glaubt, den er gesandt hat« (Joh. 6, 29). Und weiter unten: »Niemand kommt zu mir, es sei denn, daß der Vater, der mich gesandt hat, ihn gezogen hat« (Joh. 6, 44). Und wiederum: »Es steht geschrieben in den Propheten: Und sie werden alle von Gott gelehrt sein. Ein jeder, der es von meinem Vater gehört und gelernt hat, der kommt zu mir« (Joh. 6, 45). Und wiederum: »Darum habe ich euch gesagt: Niemand kann zu mir kommen, es sei ihm denn gegeben von meinem Vater« (Joh. 6, 65). Das sagt er auch zu Petrus Mt. 16: »Selig bist du Simon, Sohn des Jona, denn Fleisch und Blut haben es dir nicht offenbart, sondern mein Vater, der im Himmel ist« (Mt. 16, 17). Und Paulus nennt den Glauben eine Gabe Gottes, weil sie nicht von uns stammt (Eph. 2, 8).

Also ist diese Gerechtigkeit und Seligkeit Gottes viel zu groß – nämlich das Werk der Majestät allein – als daß sie durch unsere Kräfte könnte zubereitet werden. Was daher durch unsere Kräfte bereitet wird, ist viel eher Ungerechtigkeit als Gerechtigkeit, eher Verderben als Heil, wie Hosea 13 sagt: »Das Verderben ist dein, Israel. Von mir allein kommt dein Heil« (Hos. 13, 9). Darum sind auch jene Gelübde, die man in der Meinung, Gerechtigkeit und Heil zu beschaffen, sich anmaßt, Ungerechtigkeit und Verderben, entgegen der Gerechtigkeit und dem Heil Gottes, deren Werk und Amt sie sich anmaßen.

Was die christliche Freiheit sei

Da also hieraus ganz gewiß ist, daß bei Gott nur ein solches Gelübde angenommen wird, das nicht als notwendig zur Gerechtigkeit und Seligkeit angesehen wird, und er selbst nicht befohlen hat, irgendein Gelübde abzulegen, so folgt klar, daß ein derartiges Gelübde frei ist und nachgelassen werden kann. Denn dies beides streitet deutlich wider einander, daß es nicht notwendig sei zur Gerechtigkeit und Seligkeit und daß es ohne Gefahr der Gerechtigkeit und Seligkeit nicht nachgelassen werden dürfe. Wenn es nicht nachgelassen werden kann, so ist es notwendig, wenn es nicht notwendig ist, kann es nachgelassen werden, so daß die Form eines frommen und christlichen Gelübdes vor Gott offenbar diesen Wortlaut hat: »Ich gelobe dir diese Art des Lebens, die ihrer Natur nach nicht notwendig ist und zur Gerechtigkeit nicht notwendig werden kann.« Denn wenn es nicht so lautet, wird es kein frommes Gelübde sein können, wie aus dem Gesagten zu Genüge erhellt. Was wird aber Gott hier antworten? Wird er nicht sagen: Was gelobst du so töricht? Hast du nicht Gelübde genug, die du mir schuldig bist?

Aber hier wird kräftig entgegnet: Die Werke des göttlichen Gesetzes sind in den zehn Geboten befohlen, wie Keuschheit, Sanftmut, Freigebigkeit, Gehorsam gegen die Eltern, sie rechtfertigen nicht und sind auch nicht notwendig zur Gerechtigkeit und zum Heil, da ja Paulus sagt: »Aus des Gesetzes Werken wird kein Fleisch gerechtfertigt« (Röm. 3,20). Dennoch sind sie notwendig, da Christus Mt. 16 sagt: »Willst du ins Leben eingehen, so halte die Gebote« (Mt. 19,17). Denn sie können nicht nachgelassen werden, auch wenn der Glaube da ist, der allein rechtfertigt; denn sie sind die Frucht des rechtfertigenden Glaubens. Denn der Glaube ohne die Werke ist tot und gilt nichts, 1. Kor. 13 (Jak. 2,20; 1. Kor. 13,2). Und den Galatern schreibt er den durch die Liebe wirksamen Glauben vor (Gal. 5,6). Dasselbe kann man vom Gelübde und seinen Werken sagen, welche, da sie nach Ablegung des Gelübdes bereits zu dem Gebot gehören, notwendig sind als Früchte der Gerechtigkeit, obwohl sie nicht notwendig zur Gerechtigkeit selbst sind, die allein dem Glauben gehört. Denn das ist nicht evangelische Freiheit, daß die Gebote Gottes nachgelassen werden können. Das Gebot Gottes aber lautet: »Gelobt und haltet« (Ps. 76, 12). Denn durch den Glauben heben wir nicht das Gesetz auf, sondern richten es auf, sagt Paulus Röm. 3 (Röm. 3, 31).

Diese Frage ist aufgeworfen, damit wir die Natur der christlichen Freiheit in den Blick bekommen. Es ist also die christliche oder evangelische Freiheit eine Freiheit des Gewissens, durch die das Gewissen von den Werken befreit wird, nicht daß keine geschehen, sondern daß man auf keine sich verlasse. Denn das Gewissen ist nicht eine Kraft des Handelns, sondern eine Kraft des Urteilens, die über die Werke urteilt. Sein eigentliches Werk ist, wie Paulus Röm. 2 (2, 15) sagt, anzuklagen oder zu entschuldigen, schuldig oder schuldlos, furchtsam oder sicher zu machen. Darum ist sein Amt, nicht zu tun, sondern über die Taten und das Tun zu urteilen, die vor Gott schuldig oder selig machen. Dies nun hat Christus von den Werken frei gemacht, indem er es durch das Evangelium belehrt, auf keine Werke sich zu verlassen, sondern allein auf seine Barmherzigkeit zu hoffen. Und so hängt ein gläubiges Gewissen ganz frei an den Werken Christi allein, und ist jene Taube, die in den Löchern des Felsens und den Ritzen des Steines nistet (Hohel. 2, 14), da es ganz gewiß weiß, daß es nicht sorglos und ruhig sein kann, als nur in Christus allein, in allen eigenen Werken aber nur schuldig und furchtsam und verdammt bleiben kann. So also scheidet und urteilt es unter den Werken Christi und den eigenen. Christi Werke ergreift es und sagt folgendermaßen: durch diese werde ich gerechtfertigt, gerettet und befreit werden von allen Sünden und allem Übel, woran ich nicht zweifle; denn deswegen gerade sind sie durch ihn geschehen und in der Taufe über mich ausgeschüttet, ohne sie gibt es kein Heil, gibt es keinen Frieden in meinen Gebeinen (Ps. 38, 4), gibt es keine Genugtuung für die Sünden. Aber seine eigenen, bösen Werke sieht es und verurteilt es, doch in Christi Werken überwindet es und verachtet es sie, daß sie es nicht beißen können. Denn Christi Werke sind mächtiger, uns zu befreien und Frieden zu geben, als unsere eigenen uns zu fangen und zu schrecken, wenn du denn dies glaubst. Seine eigenen guten Werke aber ergreift es und erklärt, man müsse sie umsonst tun, allein zum Vorteil des Nächsten und zur Beschäftigung des Körpers, in keinem Fall, um Gerechtigkeit, Frieden, Genugtuung und Vergebung der Sünden zu beschaffen. Denn dies sucht es nur in Christi Werken und findet es in standhaftem

Glauben, gleichwie es sieht, daß Christus seine Werke umsonst getan habe, zu unserem Vorteil, und um seinen Körper zu brauchen nach dem Willen Gottes.

Auf diese Erkenntnis der Freiheit und Gesundheit des Gewissens hat es abgesehen aller Hinterhalt der menschlichen und gottlosen Lehren. Hier sucht die List der Schlange die Einfältigkeit, die in Christus ist, zu vernichten (1.Kor. 10,20). Hier siehst du, wie gottlos die Gesetze von den Genugtuungen sind, durch welche wir belehrt werden, vermittelst unserer Werke die Sünden zu tilgen. Das sind die gähnenden Rachen der reißenden Wölfe, die die Gewissen von Christus losreißen, zerfleischen und ganz elend in ihre eigenen Werke zerstreuen; immer lernen sie, immer wirken sie, und dennoch kommen sie niemals zur Wahrheit und zum Frieden (2.Tim. 3,4). Diese Wölfe nennt Paulus Apg. 20 greuliche Wölfe (20,29), die hereinbrechen werden, die Herde nicht schonen und Verkehrtes reden, um Jünger nach sich zu ziehen. Was heißt dies, Jünger nach sich ziehen, anders als von Christus abziehen? Dies geschieht, wenn die Gewissen belehrt werden, durch eigene Werke sich zu heilen, die Sünden zu tilgen und die Gnade zu verdienen, während man doch solches nur in den Werken Christi durch den Glauben suchen muß.

Hier siehst du, daß verdammt und Christus zuwider das ganze kanonische Recht und das Reich des Papstes ist, welches nichts anderes tut, denn die Gewissen in den Schlingen der eigenen Werke zu fangen und von Christus loszureißen, nachdem die Freiheit wie auch die Lehre und Erkenntnis der Freiheit vernichtet ist. Am meisten aber wird hier verdammt jene unreine und ekelhafte Hure, die Pariser Schule, die erklärt hat, daß die Lehren des Aristoteles in Fragen des sittlichen Lebens nicht der Lehre Christi widersprechen, da jener nichts anderes lehrt, als daß durch Werke Tugenden gewonnen würden, wenn er sagt: »Indem man Maßtvolles tut, wird man mäßig;« dies aber verflucht das christliche Gewissen wie die Bodenjauche der Hölle und spricht: durch den Glauben an den Maß haltenden Christus werde auch ich zu einem Maß haltenden Menschen gemacht, seine Mäßigkeit ist meine, denn sie ist sein Geschenk, nicht mein Werk. In Summa, aller Schulen Theologie, die spekulative sowohl wie die praktische, siehst du hier verdammt; denn sie lehren nicht Christus, sondern menschliche Klugheit, die nach ihrer Anweisung auch Glauben beschafft, den sogenannten erworbenen Glauben. Wehe diesen verlorenen und greuelhaften Männern von Sodom und Gomorrha! Zugleich siehst du hier, warum

Paulus die Werke des göttlichen Gesetzes oder die Gerechtigkeit des Gesetzes verdammt und warum er seine pharisäische Gerechtigkeit, die er Kol. 2 als tadellos rühmt, für Dreck und Schaden achtet (Phil. 3,5–7). Nämlich deswegen, weil sie wider die Gerechtigkeit streitet, die aus Christus und in Christus ist. Denn sie zieht das Gewissen ab und läßt es nicht an der Gerechtigkeit Christi hangen, sondern hält es fest in der vermessenen Hoffnung auf die eigene Gerechtigkeit und die von ihm selbst verrichteten Werke. Wie Paulus Röm. 9 sagt: »Die Heiden, die nicht haben nach der Gerechtigkeit getrachtet, haben die Gerechtigkeit erlangt, die Gerechtigkeit aber, die aus dem Glauben ist. Israel aber hat nach dem Gesetz der Gerechtigkeit getrachtet und hat das Gesetz der Gerechtigkeit nicht erreicht. Warum das? Darum, daß sie es nicht aus dem Glauben, sondern aus den Werken suchen« (Röm. 9,30–32).

Begreifst du jetzt endlich, warum ich sooft gesagt habe, daß weder unsere Gelübde noch unsere Werke notwendig sind zur Gerechtigkeit und zum Heil? Denn dies sagt ein frommes Gewissen von den Werken Christi allein, die in der Taufe über uns ausgeschüttet und uns geschenkt sind, und so ist es frei von allen Werken, nicht zwar von denen, die getan werden sollen, sondern von den anklagenden und verteidigenden. Denn wer an Christus glaubt, hat keine so bösen Werke, daß sie ihn verklagen und verdammen könnten, wiederum keine so guten, daß sie ihn verteidigen und retten könnten; sondern alles, was unser ist, klagt uns an und verdammt uns, allein aber, was Christi ist, verteidigt und rettet uns. Du selbst siehe nun zu, wie die Werke der zehn Gebote zu unterlassen und zu tun sind, welches Keuschheit, Gehorsam, Sanftmut, Freigebigkeit u. dgl. sind. Sie sind nicht zu unterlassen, sondern, daß ich es so sage, ihrem Wesen nach zu tun, aber nicht dem Gewissen nach, d. h. nicht als solche, die da verteidigen und rechtfertigen. Denn das hieße das Gewissen verderben und von Christus, seinem Bräutigam, abziehen, mit dem es ein Fleisch ist, an allen seinen Gütern teilnehmend. Sondern frei und umsonst sind sie zu tun, zum Nutzen und Vorteil des Nächsten, gleichwie die Werke Christi für uns frei und umsonst getan sind. Alsdann aber sind sie nicht mehr Gesetzeswerke, sondern Christi, der in uns durch den Glauben wirksam ist und in allem lebt; deswegen können sie ebenso wenig wie der Glaube selbst unterlassen werden und sind nicht weniger notwendig als der Glaube. Im übrigen sind die Werke, die wahrhaft Werke des Gesetzes sind, erdichtet und falsch. Denn außer Christus ist niemand von Herzen sanftmütig, keusch, freigebig, gehorsam, fromm, gottesfürchtig usw. Denn er tut es nicht aus freiem Gewissen, sondern aus Liebe zu Vorteil oder Ehre, oder aus Furcht vor Strafe. Und da geheuchelte Heiligkeit eine doppelte Ungerechtigkeit ist, so ist es offenbar, daß derartige Werke nicht nur nicht notwendig sind, sondern auch unterlassen und gemieden werden müssen.

Doch hier sagst du vielleicht: Lehrt denn deine christliche Freiheit zu huren, töten, rauben, lügen, Rebell und Götzendiener zu sein? Du Narr, als ob ich dir befehle, ein größeres Übel zu tun, wenn ich ein geringeres Übel zu unterlassen lehre. Ich sage, man soll nicht zürnen, und du wolltest nun hingehen zu töten, um nur nicht zu zürnen? Ich will diese erdichteten Werke unterlassen und die wahren getan sehen, damit du aufhörst in gottloser Weise freigebig zu sein, aber in frommer Weise freigebig werdest. Denn die Werke müssen gewandelt werden – obwohl sie äußerlich sich sehr ähnlich sind – sobald du innerlich gewandelt bist, daß nicht mehr deine, sondern Christi Werke in dir geschehen. Allerdings ist es nicht die Aufgabe menschlichen Gutdünkens, zu entscheiden, ob ein gottloser Ehemann ärger sei als ein Hurer oder umgekehrt. Gott ist es, der das Herz ansieht. Der Hurer mißbraucht das Fleisch zu verbotener Lust. Der gottlose Ehemann mißbraucht das Fleisch zu verbotenem Hochmut. Darum heißen wir hier, unsere Berechnung einzustellen. Wir sehen, daß im Evangelium die Zöllner Christus näher sind als die Pharisäer; wenn sie auch nach menschlichem Urteil ärger sind, so stellt sie doch das Evangelium gewißlich als seliger dar, so daß es sicherer erscheint, öffentlich gefallen zu sein, denn im verborgenen gottlos dazustehen. Aber deswegen raten wir jenen nicht zu fallen. Wir überlassen Gott seine verborgenen und zu fürchtenden Urteile.

Daraus ergibt sich, daß es ebenfalls als Menschenlehre zu gelten habe, wenn das göttliche Gesetz gelehrt und gehalten wird durch Werke. Denn das Gesetz ist geistlich, dazu gegeben, zu demütigen und zu nötigen, Christum zu suchen. Das Amt des Gesetzes ist, nicht unsere Werke zu fordern, sondern unsere Sünde und unser Unvermögen zu zeigen. »Denn durch das Gesetz kommt Erkenntnis der Sünde.« (Röm. 3,20). Wie also die Werke des Gesetzes zu unterlassen sind, so ist auch die Lehre des Gesetzes preiszugeben. Hier wirst du wiederum sagen: Also sollen wir ohne Gesetz frei leben? Auch dies ist wiederum töricht, als ob ich dich lehrte, weniger zu wissen, wenn ich dich heiße, mehr zu wissen, obwohl auch hier Paulus Röm. 2 und 3 es wagt, die wissenden Juden und die nichtwissenden Heiden gleich zu machen und in keiner Weise unter denen Unterschiede zu machen, die ohne das Gesetz und die im Gesetz sind.

Doch laßt uns nun auch zu ihren Gelübden und Werken kommen, und wie wir sie in dem Einwand den Werken des göttlichen Gesetzes verglichen haben, da sie scheinbar des Gebotes Art an sich haben, weil es heißt: »Gelobet und haltet« (Ps. 76, 12), so wollen wir sie auch in der Antwort ihnen vergleichen. Wir haben gehört, daß des Gesetzes Werke zwiefach geschehen, einmal durch uns als unsere, das andere Mal durch Christus in uns als Christi, dessen Gabe sie sind. Gesetzt nun, auch die Gelübde seien unter das Gebot zu fassen – davon später – so müssen sie eben auch in dieser doppelten Weise geschehen. Einmal durch uns als unsere: dann sind sie zweifellos zu unterlassen und zu verurteilen, da sie ja das fromme Gewissen von Christus abziehen und es zerstückelt in die Werke zerstreuen. Denn sie lehren, die Gerechtigkeit und Sündenvergebung außer Christus zu wirken. Dort ist nichts als die Gerechtigkeit, die Paulus heißt für Dreck und Schaden achten (Phil. 3, 8). Und wir haben es auch nicht in unserer Gewalt zu entscheiden, ob, der das Gelübde hält oder der es verletzt, besser sei, wie wir oben im Hinblick auf die Werke des Gesetzes an einem Beispiel gezeigt haben. Das andere Mal geschehen sie durch Christus in uns im Geist der Freiheit, indem man sie umsonst gelobt und hält, ohne durch sie für die Sünden genugzutun oder Gerechtigkeit und Seligkeit zu suchen. Denn es kann der Christ alle Gesetze, Gebräuche und Sitten aller Menschen halten und sich ihnen anpassen, wenn sie nur nicht wider die göttlichen Gebote sind, und er nicht auf sie die Zuversicht des Gewissens setzt. Denn das Gewissen gehört Christus und Christus dem Gewissen, die geheime Brautkammer des Bräutigams und der Braut taste niemand an. Denn ob du dich mit den Türken des Weines enthältst oder mit den Christen ihn trinkst, daran liegt nichts, sofern du es nur mit freiem Gewissen tust. So paßte sich Paulus den Heiden und Juden mit ganz freiem Gewissen an; mit diesen war er enthaltsam und ließ beschneiden, mit jenen aß er alles und beschnitt niemand. Darum, wenn du Möncherei gelobst, daß du mit derartigen Menschen leben willst, des Gewissens, daß du keinen Nutz noch Schaden dadurch bei Gott suchest, sondern weil sichs also getroffen hat, diese Art des Lebens anzunehmen, oder weil es dir gefallen hat, so zu leben, ohne daß du deswegen dich für besser hältst als den, der ein Weib genommen oder den Ackerbau ergriffen hat, so gelobst du nicht schlecht und lebst du nicht schlecht, soweit es das Verfahren des Gelübdes betrifft. Denn für den Fall, daß die Liebe das Gelübde zu brechen forderte, würdest du nicht ohne Sünde hartnäckig am Gelübde festhalten, wovon wir noch reden werden.

Es können aber unmöglich mit solchen Gewissen andere geloben als die, die wunderbar durch den Geist Christi inwendig geführt und bewahrt werden, d. h. nur die Erwählten. Von dem abgesehen, streitet das Verfahren des Gelobens und des Lebens in den Gelübden aufs äußerste mit diesem Gewissen, da die Einrichtung des Gelobens gerade dazu erfunden ist und gepriesen wird, daß sie das Gewissen in Schlingen lege und in der Knechtschaft des Gesetzes gefangen halte. Denn wer von den Mönchen duldet es, daß man ihn einem Ehemann, Akkerbauer oder Handwerker vor Gott vergleiche? Legen sie nicht deswegen ihr Gelübde ab, um scheinbar durch besonderen Gehorsam vor den anderen Gott zu dienen? Warum würden sie sonst alle anderen Lebenswege so verachten und diesen allein so auf sich nehmen? Denn sie sagen nicht mit den Propheten: »Deine Barmherzigkeit ist besser als allerlei Leben« (Ps. 63,4), sondern: »Ein Leben ist besser als alle anderen,« was vor den Menschen, nicht aber vor Gott wahr ist. Und daß wir hier die Gedanken der Herzen aufdecken: Es mögen dies vernehmen die Nonnen und Mönche, daß sie vor Gott um nichts besser sind als die Eheleute und die beschmutzten Bauern; was werden sie nun tun? Werden sie nicht wider den Hausvater murren, daß sie gleich werden sollen denen, die nur eine Stunde gearbeitet haben, während sie doch allein die Last des Tages und der Hitze ertragen hätten? (Mt. 20,11–12). Zeige mir bitte eine Jungfrau oder einen Ehelosen, die mit dem allen gleichen Tagelohn zufrieden wären. Denn sie werden sagen: Warum bin ich denn enthaltsam gewesen? Warum habe ich nicht geheiratet? Warum habe ich mich selbst beraubt? Siehst du die nichtswürdigen Gedanken ihres Herzens wider die Güte des Hausvaters? Zuerst verlangen sie bei Gott Ansehen der Person, daß er auf die Werke und nicht auf den Glauben schaue, d. i. daß er Menschen Christus vorziehe. Denn sie kümmern sich nicht darum, wie kostbare Dinge andere von Christus empfangen haben, sondern nur darum, wie ausgezeichnete Dinge sie selbst vor allen anderen geopfert haben. Sodann bekennen sie mit diesem Murren, daß sie nicht mit selbstlosem und freiem, d. h. mit christlichem und frommem, sondern mit knechtischem und lohnsüchtigem, d. h. mit jüdischem und gottlosem Willen enthaltsam gewesen sind. Darum ist ihre Jungfräulichkeit keine Jungfräulichkeit, es sei denn die der törichten Jungfrauen, deren Lampen verlöschen, weil sie kein Öl in ihren Behältern haben (Mt. 25,8), d. i. freien Glauben in ihrem Gewissen. Was sind also jene glänzenden Bullen,[19] durch die man Jungfräulichkeit, Ehelosigkeit und Gelübde rühmt, sodann die Vorrechte, goldenen Verheißungen und all dies Geschwätz, das sie predigen, um dadurch die Christen zur Jungfräulichkeit zu verlocken? Was sind sie anders denn lauter Lügen des Satans, durch die sie zum Hochmut und zur Vernichtung der Jungfräulichkeit des Gewissens gereizt werden? Denn alle haben ein und denselben Sinn: lieber wollten sie geheiratet haben, wenn sie nicht vor Gott in Verdiensten sollten einen Vorzug erlangen können. Da also auch die Art der Einrichtung derartig ist, daß sie zu Werken, nicht zum Glauben ruft, wie kann denn je ein christliches Gelübde zurückbleiben, wenn es nicht durch göttliches Wunder erhalten wird?

Aber, wie die Disputation eine Disputation erzeugt, so werden diese Gottlosen hier schreien, ich sei ein Jovinian,[20] und werden mir entgegenhalten Hieronymus wider Jovinian, den Verteidiger der Keuschheit. Denn sie werden glauben, ich habe Hieronymus nicht gelesen; sie aber glauben, es sei genug, ihn gelesen zu haben, ein Urteil beim Lesen haben sie nicht nötig; ein Glaubensartikel ist, was sie gelesen haben. Ich weiß in der Tat nicht, was Jovinian gemeint hat; vielleicht hat er nicht in rechter Weise diese Frage behandelt; ich erkläre aber zuversichtlich, daß auch Hieronymus sie nicht richtig behandelt hat. Denn er behandelt die Jungfrauschaft rein für sich, flicht sie nicht in den Glauben ein, noch baut sie darauf auf. Vermittelst dieser Art zu lehren, die ja menschlich ist, kann kein Werk und keine Tugend ohne Schaden und Gefahr gelehrt werden. Denn es fährt der heilige Mann, was niemand leugnen kann, stürmisch daher, in menschlicher Erregung und allzugroßem Eifer, seinen Freunden und vornehmlich seiner Eustochium[21] willfährig zu sein, und er bedrängt Jovinian mehr durch Autorität als durch feste Belehrung. Das beweist der gar zu unbesonnene Eifer, mit dem er von allen Seiten die Zeugnisse der Schrift zusammenrafft, passende und unpassende; und er wäre zu großem Gespött geworden, wenn er einen Widersacher von gleichem Ansehen gehabt hätte. Denn auch die Stellen, die er als Hauptstellen ansieht, in die er die Entscheidung des Sieges verlegt, dreht und deutelt er, um nicht zu sagen, daß er sie um ihren Sinn bringt. Denn das Wort des Paulus: »Wer seine Jungfrau verheiratet, tut wohl, wer sie nicht verheiratet, tut besser« (1. Kor. 7,38), legt er ganz gewaltsam dahin aus, daß dies

»wohl und besser tun« auf die Verdienste vor Gott sich erstrecke und Sekten im Volke Gottes mache, während es doch ganz offenbar ist, daß Paulus von dem geringeren und größeren Gut dieses Lebens redet, daß eine Jungfrau, die in keine Sorgen verflochten ist, mehr freie Zeit für Gott hat; alles Verdienst aber läßt er dem gemeinsamen Glauben bleiben. Und wer weiß, ob Hieronymus in dieser Beziehung nicht einer von denen gewesen ist, von welchen Hesekiel sagt: »Wenn ein Prophet geirrt und Lüge geredet hat, so habe ich, der Herr, diesen Propheten verführt«? (Hes. 14,9). Und mit Recht, warum achten wir nicht auf die Worte Gottes allein? Warum verachten wir den Rat des Geistes und prüfen nicht alles, bevor wir es annehmen?

Auch wir gestehen, daß Jungfräulichkeit ein gar großes Ding sei, wenn die Dinge unter sich verglichen werden; aber wir sagen zugleich: Wenn eine Jungfrau sich auch vor Gott höher achtet als die anderen, oder auch nur ihnen gleich, so ist sie des Satans Jungfrau. Untenan zu sitzen lehrt das Evangelium (Luk. 14,10), und daß jeder den anderen höher achte (Phil. 2,3). So also muß die Jungfräulichkeit behandelt und gelehrt werden, daß sie kraft keines Gesetzes, keines Zwanges, keiner Hoffnung auf Lohn, sondern allein in selbstlosem und freiwilligem Sinn gehalten werde, daß z. B. die Jungfrau folgendermaßen denkt: »Obwohl ich heiraten könnte, will ich doch Jungfrau bleiben, nicht weil sie geboten, geraten, köstlich und groß ist vor allen anderen Tugenden, sondern weil es mir so zu leben gefällt, wie es einem anderen gefällt, zu heiraten oder Ackerbau zu treiben. Denn ich will nicht die Beschwerlichkeiten der Ehe, ich will frei sein von den Sorgen und für Gott Muße haben.« Siehe, das heißt, in christlicher Einfalt Jungfrau sein, die sich nicht ihrer selbst, sondern Christi rühmt. Denn ein jeder muß mit seiner Gabe Gott umsonst dienen; alle aber müssen in der gemeinsamen Jungfräulichkeit des Glaubens des einen Christus allein sich rühmen, wo nicht ist Mann und Weib, so auch nicht Jungfrau oder Gemahl, Witwe oder Eheloser, sondern alle sind eins in Christus (Gal. 3,28).

Hierauf beziehen sich die vor allen anderen edlen Beispiele in den Lebensbeschreibungen der Väter,[22] wo jener alexandrinische Gerber durch göttlichen Spruch gleich, ja höher geachtet wurde als Antonius, er, der Verheiratete höher geachtet als die Jungfrau oder der Ehelose, der Bürger höher als der Mönch, der gemeine Mann höher als der Vater der Mönche. Und jenes Beispiel, wo dem Paphnutius gleichgestellt werden zwei verheiratete Frauen und ein gewisser Pfeifer, der einst ein

Räuber gewesen, usw. Was hat Gott mit diesen Beispielen anders gewollt, als um dieser Heiligen willen noch ein wenig die gottlosen Lehren und Einrichtungen der Sekten aufzuhalten, die schon damals anfingen, mit großem Scheinwesen wider den Glauben anzulaufen? Es sind also die Gaben Gottes verschieden, groß und klein, 1. Kor. 12 und 7 (12,4ff.; 7,17ff.); der Reiche hat mehr als der Arme, aber niemand soll deswegen Sekten bilden und nach den Gaben Verdienst und Lohn bei Gott verteilen, noch sich gegenseitig der eine dem anderen vorziehen, alle sollen vielmehr umsonst dienen, in reichem Maße teilnehmend an dem gemeinsamen Glauben und an Christus, der in allen der Gleiche ist und doch Ungleiches wirkt. Wenn es dir aber Verdruß bereitet, daß du als Jungfrau der verheirateten Frau gleichgestellt wirst, so heirate auch du. Denn besser ist für dich eine fromme und freie Ehe, als eine lohnsüchtige und gottlose Jungfräulichkeit. Denn fest steht der Spruch: Gott schaut nicht Werke oder Personen an, sondern das Herz und den Glauben, Jer. 5: »Herr, deine Augen schauen den Glauben an« (Jer. 5,3).

Du siehst also, daß hieraus bewiesen ist: Obwohl es Beispiele gibt, wo kraft eines Wunders das Gelübde fromm sein kann, so wird doch gerade die Einrichtung des Gelobens und das Verfahren, ein solches Leben zu lehren, als Gottlosigkeit verdammt. Gleichwie auch das im Buchstaben allein vorgetragene Gesetz einen guten Erfolg haben kann, wie bei Paulus, der es ohne den Buchstaben brauchte, so ist doch das Verfahren, den Buchstaben des Gesetzes und seine Werke zu lehren, gottlos. So legte Bernhard sein Gelübde ab und lebte im Gelübde, aber nicht zufolge des Gelübdezwanges, sondern aus der Freiheit des Geistes, wie sehr auch sein Gelübde diese Freiheit nicht lehrte, vielmehr einen der Freiheit entgegengesetzten Zwang lehrte. Dies möge als Antwort dienen auf den bereits genannten Einwurf, damit für den Fall, daß das Gelübde ein Gebot sei, gemäß dem Wort: »Gelobet und haltet«, wir doch wissen, daß seine Werke im Geist der Freiheit getan werden sollen, wie die Werke der zehn Gebote, nicht weil sie gelobt sind, sondern weil sie umsonst gefallen und frei sind, obwohl, wie gesagt, niemand anders denn durch ein Wunder sie so hält, da gerade das Wesen des Gelobens und Lebens dem widerstreitet; denn es reißt sie von dieser Freiheit fort in die Knechtschaft und den Zwang.

Aber nun fahren wir fort und leugnen, daß ein Gelübde ein Gebot sein oder werden könne, gleichwie auch die Werke des Gesetzes nicht Gebote sind oder sein können. Denn Gott ist nicht ein Gott, dem gottlos Wesen gefällt, Ps. 5 (5, 5), ja wir beweisen, daß gerade diese christliche Freiheit Gelübde verbietet. Denn indem Paulus Gal. 1 die evangelische Freiheit geltend macht, sagt er: »Aber wenn wir oder ein Engel vom Himmel anders lehrte, denn das ihr gehört habt, der sei verflucht« (Gal. 1, 8). Und später: »Ihr seid, lieben Brüder, zur Freiheit berufen« (Gal. 5, 13). Und wiederum: »Wer aber Euch verstört, der wird sein Urteil empfangen, wer er auch gewesen sein mag« (Gal. 5, 10). Aus diesen Worten ersiehst du, daß keiner je etwas lehren darf, das wider die evangelische Freiheit ist. Denn diese Freiheit ist göttlichen Rechts, die Gott selbst unverbrüchlich festgesetzt hat, die er weder widerrufen wird, noch wider die er etwas annehmen kann; auch ist es dem Menschen nicht verstattet, sie auch nur durch die geringste kleine Satzung zu verletzen. Es ist aber diese Freiheit nicht nur jene vorherbesprochene, die im Geist und Gewissen herrscht, vermöge der wir durch keine Werke angeklagt oder verteidigt werden, sondern auch die, durch die alle Gebote der Menschen aufgehoben sind und, was an äußeren Zeremonien beachtet werden kann, als da sind alle Speisen, Kleider, Personen, Gebärden, Stätten, Gefäße, Tage, daß man sie beobachten darf oder nicht, so lange, wo, wie, wann, wie oft es gefällt oder die Sache selbst es gibt. Und überhaupt was nicht göttliches Gebot ist, das ist aufgehoben und freigegeben. Denn es sagt Paulus Kol. 2: »So ihr denn nun abgestorben seid mit Christus den Satzungen der Welt, was laßt ihr euch denn noch fangen mit Satzungen, als lebtet ihr noch in der Welt: Ihr sollt das nicht angreifen, ihr sollt das nicht kosten, ihr sollt das nicht anrühren? Welches sich doch alles unter den Händen verzehret und ist Menschengebot und Lehre, welche haben einen Schein der Weisheit, durch selbsterwählte Geistlichkeit und Demut, und dadurch, daß sie des Leibes nicht verschonen, und dem Fleisch nicht seine Ehre tun zu seiner Notdurft« (Kol. 2, 20 ff.). Hier verbietet der Apostel vollständig, durch Menschensatzungen sich halten zu lassen. Und Christus Mt. 15: »Vergeblich aber dienen sie mir, weil sie Gebote und Lehren der Menschen lehren« (Mt. 15, 9). Und Tit. 1: »Habt nicht acht auf die Gebote der Menschen, die von der Wahrheit abwenden« (Tit. 1, 14).

Das sind gewißlich Gebote Gottes, die da verhindern, Menschenlehren sowohl zu lehren als zu hören. Ist nun nicht die Einrichtung, Gelübde abzulegen ganz und gar menschlich? Ist sie nicht gestellt auf Platten, Kleider, Speise, Trank, Stätten, Gebärden und andere Zeremonien? Wo hat Gott etwas davon geboten? Wo hat er solche Armut, solchen Gehorsam, solche Keuschheit geboten? Wie also? Zweifelst du noch, daß es nicht erlaubt sei, noch erlaubt gewesen sei, solches zu geloben? Es ist von Gott aus frei, und du machst es von Menschen wegen notwendig und glaubst, Gott werde eher annehmen das, worin du irrst, als was er selbst angeordnet hat? Er kann es nicht dulden, daß Sünde geschehe im Gebrauch von Kleidern, Speise, Trank und Tagen; denn er hat nicht gewollt, daß man hier sündigen könne, und dennoch versicherst du, daß hier gesündigt werde. So hat er die Ehelosigkeit nicht wollen notwendig werden, sondern hat sie geordnet frei zu sein, und er hat nicht gewollt, daß eine Sünde geschehe, wenn jemand heirate, wann er wolle, und du machst sie mit deinem Gelübde ewig und notwendig unter der Gestalt des Gesetzes. Was bleibt daher anders, als daß hier aufs allerdeutlichste gezeigt wird, daß die Gelübde der Mönchsorden und die ganze Möncherei wider die evangelische Freiheit und durch göttliche Verbote vollständig verboten sei, da niemand leugnen kann, daß sie lauter Menschenlehren sind? Denn es ist nicht weniger Sünde, die von Gott gesetzte Freiheit anzutasten, als gegen ein anderes Gebot Gottes zu sündigen. Du magst immerhin geloben und halten, was nur du willst, sofern du nur nicht die gebotene Freiheit verletzt. Denn es steht dir kein Recht zu, sie zu beseitigen noch dort auch Sünde zu setzen, wo Gott nicht gewollt hat, daß Sünde sei. Er hat aber nicht gewollt, daß gesündigt werde, wenn man die Keuschheit wahrt, sondern er hat sie frei gemacht, so daß nicht sündigte, wer heiratete. So fügt auch der Apostel Paulus, wenn er 1. Kor. 7 zur Jungfräulichkeit rät, hinzu: »Falls keinen Zwang kenne derjenige, der beschlossen habe, die Jungfrau als solche zu bewahren.« Dadurch hat er verboten, daß die Keuschheit gefordert und gezwungen und notwendig sei oder werde. Sobald man also beginnt, dazu zu nötigen und sie zu fordern, ist sie schon kraft des Gewichts dieser Worte des Paulus gelöst und frei.

Kehren wir darum zu dem zurück, was wir oben sagten: das Gelübde der Keuschheit und der ganzen Möncherei muß, falls es fromm ist, notwendig mit sich verbinden die Freiheit, es wieder fahren zu lassen, und ungefähr dahin gedeutet werden: »Ich gelobe dir Gehorsam, Keuschheit, Armut mit der ganzen Regel St. Augustini bis zu meinem Tode frei zu halten, d. h. so, daß ich es ändern kann, sobald es mich gut dünkt.« Wenn du es anders deutest und verstehst, so siehst du aus dem vorher Gesagten, daß wider die von Gott uns gebotene Freiheit gesündigt wird und daß unmöglich Gott es anders annehmen kann als kraft eines Widerrufs der Freiheit, d. h. er müßte sich selbst verleugnen. Was geht das mich an, wenn die heiligen Väter oder nie jemand ein solches Gelübde abgelegt oder also geurteilt haben? Wie, wenn sie alle geirrt hätten oder wunderbarlich inwendig geführt wären? Offenkundig und nicht zu brechen ist das Urteil des Evangeliums, daß Menschenlehren verurteilt werden und frei sind und wir ihre Herren. Darum können wir nicht ihre Knechte werden, auch nicht durch die Gewalt der Engel, geschweige denn durch unsere »selbsterwählte Geistlichkeit und Demut«, wie Paulus sagt (Kol. 2,23). Dementsprechend ist denn auch die Wahrheit offenbar, daß die Einrichtung der Gelübde eine knechtische Menschenlehre ist; warum wollen wir es also dulden, daß die Knechte reiten und die Herren zu Fuß gehen, wie Salomo sagt (Pred. Sal. 10,7). Laßt uns vielmehr Christus danken, der uns mit dieser Freiheit beschenkt hat und sie uns, obwohl wir sie durch gottlose Gelübde zu verletzen bestrebt waren, doch unverletzt bewahrt hat und fest verordnet hat, daß unsere Gelübde immer nichtig, frei und nichts seien. Während wir unsinnig sind, hat er gütig für uns gewacht.

Hier wird vielleicht jemand lachen und als ein lächerliches Gelübde das verspotten, von dem richtiger gelten darf, daß es ein Gelübde vorheuchelt. Denn was ist es anders denn Gaukelei, zu sagen: Ich gelobe dir frei zu tun, was mich gut dünkt? Es möge immerhin lachen, wer will, nur möge er zugleich wissen, daß es keineswegs wunderbar und neu ist, wenn Menschen töricht und lächerlich handeln, wenn sie absehend vom Worte Gottes und über dies Wort hinaus von eigenen Gedanken und Absichten getrieben werden. »Dein Wort,« sagt Christus, »ist Wahrheit« (Joh. 17,17). Was meinst du, ist des Menschen Wort anderes als Lüge? Es ist lächerlich, aber denen, die die Wahrheit der evangelischen Freiheit hören oder kennen; im übrigen macht das Werk des Irrtums unter diesem lächerlichen Gewande nicht weniger den Zorn Gottes äußerst ernst und furchtbar, da so viele tausend Seelen durch diese Schlingen elend gefangen und verderbt sind. Ein menschlich Fündlein ist das Gelübde, ein menschlich Fündlein bleibt es. Aber doch ist es nicht schlechthin lächerlich. Denn diese Unterwerfung frei auf eine bestimmte Zeit zu geloben, ist nicht unnütz. Denn wir sehen die altkirchliche Einrichtung und gar heilsame Gewohnheit, daß die Älteren die ihnen zeitweilig anvertraute Jugend im Glauben und in der Zucht unterrichteten, was auch die Briefe des Petrus und des Paulus anzeigen, wo die Jungen den Ältesten sollen untertan sein

(1.Petr.5,5). Von daaus erst sind die christlichen Schulen entstanden, in denen auch die Mädchen unterrichtet wurden, wie die Geschichte der heiligen Agnes zeigt. Daraus endlich sind die Stifte und Klöster hervorgegangen, um derer willen, die ständig und frei in diesen Schulen bleiben wollten. Sobald aber die, die das junge Volk zu unterweisen begonnen hatten, lässig zu werden und auf das Ihrige zu achten anfingen, an Schätzen und Muße reich wurden, und die Jugend widerspenstig wurde, da erfanden sie die Schlingen des Gelübdes, mit denen sie die Gewissen banden und unter der Zucht hielten, so daß jeder sich selbst aus Furcht vor Sünde in Zaum hielt und die Aufseher Ruhe hatten. Wie es auch jetzt noch der unsinnige Brauch der hohen Schulen ist, die jungen Leute in Eide zu verstricken und ihre Gewissen zu Tode zu martern, damit jene nicht nötig haben zu wachen und besorgt zu sein, sondern auf beiden Ohren ruhig schlafen mögen. So sind aus freien und christlichen Schulen knechtische und jüdische Klöster und wahre Synagogen der Gottlosigkeit geworden. Wenn also das heutige Gelübde auf jene alte Gewohnheit zurückgeführt und so gehalten würde, da hätte es keine Gefahr, und ohne Zweifel wird es bei Gott nicht anders angesehen, als daß man jene alte Sitte zeitweilig halte, auf daß die schwachen und ungebildeten Leute den christlichen Unterricht genießen und dann wiederum frei gelassen werden. Das wollen wir später mit dem Zeugnis göttlicher Werke beweisen.

Hier wird ein etwas Schwacher oder auch ein Kluger einwenden: »Wenn Gott die Ehelosigkeit derartig frei haben will, daß man sie mit der Heirat vertauschen kann, so wird er mit derselben Freiheit auch gestatten, daß man seinen Gemahl verlasse und die Ehe mit der Ehelosigkeit vertausche; oder wenn Gottes Gesetz zwingt, den Gemahl nicht zu verlassen, dann auch wird ähnlich im Hinblick auf das Gelübde das Gesetz Gottes zwingen, die Ehelosigkeit nicht aufzugeben; denn auf beiden Seiten ist Sünde, von Gott gesetzt und verboten. Also wird es entweder nicht gestattet sein, auch ehelich zu werden, damit nicht die Ehelosigkeit unerlaubt werde, nachdem die Freiheit genommen ist, oder es wird nötig sein, auch das Gelübde zu halten, so daß die Ehe dadurch unerlaubt wird.« Darauf antworte ich: die evangelische Freiheit herrscht allein in dem, was zwischen Gott und dir selbst sich zuträgt, nicht aber zwischen dir und deinem Nächsten. Denn er will keinen Raub als Opfer (Jes. 61,8), und er will nicht, daß jemand etwas tue, das zum Schaden des Nächsten ausschlage. Er will vielmehr, daß alles zum Vorteil des Nächsten geschehe. Er hat also dir die Freiheit gesetzt, daß du vor ihm ganz ungehindert heiraten oder ehelos leben kannst, und er hat nicht gewollt, daß diese Freiheit zwischen ihm und dir geändert werden könne. Denn er duldet es nicht, daß du dich ihm bindest und verpflichtest; hat er dich doch in allem gelöst und freigemacht. Was wäre denn ein Gelübde sonst anderes, denn daß du bändest, was er hat frei haben wollen? Aber mit dieser Freiheit hindert er nicht, daß du deinem Nächsten dich verpflichten und binden kannst, weil dein Nächster nicht wie Gott dich geheißen hat los und frei zu sein. Sonst wäre es auch erlaubt, alle Kontrakte, Bündnisse und Verträge nach Willkür zu schließen und zu brechen. Darum bist du als Verheirateter bereits in Macht und Gewalt eines anderen, und Gott will nicht, daß diesem wider seinen Willen sein Recht genommen werde, damit du Gott dienest. Doch wenn dies Recht aufhört, weil der Gatte stirbt oder in eine Scheidung willigt, siehe, dann hast du wieder ganz unversehrt deine Freiheit zwischen Gott und dir wie vorher, zu heiraten oder enthaltsam zu leben.

So also verhält es sich mit dem Gelübde der Ehelosigkeit gegen Gott, als hätte man es mit einem Ehevertrag zu tun, der mit einem Gatten abgeschlossen ist, und nun der Gatte gestorben oder durch wechselseitige Übereinkunft getrennt und frei wäre. Denn wenn ein Gatte gestorben wäre oder kraft gegebener Erlaubnis dir die Gelegenheit schafft, frei enthaltsam zu leben, ohne je mehr die Absicht zu haben, die eheliche Verbindung mit dir zu suchen, und unter euch beiden gegenseitig der Vertrag durch Schrift, Siegel und Zeugen fest bekräftigt wäre, und du, ein törichtes Weib, gleichsam etwas Großes dem Manne tun wolltest und ihm aufs neue die eheliche Verbindung gelobst, indem du durch dies Gelöbnis die früher gegebene Gelegenheit keusch zu leben nicht nur bekräftigen, sondern überbieten und in besonders hervorragender Weise erfüllen willst, würde man dich da nicht unsinnig nennen? So hat Gott in der Taufe den Bund der Freiheit mit dir geschlossen, daß es dir immer freistände zu heiraten und enthaltsam zu leben, und er will auch hinfort nicht etwas, das dieser Freiheit entgegen ist, annehmen. Und du, um diese Freiheit größer und vollkommener zu machen, legst ein Gelübde ab und verwandelst sie durch das Gelübde in Knechtschaft und Zwang. Was kann geschehen, das unsinniger wäre? Darum sind die Mönche eigentlich Diener Baals, die sich Gott zum Gemahl machen wollen durch die Knechtschaft des Gelübdes, der sie doch frei gemacht hat durch die Freiheit des Evangeliums. Denn Baal bedeutet einen Mann, der ein Weib hat. Darum mit der gemeinsamen Freiheit unzufrieden, maßen sich die Mönche an, sich Gott eigentlich und besonders vor allen anderen zum Baal zu machen; sie meinen durch solchen Gehorsam mehr als evangelisch zu handeln, während sie recht eigentlich wider das Evangelium wüten. Das heißt – wie es ja ihre Gewohnheit ist – über die Altäre hinwegspringen (1. Kön. 18, 26), d. i. die eigenen Werke über den gemeinsamen Glauben zu preisen und mit Messern sich zu ritzen, d. h. mit ihren Gesetzchen und Lehren sich selbst zu peinigen, niemals aber den alten Menschen zu töten usw.

Doch es ist Zeit, daß wir dieser Erörterung ein Ende machen; so ziehen wir die Schlußfolgerung, daß Armut, Gehorsam, Keuschheit andauernd gehalten werden können, aber nicht gelobt, gelehrt und verlangt werden können. Denn wenn man sie hält, bleibt die evangelische Freiheit, wenn man sie lehrt, gelobt und fordert, bleibt sie nicht; darum haben die Heiligen, die sie gehalten haben, sie frei gehalten, und hätten sie auch gehalten, wenn sie nicht das Gelübde abgelegt hätten und man sie nicht also gelehrt und es von ihnen gefordert hätte; darum hat ihr Gelübde, obwohl es töricht gewesen, ihnen um des Glaubens und der Freiheit des Geistes willen nichts geschadet. Es ist aber gar nicht miteinander zu vergleichen, wenn etwas geschieht, ohne daß es gelehrt und gefordert wird, und wenn gelehrt und gefordert wird, daß dasselbe getan werden soll. Denn dies heißt aus einer Tatsache ein Recht machen, aus einem Werk ein Gebot, aus einem Beispiel eine Regel, aus etwas Zufälligem etwas Notwendiges; was kann aber unsinniger und verderblicher sein als dies? Doch das erste ist von Gott, das zweite von Menschen; darum muß man bei dem ersten bleiben, aber das zweite fahren lassen. Wir verdammen also, auf die Sache gesehen, nicht die Gelübde, falls jemand sie zu befolgen wünscht, sondern wir verdammen die Lehre und das Gebot. Es ist mit diesen Gelübden gegangen, wie es mit der Enthaltsamkeit zu gehen begann auf der Synode von Nicäa (325). Dort unternahmen es etliche, als einige Priester und Bischöfe, eine Reihe von Jahren freiwillig ehelos gelebt hatten, dies Beispiel in ein Gebot zu wandeln und fortan zur Ehelosigkeit bei Gewissenszwang zu nötigen; so sehr war bereits damals auch auf dieser hochheiligen Synode der Glaube und das Evangelium dahingeschwunden und waren die Überlieferungen der Menschen stark geworden, es leistete aber nur der eine Paphnutius dem ganzen Konzil Widerstand, indem er verhinderte, daß über die Ehelosigkeit etwas fest beschlossen wurde. Denn diesen Götzendienst zu erfüllen war die Sache des Antichrists in Rom. Da so die Mönche vorher aus freien Stücken ehelos waren, arm lebten und gehorchten, haben endlich die Späteren ihr freies und evangelisches Beispiel in ein notwendiges Gelübde umgewandelt. Und hier gab es keinen Paphnutius, der Widerstand leistete, da bereits die Sünden überhandgenommen und der Zorn Gottes die Werke des Irrtums über die Welt reif machte, wie er es bei Paulus vorausgesagt hatte (2. Thess. 2, 11). Darum haben Bernhard und andere die Keuschheit, den Gehorsam und die Armut unter den Gelübden, aber nicht gemäß den Gelübden, vielmehr nach dem alten Beispiel der Väter und nach dem Evangelium gehalten, und die so verwerfliche Überlieferung und verdammliche Einrichtung des Gelobens, in menschlichem Irrtum strauchelnd, gebilligt und gelehrt, während sie doch selbst etwas ganz anderes und in anderer Weise befolgt haben; aber das Werk des Irrtums mußte aufrecht erhalten werden auch durch die falsch aufgenommenen Beispiele der Väter, um derer willen, die nicht sich angeeignet haben die Liebe zur Wahrheit, auf daß sie gerettet würden.

IV. Daß die Gelübde wider die Gebote Gottes sind

Wir haben also gesehen, daß das Mönchtum nicht nur nicht von Gott stammt – denn es kann dafür kein Zeugnis aus der Schrift beibringen, noch irgendein Zeugnis oder Wunder, durch das es vom Himmel her beglaubigt wäre, ist es doch vielmehr verboten und verworfen, wie auch alle anderen menschlichen Überlieferungen – sondern auch wider den christlichen Glauben und die evangelische Freiheit streitet. Nun laßt uns zum vierten sehen, wie es mit den göttlichen Geboten sich verträgt. Denn es ist unmöglich, daß nicht allem das widerstrebe, was dem widerstrebt, von dem und durch den und in dem alles ist. Denn er ist mit den Heiligen heilig und mit dem Verkehrten verkehrt (Ps. 18, 26–27). Deswegen, wie den Unreinen nichts rein ist, sondern alles unrein (Tit. 1, 15), so ist den Verkehrten alles verkehrt und nichts recht. Und hier will ich wiederum die Heiligen ein für alle Mal entschuldigt haben, damit man nicht immer ihre Beispiele entschuldigen muß. Denn ich erörtere hier nicht, wie die Heiligen unter dieser Einrichtung gelebt haben, sondern ich erörtere die Einrichtung selbst. Nicht wie die drei Knaben im Ofen Babylons gelebt haben (Dan. 3, 21 ff.), sondern ob es überall allen erlaubt ist, in diesen Ofen sich zu stürzen oder das goldene Bild des Königs anzubeten. Ich erörtere nicht, ob Paulus ehelos gelebt hat, sondern ob man sein Beispiel heranziehen darf, um ein Recht und eine Lehrform daraus abzuleiten. Derselbe Paulus hat das ganze Gesetz Moses gehalten und wollte doch nicht, daß man es zu halten lehre und anhöre. So lebte Bernhard unter dem Gelübde ohne Gelübde, gleichwie der Apostel unter dem Gesetz ohne Gesetz, aber darum darf nicht Gelübde oder Gesetz zu einer Lehre oder Form zu leben gestaltet werden, es muß vielmehr abgetan werden.

Und wir haben oben, wo wir vom Glauben handelten, ausreichend gezeigt, daß diese Einrichtung der Möncherei wider die erste Tafel oder die drei ersten Gebote streite. Denn der Glaube wird im ersten Gebot, Lob und Bekenntnis des Namens Gottes im zweiten und die Werke Gottes in uns im dritten geboten. In diesen dreien wird der wahre und rechtmäßige Gottesdienst vollzogen. Aber die Einrichtung des Gelübdes entleert, wie gesagt, den Glauben, während sie die Werke lehrt; sie verachten nun weiter den Namen Gottes und richten den eigenen Namen auf. Denn sie werden nicht mehr Christen oder Söhne Gottes genannt, sondern Benediktiner, Dominikaner, Franziskaner, Augustiner; diese und ihre Väter preisen sie mehr als Christus. Denn sie hoffen nicht in dem Namen selig und gerecht zu werden, daß sie getauft und Christen sind, sondern allein in dem, daß sie den Namen ihres Ordens haben. Darum vertrauen sie auf ihren Namen, rühmen sich dessen, als wären Taufe und Glaube schon längst wie durch einen Schiffbruch untergegangen. Sie nehmen und rufen also nur unnütz den Namen des Herrn an, wohl aber ihren eigenen Namen, den sie durch Werke aufgerichtet haben. Denn du magst sehen, wie sie völlig verzweifeln, wenn sie sich bewußt geworden, daß sie ihren Orden nicht gehalten haben; denn sie meinen, dies sei notwendig zur Gerechtigkeit und Seligkeit. Sobald sie aber gesehen haben, daß sie ihn gehalten oder daß es ihnen leid tue, ihn nicht gehalten zu haben, dann erwarten sie sorglos in diesem Namen die Krone der Herrlichkeit, weit sorgloser als auf Grund ihrer Taufe auf Christus; ja sie haben es vergessen und denken nicht einmal je daran, daß sie auf die Werke Christi getauft sind, daß sie ihrer sich getrösten, sie suchen das Ihre und erwarten, daß sie deswegen von Gott gekrönt werden, weil sie Mönche gewesen sind. Es genügt ihnen, wenn sie ihren Vätern nachgeeifert haben, deren Satzungen und Beispiele durch ähnliche Werke erreicht oder Schmerz empfunden haben, daß sie sie nicht erreicht haben;

Christus aber und seine Werke im Glauben zu haben, verachten sie. O welch furchtbares Verderben!

So siehst du: der Glaube und das erste Gebot können sich nicht mit der Lehre vom Mönchsgelübde vertragen – es sei denn durch ein Wunder der Gnade Gottes – das zweite Gebot mit ihrem Prahlen und ihren Titeln ebenso wenig. Denn da allein Christus gen Himmel steigt (Joh. 3, 13), der auch herabgestiegen ist und im Himmel ist, so ists unmöglich, daß ein Benediktiner, Augustiner, Franziskaner, Dominikaner, Karthäuser oder dergleichen gen Himmel steigen. Denn dies ganze Menschenvolk sucht den Himmel mit leeren Lampen, d. i. mit eigenen Werken, und ohne eigene Werke erwarten sie nichts bei Gott, denn so lehrt es sie die Form ihres Lebens und ihres Gelübdes. Doch der Christ steigt mit fremden Werken empor, nämlich den Werken Christi, auf den er getauft ist, in den er hineingepflanzt ist (Röm. 6, 3 ff.), und es lebt nicht mehr er selbst, sondern Christus lebt in ihm (Gal. 2, 20) und heiligt ihm einen vollkommenen ganzen Sabbat von seinen Werken. Wie furchtbar ist es also, des Bewußtseins leben zu müssen, daß man nicht selig werden könne, wenn man nicht seinen Orden gehalten, aber selig werden könne, wenn man ihn hält. Schweigt man hier nicht ganz von Christus? Doch dies Bewußtsein würde nirgends sein, wenn die Einrichtung des Gelübdes nicht da wäre, jetzt aber ist es überall. Nirgends also ist ein heiliger Sabbat, sondern es wird jenes Wort Ps. 73 erfüllt: »Wir wollen alle Festtage Gottes auf Erden entweihen« (Ps. 74, 8). Da siehe du zu, ob das nicht eben das ist, was Paulus Röm. 2 sagt: »Dir graut vor den Götzenbildern, und du raubst Gott, was sein ist. Denn eurethalben wird der Name Gottes gelästert unter den Heiden« (Röm. 2, 20. 22). Wer unter allen Menschen brüstet sich so des Gottesdienstes wie die Mönche? Niemand verflucht mehr die Abgötterei, aber siehe da, eben sie sind Gotteslästerer. Welches Heilige rauben sie? Eben das, wodurch alle geheiligt werden, den heiligen Namen Gottes. Denn den christlichen Namen tilgen sie und setzen an dessen Stelle ihren Namen; sie wollen in diesem Namen selig werden, was doch allein durch den Namen Jesu geschehen kann und darf, wie Petrus sagt Apg. 15: »Und es ist uns kein anderer Name unter dem Himmel gegeben, darinnen wir sollen selig werden« (Apg. 4, 12).

Denn wie es unmöglich ist, daß der, der durch den Glauben auf Christus sich verläßt, in seinem eigenen Namen Heil sucht – denn er kennt nur die Werke und Verdienste Christi allein, darum hat er keinen anderen Namen, in dem er gerettet und geheiligt werde als den Christi allein – so ist es auch unmöglich, daß der, der auf Werke und Gelübde sich verläßt, nicht im eigenen Namen Heil suche. Denn er hat Werke und Verdienste abgesehen von den Werken und Verdiensten Christi, darum hat er auch einen anderen Namen abgesehen von dem Namen Christi. Was heißt dies aber anders, denn den Namen Christi rauben und sich selbst beilegen und sagen: »Ich bin Christus,« wie wir oben aus Mt. 24 gezeigt haben? Welcher Frevel wider Gott könnte größer sein? Denn wer da sagt: »Ich werde durch meine Werke selig,« der sagt nichts anderes denn: »Ich bin Christus,« da allein Christi Werke selig machen alle, die selig werden. Und dies ist die greuliche Lästerung des Namens des Herrn unter den Heiden (Röm. 2, 24), daß Heiligkeit und Heiligmachung einem anderen wie dem Namen des Herrn schon überall beigelegt wird. Denn in aller Mund werden ihre Orden heilig genannt, gleich als heiligten sie die, die nach ihnen sich richten, oder als wäre es etwas Heiliges, in ihnen zu leben, während doch allein der Name des Herrn heiligt und in ihm zu wandeln heilig ist. Dieser weit verbreiteten Gotteslästerung Urheber sind sie selbst mit ihren frevelhaften Taten, durch die sie den Namen des Herrn und das Werk des Herrn an sich reißen und sich anmaßen, mit dieser Gotteslästerung die ganze Welt verführend und verlockend.

Da aber solch frevelhafte Meinungen und Gewissen von den Christen ganz fern bleiben müssen, was bist du noch unschlüssig, ob du dich enthalten sollst, ob du fliehen, meiden, die Mönchsgelübde und diese ganze Art des Lebens ändern sollst? Welches auch dazu erfunden ist, solche Gewissen zu machen, und es kann seiner Natur nach nicht andere machen, und du siehst aus der täglichen Erfahrung, daß in der ganzen Welt solche gemacht werden. Oder willst du, wenn du Korah mit seinen Zelten und seiner Habe verschlungen werden siehst (4. Mos. 16, 31 ff.), inmitten des Schlundes bleiben und nicht wenigstens die Klugheit des übrigen Israel nachahmen und fliehen mit den Worten: »Es möchte auch uns die Erde verschlingen? (4. Mos. 16, 34). Oder willst du zurückbleiben, weil du die Kinder Korahs, die sonst blieben, siehst gerettet werden?« (4. Mos. 26, 11). Aber du sollst wissen, daß dies, wie Moses schreibt, nur durch ein großes Wunder geschehen ist. Denn du kannst nicht leugnen, daß das Mönchsinstitut wider Christus aufrührerisch ist und recht eigentlich als ein Aufruhr Korahs anzusehen. Denn es erregt Spaltungen im Volke Christi und lehrt, wie du siehst, gegen den Glauben, mit Vertrauen und Besorgnis auf die eigenen Werke zu blicken; denn du kannst keinen Mönch zeigen – es sei denn ein Wunder geschehen – dessen Gewissen nicht mit diesem Gottesfrevel und dieser Gotteslästerung erfüllt sei, daß er gerettet werde, wenn er die Regel seines Ordens gehalten, aber verdammt werde, wenn er sie nicht gehalten; wozu würde er auch sonst geloben und halten, wenn sein Gewissen nicht derartig bestimmt wäre? Was wird es dir helfen, wenn Kinder dieses Korah in diesen Zelten voller Frevel und Gotteslästerung gerettet sind? Es ist dies ein Wunder göttlicher Kraft, und kann nicht zu einer allgemeinen Vorschrift zu leben erweitert werden.

Mit gutem Grund nennt man die Möncherei Korah, das heißt »kahl« oder »Glatze«, da nach dem Zeugnis des Apostels der Mann der Ruhm Gottes ist und sein Haar nicht verhüllen darf (1. Kor. 11, 7), auf daß du erkennst, daß dieser aufrührerische Korah ohne das Haupt Christus, ohne die Ehre Gottes sich selbst als Haupt aufrichtet, in seinem eigenen Namen gegen Christus sich rühmt. Wie Petrus 2. Petr. 2 sie recht eigentlich beschreibt, wenn er sagt, daß sie lügnerische Lehrer seien, die Sondermeinungen und Verderben bringende Spaltungen nebenher einführen und den Herrn, der sie erkauft hat, verleugnen, so daß durch sie der Weg der Wahrheit wird gelästert werden. Welches sind jene Meinungen und Spaltungen des Verderbens, wenn nicht die vorhergenannten ruchlosen und gotteslästerlichen Gewissen, Lehren und Spaltungen, durch die Christus mit seinen Werken und seinem Namen verleugnet wird und an dessen Stelle die Werke und Namen von Menschen gesetzt werden, und ihnen zugewiesen wird, was Christi ist, nämlich Gerechtigkeit, Seligkeit und Heiligkeit?

Aber hier werden nun diese Gotteslästerer, die ja unverbesserlich und ungläubig sind, sobald sie gesehen, daß sie bei einer so offenkundigen Gotteslästerung ertappt sind, nach ihrer Weise Unterscheidungen erdichten, an denen sie sehr reich sind, und sagen, sie hätten niemals anders gelehrt, als daß Christus und die Gnade Gottes das Vornehmste und Beste in den Orden seien, gleichsam das Allerheiligste. Im übrigen seien auch die Orden heilig, wenn auch in geringerem Maße, gleichwie ein Heiliges, das in abgeleiteter Weise an dem ersten teilnimmt, usw. Oder sie werden eine andere Erdichtung ihres Kopfes vorbringen, damit es nicht scheine, als wären sie verwirrt oder gefangen. Denen entworte ich: Warum haben sie nicht von Anfang an so gelehrt? Wer hat den Seelen, die schon verloren sind und noch verloren gehen, diese Unterscheidung enthüllt als eine, die in späteren Zeiten noch sollte erdacht werden? Sie haben das Wort heilig, sobald es fällt, schlecht und recht verstanden und nicht von diesem heimlichen, auf Zweideutigkeit beruhenden Betrug gewußt. Aber wohlan, so mögen sie nun auftreten und lehren, wie sie jetzt unterscheiden, sie mögen mit lauten Worten folgendermaßen ans Volk sich wenden: »Wisset, daß es viel besser ist, einfach ein Christ zu sein, als ein Mönch,« so wirst du schon sehen, wie viele ins Kloster eintreten, ja auch nur im Kloster bleiben werden. Doch jetzt lehren sie, daß die Mönchsorden viel besser und heiliger seien als der allgemeine Stand der Gläubigen. Das ist jene Stimme des Verderbens, durch die sie die Gläubigen von Christus losreißen in Hoffnung auf eine größere Frömmigkeit, als die es ist, die sie in Christus gefunden haben. Das ist Gottesfrevel und Gotteslästerung, mit der Christus nicht bestehen kann; wenn sie aber ihrer sich nicht rühmten, würden sie selbst nicht bestehen können.

Es ist auch nichts mit der Behauptung, die sie prahlend vorbringen, daß das Größere und Hauptsächliche durch Hinzukommen des Geringeren und weniger Wichtigen gemehrt werde. Wenn dem auch so wäre, wer wird das ungelehrte Volk so leiten, daß es nicht das Geringere als das Größere ergreife, wie es jetzt eben es tut? Hier ist es ein Wunder, nicht zu irren, darum muß dieser Anstoß aus dem Wege geräumt und einzig jenes Größere vorgetragen werden. Warum sodann raten sie nicht eindringlich den Menschen, das Geringere zu verlassen und das Größere zu ergreifen? Und warum lehren sie nicht mit derselben Kraft die Mönche, das Kloster zu verlassen, mit der sie vom Größeren fort zu ihrem Geringeren anspornen und verlocken, in die Orden einzutreten? Nun aber ist dies doppelt erlogen. Zunächst, weil sie tatsächlich ihre Möncherei für bedeutender und wichtiger halten, und den einfachen Christen für geringer und verachtet. Das beweisen ihre frevelhaften und gotteslästerlichen Reden, die mehr zur Möncherei als zum einfachen Christentum vermahnen. Zum andern ist es eine Lüge, weil noch ein anderes Heiliges erdichtet wird. Denn allein Christus ist heilig und er leidet es nicht, daß wir unter irgendeinem anderen Namen geheiligt und gerettet werden, wie wir oben aus des Petrus Worten erwiesen haben. Wohin du also auch dich wendest, wirst du eine Einrichtung finden, die gottlos, frevelhaft, gotteslästerlich, ihrer Natur nach wider Christus ist, und die wirksame Ursache des Verderbens für alle, die nicht mit den Kindern Korahs wunderbar gerettet werden. So liegt jener wahre Gottesdienst darnieder, der durch die drei ersten Gebote eingesetzt ist, und die Wege Zions sind voller Trauer, weil es niemand gibt, der zum hohen Feste kommt (Klagel. 1,4). Den rechten Gottesdienst haben sie durch einen anderen ersetzt, der ihrer ganz wert ist und aus jenem zeremonienhaften Gepränge in Kleidern, Gebärden, Gesang und Vorlesungen besteht, worin nichts vom Glauben oder dem Namen und dem Wort Gottes zu finden ist; alles ist vielmehr ganz menschlich. Und eine Spur dieses Brauches sieht man noch aus der Einrichtung des Paulus 1. Kor. 14 übrig geblieben, wo er lehrt, daß dreierlei geschehen müsse in der Versammlung der Gemeinde, mit Zungen reden oder Psalmen singen, weissagen oder auslegen, und beten. Zunächst wurde etwas aus der Schrift oder den Psalmen vorgelesen. Sodann legten die Propheten es aus und lehrten es. Drittens wurde gemeinsam gebetet. Das war eine göttliche und gar christliche Einrichtung, aber geordnet, zu lehren und zu vermahnen, d. h. den Glauben zu nähren. Das erste ahmt man heute nach mit den Lektionen im Frühgottesdienst, mit den Episteln, Evangelien und den Gesängen, die einer allein singt, das andere mit den Homilien, das dritte mit den Responsorien, Antiphonien, Gradualen, und was gemeinsam gelesen oder gesungen wird; aber dies alles ist unheilvoll. Denn es geschieht nicht in der Absicht, zu lehren und zu vermahnen, sondern lediglich um gute Werke zu tun. Denn es genügt ihnen, so gelesen, so gesungen und so laut geschrien zu haben. Dies Werk sucht man und nennt es Gottesdienst. Was aber gelesen und gesungen wird, oder warum es gelesen und gesungen wird, daran denken sie nicht einmal, und es ist kein Prophet da, der es auslegt und lehrt. Um darum doch nicht ganz müßig in diesem wunderlichen Gottesdienst zu sein, achten sie sorgsam und ängstlich auf das Vorlesen, Vorsingen, richtige Abteilen, Pausieren, Begrenzen, Aufmerken, allein darauf achtend, daß gut, andächtig und lobenswert gelesen und gesungen wird. Das ist der letzte Zweck dieses Gottesdienstes. Da sind die Anordnungen, Strafen, Artikel, Statuten, Sünden und Verdienste, dieses Gottesdienstes sehr würdig. Du magst sagen, daß dieser ganz schwere Gottesdienst deswegen geübt werde, damit jene großen und bedeutenden Männer während ihrer Lebenszeit wenigstens einen kleinen Teil der Grammatik und Musik erlernen. Denn kann man urteilen, daß sie etwas anderes suchen? Wenn nun, wie Paulus sagt (1. Kor. 14,23), ein Ungläubiger mitten in die Schar dieser brüllenden, murmelnden, schreienden Menschen eintritt und sieht, daß sie weder predigen noch beten, sondern nur nach ihrer Weise sich hören lassen wie die Orgelpfeifen, die sie sich nach trefflichstem Plan verbunden haben, und haben das Zusammenstimmende nebeneinander gestellt, wird er da nicht mit vollem Recht sagen: »Seid ihr denn toll geworden?« (1.Kor. 14,7). Denn was sind sie anders als solche Pfeifen oder Flöten, von denen Paulus sagt, daß sie die einzelnen Töne nicht unterscheiden lassen, sondern nur in die Luft hinausschallen, nicht anders, wie wenn jemand, der etwas vortragen will, zum Rednerpult emporsteigt und eine ganze Stunde fremde Worte zum Volke redet, die niemand versteht? Redet er hier nicht in die Luft? Wird man ihn nicht für verrückt halten? Freilich, ein solcher Gottesdienst ziemte diesen ruchlosen und gotteslästerlichen Widersachern Christi, auf daß sie in keiner Weise besser wären als jene stummen hölzernen Pfeifen, indem sie mit großer Mühe sich hören ließen, nichts lehrten, nichts lernten, nichts beteten, und doch dies unsinnige Werk als höchsten Gottesdienst rühmten, aller Leute Reichtümer kraft der Verdienste dieses Gottesdienstes an sich rafften. Einem solchen Haus gebührt eine solche Heiligkeit.

Ich sage hier nichts von den Heiligen, die kraft frommen Brauches dies dem Gespött anheimfallende Leben geführt haben. Ich rede von diesem Gottesdienst selbst, der als solcher überreichlich genug gerechte Veranlassung böte, die Mönchsgelübde zu brechen und fahren zu lassen, wenn die übrigen Gründe nicht dazu bewegen könnten. Denn was ist er anderes, ein reines Gespött, oder wie der Apostel sagt, Tollheit. Doch das ist es, das an erster Stelle gelobt wird, das suchen die, die Mönche werden. Auf diese Weise nehmen sie sich vor, Gott zu dienen, deswegen verlassen sie die Welt, ihren Besitz und ihre Eltern, deswegen verleugnen sie sich selbst, um Christus nachzufolgen. Denn so stutzen diese frechen und gotteslästerlichen Menschen die göttlichen Sprüche Christi auf ihre kindische, lächerliche und törichte Komödie zu, in der sie selbst die Rolle von Pfeifen, Flöten und Trompeten übernehmen, die stumm sind und zum rechten Gottesdienst nicht taugen, zugleich aber den rechten Gottesdienst verleugnen. Wenn du wüßtest, daß du etwas Ernstes gelobt hättest und nachher merktest, daß dies nur ein Gespött und lächerlich sei, würde dich da nicht dein Gelübde gereuen? Würdest du es nicht ändern? Würde dich nicht dein Irrtum entschuldigen, der du ja ohne es zu wissen, etwas Böses gelobt hattest? Gerade so, siehst du, verhält es sich heute mit den Klostergelübden. Oder meinst du, daß dies Gelübde bei Gott angenehm und gern gesehen ist? Oder ist es seine Absicht, viele stumme Pfeifen sich zusammenzustellen, die ihn erfreuen sollen, indem sie in die Luft ihren Ton senden?

Ich sehe zwar, wie Bernhard und seinesgleichen, die von Gott bewahrt sind, dies Narrenwerk durch ihren Ernst minderten. Es sind seine Predigten vorhanden, durch die er in der Versammlung der Ordensbrüder auslegte und lehrte; durch diese eine Tat hat er die alte Einrichtung des Paulus wiederhergestellt und sich und die Seinen mit sich gerettet, wie Paulus von Timotheus gesagt hat (1. Tim. 4, 16). Und wenn es in den Klöstern solche Männer wie Bernhard gäbe, könnten sie ertragen werden, weil sie jedenfalls teilweise die alte Einrichtung des Paulus hielten. Aber wo es nur lauter tote Pfeifen und stumme Flöten gibt, die in die Luft schallen, von denen ja Paulus erklärt, daß sie schon von dem Ungläubigen verachtet und der Tollheit beschuldigt werden (1. Kor. 14, 23), wie viel mehr müssen sie da von den Gläubigen verlassen und gemieden werden? Es sei denn, daß wir es vorzögen, ärger zu sein als die Heiden und Ungläubigen und das für gesund und fromm zu erachten, was jene mit Recht, auch in Übereinstimmung mit Paulus, ungesund nennen. Glaube also ja nicht, daß dein auf diese Tollheit erfolgtes Gelübde von Gott gefordert und gebilligt werde, sondern glaube zuversichtlich, daß es verworfen und verdammt sei, da sie offenbar durch solches Narrenwerk Gott nicht nur versuchen, sondern auch verspotten. Und diese knappen Ausführungen über die ersten drei Gebote mögen zurzeit genügen.

Daß die Gelübde wider die Liebe sind

Laßt uns zur zweiten Tafel übergehen und ihre Gebote in diese zwei zusammenfassen: Gehorsam gegen die Eltern und Liebe zum Nächsten. Denn nach dem Glauben an Gott gibt es nichts Größeres als den Gehorsam gegen die Eltern, von dem Paulus 1. Tim. 5 so prächtig redet: »Sie mögen zunächst lernen, ihr eigenes Haus zu regieren und den Eltern Gleiches zu vergelten, denn das ist angenehm vor Gott« (1. Tim. 5, 4). Hier verbietet Paulus durchaus, daß eine Witwe aufgenommen werde, die noch ein Haus hat, das sie regieren, und Eltern, denen sie gehorchen soll; er fügt auch hinzu: »Wer sich um die Seinen und besonders seine Hausgenossen nicht kümmert, der hat den Glauben verleugnet und ist schlimmer als ein Ungläubiger« (1. Tim. 5, 8). Vollends überflüssig ist es zu berichten, wie er die Liebe allem anderen vorzieht, 1. Kor. 13, alles für wertlos erklärend, das ohne Liebe geschieht. Das aber, was Paulus von der Witwe sagt, muß überhaupt von allen Kindern gelten. Wiederum rede ich hier nicht von den Beispielen der Heiligen oder von einer wunderbaren Tat, sondern nur von der Einrichtung des Gelobens, und auf göttliche Autorität mich berufend, verkündige und erkläre ich, daß kein Gelübde absolut gegeben werden kann, wenn es vor Gott fromm und angenehm sein soll, sondern alles ist mit der Bedingung verknüpft, daß der Gehorsam gegen die Eltern und die Liebe zum Nächsten gewahrt werde. Denn wer ein Gelübde abgelegt oder gehalten hat wider den Gehorsam gegen die Eltern und wider die Liebe zum Nächsten, der sei verflucht, oder er hat, wie der Apostel hier sagt, den Glauben verleugnet und ist schlimmer als ein Ungläubiger. Denn wir können nichts wider Gott, sondern allein für Gott (vgl. 2. Kor. 13, 8). Da aber das Mönchtum aufs Gottloseste und Unverschämteste öffentlich lehrt, man dürfe den Eltern nicht gehorchen und nicht sich sorgen um das, was der anderen ist – denn sie sagen ja, daß der Mönch der Welt gestorben und Gott geweiht sei, daß er nur im Kloster leben dürfe, mögen auch die Eltern, die Nächsten, ja die ganze Welt Not leiden, zugrundegehen, im Unglück stehen – so soll es verflucht sein, es einfach zu geloben oder zu halten. Sie haben hier ein Beispiel aus den Lebensbeschreibungen der Väter, ein gottloses und grausames Beispiel, wo eine Mutter ihre zwei Söhne, die Eremiten waren, besuchte, da die Mutterliebe sie trieb, die Frucht ihres Leibes zu sehen. Aber sie verschlossen die Tür und entzogen ihr Antlitz den Blicken der Mutter, indem sie darauf vertrösteten, daß sie in der künftigen Herrlichkeit sie sehen würde, wenn sie in diesem Leben es ertrüge, sie nicht angeschaut zu haben. Wenn ich dies Beispiel rühmen höre – deren es viele in den Lebensbeschreibungen der Väter gibt – meine ich die Lobredner der Lukretia oder Sauls zu hören, die sich hochgemut selbst das Leben genommen hätten, oder andere scheußliche Geschichten der Heiden. Doch sie nennen es eine Tugend und noch dazu eine christliche. In diesem Sinne verzerren sie auch jene heilsamen und allen insgesamt geltenden Worten Jesu: »Wer Vater und Mutter mehr liebt denn mich, der ist meiner nicht wert« (Mt. 10, 37). Und wiederum: »Wer sein Haus und seine Eltern verläßt usw., der wird es hundertfältig wieder empfangen und das ewige Leben besitzen« (Mt. 10, 29). Und Ps. 44: »Höre, Tochter, und schaue darauf, und neige dein Ohr und vergiß deines Volkes und deines Vaters Hauses« (Ps. 45, 11). Diese und ähnliche Worte, die Geist und Leben sind, die vom Glauben an Christus laut reden, um dessentwillen man alles verlassen muß, passen diese ruchlosen Gotteslästerer ihrem Tod und ihrer Lüge an, ihrem Fleisch und Blut.

Hier nun ist mein Unwille aufs Höchste gestiegen, und ich brenne, diese mehr als frevelhaften und gotteslästerlichen Lügen und Tollheiten zu rächen, aber es fehlt an Worten und Gedanken, mit denen ich nach Gebühr diese Ungeheuerlichkeiten angreifen könnte. Wegen dieses Greuels allein möchte ich – wie man's auch tun müßte – die Kloster insgesamt ausgerottet, vertilgt, vernichtet sehen. Ach wollte der Herr sie doch, nachdem Lot und seine Töchter aus ihrer Mitte herausgerissen wären, mit Feuer und Schwefel vom Himmel nach dem Beispiel Sodoms und Gomorrhas in die Tiefe versenken, daß auch nicht einmal die Erinnerung an sie übrig bliebe; denn es würde nicht ausreichen, ihnen Bann und Fluch anzuwünschen. Siehe nun an dein heiliges und treffliches Gelübde. Oben hast du gelobt, du wolltest kein Christ mehr sein; aber weil es schwierig ist, den Glauben zu fassen, hat der feine Irrtum die Unverschämtheit entschuldigt. Doch hier legst du der unverschämtesten Gottlosigkeit ein Gelübde ab, die dich nicht annimmt, wenn du nicht den Eltern den Gehorsam und den Nächsten den Dienst versagst. Ich Unglücklicher! Wie sengt und brennt mich diese Frechheit und Unverschämtheit, die wider die klaren Gebote Gottes offen wütet und dazu noch Lob und ewiges Leben verheißt. Nimm einmal an, daß alle Mönche die ganze Heiligkeit der Engel besäßen, dennoch darf die Einrichtung selbst, da sie gegen die Gebote Gottes offenkundig wütet, nicht nur nicht gelobt und gehalten werden, sondern sie muß auch gemieden und versucht werden als die größte Gottlosigkeit. Wenn du Mord oder Ehebruch gelobtest, würde das Gelübde als nichtig und verdammlich beurteilt werden; warum ist es nicht nichtig und verdammlich, wenn du Ungehorsam gegen die Eltern und Grausamkeit gegen den Nächsten gelobst? Oder wenn du darauf eingehen würdest, zu laufen mit den Dieben und Gemeinschaft zu haben mit den Ehebrechern (Ps. 50, 18), wirst du da nicht den Rat Salomos gebrauchen dürfen (Spr. 16, 19) und von den Sündern weichen, die dich zum Bösen erziehen?

Doch laßt uns hören, wie sie ihre Gottlosigkeit entschuldigen. Zunächst sagen sie, Gehorsam sei besser als Opfer (1. Sam. 15, 22); deswegen dürfe man nicht den Nächsten dienen oder ihnen wohltun ohne die Erlaubnis des Vorgesetzten. Zum andern sagen sie, die geistlichen Väter gingen den Vätern nach dem Fleische vor, darum müsse man auch den Gehorsam gegen jene dem Gehorsam gegen diese vorziehen.

Zum dritten, es werde unter den Brüdern des Klosters die Liebe nichtsdestoweniger geübt. So jene. Du siehst also, daß Gehorsam und Liebe durch sie aus dem öffentlichen Leben entfernt und in ihren Winkel genötigt werden. Wir wollen aber diese drei Entschuldigungen der Reihe nach betrachten. Zunächst die erste, daß Gehorsam besser sei denn Opfer; das Wort bezieht sich vornehmlich und allein auf die göttlichen Gebote und greift gerade die Möncherei tüchtig an. Denn wer als Mönch zu leben gelobt, der gibt sich, wie sie sagen, Gott als Opfer hin; aber der Herr sagt, daß er dies Opfer verabscheue, wenn es wider den Gehorsam gegen sein Gebot geschieht. Sein Gebot aber lautet, man solle den Eltern gehorchen und den Nächsten dienen. Ist dies nicht eine auffallende Verkehrtheit, das einen Gehorsam über jedes Opfer zu nennen, was Gott ein Opfer gegen jeden Gehorsam nennt? Die Mönche lehren die göttlichen Schriften derartig verstehen, daß sie das, was von den Geboten Gottes gesagt wird, den Geboten der Menschen anpassen, und was gegen die Gebote der Menschen gesagt wird, wider die Gebote Gottes zurechtstutzen. Diesen Gehorsam hartnäckig ausnutzend, reicht der Minorit seinem Nächsten kein Geld dar und teilt es nicht an ihn aus, auch wenn er aus Mangel umkommen muß, und so weit es an ihm liegt, läßt er seinen Bruder an Hunger, Blöße und Mangel zugrundegehen, rühmt sich nachher dann noch gegen Gott, daß Gehorsam besser denn Opfer gewesen sei. Versteht sich, denn in der Taufe hat er Gehorsam gegen Gott gelobt, aber im Kloster hat er diesen Gehorsam durch den neuen Gehorsam gegen die Menschen vernichtet.

In demselben Gehorsam haben sie sich schön jener Werke der Barmherzigkeit entledigt, die Christus Mt. 25 im jüngsten Gericht droht fordern zu wollen (Mt. 25, 34 ff.). Es mag der Mönch einen sehen, der hungrig ist, dürstet, nackt, ohne Heim, gefangen ist usw., aber er mag sich hüten, aus dem Kloster herauszugehen, den Kranken zu besuchen, den Traurigen zu trösten, sondern er lasse gehen und untergehen, was untergehen will, verschließe sein Herz, auch wenn er ihm helfen könnte, nachher mag er sagen, er habe deswegen die Liebe zu üben unterlassen, weil er nicht Opfer dem Gehorsam habe vorziehen wollen. Dasselbe mag er tun, wenn Vater und Mutter seiner Hilfe zu bedürfen anfangen, daß er sie unterhalte oder ihnen diene. Welch unerhörter Wahn! Ich habe fürwahr in meiner Möncherei, obwohl ich einfältig und ungelehrt bin, nichts schmerzlicher ertragen, als diese Grausamkeit und diesen Frevel, die Liebe verleugnet zu haben. Und es hat mich niemand je davon überzeugen können, daß ich ruhig glauben könnte, daß dieser Mönchsgehorsam, der so unverschämt gegen die Liebe wütet, recht und erlaubt sei. Sie werden aber hier sagen: »Wenn man den Mönchen die Erlaubnis gibt umherzuziehen, wird das ganze Mönchsinstitut untergehen, werden die Klöster verödet, wird der Gottesdienst seinem Zusammensturz entgegeneilen, indem die einzelnen hingehen, ihren darbenden Eltern und Nächsten zu dienen.« Schön! Damit also Stein und Holz stehen bleibt, damit das Geheul der Pfeifen und das Gemurmel im Chor fortdauern, damit die Platte auf dem Kopfe und das lange Mönchsgewand nicht abgelegt werde, muß man Gottes Gebot verlassen, für das wir sogar unser Blut vergießen, Leben und alles aufgeben müssen; wie weise und zutreffend urteilen doch diese Männer über Gottes Gebote! Ist es nicht so, wie ich gesagt habe, daß das Mönchsinstitut und das göttliche Gebot ihrer Natur nach direkt wider einander sind? Denn wenn du das göttliche Gebot halten willst, kannst du das ewige Gelübde nicht halten. Wähle, welches von beiden du willst. Und bitte, welchen Schaden kann denn das Mönchsinstitut erleiden, wenn der Mönch das Kloster verläßt, sobald es nötig wird, um den Eltern zu dienen, Kranke zu besuchen, und sich dem Gehorsam gegen Gott und der Liebesübung zu widmen? Ist es deswegen etwa nötig, Keuschheit, Armut und Gehorsam aufzugeben? Er wird ja ins Kloster zurückkehren können, wenn er den Gehorsam gegen Gott und die Liebe geübt hat. Und was hätte es zu bedeuten, wenn Gehorsam und Liebe ihn nicht zurückkehren lassen? Wogegen wird er sündigen? Gegen Holz und Stein? Daß er nicht im Chor gestanden hat, nicht die Kappe angezogen hat, nicht sich hat scheeren lassen, nicht im gemeinsamen Schlafraum geschlafen hat, nicht im gemeinsamen Speiseraum gegessen hat, nicht im gemeinsamen Brummen nicht verstandener Worte mitgemurmelt hat. Natürlich, das sind so wichtige Dinge, und das Heil ruht so sehr auf ihnen, daß man Gottes Gebot um dieser Dinge willen mit Füßen treten muß. Hat sich derjenige Gott geweiht, der diesen Dingen sich hingegeben hat, und der hat sich nicht Gott geweiht, der Gehorsam gegen die Eltern und Liebe gegen den Nächsten in der Taufe gelobt hat? Was sollen wir diesen unsinnigen Menschen sagen, es sei denn jenes Wort Christi Mk. 7: »Wohl fein habt ihr Gottes Gebot aufgehoben, auf daß ihr euere Überlieferungen haltet«? (Mk. 7, 9).

Darum soll jeder Christ gewiß sein, daß, gleichwie du nicht geloben kannst, Gott und seine Gebote zu verleugnen, du auch nicht geloben kannst, den Eltern nicht zu gehorchen und den Nächsten nicht zu dienen, da Gott geboten hat, den Eltern zu gehorchen und den Nächsten zu dienen. Darum sollst du dein Gelübde zuversichtlich so auslegen, daß, sobald deine Eltern oder deine Nächsten dich nötig haben, du durch Gottes Autorität selbst ganz gewiß bist, daß das Gelübde durchaus nicht mehr halte. Ist das nicht klar genug? Wer kann dagegen irgendwie mucken? Wenn du um des Gelübdes willen ein Gebot brechen kannst, so kannst du alle brechen und Gott ganz verleugnen. So du aber Gott und alle seine Gebote nicht verleugnen kannst, so kannst du kein, auch nicht das geringste Gebot verleugnen oder brechen. Denn das Mönchsgelübde muß für die Gebote Gottes, nicht wider sein Gebot Geltung haben, und ihnen immer weichen, auch wenn es auf immer ihnen weichen und ganz aufgegeben werden müßte. Es kann auch Gott selbst, daran zweifle ja nicht, kein Gelübde von dir fordern oder eine Tat anerkennen, die gegen ein einziges Jota seines Gebotes wäre, er ist treu und wahrhaftig und kann sich selbst nicht verleugnen (2. Tim. 2, 13; 1. Joh. 1, 9).

Wenn sie nun vorgeben, es müsse der Gehorsam gegen die Eltern mit Recht weichen dem Dienste Gottes, denn der Gottesdienst werde im ersten Gebot, der Gehorsam gegen die Eltern im vierten geboten, so antworte ich: du hast schon oben gehört, daß der mönchische Gottesdienst ein Narrenspiel sei. Es ist aber unmöglich, daß jener wahre Gottesdienst durch den Gehorsam gegen die Eltern und den Dienst am Nächsten verhindert wird, vielmehr ist der Gehorsam selbst und der Dienst am Nächsten der eigentliche und echte Gottesdienst, den jene durch ihr gauklerisches Narrenspiel vernichten. Denn was heißt Gott ehren und ihm dienen anders, denn seine Gebote halten? Doch Gehorsam und Liebe zum Nächsten ist geboten. Im Chor aber zu schreien oder zu murmeln ist nicht geboten, vielmehr ist es verboten, da es Gott versuchen und verspotten heißt. Es wird auch nicht das Beten, das die Hauptstelle in ihrem Gottesdienst einnimmt, aber selbst auch das Schreien nicht durch den Gehorsam gegen die Eltern und den Dienst am Nächsten verhindert. Denn wie du während des Gehorsams und des Dienstes keusch und arm leben kannst, so kannst du auch beten und rufen, so viel du willst. Nur das wird verhindert, daß du Stein und Holz mit den anderen zusammen betrittst und mit den anderen durch körperliche Gegenwart in Beschlag nimmst. Wenn aber deine Eltern und Nächsten dir befehlen würden, den Glauben zu verleugnen, sowie den Namen und das Werk Gottes, welches alles die erste

Tafel, wie schon gesagt, gebietet, so hätte man hier den Fall, dessen jene sich brüsten, daß der Gehorsam gegen die Eltern und alles andere dem Gottesdienst weichen müsse. Aber dieser Gottesdienst ist allen Gläubigen gemeinsam, und nirgends weniger vorhanden, als in diesen Klöstern und aufrührerischen Sekten, wie aus dem Gesagten leicht erkannt werden kann.

Daß sie aber zweitens sagen, sie seien geistliche Väter, bezieht sich auch auf jene erdichteten Worte, mit denen sie, wie St. Petrus vorausgesagt hat, bei uns Geschäfte treiben würden (2. Petr. 2, 3), und darauf, was sie über Gehorsam und Opfer erdichten und fälschen. Geistliche Väter sind die, die uns lehren, vor allem den Geboten Gottes zu gehorchen, den Eltern untertan zu sein, den Nächsten zu dienen, wie die Apostel es getan haben. Da sie aber dem entgegen Menschengebote und ihre eigenen Erfindungen lehren, sind sie wohl geistliche Väter, aber nach dem Geist des Irrtums, von dem Paulus prophezeit hat 1. Tim. 4: »Die sich halten an die Geister des Irrtums« (1. Tim. 4, 1). Denn man dürfte nicht den Aposteln gehorchen, sogar nicht den Engeln, wenn sie wider den Gehorsam gegen die Eltern und wider die Liebe zum Nächsten lehren; um wie viel weniger darf man diesen gottlosen und ruchlosen Menschen gehorchen, die ärger sind als die Ungläubigen und die, die den Glauben verleugnen. Wenn sie aber den reinen Glauben lehrten, und deine Eltern oder Nächsten wollten nicht, daß du von ihnen lerntest, so dürfte man den letzteren keineswegs gehorchen, obwohl du auch nicht einmal so auf immer ihnen den Gehorsam und den Dienst durch ein Gelübde versagen kannst. Denn um den Glauben zu lernen, ist es nicht nötig, den Eltern und Nächsten sich zu entziehen und anderen auf immer untertan zu sein. Paulus hatte, als er im Gefängnis lag, Onesimus, der nicht ein Sohn, sondern ein Knecht Philemons war, als geistlichen Sohn sich gezeugt (Philem. 10), wie er sich dessen rühmt; und während er doch sogar über Philemon selbst ein Recht hatte, den er ebenfalls als geistlichen Sohn sich gezeugt hatte, macht er ihn doch nicht sich untertan, sondern schickt ihn seinem Gebieter zurück, um seine Einwilligung bittend. Was meinst du, hätte er getan, wenn Onesimus Philemons Sohn gewesen wäre? Und unsere Mönche, die doch weder den Glauben lehren noch gesunde Worte, sondern alle Formen der Gotteslästerung, erdreisten sich, die Kinder von den Eltern in fortdauernder Knechtschaft loszureißen.

Darum, gleichwie das Eheweib die Macht hat, ihren Mann aus dem Kloster herauszuholen, ganz abgesehen davon, ob er die Kappe genommen, oder zum Priester gesalbt oder gewaschen sei, so hat der Vater oder die Mutter das Recht, den Sohn oder die Tochter aus dem Kloster herauszuholen. Und der Sohn oder die Tochter ist bei Verlust des Heils und bei Bedrohung mit dem Zorn Gottes gehalten, Folge zu leisten und ohne Bedenken die Kappe abzulegen, indem er es für ganz gleichgültig hält, hätte er auch tausend Gelübde abgelegt und besäße er auch so viele untilgbare Charaktere, wie Haare auf dem Haupte sind. Doch nun lösen sie die Söhne ganz vom Gehorsam gegen die Eltern und schwatzen davon, daß ein jeder in geistlichen Sachen frei sei. Warum denn trennen sie nicht auch die Eheleute voneinander? Oder warum reißen sie nicht auch die Kinder von den Brüsten der Mütter, wenn das genug ist, daß in geistlichen Sachen Freiheit besteht? Oder haben nicht auch die kleinen Kinder mit diesen geistlichen Sachen zu tun? Ja, auf diese Weise könnten wir alle Kinder von den Eltern, alle Knechte von den Herren, alle Völker von den Obrigkeiten losreißen, alle Bündnisse, alle Verträge lösen, sagend, daß in geistlichen Sachen alle frei und auf die eigene Entscheidung gestellt seien, niemand aber fremden Rechtsansprüchen unterworfen sei. Aber geistliche Sachen nennen jene Urheber erdichteter Worte ihre menschlichen Überlieferungen, jene blinden, frevelhaften, gotteslästerlichen Menschen.

So ist es auch wohl wahr, wenn sie sagen, daß Liebe auch unter den Mönchen geübt werden könne, daß sie gegenseitig sich dienen, aber es ist nicht wahrhaftig gesprochen. Denn die Liebe ist frei, keiner Person besonders zugetan; aber sie binden sie an die Ihrigen und sich allein und vernachlässigen die anderen vollständig. Das ist eine erdichtete Liebe und Zunder für Spaltungen und allerlei Haß, wie wir denn sehen, daß Klöster gegen Klöster, Orden gegen Orden wechselseitig wüten und eifern. Jene echte und auf das Ganze gerichtete Liebe aber, die vom Apostel 1. Kor. 13 beschrieben wird und die allen, Freunden und Feinden, zu dienen bereit ist, ist ihnen verboten und nicht erlaubt. Denn es ist, wie oben gesagt, dem Mönch nicht erlaubt, aus dem Kloster zu gehen, die Kranken zu besuchen und anderem christlichen Dienst nachzugehen, auch wenn es nötig und möglich ist. Vielmehr kehren sie alles um; während der Hände Werk geboten ist, sind sie untätig und lassen sie allein von der ganzen Welt sich Wohltaten erweisen, verschlingen die Habe aller – obwohl sie noch ganz gesund und kräftig sind – noch dazu zum großen Nachteil der wirklich Armen; sie vergelten es aber ihren Wohltätern mit geistlichen Werken der Barmherzigkeit, die aus jenem Gottesdienst bestehen, den wir oben beschrieben haben und der aus vielem Murmeln, Lärmen, Atemholen, Lesen usw. sich zusammensetzt; vor allem aber aus jenen vor Gott verfluchten und gottlosen Messen.

Mit dieser Gattung von Worten vertilgen sie auch jene wahren Werke der Barmherzigkeit, die Christus fordert, und trösten sich selbst derartig über diese Vertilgung, auf daß sie nicht je diese Gottlosigkeit erkennen und bereuen und der Verzeihung würdig werden mögen. Wenn sie für die jungen Leute allein die Sitte festhielten, daß sie nicht überall umherschweifen dürften, damit so die nachgiebigere und haltlose Jugend leichter gemeistert würde und in den Klöstern häusliche Liebe lernte, die sie nachher im öffentlichen Leben allen gemeinsam erweisen könnte, so wäre es eine erträgliche, ja sogar eine gute Einrichtung. Jetzt aber sind sie für die Zeit ihres Lebens Kinder und lernen nur die häusliche Liebe, ja halten sie für die höchste und einzige. Wir sehen aber Gottes Werk an Bernhard und seinesgleichen; um sie nicht in jener kindlich unvollkommenen und engen Liebe zu lassen, riß er sie mitten in die großen und zahlreichen Angelegenheiten der Welt hinein, damit in ihnen die Liebe ihre eigentliche Kraft beweise, auf alle sich ausgießend und ausbreitend, allen bereit und wohlwollend; und durch dies geheime Wunder hat er sie erhalten, daß sie nicht in dieser verdammlichen Einrichtung der engen und erdichteten Liebe untergingen, in der die übrigen, dies Werk Gottes nicht verstehend, untergingen. Obwohl ich nicht leugnen möchte, daß einige durch die Liebe, mit der sie allein den Ihrigen dienten, selig geworden sind, weil es ihnen an der Gelegenheit fehlte, auch den anderen zu dienen, während sie selbst doch bereit waren, allen zu dienen. Ich verdamme die Einrichtung selbst, die da verbietet, anderen als den eigenen Mönchen zu dienen.

Mögen wir also auch zugeben, daß einige gerettet seien, die nicht wider den Gehorsam gegen die Eltern und wider die Liebe zum Nächsten gesündigt haben, obwohl sie unter den Gelübden lebten, so sehen wir doch hier aufs deutlichste, daß die Einrichtung des Gelobens selbst ihrer Natur nach den Geboten Gottes über den Gehorsam gegen die Eltern und die Liebe zum Nächsten widerspricht, und deswegen weder gelobt oder gehalten werden darf noch kann. Und darum kann es unmöglich bei Gott als Gelübde angesehen und gefordert werden. Auch ist es gewiß, daß diejenigen, die erhalten sind, ihr Gelübde nicht derartig abgelegt haben; haben sie es aber in diesem Sinne abgelegt, so ist es gewiß, daß Gott ihren Irrtum verziehen und es nicht so angenommen hat, wie sie es selbst abgelegt haben. Daher ist es verdammlich, in dieser Form des Lebens erfunden zu werden, die du ihrer Natur nach mit den göttlichen Geboten streiten und nur müßige Menschen erzeugen siehst, die wie Heuschrecken, Raupen und Käfer aller anderen Habe verschlingen, oder wie Petrus sagt, unsere Almosen zu Wohlleben benutzen (2. Petr. 2, 13), sie selbst aber dienen niemand, erzeigen niemandem Liebe, tun niemand wohl, und um solche Menschen zu sein, legen sie Gelübde ab und fesseln sich selbst, vernichten um Gottes willen die Gebote Gottes, verunstalten die Worte Gottes und verzerren sie ihren Erdichtungen entsprechend und kehren alles gründlich um. Und gesetzt, daß sonst nichts Böses bei ihnen sei, so haben sie doch ihre verfluchten Messen, die zu Opfer und guten Werken gemacht sind, und in abscheulicher Verkehrtheit teilen sie ihren Wohltätern geistliche Gaben aus, d. h. sie lassen sie auf Lügen ihr Vertrauen setzen und ziehen sie mit sich in die Tiefe, die blinden Blindenleiter. Diese Messen, meine ich, müßten schon kräftig genug erschrecken, so daß wer unbesonnen in ihre Gelübde sich verwickelt hätte, sein Urteil änderte, ihre Gesellschaft verließe und zur Lauterkeit der christlichen Einfalt zurückkehrte, da aus allem vorher Gesagten ganz gewiß feststeht, daß man kein frommes und Gott angenehmes Gelübde in dieser Lebensweise tun könne, oder wenn man es tut, ist es irrig, weil man etwas anderes hofft, als man findet; darum muß man entweder ein gottloses oder falsches Gelübde in den Klöstern ablegen, und keines von beiden besteht vor Gott. Deswegen bleibt es immer frei, ja es ist nötig, dies Gelübde zu ändern und zu widerrufen und zur christlichen Freiheit und den Geboten Gottes zurückzukehren. So viel mag vom vierten Stück gesagt sein; laßt uns nun zu anderem übergehen.

V. Daß die Möncherei wider die Vernunft ist

Fünftens wollen wir diese Einrichtung auch mit der natürlichen Vernunft vergleichen, d. h. jenem groben Licht der Natur, das, wiewohl es das Licht und die Werke Gottes aus sich nicht erreicht, so daß sein Urteil in bejahender Beziehung, wie sie sagen, trügerisch ist, dennoch in negativer Beziehung sicher ist. Denn die Vernunft faßt nicht, was Gott ist, doch begreift sie aufs gewisseste, was Gott nicht ist. Obwohl sie darum nicht sieht, was recht und gut sei vor Gott – nämlich den Glauben – so weiß sie doch deutlich, daß Unglaube, Mord und Ungehorsam böse sind. Diese Vernunft braucht auch Christus, wenn er erklärt, daß jedes Reich, das in sich selbst uneins sei, zerstört werde (Lk. 11,17); auch Paulus, wenn er sagt, daß auch die Natur nicht lehre, daß ein Weib ihr Haupt entblöße und in der Kirche reden solle (1. Kor. 11,5. 14. 15). Was also dieser Vernunft deutlich widerspricht, das widerspricht auch ganz sicher Gott noch viel mehr. Denn wie sollte nicht wider die himmlische Wahrheit streiten, was wider die irdische Wahrheit streitet? Wie auch Christus Joh. 3 die Wahrheit in ihre beiden Teile zerlegt und von beiden aus beweist: »So ich euch von irdischen Dingen gesprochen habe und ihr glaubt nicht, wie werdet ihr denn glauben, wenn ich euch von himmlischen Dingen sprechen werde« (3,12). Laßt uns darum sehen, wie das Mönchswesen nicht allein wider das Gesetz und das Evangelium und die ganze Schrift ist, wider die Worte und Werke Gottes, sondern auch wider die gemeinsame Vernunft aller Menschen. Und zuerst wollen wir dies erfassen: Wenn auch ein Gelübde in allem fromm und recht gewesen ist, so hört es doch, wenn es unmöglich geworden ist, auf, ein Gelübde zu sein und kann nicht mehr bei Gott binden. Z. B.: Du hast gelobt nach St. Jakob[23] zu wallfahren, wirst aber durch den Tod, oder Mangel oder Krankheit oder Gefangenschaft verhindert. Hier läßt man denn ohne Gewissensbedenken das Gelübde fahren, und so wird bewiesen, daß jedes Gelübde bedingt gegeben und immer so verstanden wird, daß der Fall der Unmöglichkeit ausgenommen wird. Ist das nicht klar und gewiß genug? Denn was von dem einen Gelübde behauptet wird, das muß von allen behauptet werden. Denn alle Gelübde, seien sie groß oder klein, zeitlich oder ewig, werden gleichermaßen in diesem Gebot zusammengefaßt: »Gelobet und haltet« (Ps. 76,12), wie wir sehen werden. Wenn darum in einem Gelübde die Unmöglichkeit ausgenommen ist, und sei es auch in dem geringsten, so ist sie auch in jedem, und sei es dem größten, ausgenommen. Wenn du daher Ehelosigkeit gelobt hast und nachher merkst, daß es dir unmöglich sei, sie zu halten, kannst du da nicht frei heiraten, und dein Gelübde als ein bedingungsweise übernommenes auslegen? Denn was steht hier entgegen, daß du nicht so handelst und handeln kannst? Oder ist die Schwachheit deines Fleisches nicht ein so großes Hindernis für die Ehelosigkeit, wie Mangel und Krankheit für den, der eine Wallfahrt macht? Ja sogar die göttlichen Gebote haben, obwohl sie, was über allen Streit erhaben ist, unveränderlich sind, doch mit Rücksicht auf die äußeren Werke den Fall der Unmöglichkeit als Ausnahmefall. Denn du wirst Petrus nicht verdammen, weil er von Herodes gefangen genommen (Apg. 12,3), nicht predigte, nicht seinem Nächsten diente, wie es das Gebot der Liebe will, sondern die gesegnete Unmöglichkeit entschuldigt ihn. Und du wirst Paulus nicht für schuldig erklären, die Liebe unterlassen zu haben, weil er öfters zu den Römern kommen wollte (Röm. 1, 13) und doch verhindert wurde. Und Apg. 15 wollte er nach Bithynien gehen, aber es ließ es nicht zu der Wind oder der Geist (16,7). Wir werden auch die Märtyrer in den Kerkern gottlos nennen, wenn sie nicht die Werke haben unterlassen können auf Grund der dringenden Unmöglichkeit.

Aber hier wirst du sagen: »Es krönt Gott inwendig den Willen, wo er nicht auswendig das Vermögen findet. Darum erfüllt der, der nach St. Jakob zu wallfahren gelobte, sein Gelübde mit dem Willen, wo er das Vermögen, es auszuführen, nicht mehr besitzt; so erfüllen auch die Heiligen die Gebote Gottes«. Darauf antworte ich: Entweder ist dieser Einwurf nicht ausreichend, oder er bestätigt meinen Satz. Er genügt nicht, weil sowohl das Gelübde wie das Gebot nicht auf den Willen allein, sondern auch auf das Werk zielt. Denn was hieße es zu geloben: »Ich gelobe dir den Willen, nach St. Jakob zu wallfahren?« So nötigt das Gebot Gottes zum Werk. Denn was heißt das: »Ich gebiete dir, den Willen zu haben, etwas zu tun?« Darum lege ich hierauf den Finger und schließe, daß die Gelübde immer die Unmöglichkeit ausnehmen, gleichwie auch die äußeren Werke der Gebote Gottes. Darum ist auch die Ehelosigkeit, wenn sie nach Ablegung des Gelübdes unmöglich ist, nicht im Gelübde mit einbegriffen, wenigstens nach dem äußeren Werk. Und du hast nichts, das du dem entgegenhalten könntest. Wenn aber der Wille ausreicht, wo das Vermögen fehlt, so habe ich schon meinen Satz durchgesetzt. Denn ich disputiere allein über den, der das Gelübde der Ehelosigkeit erfüllen möchte und vermöge der Schwachheit seines Fleisches es nicht kann, als einer der es schon recht oft versucht hat und doch weder durch Fasten noch sonst durch irgendwelchen darauf verwandten Eifer sein Fleisch dämpfen kann, und wird bisweilen wider seinen Willen fortgerissen und durch die Flamme der Lust überwunden, daß er die unreinen Flüsse kennenlernt, mag er wachen oder schlafen, während er im übrigen doch ein unbescholtenes Leben führt.

Oder wirst du hier sagen, wie einige alberne und um die Seelen überhaupt nicht sich kümmernde Leute zu sagen pflegen: »Man müsse Gott um seine Gnade bitten, die er niemandem versage«? Schön.

Warum hast du nicht auch dem heiligen Petrus geraten, Gott zu bitten, daß Herodes ihn nicht gefangen nehme? Warum hat Pauslus nicht gebeten, er möchte nicht verhindert werden, zu den Römern zu kommen? Warum baten die Märtyrer nicht, daß sie durch Gefängnisse nicht von Werken der Liebe abgehalten würden? Und warum lehrst du nicht dem, der gelobt hat, nach St. Jakob zu wallfahren, zu beten, daß er nicht arm und krank werde, sterbe und gefangen genommen werde? Ziemt es sich, spielerisch mit so ernsten Dingen umzugehen? Wie, wenn Gott nicht will, daß man bitte? Oder wenn man bittet, nicht hören will? Auf diese Weise wirst du uns alle lehren, die Ehelosigkeit zu geloben und nachher zu bitten, daß sie nicht unmöglich sei, und dadurch wirst du Gott zwingen, sein Wort, durch das er alles geschaffen, zu ändern und nun jene göttliche Satzung an die Natur: »Wachset und mehret euch« (1. Mos. 1,28) zu widerrufen. Das ist töricht und kindisch. Ein jeder ist auf seine Erfahrung angewiesen, auf daß er sehe, ob in ihm jenes Gesetz zu wachsen und sich zu mehren überwiegt oder vielmehr die Ausnahme von diesem Gesetz.

Aber wiederum wirst du sagen: »Es steht nicht auf gleicher Stufe, was von der Unmöglichkeit der Heiligen und was von derjenigen des Ehelosen gilt. Denn der Wille der Heiligen ist kräftig und vollkommen und würde in Werke übergehen, auch würde kein inneres Hindernis Widerstand leisten, das in ihrer Gewalt sei. Es leistet aber ein äußeres Hindernis Widerstand, das nicht in ihrer Gewalt ist, nämlich die Tyrannei. Aber der Wille des Ehelosen ist nicht vollkommen und nachdrücklich, wird auch nicht durch ein äußeres Hindernis gehindert, sondern durch ein inneres, nämlich durch sein Fleisch und sich selbst, den er durchaus in seiner Gewalt hat. Denn wenn der Wille vollkommen wäre, so wäre es unmöglich, daß er nicht die Ehelosigkeit durchführte. Darum kannst du nicht mit deinem Fall kommen, daß er ehelos sei dem Willen nach und es nicht auch der Fähigkeit nach sein könnte«. Darauf antworte ich: Es ist allerdings unser Fleisch in unserer Gewalt, daß wir ihm die Augen ausstechen, die Hände, die Füße und die Zunge abschneiden, oder mit dem Strick erhängen oder im Wasser ertränken, wie auch der Tyrann, wenn er schwächer wäre als wir, in unserer Gewalt sich befände. Aber was hat das mit dem zu tun, was wir hier untersuchen und behandeln? Wirst du etwa deswegen keusch sein, wenn du dir die Augen ausstichst? Wer weiß übrigens nicht, soweit die Ehelosigkeit in Frage kommt, daß jener innere und Haustyrann in unseren Gliedern nicht mehr in unserer Gewalt sich befindet als der böse Wille eines äußeren Tyrannen? Ja du kannst sogar den äußeren Tyrannen mit schmeichlerischen Worten besänftigen und auf deine Seite bringen, dagegen bist du unfähig, diesen in dir heimischen Tyrannen durch irgendwelche Anstrengungen, geschweige denn durch Worte zu zähmen. Was willst du zu Paulus Röm. 7 sagen? War nicht sein Wille vollkommen und nachdrücklich, als er sagte: »Das Gute, das ich will, tue ich nicht, aber das Böse, das ich nicht will, das tue ich?« (Röm. 7, 19). Warum also tut er nicht, was er doch in vollkommenstem Maße zu wollen bekennt? Wo ist also das, von dem du sprachst, daß nämlich das innere Hindernis nicht Widerstand leiste und nicht unmöglich mache, was der vollkommene Wille angeordnet hat? »Das Fleisch begehrt wider den Geist und der Geist wider das Fleisch. Dieselben sind wider einander, daß ihr nicht tut, was ihr wollt« (Gal. 5, 17). Ebenso wünsche ich es, daß auch mir dieser Ehelose vom Gelübde frei gegeben werde, wenn er von Herzen lieber ehelos als in der Ehe leben will, aber die Unfähigkeit seines Fleisches ihn zwingt, durch äußeres Werk seiner Absicht entgegen zu handeln und sein Gelübde preiszugeben, wie einer, der durch eine unüberwindliche Krankheit und einen unbezähmbaren Tyrannen gehindert wird. Wird auch nicht der, der gelobt hatte, nach St. Jakob zu wallfahren, im Fall einer Krankheit durch ein inneres Hindernis aufgehalten? Doch wie viel wütender ist die Seuche und wie viel wilder der Tyrann der Glieder, als irgendeine körperliche Krankheit! Es wird auch hier Gott den Willen annehmen, wo er nicht das Vermögen gefunden hat, wenn nur noch nicht gegen eines seiner Gebote gesündigt wird, weder mit Willen noch mit Werken, mit dem Willen aber wird auch das Gelübde selbst über das Gebot hinaus erfüllt, allein dessen äußeres Werk wird unter dem Druck einer unüberwindlichen Ohnmacht aufgegeben.

Aber wiederum wirst du mit einem Einwand zur Hand sein: »Auf diese Weise wirst du den Weg dazu bahnen, daß man auch die Gebote Gottes durch das äußere Werk verletzen darf, wenn nur der Wille seine Zustimmung versagt. Darum wird, der es vorzöge, keusch zu leben, entschuldigt werden, falls er Hurerei triebe, da ja die Gebote Gottes uns unmöglich sind, wie du selbst des öfteren gelehrt hast.« Darauf antworte ich: Hier hättest du den Unterschied vorbringen müssen, den du oben zwischen den behinderten Heiligen und dem strauchelnden Ehelosen ersannst. Denn obwohl es wahr ist, daß Gottes Gebote uns unmöglich sind, so ist doch dies nicht wahr, daß jemand keusch leben wolle und doch Hurerei treibe. Denn wessen Wille auf das Gesetz gerichtet ist, dem ist das Gesetz nicht nur möglich, sondern leicht gemacht; wenn er nun nicht enthaltsam leben kann, so zwingt ihn nicht diese Unmöglichkeit, wider das Gesetz zu handeln und Hurerei zu treiben. Denn nicht deswegen treibt er Hurerei, weil er nicht anders handeln könnte. In der Mitte liegt ja die Ehe. Er mag heiraten, und das Gesetz der Keuschheit wird ihm leicht sein. So aber verhält es sich nicht mit meinem Ehelosen, der, wie gern er auch enthaltsam sein und dem Gesetze Gottes in allem genügen wollte, und in die Ehe getreten sich damit begnügte und lieber auch des Weibes entbehre und ehelos leben möchte, doch die Natur seines Geschlechtes nicht überwinden kann, daß er von Natur den Geschlechtsverkehr entbehren könnte, und deswegen Hurerei treiben wird, weil er nicht anders handeln kann. Es stehen also nicht auf der gleichen Stufe Gelübde und Gebote. Denn es gibt einen Willen, der die Gebote Gottes möglich macht, und der nicht stark genug ist, um das Gelübde möglich zu machen. Wenn man die Gebote Gottes hält und das Gelübde nicht halten kann, so muß das Gelübde weichen, damit die Gebote bleiben, auf daß nicht etwa zugleich Gelübde und Gebot durch Hurerei übertreten werden. Es bleibt also dem Ehelosen, falls ihm die Ehelosigkeit unmöglich ist, das Recht übrig, zu heiraten und das Gelübde zu brechen, obwohl ich zugeben will, daß, wo der Geist in reichem Maße vorhanden ist, der den vollkommenen Willen, keusch zu leben, wirkt, dort auch notwendig die Keuschheit folgt, wie wir gewiß sind, daß es bei den Heiligen geschehen sei; aber diesen Willen können die übrigen Ehelosen mehr wünschen als beweisen, obwohl die Sünder nicht den Wunsch haben die Gebote Gottes zu halten, wie St. Paulus Röm. 7 wünschte (Röm. 7, 16. 19), was er nicht ganz wollen konnte; ja die Sünder wollen von Herzen nicht das Gesetz Gottes, da der gottlose Wille nicht imstande ist, das Gesetz nicht zu hassen, er schützt vielmehr den Willen und die Werke vor, davon habe ich an anderer Stelle gesprochen[24] und es jetzt zu wiederholen, geht über den Rahmen meines Vorhabens hinaus. Es hat also offenbar die Form des Gelübdes vor Gott folgende Fassung: Ich gelobe die Keuschheit, so lange es möglich ist, sie zu halten; wenn ich sie aber nicht werde halten können, mag es erlaubt sein, zu heiraten.

Doch wohlan, laßt uns den, den diese Erörterung über die Unmöglichkeit nicht überzeugen kann, durch die Erfahrung selbst zwingen und aus der Tatsache das Recht beweisen. Siehe, ich habe die ganze Regel Augustins gelobt, in der er gebietet, daß, wohin auch immer ich gehen will, ich zu zweien oder zu dreien hingehen soll, damit ich nicht allein gehe. Dies habe ich bis zum Tode zu halten gelobt, wie ausdrücklich die Form des Gelübdes lautet. Nun werde ich indes gefangen und genötigt, allein zu sein, wo bleibt da mein Gelübde? Ich muß mich lieber töten lassen, denn allein sein, wenn das Gelübde nicht den Fall des Unmöglichen ausnimmt. Aber was soll ich tun, wenn ich in eine solche Lage komme, daß ich nicht mich töten lassen kann? Hier wird das Gelübde gebrochen, oder es muß zuvor dahin verstanden werden, daß es die Unmöglichkeit als Ausnahme in sich einschließe. So gelobe ich in derselben Regel, zu festgesetzten Stunden zu beten, bestimmter Kleider, Speisen, Stätten zu brauchen. Doch sobald ich krank geworden bin, so daß ich nichts von dem Verlangten zu tun vermag, wird das Gelübde nicht gehalten. Die Krankheit wird mich aber nicht entschuldigen, denn Gottes Gebot muß gehalten werden im Leben, im Tode und in allen Dingen. Und Gottes Gebot lautet: »Gelobet und haltet« (Ps. 76, 12). So könnte ich auch mit Rücksicht auf alle anderen Satzungen der Regel Beispiele anführen. Wie ich also oben vom Wallfahrer zu St. Jakob gesagt habe: wenn die Unmöglichkeit bei allen anderen Satzungen notwendig ausgenommen wird, welchen vernünftigen Grund hat man denn, allein bei der Keuschheit sie nicht auszunehmen? Hier drängen doch mehr Gefahren und größere Not, so daß, wenn in irgendeinem Teil der Regel die Unmöglichkeit eine Stätte haben darf, sie billig vor allen anderen in der Keuschheit sie haben wird; wenn sie in der Keuschheit keinen Raum hat, wird sie noch viel weniger in den anderen Teilen der Regel in Frage kommen dürfen. Mit welcher Gefahr ist es denn verknüpft, wenn du einen Gefangenen zwingst, einen Genossen zu haben, oder einen Kranken, zu beten? Ja, hier gibt es gar keine Gefahr, da unmöglich geschehen kann, wozu du nötigst. Doch wenn du jemanden, der nicht enthaltsam sein kann, zur Enthaltsamkeit nötigst, wie viel Unreinheit, wie viel Hurerei, wie viel Ehebruch und was es noch an Übeln gibt, wirst du hervorrufen! Und hier gilt, wie ich auch oben gesagt habe, nicht deine Erklärung, daß es bei einem Gefangenen und Kranken mit dem Willen genug sei; denn dann würde der, der ein Gelübde abgelegt hat, sich in keiner Weise von dem unterscheiden, der kein Gelübde abgelegt hat. Denn welcher Laie könnte nicht einen Genossen haben und nach der Form der Regel beten wollen? Man darf nicht derartig Possen machen in Sachen, die das Gewissen und das Heil berühren. Man muß feste und zutreffende Entscheidungen geben. Es ist sicher, daß in der Regel das Werk, nicht der

Wille vorgeschrieben und gelobt wird; unter diesen Umständen ist es sicher, daß das Gelübde von dem Kranken und Gefangenen notwendig gebrochen wird, was nicht erlaubt sein wird, wenn das Gelübde den Fall der Unmöglichkeit ausschließt. Der Spruch steht fest: »Gelobet und haltet.« Es soll kein Titelchen oder Jota von diesem Gesetz vergehen, bis daß es alles geschehe (Mt. 5, 18). Entweder also bindet das Gelübde nur bis auf den Fall des Unmöglichen, oder du mußt zugeben, daß es niemals rechte Mönche gegeben habe. Denn es ist niemand dagewesen, der nicht jemals krank gewesen oder aus einer anderen Ursache verhindert gewesen wäre, einen Teil seiner Regel zu halten; das aber ist überhaupt wider sein Gelübde.

Weiter, weil hartnäckig uns jener Wille des Gelübdes entgegengehalten wird, der fortdauert, auch wenn das äußere Werk unmöglich ist, wollen wir auch ihn aus dem Wege räumen. Es ist allgemein anerkannt, wozu auch Bernhard in seinem Buch über die Gebote und die Befreiung von den Geboten sich bekennt, daß alle Teile der Regeln in der Hand des Vorgesetzten sind, der seine Untergebenen davon dispensieren kann, nicht nur wenn Unmöglichkeit oder Gefahr in den Weg kommt, sondern auch, wenn es passend und zweckmäßig scheint; zuweilen aber haben auch nur nach dem bloßen Gutdünken des Vorgesetzten diese Teile der Regeln Bestand oder nicht. Sodann verleihen sie stetig dem Papst die volle Gewalt über sie alle, sie aufzuheben, zu ändern und davon zu dispensieren. Was aber dieser Stuhl des Satans tut, ist verdächtig, ich will nicht, daß seine Autorität in Gewissenssachen mir Schutz gebe; bleiben wir bei den Taten der Heiligen und dem allgemein verbreiteten, von allen angenommenen Brauch. Es ist also gewiß, daß in diesen Dispensationen der Wille, das Gelübde zu halten, aufgegeben und die Freiheit, es zu brechen, gewährt wird. Denn nicht wird wider seinen Willen zu handeln genötigt, wer der Dispensation entsprechend handelt, und er denkt nicht daran, das Entgegengesetzte zu tun, geschweige denn, daß er es lieber möchte. Ich antworte also darauf: Wenn diese Dispensation erlaubt ist, so will ich zuversichtlich schließen, daß der eigentliche Sinn des Mönchsgelübdes folgendermaßen lautet: »Ich gelobe, diese Regel zu halten nach dem Gutdünken des Vorgesetzten.« Wenn aber dies nicht der eigentliche Sinn ist, stelle ich wiederum fest, daß alle Mönche, alle Klöster verdammt sind, und bisher noch kein rechter Mönch gefunden sei. Denn es hat nie jemand es anders gemeint und gehalten, wie eben gesagt ist. Wenn aber in den übrigen Stücken es in der Hand des Vorgesetzten liegt, nicht allein das

Werk, sondern auch den Willen, d. h. das ganze Gelübde seinem Untergebenen zu lösen und frei zu machen, auch wo gar nicht die Unmöglichkeit oder Gefahr es fordert, so sage, wenn du es vermagst, warum er nicht aus derselben Gewalt seinem Bruder, der mit den Stürmen der Begierden und großen Gefahren kämpfen muß, auch dort, wo Keuschheit gelobt wird, die Möglichkeit soll geben können, ja vielmehr geben dürfen, zu heiraten und die Freiheit wenigstens rücksichtlich des äußeren Werks erteilen, wenn er nicht überhaupt seinen Willen freigeben wollte? Warum ist allein das Gelübde der Keuschheit unzerbrechlich wie Stahl, wenn die übrigen alle gleich Flachs und Stroh zu achten sind? Sollte man nicht ganz mit Recht die Möncherei der größten Ungerechtigkeit und Grausamkeit beschuldigen und gerade deswegen für durchaus verdächtig halten, als wäre sie die Bühne des Satans, weil sie in nicht bedeutenden Dingen so nachsichtig, in den wichtigsten Dingen so hart ist? Denn was soll man zu dieser Verkehrtheit anders sagen als jenes Wort des Evangeliums: »Die da Mücken seihen und Kamele verschlucken?« (Mt. 23, 24). Und abermals: »Die ihr Raute und Münze verzehntet, und lasset dahinten das Schwerste im Gesetz« (Mt. 23, 23). Oder jenes Wort: »Sie legen schwere und unerträgliche Lasten auf die Schultern der Menschen« (Mt. 23, 4). Denn wie wird der gemeine Verstand hier anders urteilen, als daß die Schurkerei des Teufels es verschulde, daß allein von der Keuschheit nicht dispensiert werden kann, wodurch er die Seelen in einer unzerreißbaren Schlinge verstrickt, während von dem übrigen dispensiert werden kann, wodurch er ihre erdichtete Geistlichkeit verspottet?

Was wollen also hierauf die Mönche antworten? Entweder kann von keinem Stück der Gelübde dispensiert werden, oder es kann von allen dispensiert werden, denn es ist kein Grund in dem einen Stück stärker denn in den übrigen; nur im Gelübde der Keuschheit drängen mehr Gründe und fordern Dispensation; hier aber versagen und verweigern sie sie hartnäckiger als in den anderen. Verweile hier doch ein wenig, lieber Leser, und überlege bei dir – um von dieser Unbilligkeit und Grausamkeit des Dispensierens zu schweigen – wie ungewiß und wie gefährlich doch alles an dieser elenden Einrichtung ist. Wenn diese Gewohnheit, zu dispensieren, Irrtum ist und Gott mißfällt, wer mag es denn wagen in den Orden einzutreten und darinnen zu bleiben? Denn wer mag dort bleiben oder diese Art zu leben geloben und halten, in der man das gelobt, von dem sie durch eigenes Wort und Beispiel lehren, daß es nicht gehalten werden müsse? Heißt das nicht Gott wie einen Narren verlachen? Wer aber soll uns dessen gewiß machen, ob diese Gewohnheit, zu dispensieren, kein Irrtum ist, zumal Gott sagt: »Gelobet und haltet?« Sodann ist oben gesagt, daß wir durch kein Beispiel der Heiligen oder der Menge Sicherheit gewinnen können, da alle haben sündigen und irren können, und hier ein gewisses und klares Wort Gott sagt: »Gelobet und haltet.«

Wenn es aber ungewiß ist, daß diese Gewohnheit irrig ist, so sage ich wiederum: Wer mag es wagen, in den Orden einzutreten oder darinnen zu bleiben? Und alles, was ich in Beziehung auf den Irrtum vorgebracht habe, will ich auch hier vorbringen. Denn es ist gleich gottlos, das zu befolgen, was man offenkundig als Irrtum erkannt hat, und das für wahr zu halten, von dem man nicht weiß, ob es Irrtum oder Wahrheit sei. O diese wirklich gefährlichen Zeiten, die Paulus vorausgesagt hat! (2. Tim. 3, 1). Wenn sie aber nun das Gelübde und seine Einrichtung auf dies Wort Gottes: »Gelobet und haltet« gründen, so proklamiere ich, daß diese Gewohnheit, Dispense zu erteilen, gottlos und ein Verderben wirkender Irrtum ist. Doch ich möchte sie endlich dahin bringen, sie zu überführen, daß alle Gelübde verboten und frei sind. Um dies vollkommener und ausgiebiger zu tun, laßt uns zunächst die Gründe ihrer so überaus leichten Dispensation in den anderen Stükken der Regel und ihrer grausamen Strenge in dem Beibehalten des Gelübdes der Keuschheit betrachten.

Sie geben als Grund an, daß die Keuschheit unvergleichlichen Wert besitze, daß nichts gefunden werden könne, das mit ihr gleichwertig zu vertauschen sei. Darauf beziehen sie jenes Wort des Weisen: »Nichts hält einen Vergleich aus mit einer keuschen Seele« (Jes. Sir. 26, 20). Dazu fügen sie noch jenen Redeschwulst der angepriesenen Jungfräulichkeit, unter dem dies Wort des Hieronymus alles übrige übertrifft: »Ich sage es kühn, daß Gott zwar alles sonst vermag, aber doch nicht imstande ist, eine Jungfrau nach dem Fall wieder zur Jungfrau zu machen.« O diese zwiefach blinde Blindheit, die in christlicher und göttlicher Sache über die Gebote nach den Werken urteilt und über den Glauben nach den Personen, was nicht einmal die Heiden in ihren menschlichen Sachen tun; dazu greifen sie eines Menschen Wort als höchsten Glaubensartikel auf. Hieronymus sagt, er wolle kühn behaupten, daß Gott eine Jungfrau nach dem Fall nicht wieder zur Jungfrau machen könne. Was geht es mich an, daß du es kühn sagst? Nicht wie kühn, sondern wie wahr du sprichst, habe ich zu betrachten. Denn ich glaube nicht an deine Kühnheit, sondern an Gottes Wahrheit.

Womit willst du es beweisen, daß eine Jungfrau nach dem Fall nicht wieder zur Jungfrau gemacht werden könne, auch von Gott nicht? Durch diesen Redeschwulst lernt der ungelehrte Leser, nichts für kostbarer zu halten als die Jungfräulichkeit, d. h. das Werk dem Glauben vorzuziehen. Es kann Gott die verlorene Jungfräulichkeit des Glaubens im Geist wieder erwecken und er kann nicht die dem Fleische nach verlorene wiederherstellen? Wie sehr wünschte ich doch, daß dies Lob der Jungfräulichkeit niemals gesprochen wäre, sonderlich von einem so bedeutenden Mann; denn es facht den Verlaß und Stolz auf dies Werk heftig an. Und es ist nicht wahr, wie auch Hugo von St. Viktor[25] es vorlängst widerlegt hat. Denn Gott kann auch das Fleisch wieder unversehrt machen, ja das tote auferwecken und von neuem ganz verändern (Jes. 64,8), daß es keinen Mann je kennt. Denn wir sind sein Ton, er ist unser Bildner (vgl. Röm. 9,21). Wenn man es aber dahin versteht, eine Wiederherstellung sei deswegen unmöglich, weil Gott nicht machen könne, daß das Geschändete nicht geschändet sei, d. i. weil er das Geschehene nicht ungeschehen machen könne, so wird man mit derselben Kühnheit sagen dürfen, daß keine Tugend, keine Gnade, die einmal vernichtet ist, von Gott wiederhergestellt werden kann.

Doch kehren wir zur Sache zurück und betrachten wir die neue Gottlosigkeit dieser mönchischen Einrichtung, damit ihre Unbilligkeit hassenswert erfunden werde. Sie versichern, das Gelübde sei überhaupt schon ein Gebot Gottes, da die Schrift sage: »Gelobet und haltet«, die Weise aber, es zu erfüllen, sei nicht von der Form des Gebotes selbst herzunehmen, sondern von der Größe und Geringfügigkeit, dem Wert und der Bedeutungslosigkeit der gebotenen Werke oder Sachen. So soll man die gelobte Jungfräulichkeit halten, weil sie eine große Sache ist, die übrigen Werke der Regel muß man nicht notwendig halten, sondern man kann davon dispensiert werden, weil es geringfügige Dinge sind. Was heißt dies aber anders, als zu sagen: »Ich halte die Keuschheit, nicht weil sie durch das Gebot des Gelübdes gefordert wird, sondern weil sie ein großes Ding ist? Und was heißt dies anders, als zu sagen: »Das Gebot des Gelübdes liegt nicht in Gottes Willen, sondern in meinem Gutdünken, sofern es Gebot und nicht Gebot ist, sofern es erfüllt oder nicht erfüllt werden soll?« Und du meinst, Gott werde nicht über solche Beleidigung, Reizung, Versuchung und Verspottung seiner Majestät zürnen? Sie sind ein treffliches Ebenbild Sauls, die sich anmaßen, den Gehorsam gegen den Herrn nach ihrem Gutdünken auszulegen, indem sie für sich die fetten Rinder zum Opfer für Gott behalten haben (1. Sam. 15, 15. 22). Sie sind es, die da rühmen, Gehorsam sei besser als Opfer; sie rühmen mit Worten das Gebot des Gelübdes und verleugnen es mit dem Werk.

So wirst du ein Weib ansehen, ihrer zu begehren und leugnen, daß dies Sünde sei, weil es etwas Geringfügiges ist, wenn man es mit dem Werk vergleicht. Du wirst deinem Nächsten sein Gewand wegnehmen und sagen: Es ist nicht verboten, weil es etwas Geringfügiges ist. Wenn du zu deinem Bruder »Rache« sagst, sündigst du nicht, weil du deinen Bruder nicht getötet hast. Und diese Regel der mönchischen Theologie wirst du durch alle Gebote Gottes führen und lehren, daß man in großen Dingen und Werken sie halten müsse, daß sie in geringfügigen aber außer Kraft gesetzt und aufgehoben werden können. Um sodann Gott keine Gewalt mehr übrig zu lassen, weise deinem Gutdünken das Recht zu, zu entscheiden, was geringfügig und was groß ist, gleichwie hier die Mönche aus eigener Gewalt die Keuschheit allen übrigen Werken vorziehen. Da hast du die mönchische Frömmigkeit, d. i. eine ganz unsinnige, ruchlose und gotteslästerliche Gottlosigkeit. Sie haben diese Unsinnigkeit von ihrem König und Haupt, dem Papste, gelernt, der bei allen Gelübden sich das Recht, davon zu dispensieren, anmaßt, ausgenommen allein die Gelübde der Keuschheit, und der Wallfahrt nach Jerusalem und St. Jakob. Nach seiner Meinung wird dies der Sinn des göttlichen Gebots sein: »Gelobet und haltet die Gelübde der Keuschheit, der Wallfahrt nach Jerusalem und St. Jakob; bei den anderen aber gelobet und haltet nicht.« Warum dies? Weil jene drei groß sind, die übrigen geringfügig sind. So halten es auch die Mönche: »Gelobet und haltet von der Regel die Keuschheit, die übrigen Teile aber der Regel gelobet, und haltet sie nicht.« O welcher Wahnwitz, den letzten Tagen des Zornes recht würdig! Christus sagt Mt. 5: »Wer eins von diesen geringsten Geboten auflöset und lehret die Menschen also, wird der Kleinste genannt werden im Himmelreich« (Mt. 5, 19). Und wiederum: »Es soll kein Jota oder Tütelchen vom Gesetz vergehen, bis daß es alles geschehe« (Mt. 5, 18). Doch der Papst und die Mönche beseitigen nicht allein ein Jota oder Tütelchen, sondern ganze Worte und das ganze Gebot, indem sie sagen: »In großen Stücken haltet sie, in kleinen lösen wir uns davon.« Aber wir verfluchen und verwünschen diesen abscheulichen Greuel und wollen folgendermaßen urteilen.

Zuerst wollen wir keinen Unterschied unter den Werken machen; sie sind gleich vor Gott, die groß und geringfügig sind vor uns und unter sich selbst. Nach dem Maß des Glaubens, sagt Paulus Röm. 12,3, werde alles verliehen. Denn es wird für tüchtig befunden nicht der, der mehr und Größeres ausgerichtet hat, sondern der, der es mit größerem Glauben und größerer Liebe getan hat. Die eheliche Keuschheit Abrahams und Sarahs wird der Jungfräulichkeit vieler vorgezogen werden. Und die Ehe des Apostels Petrus wird zweifellos höher stehen als die Jungfräulichkeit der heiligen Agathe.[26] Auf den Glauben, sage ich, ist alles abzustellen. Denn nicht wer Werke getan, sondern wer geglaubt hat, wird selig werden (Mt. 16,16). Es ist die Art der Heiden, nach den Werken zu urteilen, ja sogar auch sie urteilen über die Werke nach der zugrundeliegenden Absicht; den Christen ist es eigentümlich, nach dem Glauben zu urteilen. Sodann muß man, wenn man die Gebote erfüllt, nichts weiter beachten, als die Form des Gebotes und den Willen des Gebietenden, und sich nicht darum kümmern, ob es kleine, große, bedeutungslose, wertvolle, viele, wenige, kurze, lange Werke sind, oder unter welcher Form und welchem Namen auch immer sie auftreten. Denn Gott fordert nicht das Werk, sondern den Gehorsam im Werk, oder wie die Schrift sagt: »Gehorsam, nicht Opfer«; unserer guten Werke bedarf Gott nicht. So sagt Samuel zu Saul: »Will etwa der Herr das Opfer und nicht vielmehr, daß man seiner Stimme gehorche?« (1. Sam. 15,22). Jetzt laßt uns die Mönche ansprechen. Sie können nicht leugnen, daß sie ihre ganze Regel geloben, nicht die Keuschheit allein, weil auch die ganze Regel unter dem Wort »Gelobet« zusammengefaßt wird, darum ist es nötig, daß auch die ganze Regel unter dem Wort: »Haltet« zusammengefaßt wird. Denn es heißt nicht: »Gelobet die ganze Regel und haltet einen Teil,« sondern: »Was auch immer du gelobst, das sollst du halten.« Wenn sie darum ihr Gelübde als ein Gebot anerkennen, so werden sie genötigt, zu bekennen, daß bei Gott der Gehorsam gegen die ganze Regel bis zum letzten Tütelchen gefordert wird, ohne daß ein Dispens erteilt werden kann. Hier hilft nicht die mühsame Teilung, mit der etliche versucht haben, sich selbst zu trösten und ihre Regeln in Gebote, Räte und Auslegungen zu teilen. Es steht fest das Wort Gottes: »Gelobet und haltet«. Wenn dies Wort in der Todesstunde das Gewissen zu schlagen beginnt, wird dies Stroh der menschlichen Fündlein nichts nützen. Denn das Gewissen wird angstvoll zittern, wenn es die Stimme Gottes hört, so daß es die Stimmen der Menschen nicht vernimmt.

Was wollen hier die Mönche tun? Hier endlich werden sie die Augen öffnen und sehen, daß ihre Gelübde töricht und unmöglich sind. Und wen wird es da nicht gereuen, Mönch zu sein? Und wer unter ihnen wird selig werden können? Denn du wirst niemals einen Mönch finden, der seine ganze Regel durch das Werk erfüllt hat. Aber sie haben auch selbst dies längst gemerkt und gesehen, und haben darum auch ein anderes Ausweichen vor dem göttlichen Gebot erfunden. Ein so unseliger, entsetzlicher Jammer treibt die bedauernswerten Menschen auf ihren Wegen, nachdem sie einmal von dem königlichen Wege des Glaubens abzuirren begonnen haben. Denn als sie gesehen hatten, daß man durch so viele Satzungen und Gebote verstrickte Regeln und Orden gelobe und nirgends halte, da wurden sie stutzig, ob denn so viele als Verletzer des Gelübdes verdammt werden sollten, zugleich sahen sie ein, daß es durchaus töricht und unmöglich sei, wenn man den anmaßenden Vorsatz habe, alle jene Gelübde zu halten. Es fingen daher die unglücklichen Leute an, auf ihre Sachen bedacht zu sein und jenes Chaos von Gelübden in zwei Teile zu teilen, etliche unbeweglich, etliche beweglich zu nennen. Zu unbeweglichen Gelübden machten sie drei: die Armut, den Gehorsam, die Keuschheit. Die übrigen wollten sie bewegliche sein lassen, darum verordneten sie, allein diejenigen seien Verletzer des Gelübdes, die die unbeweglichen Gelübde brächen. Das ist die allen gemeinsame Ansicht. Aber sie taugt nichts. Sie ist eine menschliche Erdichtung, völlig unbrauchbar, das Gewissen zu festigen, vielmehr dazu nütze, es zu verführen. Wer will uns dessen vergewissern, daß diese Teilung Gott gefalle? Oder wollt ihr mein Gewissen auf euren Träumen erbauen? Was soll ich Gott sagen, wenn er sein Gebot: »Gelobet und haltet«, mir vorhält und alles für unbeweglich erklärt, wie es denn wirklich ist? Denn es ist gesagt, daß bei ihm kein Unterschied der Werke gelte, alle sind sie unbeweglich, weil sie alle unter demselben Gebot in gleicher Weise ausbedungen, in gleicher Weise gelobt sind. Denn auch ihr selbst nennt es Gelübde; von beweglichen Geblüden weiß aber Gott nichts, sondern er wird sagen: »Es sind Gelübde, also sollst du sie halten, sollst du sie aber halten, so sind sie unbeweglich.« Wohin also auch immer sie sich wenden mögen, werden sie in die Enge getrieben und werden nicht fliehen können. Das Wort und Gebot Gottes steht von Ewigkeit zu Ewigkeit, nicht duldet es, daß man ihm ausweiche oder es verunstalte.

Darum treffen und stoßen hier wechselseitig aufeinander jene beiden Gegner, das Gewissen und das Gesetz. Es hat auch mein Mose die Israeliten aus ihrem Lager herausgeführt Gott entgegen (2. Mos. 19, 17 f.). Was bleibt anderes übrig, denn daß sie den rauchenden und Schrecken verbreitenden Berg sehen, d. h. den Zorn, der vom Himmel zur Erde und von der Erde bis tief in den Himmel dringt? Wo wollen sie hinfliehen vor dem Blick dieses feurigen Gesetzes? Sie dispensieren in den Geboten Gottes, teilen seine Werke und machen Abstriche. Doch das Gebot fordert alles. Denn wenn du gelobt hättest, eine Fliege zu töten, oder einen Strohhalm aufzuheben, so müßtest du dies Gelübde ohne Dispens zu erlangen halten, und nicht mit Rücksicht auf den Inhalt, sondern weil du das Gelübde getan, den Gehorsam leisten, besonders, wenn das Gelübde nicht wider ein anderes Gebot Gottes streitet; wie viel mehr mußt du halten, was in der Ordensregel vorgeschrieben ist und worauf du dein Gelübde abgelegt hast? Du siehst daher, lieber Leser, daß das Mönchsinstitut an sich nichts anderes ist als ein Babylon voller Irrtümer, Unwissenheit, Ungehorsam, Treulosigkeit, Ruchlosigkeit, Gotteslästerung und eine Kloake voller neuester Gottlosigkeiten und Sünden. Oder zweifelst du, daß das so sei? Siehst du nicht, daß sie ihre Gelübde nicht nur nicht erfüllen, sondern auch das lehren, wie man geloben kann, ohne halten zu müssen, und nur auf das eine bedacht sind, dazustehen als solche, die mit dem Geloben nicht gelobt und mit dem Nichterfüllen erfüllt haben? Welches Schwein oder welcher Esel würde sich so täuschen und verspotten lassen, wie sie sich unterstehen den lebendigen und wahren Gott mit ihrer unsinnigen Gaukelei zu täuschen und zu verspotten?

Du siehe nun zu, ob in diesem Ofen Babylons jemand gerettet werden kann, es sei denn kraft eines göttlichen Wunders, kraft dessen die Auserwählten gerettet sind; während sie unter den Gelübden in menschlicher Weise irrten, hingen sie doch dem reinsten Evangelium im Geist der Freiheit Gottes an. So ist das Urteil Gottes erfüllt, durch das er zu verwirren pflegt die Lippen derer, die den Turm bauen (1. Mos. 11, 7), daß sie sich selbst einen Namen machen, während sie tun und sagen, was sich nicht ziemt, was sie auch selbst nicht verstehen, entsprechend ihrem verkehrten Sinn, das Gelübde nicht Gelübde nennend, das Unerlaubte zu Erlaubtem machend, das Gebot nicht zu einem Gebot, das Gottlose zu etwas Frommem, das Ruchlose zu etwas Heiligem, das Gotteslästerliche zu etwas, das man verehren müsse, und dergleichen noch vieles andere. Das ist die Nacht, in der Christus verspottet, verlassen und verspeiet wird, indem die Diener der Priester zu ihm sagen: »Weissage uns, Christus, wer ist es, der dich schlug?« (Mt. 26, 68).

Vielleicht werden etliche nicht glauben, daß dies die Greuel des

Mönchsinstituts sind, weil sie zu entsetzlich seien; diese lasse ich ihren Weg gehen und überlasse sie ihren eigenen klugen Gedanken, ihnen diene ich auch nicht mit dieser Schrift, sondern allein denjenigen diene ich, die ihre Seelen retten wollen, denen, wie ich meine, mit dem bisher Gesagten genug gedient ist, daß sie glauben, es sei wahr, was ich sage. Denn wahr ist das Gebot Gottes: »Gelobet und haltet«, das nur den trügen wird, der nicht glaubt, daß es ein Gebot oder wahr sei. Ebenso ist es wahr, was ein ungebrochener Brauch und die Erfahrung beweisen, daß sie Gelübde ablegen, die sie nicht nur nicht halten, sondern von denen sie auch lehren, daß man sie nicht halten müsse. Denn Lügen kannst du nicht gewisser erkennen, als an ihrer eigenen Uneinigkeit und ihrem Widerspruch untereinander. Denn es ist von Gott also geordnet, daß immer die Gottlosigkeit sich selbst verwirrt und Lügen niemals mit sich selbst übereinstimmen, vielmehr immer wider sich selbst zeugen.

Was also, sagst du, soll ich tun, um aus diesem Zoar gerettet zu werden (1. Mos. 19, 22), in das ich geflüchtet bin, um Sodom zu entgehen? Was du tun sollst? Meinst du noch, es bedürfe der Erörterung, ob du zu dem Berg der Freiheit schleunigst eilen sollst (vgl. 1. Mos. 19, 17. 19), nachdem du gehört hast, daß du eine solche Weise, dein Leben zu führen, gelobt hast, die nicht allein dem Worte Gottes, dem Evangelium, dem Glauben, der christlichen Freiheit und den Geboten Gottes widerspricht, sondern auch auf die schmählichste Weise wider sich selbst streitet und mit sich uneins ist? Laß es gut sein! Dies Reich mag zerstört werden, da es in sich selbst geteilet ist. Meinst du, Gott fordere dies Gelübde, das du auf eine so verabscheuenswerte Sache wider sein Gebot und seinen Willen abgelegt hast? Denn der da nicht gewollt hat, daß du gelobest, der wird auch nicht wollen, daß das Gelübde gehalten werde, sondern je eher je lieber aufgegeben und getilgt werde.

Aber mit den Mönchen habe ich noch eine Forderung zu erledigen, und ich wiederhole die Frage. Sie mögen darum sagen, warum sie von den übrigen Stücken des Gelübdes dispensieren und allein von der Keuschheit nicht dispensieren? Oder warum sie lehren, alles Übrige sei beweglich und allein die bekannten drei Gelübde müßten unbeweglich sein? Sie mögen sagen, auf Grund welcher Autorität das Gelübde nur in etlichen Dingen und nicht in allen ein Gebot ist. Es ist ganz zugestopft der Mund derer, die Unrecht reden (Ps. 63, 12), und er muß bekennen, daß man das Ganze aufgeben und davon dispensieren kann, wenn man einen Teil des Gelübdes aufgeben und davon dispensieren kann, oder daß man keinen Teil des Gelübdes aufgeben und davon dispensieren kann, wenn man das Ganze nicht aufgeben und davon dispensieren kann. Wenn darum der Vorgesetzte dem Bruder Dispens geben kann, daß er Fleisch esse, Wein trinke, das Gebet auf längere Zeit einstelle, das Mönchsgewand ablege, was die Regel des Gelübdes verbietet, so kann er auch Dispens geben, daß er Güter besitze, frei umhergehe und heirate, besonders, wenn es für ihn nötig ist. So, sage ich, nötige ich sie zu antworten. Doch will ich dies nicht zu einem sicheren Grund machen, weil sie selbst so antworten oder zu antworten gezwungen werden; denn wegen ihrer ungeheuerlichen Gottlosigkeit darf man ihnen keinen Glauben oder Autorität schenken. Denn wie, wenn sie auch im Antworten irren, die im Geloben und Leben eitel Irrtum sind? Durch festere und sicherere Autorität sind die Gewissen zu befestigen, nämlich durch die göttliche Autorität und durch sie allein. Denn Petrus sagt: »So jemand redet, soll er es reden, als wären es Worte Gottes« (1. Petr. 4, 11), d. h. er soll gewiß sein, daß es Gottes Wort ist, welches er redet. Was auch Paulus dem Timotheus empfiehlt, wenn er sagt: »Bleibe in dem, das du gelernt hast, weil du weißt, von wem du gelernt hast« (2. Tim. 3, 14). Er hatte aber nichts gelernt als das Wort Gottes, deswegen muß man bei dem Worte Gottes allein bleiben. Darum allein handelt es sich jetzt für mich, zu beweisen, daß sie wider die allen allgemeine Vernunft und wider sich selbst wüten, und auf ihre eigene Autorität mich stützend, die Folgerung zu gewinnen, daß die unmögliche Keuschheit frei sei und das Gelübde der Keuschheit seiner Natur nach bedingt und zeitlich, da ich bewiesen habe, daß sie in den anderen Stücken des Gelübdes dies zugegeben haben und kein Grund vorhanden ist, warum es nicht in allen geschehen dürfe, da für die Freiheit der Keuschheit noch stärkere Ursachen dringend eintreten, als sonst für irgendein Stück, das sie selbst frei machen. Es ist also lauter eigene Willkür und eigenes Belieben, einige Gelübde zu unbeweglichen, einige zu beweglichen zu machen, die übrigen frei zu geben und allein die Keuschheit so zu binden, daß man nicht davon dispensieren kann, zum Verderben und Fallstrick der Seelen.

Im übrigen ruhen unsere Gewissen fest auf dem, was wir durch deutliche und gewisse Zeugnisse der Schrift bewiesen haben, daß das Mönchsgelübde seiner Natur nach den Worten Gottes widerspreche, dem Evangelium, dem Glauben, der christlichen Freiheit, und den göttlichen Geboten, um von der allgemeinen Vernunft und den inneren Widersprüchen zu schweigen. Ich sage »seiner Natur nach«, weil ich nicht leugnen möchte, daß die heiligen Männer diese Verkehrtheit heilsam gebraucht haben und durch göttliches Wunder gerettet sind, gleichwie ich sage, daß Tod, Kreuz und die Übel der Welt ihrer Natur nach wider den Glauben streiten, Christus und die Seinigen jedoch sie gut benutzt haben und verherrlicht sind. Aber niemand legt sein Gelübde ab auf das Beispiel der Heiligen, die das Böse gut benutzt haben, sondern alle geloben das Böse selbst. Denn niemand gelobt, in dem Geist leben zu wollen, in dem Bernhard lebte: denn dies ist nötig und kann nicht unter das Gelübde fallen; von Anfang an ist es gelobt und begonnen in der Taufe; sie jedoch geloben das Gesetz der Taten oder die Werke des Gesetzes, die Gerechtigkeit des Fleisches, und zwar nur eine von Menschen erfundene und eingesetzte, die Gott im Neuen Testament verboten hat, wie wir bewiesen haben, die auch ihrer Natur nach durch den Schein und die Art ihrer Weisheit zum Untergang führt.

Obwohl ich darum sehe, daß die Heiligen derselben Meinung gewesen sind, daß sie die Gelübde in unbewegliche und bewegliche teilten, daß sie auch selbst in vielen Stücken der Regel dispensiert und Dispens angenommen haben, so ist es doch, weil es ungewiß ist, ob sie dies getan haben, indem Gott ihr Tun billigte oder ihren Irrtum ihnen verzieh, kein ausreichend sicherer und zuverlässiger Schutz für die Gewissen, aus ihrem Beispiel oder Tun etwas Verbindliches abzuleiten. Dem nämlich widersteht, damit niemand sich dessen erdreiste, derjenige, der vorhergesagt hat, daß auch die Auserwählten in den Irrtum sollten geführt werden (Mt. 24,24). Sonst, für den Fall, daß ihre Heiligkeit ihre Tat als Gott wohlgefällig bekundete, wäre für uns auch durch die Taten der Heiligen selbst – d. h. durch das Zeugnis der Werke Gottes – vollständig bewiesen, daß alle Gelübde frei seien und daß die Form des Gelübdes bei Gott keine andere sei als diese: »Ich gelobe, die Regel eine Zeit lang zu halten nach dem Willen des Vorgesetzten«. Und die Klöster werden entsprechend der alten Weise von Gott für nichts anderes angesehen als für christliche Schulen, die jungen und leicht erregten Leute im Glauben und in frommer Zucht zu unterrichten, bis sie die reiferen Lebensjahre erreicht haben. Da nun aber die Autorität der Heiligkeit nicht ausreicht, ein Beispiel zu begründen, so muß es mit anderer, nämlich göttlicher Autorität bekräftigt werden. Die Tat nämlich der Heiligen gefiel deswegen Gott, weil ihm die Einrichtung des Mönchsgelübdes mißfiel, darum hat er es geduldet und gewollt, daß seine Heiligen wider es selbst dispensierten und handelten, auf daß alle treulich daran gemahnt würden, nicht durch den trügerischen Schein dieser heillosen Einrichtung von dem königlichen Weg des Evangeliums sich abbringen zu lassen. Denn Bernhard hat nicht gesündigt und nicht in allen Stücken sein Gelübde gehalten, wenn er in den Angelegenheiten des Papstes das Kloster verließ und in den Landen umherzog; denn dies hat Gott gewollt, damit man nicht glaube, daß Gott selbst die Einrichtung der Gelübde genehmige. Ebenso hat auch Christus erlaubt, daß die Jünger mit ungewaschenen Händen entgegen den Überlieferungen der Alten ihre Mahlzeiten einnähmen (Mt. 15, 2). Summa: Die Beispiele und Taten der Heiligen messen wir an den Worten Gottes, gegen die, wie hinreichend bewiesen ist, die Mönchsgelübde streiten. Sie aber messen die Worte Gottes an den Taten und Worten der Heiligen, so oft sie ihren besten Maßstab anlegen, und doch wollen sie bisher nicht als solche gelten, die sich geirrt haben.

Letzter Teil

Wir wollen nun den letzten Angriff gegen sie machen und um des Kampfes willen einmal den Fall setzen, daß jene drei Gelübde unbewegliche Gelübde seien, die von Gott genehmigt seien und von denen man nicht dispensiert werden könne. Wie nun, wenn ich beweise, daß zwei von ihnen frei seien auch bei euch selbst? Werdet ihr da nicht zugeben, daß auch das dritte Gelübde, nämlich das Gelübde der Keuschheit, frei sein müsse? Laßt uns darauf also etwas uns einlassen, obwohl wir gleich anfangs genug davon gesprochen haben. Zunächst laßt uns die Armut betrachten, die eine doppelte ist: Die geistliche Armut, von der Christus Mt. 5 spricht: »Selig sind, die geistlich arm sind, denn ihrer ist das Himmelreich« (Mt. 5, 3). Diese Armut kann man nicht geloben, da sie allen Christen gemeinsam ist. Sie besteht darin, freien Geistes mit den Dingen sich abzugeben, sie zu brauchen und zu beherrschen, nicht ihr Knecht zu sein, nicht das Herz daran zu hängen, nicht sein Vertrauen darauf zu setzen und der Reichtümer sich zu rühmen, nicht Männer zu sein, die dem Reichtum leben. Aber die Mönche sündigen hier mehr als einmal. Denn zuerst machen sie aus dieser Armut einen Rat; sodann maßen sie sich allein an und brüsten sich damit, daß sie von ihnen allein gelobt werde. Daß sie aber kein Rat ist, beweist dies, daß Christus diese Armen »selig« nennt, also diejenigen verdammt sehen will, die nicht arm sind. Denn die Seligkeit pflegt er denjenigen zuzuweisen, die da halten, was notwendig ist, wie z. B. wenn er das Weib straft und sagt: »Ja selig sind, die das Wort hören und bewahren« (Luk. 11, 28). Und: »Selig bist du Simon Jonas Sohn« (Mt. 16, 17). Und: »Selig seid ihr, wenn ihr es tut« (Joh. 13, 17). Ebenfalls: »Denn ihrer ist das Himmelreich.« Also will er, daß die Knechtschaft der Hölle behalten sei für diejenigen, die nicht arm sind. Während demnach die Mönche dies Gelübde ablegen, sündigen sie zwiefach. Zunächst treten sie mit gottloser Meinung heran, indem sie für einen Rat halten, was ein Gebot ist, und darum brechen sie beim Geloben das göttliche Gebot, indem sie leugnen, daß es ein Gebot sei. Zweitens sündigen sie, weil sie vorgeben, etwas anderes zu geloben, als sie in der Taufe gelobt haben, und kraft dieser Gleißnerei widerrufen und verachten sie das Taufgelübde, gleich als wäre es etwas Geringes oder nichts im Vergleich mit diesem neuen Gelübde. Doch das heißt die Taufe verlästern, die in allen Christen alles ist. Wenn also das Gelübde nicht gottlos, ruchlos und lästerlich vor Gott sein soll, so dürfen sie diese Armut nicht geloben. Die zweite Art der Armut ist die leibliche Armut. Sie kann eine dreifache sein – es sei gestattet, auf das Geschwätz der Schwätzer in gleicher Weise einzugehen –: Entweder, daß man überhaupt auf alles verzichtet, was unmöglich ist, denn man bedarf der Nahrung und der Kleidung, um dies Leben zu erhalten. Oder, daß du keine Güter verwaltest oder dich darum zu kümmern hast. So liegen die Verhältnisse bei den kleinen Kindern, den Knaben, den Kranken, den Schwachsinnigen und ähnlichen Leuten, die unter der Gewalt und der Hand eines anderen sich befinden. Oder, daß du nichts zueigen besitzest, aber gemeinsames Gut verwaltest. Diese beiden letzten Formen der Armut müssen die Mönche geloben, wenn sie Armut geloben, besonders die letzte Form. Im übrigen ist aber doch leibliche Armut recht eigentlich Mangel an Nahrung und Kleidung, daß man fremder Hilfe bedarf und nicht mit eigenen Mitteln sich helfen kann.

Siehe nun dies Narrenspiel des Satans an. Lukas lobt in der Apostelgeschichte die Handlung der Apostel, daß sie alles gemeinsam besaßen und dadurch alle Überfluß hatten (Apg. 2, 44; 4, 32); nicht redet er hier von Armut oder Armen, vielmehr sagt er: »Es war keiner da, der Not litt« (Apg. 4, 34). Darum gibt es keine Armut und soll auch nicht Armut genannt werden, wo einige Genossen ihre Habe zusammenlegen und von dem gemeinsamen Gut leben; es soll dies vielmehr großer Überfluß an allem heißen. Denn dies war nach dem Bericht des Lukas (Apg. 2,45) der Ruhm der ersten Kirche, daß, während sie an geistlicher und evangelischer Armut alle reich waren, sie doch an zeitlichen Gütern Überfluß hatten, nach eines jeden Notdurft. Als aber später das Vermögen aufgezehrt war und der Hunger überhandnahm, da fingen sie an, auch an zeitlichem Gut Mangel zu haben, da wurden sie auch leiblich arm, so daß Paulus und Barnabas überall für sie bei den Gläubigen Kollekten sammelten. Doch diese Armut haben die Apostel nicht eingesetzt, da sie ja alle Güter gemeinsam hatten, sondern sie hatten sie geduldet, als der gemeinsame Besitz dahinschwand. Daher geloben unsere Mönche weder geistliche noch körperliche Armut, sondern jenen gemeinsamen Überfluß, mit dem man ihnen reichlich Handreichung tut, den du, wie gesagt, ohne Zagen die Armut der Kinder und Schwachsinnigen nennen kannst, da er nichts weniger ist als Armut. Denn nicht, um Not zu leiden, sondern um Überfluß zu haben, treten sie in die Orden ein, dadurch angelockt, daß sie von vollen Vorratskammern in den Klöstern wissen, die von Geschlecht zu Geschlecht ihren Vorrat abgeben (Ps. 144,13). Denn sobald in den Klöstern Armut herrscht, treten sie entweder nicht in die Klöster ein, oder es gereut sie, eingetreten zu sein.

Ist dies also nicht eine auffallende Verspottung Gottes und der Menschen, das Gelübde der Armut vorzugeben und dennoch eben dadurch eine ruhige und faule Fülle und Sättigung zu suchen, die von fremden Händen erworben und besorgt ist, wo nichts weniger ist als Not leiden oder arm sein? Oder wollen sie, daß wir nicht kennen sollen, was Armut sei und bedeute? Oder wollen sie auch den Worten ihre Bedeutung rauben? Nach aller Menschen Verständnis, nach aller Menschen Brauch, nach aller Menschen Rede bezeichnet leibliche Armut Mangel und Bedarf an Nahrung und Kleidung. Wer hat jemals gehört, daß Armut genannt werde: nichts zueigen zu besitzen und an gemeinsamem Besitz Überfluß zu haben? O ihr Spötter und Betrüger, die ihr durch Geiz mit erdichteten Worten Gewinn eintreibt an den Völkern, wie Petrus zuvor gesagt (2. Petr. 2,3). Darum lügen sie auch in Beziehung auf die leibliche Armut, wenn sie Möncherei geloben, so daß sie gottlos sind im Hinblick auf die geistliche Armut und Lügner im Hinblick auf die leibliche Armut. Und du möchtest glauben, daß solch erdichtetes und lügenhaftes Gelübde Gott angenehm sei? Fürwahr, die Heiligen müssen in diesem Gelübde etwas anderes gesehen haben. Die

Natur des Gelübdes ist, wie wir gesagt haben, lügnerisch, gottlos, ruchlos und gotteslästerlich.

Doch weiter! Stelle dir einmal vor, diese gottlosen Gelübde seien fromm und angenehm, und das werde Armut genannt, was sorglosester Überfluß ist. Was wollen sie von denjenigen sagen, die aus den Klöstern genommen sind zu Päpsten, zu Kardinälen, zu Bischofsämtern und anderen Ämtern, wo sie doch ganz gewiß ihres Gelübdes entledigt und in eigenen Besitz gesetzt sind? Hier kannst du nicht sagen, wenn du nicht wiederum mit erdichteten Worten spielen willst, daß der Papst, die Bischöfe, die Kardinäle und ähnliche nicht eigenen Besitz haben, da sie ihn doch nach freiem Belieben gebrauchen. Doch sei es so, die Vorsteher der Mönche mögen nicht eigenen Besitz verwalten; aber jene wenigstens verwalten eigenen Besitz, obwohl sie ihn von der Kirche erhalten haben. Darum bedeutet es nichts, wenn du sagst, daß dieser Besitz nicht ihnen, sondern der Kirche gehöre, was auch gerade mit erdichteten Worten (2. Petr. 2, 3) gesagt wird. Denn es gibt ihnen der Papst diese Güter, als wäre er der Herr derselben, ja, der Papst macht sich sogar zum Herrn beider Dinge, und hierher sind auch bisweilen heilige Männer versetzt, wie Anastasius,[27] der Schüler Bernhards. Wo bleibt hier das Gelübde der mönchischen Armut? Du mußt entweder den Stand der Bischöfe, Kardinäle und Päpste vollständig verdammen, oder leugnen, daß ein Mönch in diesen Stand eintreten könne. Hier sagen sie nun, man beweise in dieser Form den Gehorsam und trete ein in den Stand der Vollkommenheit. Das ist eine schöne Lüge wider dein Haupt: Warum sagtest du vorher, die Möncherei sei der Stand der Vollkommenheit? Ich frage dich nun, wie viele Stände der Vollkommenheit hast du denn? Wenn der Bischof seine Infula[28] ablegt und ins Kloster geht – wie bisweilen geschehen ist – tritt er aus dem Stand der Unvollkommenheit in den Stand der Vollkommenheit. Wiederum, wenn der Mönch sein Kloster verläßt und Bischof wird, tritt er in den Stand der Vollkommenheit ein. Hier siehst du, wie die Stände sich gegenseitig vollkommen und unvollkommen machen, d. h. wie die Lügen wider sich selbst stürmen und sich gegenseitig fressen und aufzehren. Was meinst du, werden diese frechen und tollen Leute schließlich sagen? Sie würden vielleicht auch einen Stand der Vollkommenheit daraus machen, wenn man vom ehelichen Leben in ein Bordell einträte. Ach Herr Christus! Es sind in dieser ruchlosen Art des Lebens nichts als ganz verwirrte Lügen.

Ferner, wenn um des Gehorsams und des Standes der Vollkommenheit willen das Gelübde der Armut gebrochen wird, warum nicht auch das Gelübde der Keuschheit? Wo sind nun jene unbeweglichen Gelübde? Ist die Armut jetzt ein bewegliches Gelübde? So müssen durch den Wind ihrer Lügen hin- und hergetrieben und umhergeworfen werden diejenigen, die den festen Fels verlassen haben und sich eigene neue Wege, eigene Führung und ein besonderes Paradies zu schaffen sich unterstanden haben. »Ich habe sie gelassen«, spricht er, »in ihres Herzens Wünschen, daß sie wandeln nach ihrem Rat« (Ps. 81, 13). Und Petrus sagt: »Es werden in den letzten Tagen Spötter kommen, um zu betrügen, die nach ihren eigenen Lüsten wandeln« (2. Petr. 3, 3). Was aber wollen sie dazu sagen? Ist nicht das Gelübde ein göttliches Gebot? Besonders dann, wenn es, wie ihr sagt, ein unbewegliches Gelübde ist? Doch den Bereich des göttlichen Gebots darf man nicht verlassen, nicht einmal auf Grund der Autorität der Engel, geschweige denn derjenigen des Papstes oder sonst irgendeines Menschen. Denn der Spruch steht fest: »Man muß Gott mehr gehorchen als den Menschen« (Apg. 5, 29). Sonst möchte es in derselben Weise auf Grund menschlicher Autorität und menschlichen Gehorsams erlaubt sein, zu stehlen, töten, ehebrechen, den Eltern ungehorsam zu sein, kurz, Gott mit seinen Geboten zu verleugnen. Wenn man ein Gebot übertreten darf, wird man alle übertreten dürfen. Daraus ergibt sich, daß es entweder unmöglich ist, daß ein solches Gelübde ein göttliches Gebot sei, oder daß notwendig wider das Gelübde schuldig und verdammt sind alle, die aus Mönchen Bischöfe geworden sind. Hier soll man nicht schwatzen und läppische Reden führen dahin lautend, daß sie in der Armut bleiben. Wir haben es hier mit einer ernsten Sache zu tun; wenn Gewissenssachen zur Erörterung stehen, muß man fest und gründlich lehren. Wir wissen, daß der Mönch und der Papst in keiner Beziehung sich vergleichen lassen, was das Gelübde der Armut betrifft. Jener gelobt, im Kloster arm leben zu wollen; dies wird er aufgefordert, zu erfüllen sein ganzes Leben lang, weil das Gelübde ein Gebot Gottes ist. Und es nützt nichts, daß sie mit dem Gerede von dem Stande der Vollkommenheit angelaufen kommen, nicht nur wegen der oben besprochenen Lüge, kraft der sie sich selbst widersprechen, sondern auch wegen der anderen Lüge, daß der Stand der Vollkommenheit nicht außer und gegen das Gebot Gottes sein könne, sondern es ist vielmehr ein verdammenswerter Stand. Denn es streitet kein Gebot Gottes wider die Vollkommenheit, vielmehr besteht die Vollkommenheit allein in den Geboten Gottes. Denn der ist vollkommen, der alle Gebote Gottes hält. Was ist das also für eine unverschämte Frechheit, zu behaupten, das Gelübde sei ein Gebot Gottes und ein Stand der Vollkommenheit? Wiederum zu behaupten, man müsse es brechen und den Stand der Vollkommenheit verlassen um des Standes der Vollkommenheit willen? Du siehst, lieber Leser, wie ich von der Größe und Menge ihrer Lügen überschüttet werde, so daß ich ihnen mit Worten nicht folgen kann. Ein Wald, ein Meer, eine Sandwüste von Lügen ist diese ihre berühmte Möncherei. Eine wie feine Lüge ist, bitte, auch dies, daß sie den Pontifikat den Stand der Vollkommenheit nennen, was allein dem Glauben und der Liebe zukommt, während er doch vielmehr der Stand des Gepränges, Aufwandes, Reichtums, oder, wenn alles in ihm aufs Beste geht, der Stand des Aberglaubens und der Heuchelei ist. Und um dieser Lüge willen lehren sie, man müsse das Gelübde brechen, das sie als göttliches Gebot angesehen wissen wollen.

Es ist uns also entschwunden die elende und nur schlecht die Probe bestehende Unbeweglichkeit dieses Gelübdes der mönchischen Armut, das sie ein unbewegliches Gelübde nennen. Es stellte sich heraus, daß man die Armut nicht Armut nennen dürfe, sodann, daß auch von ihnen selbst dies Gelübde nicht als ein unbewegliches Gelübde und Gebot Gottes erachtet werde, wiewohl sie lehren, daß es ein unbewegliches Gelübde und Gebot sei. Warum hat also jene klägliche Keuschheit im Vergleich mit der Armut eine so starre Unbeweglichkeit, sobald sie gelobt wird? Müßt ihr nicht einräumen, daß entweder die Keuschheit beweglich sei, oder daß ihr im Gelübde der Armut ganz über die Maßen unsinnig seid und verloren geht, sowohl im Hinblick auf das Lehren wie auf das Halten? Ich will also den Schluß ziehen: Wenn in gleicher Weise Mönch und Laie Bischof werden können, so bedeutet entweder das Ordensgelübde nichts, oder der Mönch ist verdammt, wenn er Bischof wird. Denn er gelangt dorthin, wohin auch derjenige, der durch keine Gelübde gebunden ist, gelangt; das wäre aber unmöglich, wenn die Gelübde den Mönch vom Weltchristen unterschieden. Denn der Bischof gelobt nicht die Gelübde des Ordens, noch wird er gehalten, sie zu geloben; es würde aber auch kein Bischof sie geloben wollen, da sie zu hart und vollkommen wären. Und auf daß ich es kurz und gut sage: Das Gelübde der Armut scheint vom Satan dazu erdichtet zu sein, daß die Mönche unter dem Vorwand des Gelübdes davon befreit werden, anderen in ihrer Armut Beistand zu leisten und die Werke der Barmherzigkeit aus Liebe zu verrichten, was wir auch oben bereits berührt haben. Denn er hält sie zunächst in ihrem Kloster verschlossen, daß sie niemand dienen; sodann läßt er sie faul bleiben, daß sie der Hände Arbeit sich entziehen und nur von anderen sich dienen lassen, und eben dadurch erreicht er es, den großen Haufen davon abzuhalten, den wirklich Armen zu helfen, den Eheleuten, Witwen, Waisen und Fremdlingen, und dazu zu verleiten, Hab und Gut an diese erdichteten Armen zu vergeuden, die in Wahrheit reiche, feiste, faule und um nichts sich kümmernde Heuchler sind.

Laßt uns nun sehen, ob die Unbeweglichkeit des Gehorsams besser besteht als die der Armut. Wir haben oben gesagt, daß auch der Gehorsam zweierlei Art sei: einmal ist es der evangelische Gehorsam, kraft dessen wir alle uns einander unterordnen, den wir in der Taufe geloben, und der nicht von Neuem gelobt werden kann, es sei denn, daß man heuchle und Spott treibe. Sodann ist es der leibliche Gehorsam; wenn dieser nicht wider den ersten sich wendet, so weiß ich nicht, was für ein Gehorsam es sein soll. Doch mag man leiblichen Gehorsam denjenigen nennen, den Ehefrauen, Kinder, Knechte, Gefangene und alle, die zufolge irgendeines Zwanges einem anderen unterworfen sind, leisten. Denn der evangelische Gehorsam ist frei und willig gegen den, der durch kein Recht uns übergeordnet ist, willig allein deswegen, weil Gott es so gewollt hat, daß wir uns denen unterordnen, denen kein Recht uns verpflichtet. Es sündigen auch hier die Mönche ebenso unsinnig, wie gegen die Armut. Zunächst, weil sie den Gehorsam zu einem Rat machen; sodann nehmen sie ihn für sich allein in Anspruch; während sie ihn also geloben, verleugnen sie gottlos das Gebot Gottes und verdammen ruchlos ihr Taufgelübde, indem sie vorgeben, daß sie etwas anderes und Größeres geloben, als sie in der Taufe gelobt hatten. Wenn aber einige frommen Herzens ihr Gelübde ablegen, so geloben sie sicherlich nur den leiblichen Gehorsam. Doch wenn nicht der Geist in ihnen ist und schließlich auch den anderen sie unterordnet, so geloben sie nur etwas, das wider den evangelischen Gehorsam ist, wie wir auch oben gesagt haben. Wer das Bekenntnis des Gehorsams ablegt, der gelobt den Gehorsam einem einzigen, und zwar dem Vorgesetzten, und er gelobt ihn nicht schlechthin allgemein, sondern nach der vorgeschriebenen Regel; dadurch bewirkt er, daß er nicht im evangelischen Sinn gehorsam sein kann. Denn er wird ja verhindert, den Gleichgestellten sowohl wie den Geringeren, den übrigen Vorgesetzten sowohl wie allen anderen gehorsam zu sein, nachgiebig und wohlwollend sich zu beweisen. Denn der evangelische Gehorsam gebietet auch dem Widersacher wohlwollend zu sein und in allen Stücken und immer ihm nachgiebig zu sein.

Aber gesetzt auch, daß die Absicht des evangelischen Gehorsams in ihnen bleibe, was ich nicht leugne, gleichwie auch die Absicht der evangelischen Armut bleiben kann, wie es wider allen Zweifel bei den Heiligen der Fall gewesen ist, so liegt doch die Einrichtung selbst, das Wesen der Profeß selbst, in Streit mit dem Evangelium. Denn ich disputiere nicht, wie schon früher gesagt, über das Beispiel und den Geist der Heiligen, den auch die Gatten haben müssen, ich disputiere vielmehr über das Gesetz und das Wesen des Gelübdes, das man nicht aufstellen, nicht lehren und nicht geloben darf, da es dem Evangelium widerspricht. Denn das Gelübde läßt nicht zu, daß du dich allen Menschen unterwirfst; dies beides widerspricht einander aufs äußerste, mag auch noch so sehr der evangelische Geist in einigen bleiben, die unter den dem Evangelium widersprechenden Gelübden leben.

Viel heiliger und vollkommener ist der Gehorsam der Frau, der Kinder, der Knechte, der Gefangenen und dergleichen, als der Gehorsam der Mönche, obwohl auch sie nicht allen den körperlichen Gehorsam dem äußeren Vermögen nach leisten können, da sie gebunden sind und dem Recht eines anderen unterworfen. Und wir haben oben gesagt, daß die evangelische Freiheit eine solche sei, die keinem sein Recht und seinen Anspruch nimmt, jedoch über den Willen hinaus, der bereit ist, allen zu dienen und zu gehorchen, sind sie ihren Oberen in allem gehorsam einfältiglich und ohne die vorgeschriebene Regel. Die Mönche aber gehorchen nur ihren Oberen, und zwar nicht schlechthin, sondern nach dem bestimmten Maß der vorgeschriebenen Regel, wie auch Bernhard lehrt; darin weichen sie auch von jenen alten Mönchen und Einsiedlern weit und breit ab. Sodann kommen sie zu diesem engen und zerstückten Gehorsam nicht aus Zufall oder Zwang – wie es bei den Gatten, Kindern, Knechten, Gefangenen und ähnlichen der Fall ist – sondern freiwillig, so daß es also unter dem Himmel überhaupt keinen schnöderen und kargeren Gehorsam gibt, keinen, der auch dem Evangelium mehr widerspricht, als den Gehorsam der Mönche.

Dazu eignet auch eine andere Seligkeit dem kindlichen, ehelichen, knechtischen und bürgerlichen Gehorsam, weil er von Gottlosigkeit und Gotteslästerung weit entfernt ist. Denn man meint nicht mit diesem Gehorsam Gott einen besonderen Dienst vor allen anderen und über das Evangelium hinaus zu erweisen. Niemand nennt ihn einen

Rat. Aber wenn der mönchische Gehorsam nicht mit dieser gottlosen und ruchlosen Meinung behaftet wäre, könnte er weder gelehrt, noch gelobt, noch gehalten werden. Denn die Mönche wollen durch ihren Gehorsam über das Evangelium hinaus vor allen anderen etwas Besonderes sein und wollen allein die Bräute und Ehefrauen der göttlichen Majestät sein, aus ihr einen Baal machend, d. h. einen Gatten, der ihnen besonders zueigen ist und dem sie besonders zueigen sind, ein Fleisch, ein Geist mit ihm; die übrigen aber achten sie Knechten, Mietlingen und Nebenweibern im Hause gleich. Doch ist es gewiß, daß diese Meinung die Heiligen nicht verpestet hat. Denn mit dem Geist der Demut erfüllt, haben sie sich niemandem vorgezogen. So siehst du, daß der mönchische Gehorsam nicht weniger als die mönchische Armut aus neuen und erdichteten Worten besteht, die eine Bedeutung erhalten haben, die den Gebrauch aller Sprachen ganz und gar verläßt. Dieser Erdichtung fügen sie Gottlosigkeit und Gotteslästerung hinzu. Denn sie nennen das Gehorsam, was richtiger, sowohl geistlich wie leiblich, im Vergleich mit dem Evangelium Ungehorsam ist, wie sie das Armut nennen, was richtiger Reichtum ist. Sodann geloben sie diesen erdichteten Gehorsam in gottloser Meinung, kraft welcher sie ihn für vollkommen und größer achten, als den wahren und evangelischen Gehorsam; damit schänden sie ruchlos den Gehorsam der Taufe und des Evangeliums. Daher ist der Gehorsam des Kindes, des Ehegemahls, des Knechts, des Gefangenen besser und vollkommener als der Gehorsam des Mönchs, auch dann, wenn er am besten ist, d. h. ohne Gottlosigkeit und Gotteslästerung, wie er es bei den Heiligen gewesen ist; wo er aber gottlos und frevelhaft ist, da darf man ihn mit Hurerei und Mord nicht vergleichen, geschweige denn mit einem guten Gehorsam.

Darum möchte ich es wagen, zuversichtlich und offen dies zu behaupten: Wenn der Mönchsgehorsam nicht auf eine bestimmte Zeit gelobt und gehalten wird, gleichsam als erster Unterricht im christlichen und evangelischen Gehorsam, damit die jungen Leute in ihm geübt werden und so es lernen, allen in allen Dingen nachgiebig zu sein, gleichwie sie durch das Gelübde ihrem Oberen im Kloster in manchen Stücken nachgiebig sind, wie es auch in den Lebensbeschreibungen der Väter einige Beispiele beweisen, wenn sage ich, der Mönchsgehorsam nicht so verstanden wird, ist er durch und durch gottlos und bald fahren zu lassen. So verhält es sich auch mit der Armut der Knaben; sie sollen nicht Hab und Gut verwalten, damit diejenigen wirtschaftlich zu sein lernen, die wegen ihres Alters verschwenderisch und leichtsinnig würden, wenn man sofort Geld und Gut ihnen in die Hände gäbe. Denn was ist es doch für ein Wahn, den allgemeinen Gehorsam, der allgemein geleistet werden muß, zu verachten, um einen besonderen Gehorsam, der besonders geleistet werden soll, zu preisen? Oder will der Mönchsgehorsam uns lehren, es sei besser, wenigen wenig Gutes zu tun, als vielen viel Gutes? Wenn man daher vom Unvollkommenen zum Vollkommenen fortschreiten muß, so muß man vom Mönchsgehorsam zum Gehorsam gegen die Eltern, Herren, Gatten, Gebieter, Gegner und alle Menschen fortschreiten. Und wie sie selbst das Gelübde des Gehorsams fast zum größten und höchsten in ihren Orden machen, so sehen wir im Gegenteil, daß es das geringste und kleinste ist, auch dann, wenn es fromm und recht gewesen ist, d. h. wenn man es gelobt, um den echten Unterricht im evangelischen Gehorsam zu haben. Denn wo man es zum Zweck der Vollkommenheit gelobt, ist es weder das geringste noch das kleinste Gelübde, sondern Verkehrtheit und Frevel gegen Gott. So geschieht es, daß, wie wir von der Armut gesagt haben, nirgends sei weniger Armut vorhanden, als dort, wo man sich ihrer rühmt, ebenso nirgends weniger Gehorsam herrscht, als dort, wo man sich seiner rühmt. Und es wird hier das Wort des Paulus erfüllt: »Sie haben den Schein der Frömmigkeit, aber ihre Kraft verleugnen sie« (2. Tim. 3, 5). Darum muß man den Mönchsgehorsam entweder als einen zeitweiligen ersten Unterricht ansehen, oder bald verlassen und zurückkehren entweder zum gesetzlichen Gehorsam gegen Eltern und Herrn, oder zum evangelischen Gehorsam gegen alle, und nicht zögern, auch wenn man ihn durch tausend Gelübde bekräftigt hätte. Denn dies Gelübde ist wider das Evangelium und kann von Gott nicht gebilligt und gefordert werden.

So viel mag vom Gehorsam der Wahrheit gemäß gesagt sein, jetzt aber lasset uns vom Gehorsam sprechen in Anlehnung an die Lügen der Mönche, auf daß wir sehen, wie keine Lüge allein und nur für sich besteht. Sie sagen, das Gelübde des Gehorsams sei unbeweglich und bereits ein göttliches Gebot. Hier wiederhole ich das, was ich bei dem Gelübde der Armut vorgebracht habe. Was wollen sie sagen von den Bischöfen, die aus den Klöstern genommen sind? Wo bleibt ihr unbewegliches Gelübde? Sie werden auch hier sagen, daß sie in den Stand der Vollkommenheit übergehen und der Gehorsamspflicht nachkommen. Ich bringe auch hier wieder vor, was ich oben entgegengehalten habe, nämlich daß ein Bischof nicht Mönch werden darf und nicht in diesen Stand der Vollkommenheit eintreten darf und daß auch hier die Stände der Vollkommenheit einander widersprechen, sich gegenseitig abwechselnd Vollkommenheit und Unvollkommenheit zuweisen und nehmen. So messen diese gar feinen und anziehenden Leute die Stände der Vollkommenheit nicht am Glauben und der Liebe, nicht auch am Ende an der äußeren Heuchelei ihrer Werke, sondern an dem Belieben, von dem einen Stand in den anderen überzugehen. Denn wenn der Bischof Mönch wird, ist er in den Stand der Vollkommenheit gegangen, weil es so gefallen hat, dies den Stand der Vollkommenheit zu nennen. Umgekehrt wird der Mönch Bischof und gelangt nun in den Stand der Vollkommenheit. Wohin du auch gehst, du bist, vorausgesetzt nur daß du im Besitz ihrer Rechenkünste bist, immer in den Stand der Vollkommenheit gegangen. Und schon ist der Weltliche – das ist ihre Bezeichnung – vollkommener ohne die Gelübde als der Mönch, da der Weltliche Bischof werden kann ohne die Gelübde, wohin kein Mönch kommen kann, es sei denn, daß er seine Gelübde dahinten läßt und zum Stand der Vollkommenheit aufsteigt; darum sind die Mönche mit ihrem Stande entweder den Weltlichen gleich oder geringer als sie. Das ist töricht und kindisch, und doch zwingt der Beweis der Tatsachen selbst, dies als ihre Meinung zu verstehen.

Das ist ein ernstes Ding: Wenn das Gelübde ein Gebot ist, darf kein Mönch Bischof werden unter dem Vorwand irgendeines Gehorsams, denn er darf das Gebot Gottes auf keine Autorität hin brechen und nicht mit Rücksicht auf irgendein noch so großes Gut ändern. Denn Gott will, daß man seiner Stimme gehorche. Darüber hinaus ist beim Gelübde des Gehorsams noch dies etwas Besonderes: wer den Mönchsgehorsam verläßt, der tritt über zu dem Gehorsam, der allen gemeinsam ist. Denn wie der Bischof dem Papst, so ist jeder Christ, wie sie selbst lehren, ihm zu gehorchen verpflichtet, während er doch den Mönchsgehorsam deswegen gelobte, um einen größeren und vollkommeneren Gehorsam als diesen allen gemeinsamen zu leisten. Wenn er also dem geringeren Gehorsam nachgibt und den vollkommneren verläßt, wird er einem jeden, der ganz im allgemeinen Sinn gehorcht, gleich, und er hatte doch zuvor den vollkommenen Gehorsam gelobt, der über den allgemeinen hinausgeht. Ist er nun nicht ein Übertreter des Gelübdes? Ist er nicht in die Welt zurückgekehrt und hat er nicht das Joch des Gehorsams abgeschüttelt? Was werden sie hier sagen? Sie werden sicherlich entweder das Gelübde des Gehorsams einen zeitweiligen ersten Unterricht sein lassen, oder als schuldig gegen das Gelübde alle verdammen, die aus den Klöstern heraus Bischöfe werden, und doch halten sie etliche dieser Art für Heilige, wie Bonaventura usw.

Eine wie große Lüge und Ruchlosigkeit ist es aber, zu sagen, das heiße in den Stand der Vollkommenheit eingehen, wenn man ein unbewegliches Gelübde und Gebot Gottes breche und aufgebe? Gleich als wenn Gottes Gebot wider die Vollkommenheit streite, oder außerhalb des Gebotes Gottes irgendein Heilsanfang, geschweige denn Vollkommenheit sein könne. Wenn also der Mönch wird vollkommen sein wollen, wird er bei seinem Gelübde bleiben und das Gebot Gottes halten, obgleich, wie gesagt, alles erdichtet ist. Denn der Stand der Bischöfe hat das Amt, das Wort Gottes zu predigen; das ist nicht der Stand, zu dem die Mönche aufsteigen, da niemand besser das Wort Gottes lehren kann als die Mönche, wie es St. Bernhard und ihm ähnliche getan haben. Wenn darum der Mönch ein Bischofsamt übernimmt, wie jetzt seit mehr als vierhundert Jahren die Bischofsämter geartet sind, so begibt er sich vielmehr von dem wahren Stand der Bischöfe in den Stand bischöflicher Götzen und Fratzen.

Und um ein Ende zu machen mit diesen Lügen und Erdichtungen: Unter allen Mönchsgelübden ist keines weniger unbeweglich als das Gelübde des Gehorsams, und keines überzeugt unwiderleglicher davon, daß das Mönchsinstitut eine bloße Anleitung des christlichen jungen Volks sei, das man nach der alten Weise der Väter zeitweilig berücksichtigen soll, auf daß man den Glauben und die evangelische Zucht lerne. Ich beweise dies folgendermaßen: Es ist unmöglich, daß Klöster nicht sollten ihre Vorsteher haben, die da vorstehen, leiten und weiden die Mönche. Ist dies nicht wahr? Denn welche Verwirrung würde eine Herde ergreifen, die keinen Hirten hat? Es mag also dies wahr sein. Es ist auch unmöglich, daß eine solche Obrigkeit Gott nicht sollte gefallen, da die geordnete Gewalt von Gott ist Röm. 13 (13,1). Doch Vorsteher sein und gleichzeitig gehorchen oder untertan sein, ist ganz unmöglich. Ich spreche aber von leiblichem Gehorsam und Untertänigkeit, die auch allein gelobt wird, wie wir gesagt haben; aber auch die Regel sagt: »Man muß dem Vorgesetzten gehorchen, und die Zucht ruht in seiner Hand.« Auch des Apostels Wort führen sie hier an: »Gehorchet euren Vorstehern und seid ihnen untertan« (Hebr. 13,17). Denn es kann der Vorsteher nicht der Versammlung oder einem Untergebenen leiblich untertan sein. Es folgt also, daß jeder Vorsteher vor Gott von dem Gelübde des Gehorsams los und ledig ist, solange er Vorsteher ist. Er kann es aber immer sein, er selbst sowohl wie jeder andere; also ist entweder niemand durch ein ewiges und notwendiges Gelübde des Gehorsams auch vor Gott gebunden, oder es kann niemand in den Klöstern Vorsteher sein. Denn der Vorsteher gehorcht nicht, sondern man gehorcht ihm, und daß man gehorchen müsse, gebietet die Regel sowie die eigentliche Absicht der Profeß oder des Gelübdes.

Hier werden mir ganz und gar nichts diejenigen zu schaffen machen, welche sagen, der Vorsteher sei auch seinen Vorgesetzten untergeben und erteile seine Anweisungen nach der Regel. Das weiß ich wohl, aber was hat dies mit dem Gelübde des Gehorsams zu tun, das du bereits als göttliches Gebot erklärt hast, und das man nicht ändern darf? Man darf ein Gebot Gottes nicht fahren lassen um eines anderen Gebotes Gottes willen, noch viel weniger um eines Menschen willen. Es ist ein ander Ding, Vorgesetzter zu sein, und ein ander Ding, anderen Oberen zu gehorchen. Denn dieser Gehorsam wird endlich auf den Papst übergehen, der niemandem gehorcht. Niemand gelobt, Vorsteher zu werden oder dem Papst und den Vorgesetzten des Vorstehers zu gehorchen, sondern er gelobt nur dem Vorsteher im Kloster Gehorsam; er gelobt, sage ich, Gehorsam und zwar leibliche Unterwerfung, die nicht dasselbe sein kann wie Vorsteherschaft. Spiele nicht mit Worten. Was wäre es aber denn für ein Unglück, wenn ein bloßer Laie der Regel entsprechend zu gebieten hätte, ohne jedoch selbst irgendeinem gehorsam zu sein und Gehorsam zu geloben? Wie doch unterscheidet sich von ihm ein Vorsteher, der das Gelübde abgelegt hat? Daher gilt die Schlußfolgerung, daß der Mönchsgehorsam ein noch unvollkommener und unreifer Gehorsam ist, der gegeben ist, um nur der Jugend den ersten Unterricht zu erteilen und auch bei Gott nicht anders angesehen wird, der auch nicht anders gelobt werden kann, es sei denn, daß man ihn gottlos und frevlerisch machen will. Da also die evangelische Form zu leben die vollkommenere Form ist, muß man schließlich doch zu ihr zurückkehren und den Klostergehorsam aufgeben, gleich als käme man vom Teil zum Ganzen. Denn wenn das Vollkommene kommen wird, soll das Stückwerk aufhören, und wenn die Zeit da ist, daß wir sollen Männer sein, muß abgetan werden, was kindisch ist (1. Kor. 13, 10. 11).

Alle Gelübde also gelten nur auf eine bestimmte Zeit und sind veränderlich. Es bleibt einzig und allein die Keuschheit übrig. Wer kann nun den Grund dafür angeben, warum die Keuschheit nicht zeitlich beschränkt ist, da sie doch vor allen anderen Gelübden am ehesten zeitlich beschränkt sein müßte? Sie ist leider nicht erdichtet, sondern wahr, wenn sie auch hier ihrer Natur nach gottlos und lästerlich sein muß. Denn ihr Gelübde hat es nicht mit einer erdichteten Keuschheit zu tun, wie es einen mit neuen Worten erdichteten Gehorsam und Armut vor sich hat, sondern es befaßt sich gerade mit der wahren Keuschheit, wie sie in allen Sprachen ihren Ausdruck gefunden hat. Obwohl im Hinblick auf das Halten dieses Gelübdes nichts gefunden werden kann, das in gleicher Weise erdichtet wäre, und nirgends weniger Keuschheit vorhanden ist als bei denen, die Keuschheit gelobt haben; fast alles ist befleckt durch unreine Flüsse oder fortwährende Brunst und die unruhige Flamme der Lust. Und es wäre wünschenswert, daß, wenn doch in den Klöstern etwas Erdichtetes gelobt werden mußte, eine erdichtete Keuschheit gelobt würde. Denn das wäre eine heilsame Erdichtung. Und wer mag es geben, daß noch das Gelübde der erdichteten Armut und des erdichteten Gehorsams mit der erdichteten Keuschheit vertauscht werde, auf daß, wie man eben unter der Armut den Reichtum wahrt, unter dem Gehorsam den Ungehorsam, so nun umgekehrt unter der Keuschheit das Ehebett wahren möchte und zur wahren Armut und zum wahren Gehorsam genötigt würde? Eine solche Erdichtung wäre zu ertragen und würde eine glückliche Vertauschung sein. Doch im Gelübde der Keuschheit fehlte dem Satan der täuschende Schein, da der Unterschied von Keuschheit und Ehe allzu offenkundig ist; deswegen machte er dies nicht zum Arbeitsfeld seines Irrtums. Doch die Armut wurde fein geheuchelt dadurch, daß man keinen eigenen Besitz hatte, der Gehorsam blendete durch den äußeren Schein, als wäre er wirklich Gehorsam. Denn nichts ist dem evangelischen und allgemeinen Gehorsam ähnlicher, als der mönchische und besondere Gehorsam. Denn das Fleisch des Fingers ist dem Fleische des ganzen Körpers ähnlich. Hier also war ein weiter Raum offen für die Betätigung der Anschläge des Teufels, so daß er lehrte, anstatt der Armut in Reichtum, anstatt des Gehorsams in Ungehorsam zu leben, während er anstatt der Keuschheit nicht Ehe oder Hurerei lehren konnte.

Doch es war auch dies der Betätigung seines Irrtums nützlich. Denn ob es auch daran fehlte, lustvolle Begierde zu lehren, so trug dies doch erst recht dazu bei, Begierde zu wirken. Denn weil die Keuschheit selten und unmöglich ist, wenn eine große Menge sie gelobt, so wurden die Absichten des Satans verwirklicht. Es wäre eine allzu ehrenwerte Erdichtung, wenn die Mönche unter dem Gelübde der Keuschheit ehelich wären, und es hätte ein solches Halten des Gelübdes die Seelen nicht dem Verderben zugeführt. Darum lenkt er auf eine andere echt satanische Erfindung den Sinn und ist nicht zufrieden damit, durch Hurerei, Unzucht und Ehebruch das Gelübde der Keuschheit zu beflecken, sondern hat mönchische, nonnenhafte einsiedlerische, d. h. die einsamen, stummen Lüste erfunden. Das war der Anschlag des Satans; ob er ihn durchgeführt hat, mögen andere zusehen; ich habe nur die Absicht, seine Pläne zu enthüllen, mit denen er gegen das christliche Volk alles noch so Schlechte und Scheußliche immer in Bewegung gesetzt hat. Hüte dich darum, zu glauben, daß sie keusch leben, die vielmehr, wie allgemein bekannt, gottlos leben, durch anderer Leute Mittel gemästet, in Faulheit, Überfluß und Reichtum sorglos und träge ihre Tage hinbringen. »Denn das ist die Missetat deiner Schwester Sodom«, sagt Hesekiel 16. »Hochmut, Überfluß an Essen und Reichtum und Muße, den sie selbst und ihre Töchter hatten, und ihre Hand haben sie dem Armen nicht hilfreich angeboten; und sie waren stolz und taten Greuel vor mir; darum ich sie auch weggetan habe, wie du gesehen hast« (Hes. 16,49.50). Keuschheit kann kaum mit viel Anstrengung, Not und Kreuz gehalten werden, auch bei denjenigen, die die Frömmsten sind, d. h. die mit dem Geist des Glaubens ihre Nieren gürten, wie Jesaja 5 sagt: »Und Gerechtigkeit wird der Gürtel seiner Lenden sein, und der Glaube der Gurt seiner Nieren« (Jes. 11,5). Und Sacharja 9: »Das Korn der Auserwählten und der Wein, der Jungfrauen zeuget« (Sach. 9,17), ist das Gute und Feine des christlichen Volkes, so daß Paulus von der Witwe, die in Wollust lebt, zu sagen wagt: »Lebend ist sie tot« (1. Tim. 5,6). Wie also wollen diese fest bleiben, die das mühselige Leben der Menschen nicht kennen (Ps. 73,5), und wir sogar sehen, daß alles, was Hesekiel von Sodom sagt, Hochmut, Trägheit, Völlerei, Überfluß unter ihnen herrscht? Und ist niemand da, der um die Armen sich weniger kümmert, den Glauben aber und den Geist verfolgen sie noch dazu, geschweige denn, daß sie ihn besitzen. Sie trösten jedoch indessen sich selbst, wenn wechselweise der eine am anderen die Keuschheit zu finden erwartet, die er selbst nicht hält, wie er weiß. Und trotz dieser Erwartung ist nichtsdestoweniger der Orden heilig. Was sind das für Zeiten, welch ein Regiment ist das. O welche Taten, und wie gehört doch alles dem Satan!

Was soll ich darum vom Gelübde der Keuschheit weiter sagen, da es nicht meine Absicht ist, von dem Halten des Gelübdes zu reden, und von dem Nichthalten ich ausgiebig genug gesprochen habe? Denn ich habe deutlich bewiesen, daß die ganze Einrichtung des Gelübdes in ihren ersten und wichtigsten Stücken erdichtet ist, im Gehorsam nämlich und in der Armut, auch wenn sie von den Heiligsten und Frömmsten gelobt und gehalten wird; lügnerisch aber, gottlos, ruchlos und gotteslästerlich ist sie ihrer Natur nach für diejenigen, die nicht heilig und fromm sind. Was willst du noch mehr? Sodann habe ich bewiesen, daß das, was die Gelobenden besonders suchen, weit abscheulicher und greuelhafter ist, nämlich der Gottesdienst selbst, der seiner Natur nach nichts anderes ist als eine Fratze, die Gott verhöhnt, mit seiner Platte, seinem Salben, seinen Kleidern, seinem Lärm, Murmeln, Stehen, Sitzen, Verneigen, Kniebeugen, Räuchern, Sprengen.

Das Hauptstück aber dieses Gottesdienstes, nämlich die Messe, übertrifft alle Gottlosigkeit und allen Greuel, weil sie sie als Opfer und gutes Werk gebrauchen, so daß, wenn kein Grund vorhanden wäre, die Kappe abzulegen, das Kloster zu verlassen, das Gelübde zu verwünschen, allein der Greuel der Messen genug und übergenug dazu verpflichten dürfte, das Gewissen nicht an der Gemeinschaft mit den verderbten Menschen teilnehmen zu lassen, besonders, wenn man im Gelübde und im Kloster sich nicht aufhalten kann, ohne bei ihren Messen zugegen zu sein und tätig mitzuwirken. Ja es gibt niemand unter denjenigen, welche Gelübde ablegen, der nicht zuerst und zuhöchst in seinen Gedanken auf die Messen und den Gottesdienst hinschaut. Denn deswegen werden sie Mönche, um Gott dienen zu können. Niemand wird Mönch um der Keuschheit willen; denn er weiß, daß sie auch ohne die Kappe nicht weniger trefflich als mit der Kappe gehalten werden kann. Aber der greuelhafte Gottesdienst verlockt uns zufolge des gleißenden Scheins des Satans und zieht uns vermittelst ganz feinen Betruges in die unauflösbare Schlinge der Keuschheit oder vielmehr der lustvollen Begierde. Um so hohen Preis verkauft er den falschen Aufputz dieses Greuels, so daß er dich zu diesen seinen Schlüpfrigkeiten nicht zuläßt, wenn du nicht auf immer dich in die Gefahr der verruchten Lust begibst.

Da also der Grund des Gelobens seiner Natur nach abscheulich ist, die Bedingung gotteslästerlich, die Absicht Betrug ist, auch die ersten Stücke des Gelübdes erdichtet und falsch sind, was zweifelst du da noch, daß ein solches Gelübde in keinem seiner Teile gelte? Denn nicht die Philosophie, sondern die Natur, das Recht und der gemeine

Menschenverstand lehrt, der Vertrag sei nichtig, dessen Bedingung böse, dessen Ursache gotteslästerlich, dessen Absicht falsch sei, wenn auch ein Einfältiger einen solchen Vertrag hält. Doch dies siehst du im Mönchsgelübde in übertriebenem Maße die Herrschaft haben. Die Ursache ist jener fratzenhafte Gottesdienst und der Greuel der Messen. Die Bedingung besteht darin, daß Gehorsam und Armut evangelische Räte seien und daß leiblicher Gehorsam und Armut unbewegliche Gelübde sind. Die Absicht ist, dies alles anders anzunehmen als es ist. Es bindet also das Gelübde seiner Natur nach nicht, vielmehr muß man es brechen, mögen auch die Heiligen durch ein Wunder des Geistes mitten in diesen Greueln gerettet sein und solches Gelübde über und wider seine Natur gehalten haben. Stelle dir vor, du hättest versprochen, deinen Vater zu töten und deine Mutter zu schänden, und dies Versprechen nur zu erfüllen unter Hinzufügung von Fasten, etlichen Gebeten oder anderen guten Werken, solltest du deswegen etwa dem Gelübde der Gebete und guten Werke verpflichtet sein, weil sie gut sind, wenn du siehst, daß die Hauptsache, der Grund und die Absicht des Gelobens, vollständig fluchwürdig sind? Du mußt vielmehr das Gute mit dem Bösen unterlassen und etwas anderes versprechen ohne das Böse, oder nichts geloben, ganz nach deinem Belieben. So, siehst du, verhält es sich auch mit dem Mönchsgelübde bei allen, die nicht durch den Geist ihre Gelübde verachtet und für nichts gehalten haben.

Es hat aber auch die Keuschheit, gleichwie auch die übrigen Stücke der Gelübde, ihre Gottlosigkeit darin, daß sie höher als der allgemeine Glaube gerühmt wird, zur Beleidigung Christi, wovon wir schon oben etwas gesprochen haben. Denn nicht wer Jungfrau oder keusch ist, wird gerettet werden, sondern nur der Christ. In Christus aber gilt weder Mann noch Weib (Gal. 3,28), so auch weder Jungfrau noch Eheweib und dergleichen, wohl aber ein Glaube, eine Taufe, ein Herr (Eph. 4,5). Und wo der Geist nicht zugegen ist, ist es unmöglich, daß die Keuschheit nicht gottlos gelobt und gehalten ist. Denn wer ein solches Gelübde ablegt, der glaubt, durch dies Werk der Keuschheit Gott zu gefallen, während doch geschrieben steht: »Es ist unmöglich, ohne Glauben Gott zu gefallen« (Hebr. 11,6). Wer darum in dieser Meinung das Gelübde der Keuschheit ablegt, gelobt überhaupt nichts, und es steht ihm frei, das Gelübde nicht zu erfüllen. Wer aber die sind, die in dieser Meinung ihr Gelübde abgelegt haben, das kann mit Worten nicht bestimmt angegeben werden, sondern bleibt dem Gewissen eines jeden einzelnen überlassen. Daß es aber nicht bestimmt angegeben werden kann, das verschulden die Gefahren unserer Zeiten, die Paulus vorhergesagt hat (2. Tim. 3, 1). Es liegen gleich vorn auf jedem Wege die Anstöße und Gefahren der gepriesenen Jungfräulichkeit, des gerühmten Gelübdes der Enthaltsamkeit, die Beispiele der Heiligen, auf die der einfältige Haufe leicht stürzt, und während sie vom Evangelium und dem Glauben schweigen, eignet er sich das an, das gepriesen und vorgehalten wird, und verläßt sich so auf die Werke und geht zu Grunde. Wiederum kann es geschehen, daß einige eben dies sich aneignen ohne Ärgernis und es gesegnet erfüllen, wie wir es von den Heiligen glauben. Und da wir diese nicht verdammen dürfen und jene nicht loben dürfen, geschieht es, daß alles voller Gefahr ist und nichts bestimmt angegeben werden kann. Wenn aber das Evangelium allein herrschte und die Netze der Gelübde nicht da wären, so würde es keine Gefahr geben und jene klare, bestimmte Angabe wäre nicht nötig, da alle wüßten, daß nicht auf Grund eines Gelübdes, sondern in freier Weise die Keuschheit zu halten sei, und man nicht auf die Werke, sondern auf Christus seine Hoffnung setzen müsse. Wer aber jetzt Erwartungen hegt, der mag sie hegen, und wer keine hegt, der mag sie nicht hegen, was können wir weiter sagen, bis die Anstöße und Gefahren wiederum aus dem Reiche Christi fortgeschafft werden?

Doch sie werden mir vielleicht jenes Wort Jesaja 56 entgegenhalten, wo der Herr den Verschnittenen eine besondere Stärke und einen besseren Namen in seinem Hause verheißt als den Söhnen und Töchtern (Jes. 56, 4. 5). Es scheint also der Jungfräulichkeit und der Keuschheit ein besseres Verdienst zugeteilt zu werden als den übrigen Gläubigen und nicht dem Glauben allein das Verdienst zuzufallen. Darauf antworte ich: dieser Spruch will dasselbe, wie Paulus 1. Kor. 7, der hier selbst sagt: es sei gut, wenn ein Mensch also sei, und es sei besser, wenn die Jungfrau nicht verheiratet würde, als wenn sie verheiratet würde (1. Kor. 7, 26. 38). Denn auch wir wissen, daß in des Vaters Haus viele Wohnungen sind (Joh. 14, 2), und daß ein Stern an Klarheit von dem anderen sich unterscheide (1. Kor. 15, 41) und daß ein jeder seinen Lohn empfangen werde seiner Arbeit entsprechend (vgl. 2. Kor. 5, 10). Ja auch Paulus läßt die Ältesten, die um das Wort sich bemühen, doppelter Ehre wert sein (1. Tim. 5, 17). Und daß wir auf das Wort des Jesaja kommen, so tröstet hier der Herr die evangelisch Verschnittenen, damit sie nicht glauben, sie seien nichts, wenn sie nicht Kinder zeugten; denn es war ja im Gesetz die Keuschheit verflucht, er hebt darum diesen Fluch auf und sagt: »Und nicht soll sagen der Verschnittene: Siehe da, ich bin dürres Holz« usw. (Jes. 56,3–5). Darauf lobt er nicht die bloße Keuschheit, hebt sie auch nicht über alles andere empor, wie unsere Leute es tun, sondern er sagt: »Denn so spricht der Herr zu den Verschnittenen, die meine Sabbate halten und erwählen, was mir wohlgefällt, und meinen Bund fest halten: Ich will ihnen in meinem Hause und in meinen Mauern einen Ort geben und einen besseren Namen, denn den Söhnen und Töchtern; einen ewigen Namen will ich ihnen geben, der nicht vergehen soll.« Du siehst, daß die Keuschheit hier so gepriesen wird, daß ihr noch weit vorgezogen wird das Halten der Sabbate Gottes, die Wahl seines Willens und die Beobachtung des Bundes des Herrn; dies aber ist allen gemeinsam; daraus folgt, daß ohne dies die Keuschheit nichts ist. Deswegen kann die Bezeichnung »diese Stätte« und »dieser Name«, der besser sei, denn der den Söhnen und Töchtern gegebene, nicht anders verstanden werden, als daß die Gaben verschieden seien und unter sich die einen größer seien als die anderen im Hause Gottes, gleichwie auch Paulus mehr als die anderen gearbeitet hat (1. Kor. 15, 10); so sind auch Jungfräulichkeit und Keuschheit größere Werke und Gaben als die Ehe. Und in der Tat sind die Namen und Stätten unter den Söhnen und Töchtern und untereinander im Hause besser und größer, aber zwischen Gott selbst und den Verschnittenen gibt es keinen Namen als nur den einen und allen gemeinsamen, welches ist der Name Christi. Denn dieser hält den Sabbat, geht auf den Willen Gottes ein und wahrt den Bund des Herrn, der Name aber des Verschnittenen tut nichts dergleichen, sondern wird erst auf Grund dessen möglich und wirklich. In diesem Sinne sind all die Sprüche zu verstehen, die die Werke und den Unterschied der Werke zu rühmen scheinen. Denn auch Paulus beschreibt 1. Kor. 12 den Unterschied der Gnaden, Gaben und Wirkungen (1. Kor. 12, 4–6), aber immer fügt er hinzu, daß ein Gott, ein Herr und ein Geist sei. Und Petrus redet von den mancherlei Gnaden, mit denen man aber einander dienen solle (1. Petr. 4, 10). Und Röm. 12 und 1. Kor. 12 spricht der Apostel von dem einen Leib, aber den vielen Handlungen der verschiedenen Glieder in ein und derselben Gesundheit des Glaubens (Röm. 12, 4 ff.; 1. Kor. 12, 12).

Aber wir wollen nun von der frommen und in rechter Weise gelobten Keuschheit zur größeren Sicherheit der Gewissen sprechen: obwohl dieselbe entweder keine ist, oder keinem unmöglich ist, weil der Geist, der sie begonnen hat, treu ist, und die angefangene zu Ende führen wird, auch wenn er es zuläßt, daß kräftig gestoßen und versucht werde, so wollen wir doch nichtsdestoweniger zum Überfluß von ihr reden. Paulus bekennt Röm. 7, daß die Sünde in seinem Fleisch so stark sei, daß er von ihr in diesem Leben nicht frei werden könne (Röm. 7, 18 ff.). Diese Sünde ist zweifellos wider das Gesetz Gottes, aber um des Glaubens willen, der im Geiste widersteht, wird sie verziehen und nicht angerechnet, obgleich das Gesetz fordert, daß keine Sünde in uns sei. Das Gesetz aber des Geistes des Lebens in Christus kommt uns zur Hilfe, daß diese Unmöglichkeit, das Gesetz zu erfüllen, keineswegs Verdammnis wirkt, wenn wir nur nach dem Geiste und nicht nach dem Fleische wandeln. Daraus nun leite ich wie vom Größeren meine Schlußfolgerung ab. Wenn Gott in seinem Gesetz, daß er selbst gegeben hat, Nachsicht übt und die Unmöglichkeit des Gesetzes vergibt, die in uns übrig geblieben ist und hier keine Gefahr mehr droht, mag auch wahrhaftig Sünde da sein, um wieviel zuversichtlicher muß man sein Vertrauen setzen auf die Güte Gottes, daß er das Gelübde der Keuschheit nicht anrechnen werde – das er selbst nicht geboten hat, noch geraten oder gebilligt hat, das vielmehr durch hinterhältige Unbesonnenheit und Unwissenheit dazwischen gekommen ist –, falls es uns unmöglich ist und die Gefahr der lustvollen Begierde droht, wenn wir nur innerhalb der Schranken der tiefer stehenden Keuschheit der Ehe bleiben und nicht nach dem Fleische wandeln. Sollte er etwa strenger auf der Erfüllung des Gelübdes bestehen, das durch unsere Torheit erfunden ist, als auf der Erfüllung seines Gesetzes, das seine eigene Weisheit gegeben hat?

Der Apostel Paulus hat Apg. 15 aus den Werken Gottes die evangelische Freiheit bewiesen (Apg. 15, 12), weil der Geist den Heiden ohne die Beschneidung und das Gesetz des Mose gegeben wurde, mochte auch fast die ganze erste Kirche irrenden Gewissens das Gegenteil meinen; allein aber Petrus, Paulus und Barnabas haben auf Grund der Autorität der göttlichen Werke ihr Urteil für die Freiheit abgegeben und wider alle gefestigt. Daraus sollen wir lernen, daß wir dort, wo nicht Zeugnisse der Schrift uns beistehen, auf die gewissen Werke Gottes uns stützen und anstatt der Zeugnisse ihnen folgen müssen. So haben wir auch in diesem Fall zu tun; da wir sehen, daß seine Güte nachsichtig ist in seinem heiligsten Gesetz um dessen Unmöglichkeit willen, so dürfen wir sie auch als nachsichtig erwarten im Hinblick auf die Unmöglichkeit unseres Gelübdes. Denn es ist nicht glaubwürdig, daß der so streng sei in der Forderung dessen, was unserer Torheit entstammt, der so gütig ist in seiner Gerechtigkeit. Und ich glaube, wenn jemand, der unfähig ist, die gelobte Keuschheit zu halten, in dieser Zuversicht heiratet und gerade diese Zuversicht der Beweggrund ist, so würde er einen nachsichtigen und wohlwollenden Vater finden, da er es ja täte, um nicht schwerer gegen das Gesetz Gottes zu sündigen.

Derartig ist auch jenes Werk, daß er die eheliche Pflicht, die doch nach dem Zeugnis des Psalms 50 Sünde ist (Ps. 51, 7) und ganz unsinnig, in nichts sich unterscheidend von Ehebruch und Hurerei, soweit die Brunst und böse Lust betrachtet wird, den Ehegatten überhaupt nicht anrechnet, aus keinem anderen Grund als aus seiner Barmherzigkeit, weil es unmöglich von uns gemieden werden kann, während wir doch gehalten sind, darauf zu verzichten. Warum sollte man darum auch nicht hoffen, daß Gott einem Ehelosen, der das Gelübde der Keuschheit nicht halten kann und sonst sündigen würde, dies unmögliche Gelübde auflöst und nach Vernichtung des Gelübdes die Ehe erlaubt, oder wenn es mit Sünde gegen das Gelübde geschähe, gütig Nachsicht übt, gleich als wäre es die eheliche Pflicht? Wenn du nun erwägst, ein wie großes Ding das Gesetz Gottes ist, und alles sorgfältig vergleichst, die Unmöglichkeit, es zu erfüllen, und die Sünde, die vergeben wird, und die Größe der verzeihenden Güte, sodann die Torheit und den Unverstand unseres Gelübdes, die bloße Überlieferung und Erfindung der Menschen, so wird der eben genannte Grund dich sicherlich dahin drängen, daß du es für etwas Geringfügiges hält, wenn dem schwachen und strauchelnden Ehelosen die Ehe vergeben wird, für etwas Geringfügiges im Vergleich mit der Vergebung der Sünde wider das gesamte Gesetz Gottes, weil es von allen Menschen nicht erfüllt werden kann. Also dürfen wir aus diesem Werke Gottes ganz zuversichtlich folgern, daß ein unmögliches Gelübde nicht binde, wenigstens auf Grund der Güte Gottes, wie es auch immer auf Grund seiner Natur binden sollte.

Und dies möchte ich gesagt haben, nicht um das Zugeständnis gemacht zu haben, daß irgendein solches Gelübde geschehen könnte gemäß dem Mönchsinstitut, oder um es für nötig zu halten für diejenigen, die in frommer Weise auch unter dem Mönchsinstitut ihre Gelübde abgelegt haben. Denn wie diese der Geist, wie schon gesagt, antreibt, so wird er auch ferner sie bewegen, daß sie unter dem Mönchsinstitut ohne das Mönchsinstitut geloben und leben. Denn nicht geloben sie oder halten sie, weil die Form und das Gesetz des Klosterlebens es so gebietet und fordert, sondern weil es ihnen kraft des Geistes der

Freiheit ohne Entgelt Freude macht, das an sich zu tun, was das Klosterwesen vorschreibt; sonst würden sie das Werk des Gesetzes und die Gerechtigkeit der Taten verrichten, was vollständig dem Evangelium widerspricht. Weil jene aber nach der Form des Klosterlebens und um desselben willen geloben und leben, sind sie Juden und geloben und leben in gottloser Weise wider das Evangelium. Darum kann ihr Gelübde auch nicht so geartet sein, daß es dieses Rates bedürfte, sondern es ist von Grund aus zu widerrufen und preiszugeben; denn im Neuen Testament welches das Testament der Freiheit ist, in dem der Dienst des Geistes und nicht des Buchstabens herrscht (2. Kor. 3,6), ist es nicht erlaubt, den Buchstaben aufzurichten und zu lehren. Wenn er aber zur Versuchung aufgerichtet und gelehrt ist, darf man ihn nicht annehmen, sondern muß ihn meiden und fliehen. Denn es sagt Paulus Röm. 16: »Ich ermahne euch aber, lieben Brüder, daß ihr aufsehet auf die, die da Zertrennung und Ärgernis anrichten neben der Lehre, die ihr gelernt habt, und weicht von denselben. Denn solche dienen nicht dem Herrn Jesus Christus, sondern ihrem Bauch, und durch süße Worte und prächtige Rede verführen sie die Herzen der Unschuldigen« (Röm. 16,17.18). Diese Worte können nur auf diejenigen bezogen werden, die neben dem christlichen Weg gleichsam etwas Besseres lehren. Denn er sagt nicht, daß sie unsere Lehre leugnen, sondern daß sie neben dieser noch eine andere lehren, was so recht eigentlich die Mönchseinrichtungen tun; aber auch Parteiungen und Spaltungen, ja auch Knechtschaft des Bauches, besonders aber süße Worte und Prahlereien, Lobeserhebungen, Privilegien und andere Empfehlungen und Lobpreisungen der Orden und Werke sehen wir nirgends als nur bei den Mönchen, wo auch die Verführung der unschuldigen Herzen herrscht. Da er also gebietet, man solle auf sie Obacht geben und von ihnen sich zurückziehen, so ist es zweifellos, daß dieser Art Gelübde nichtig sind und niemals irgendetwas gegolten haben. Darum muß man auch von ihnen sich zurückziehen, entweder dem Geiste nach, wie es die Heiligen getan haben, oder gleichzeitig dem Geist und Buchstaben nach, gleich als von der sichersten, durch den Apostel hier definierten und verdammten Verführung. Dasselbe will er auch, wo er in beiden Briefen Timotheus anhält, zu bleiben in dem, das er gelernt hatte, und nicht duldet, daß etwas hinzugetan werde (2. Tim. 3,14). »Wo du solches tust«, sagt er, »wirst du dich selber selig machen und die, die dich hören« (1. Tim. 4,16). Es leidet keinen Zweifel, daß er sich selbst und die, die ihn hören, verderben wird, wenn er nicht darinnen bleibt. Darum nennt sie auch Petrus 2. Petr. 2 Sekten des Verderbens (2. Petr. 2, 1), und schreckt uns also durch ein entsetzliches und furchtbares Wort von den Sekten und Meinungen ab, die außer Christus sind. Und auch dort, wo er 1. Petr. 4 geboten hatte, es solle nichts gelehrt werden als das Wort Gottes, und nichts angeordnet werden, als das Werk Gottes, daß allein Gott in uns gepriesen würde in allen Stücken durch Jesus Christus (1. Petr. 4, 10–13), hat er hinzugefügt, wir möchten nicht umherirren in der Hitze der Versuchung. Doch laßt uns die heilsamen Worte des Apostels selbst hören: »Dienet einander, ein jeglicher mit der Gabe, die er empfangen hat, als die guten Haushalter der mancherlei Gnade Gottes. So jemand redet, daß er es rede als Gottes Wort; so jemand dient, daß er es tue als aus dem Vermögen, das Gott darreicht, auf daß in allen Dingen Gott gepriesen werde durch Jesus Christus, welchen sei Ehre und Gewalt von Ewigkeit zu Ewigkeit. Ihr Lieben, werdet nicht Fremdlinge in der Hitze, die in euch ist – die euch widerfährt, daß ihr versuchet werdet – als widerführe euch etwa Seltsames, sondern nehmt teil an den Leiden Christi.«

Zunächst will er, daß man mit nichts einander diene als mit der empfangenen Gabe, daß man nichts lehre als das Wort Gottes, nichts tue, als was Gott in uns wirkt; denn wir sind nicht unseres eigenen Vermögens, sondern der mancherlei Gnade Gottes Haushalter, so daß in uns nichts Menschliches, sondern nur Göttliches geredet und getan werden soll. Das soll darum geschehen, damit Gott durch Jesus Christus gepriesen werde, welchem Ehre und Gewalt von Ewigkeit zu Ewigkeit gehört. Denn da wir sein Reich sind, und es ihm gebührt, in uns zu regieren und zu herrschen, ist kein Wort oder Werk zu erlauben, das er selbst nicht in uns redet oder wirkt. Wenn wir es aber erlauben, verwerfen wir ihn bereits mit den Juden, daß er nicht über uns herrsche (Luk. 19, 14), und mitten im Reiche Gottes lassen wir einen Fremden herrschen, und so wird das Reich Gottes verwüstet und es sitzt der Greuel an der heiligen Stätte (Mt. 24, 15). Denn deswegen ist die Kirche das Reich Gottes und wird sie so genannt, weil allein Gott in ihr herrscht, befiehlt, redet, wirkt und gepriesen wird. Wenn daher ein Mensch in uns etwas lehrt und wirkt, was Gott nicht lehrt und wirkt, so wird Gott nicht mehr in uns durch Jesus Christus gepriesen. Denn der wird gepriesen, dem das Wort und Werk gehört, Gott aber wird durch ein fremdes Wort und Werk nicht gepriesen. So muß also notwendig Gott seine Ehre und sein Reich in uns verlieren, wenn ein fremdes Wort und Werk in uns herrscht; denn dessen wird Ehre und Reich sein, dessen das Wort und das Werk ist. Was kann daher Kräftigeres wider Papsttum, Bistum, Mönchtum, Priestertum, wie sie jetzt sind, gesagt werden? Ist jemand so ungelehrt oder kühn, daß er behaupten möchte, die Lehren und Werke des Papstes und der Mönche seien diejenigen Gottes, durch Jesus Christus überliefert? Denn wo hat Jesus Christus sie übermittelt? Doch was nicht durch Jesus Christus zu uns gesagt und getan wird, das kann nicht wiederum durch denselben von uns zur Ehre des Vaters wiedergegeben werden. Wessen also ist der Ruhm und das Reich bei den Mönchen? Schlechterdings nur des Satans, durch St. Benedikt und andere Menschen, die durch gottlose Heuchelei und verderbte Nacheiferung der Werke gepriesen und gefeiert sind. Wie also Christus die Mönchsgelübde nicht lehrt, so wirkt er sie auch nicht, mag er auch in den Heiligen, die unter dem Institut der Gelübde gefangen waren, in wunderbarer Weise ohne Gelübde gewirkt und geredet haben.

Sodann, wenn er sie freundlich anredet und sagt: »Ihr Lieben, werdet nicht Fremdlinge in der Hitze, die in euch ist« usw., ist er besorgt um uns, wir möchten etwa diese Regel, die von ihm vorgeschrieben ist, durch irgendwelche Versuchung gefangen, verlassen. Er braucht das Wort peregrinari, welches im Griechischen lautet: μὴ ξενίζεσθε, d. h. ziehet nicht in der Fremde umher, werdet nicht Fremdlinge; und er hat es mit diesem Worte auf mehr als eine Figur des Alten Testamentes abgesehen. Denn er will das, was Paulus Epheser 4 sagt, daß wir nicht umherschweifen und uns umhertreiben lassen von allerlei Wind der Lehre (Eph. 4, 14), daß wir uns nicht einladen lassen zu den Götzenopfern der Moabiter und nicht Fremdlinge werden unter allen Völkern, die um uns herum wohnen, sondern in der eigenen und einheimischen Lehre verharren. Unter der »Hitze, die in euch ist,« versteht er den eigenen Geist, der abgebildet ist in dem Wort conflare, (d. i. zusammenschmelzen). Daher heißt es im Alten Testament, daß die Götzenbilder geschmolzen und gegossen werden, d. h. daß ruchlose Lehren über die Werke gebildet werden. Daß dieser Geist in uns und unter uns nicht fehlen werde, sagt er vorher; aber er warnt auch davor, durch denselben als Fremdlinge umherzuirren in Versuchung und Ärgernis. Denn die solches an uns versuchen, waren noch für die Zukunft aufbewahrt, und sie sind gewesen und werden sein. Aber, so sagt er, weicht nicht ab von eurer einheimischen Regel, als träfe euch etwas Seltsames, d. h. seid gewiß, daß nichts Neues von Gott gelehrt werden wird; das Wort, das ihr gehört habt, ist ewig und bleibt von Ewigkeit zu

Ewigkeit. Wenn nun etwas Neues und Seltsames euch widerfährt, so wisset, daß es von anderswoher als von Gott kommt, um euch vom rechten Wege abzubringen und zu Fremdlingen zu machen. Mit diesem Wort ist er der noch ganz in der Zukunft liegenden Lüge der Papisten zuvorgekommen, kraft welcher sie sagen, es sei nicht alles von Christus und den Aposteln gesagt und angeordnet, sondern der Kirche sei noch sehr viel zu sagen und anzuordnen überlassen worden. Das ist das Seltsame und Neue, von dem Petrus nicht will, daß es uns begegnen dürfe oder könne. Alles demnach, das nicht in Worten und Werken Gottes besteht, verdammt Petrus hier, d. h. er löst die Mönchsgelübde auf.

Unter allen aber redet Christus am deutlichsten gegen die Mönchsgelübde, Mt. 24: »So alsdann jemand zu euch wird sagen: Siehe, hier ist Christus, oder da; so sollt ihr es nicht glauben. Denn es werden falsche Christusse und falsche Propheten aufstehen und große Zeichen und Wunder tun, daß verführet werden in den Irrtum, wo es möglich wäre, auch die Auserwählten. Siehe, ich habe es euch zuvor gesagt. Darum, wenn sie zu euch sagen werden: Siehe, er ist in der Wüste; so gehet nicht hinaus. Siehe, er ist in der Kammer; so glaubet es nicht« (Mt. 24,23–26). Diese Worte können auf keine Ketzer gedeutet werden, denn nur auf diejenigen, die da lehren Wege und Weisen – wie sie es nennen – zu leben, die zur Gerechtigkeit und Seligkeit führen; solche sind keine gewesen, denn nur die Papisten und Mönche. Denn sie sind es, die die Einsiedler rühmen, d. h. sie rufen die Leute in die Wüste und in die Kammern, d. h. in die Klausen oder Klöster. Daß hier Christus gefunden werde, d. h. Gerechtigkeit und Heil, lehren sie so unverschämt, daß sie die übrigen Lebensordnungen weltlich nennen, als ob allein bei ihnen das Heil wäre. Aber eben deswegen sind sie falsche Christusse und verführen vom gemeinsamen Glauben zu den Werken und ziehen die Menschen von Christus ab, daß sie ihnen nachfolgen. Man liest in den Lebensbeschreibungen der Väter, St. Sylvanus habe eine Vision gehabt, und es sei ihm gezeigt worden, daß die Hölle mit Mönchen angefüllt sei; hernach wollte er während seines ganzen Lebens nicht mehr sich trösten lassen, nachdem er gesehen hatte, daß diese Sorte Menschen, die als Heilige angesehen wurden, haufenweise zugrunde gingen. Diese Geschichte und Vision stimmt fürwahr mit diesem Evangelium überein, und es scheint Gott sie deswegen offenbart zu haben, um die damals anhebende Wirkung des Irrtums zu zeigen und zu verhindern, was er auch durch viele andere Zeichen wollte, so an St. Antonius, Paphnutius und anderen geschehen sind. Denn es sind in diesem Buch viele sehr gefährliche Beispiele, die wider die Lehre des Glaubens mit Werken toben. Wenn aber zu jener Zeit das mönchische Leben die Wirkung des Irrtums war und die Mönche dem Verderben überlieferte, wie meinst du denn, steht es heute, da schon längst der Glaube und das Evangelium ausgetilgt ist?

Es fällt hier zusammen das Argument der Pariser Esel und der Schweine der papistischen Sekte, mit dem sie von der Menge und Heiligkeit her argumentieren. Christus entwertet das Argument, das auf die Menge sich beruft, wenn er sagt: »Und sie werden viele verführen, so daß die Auserwählten in den Irrtum eingeführt werden können.« Das von der Heiligkeit hergenommene Argument aber löst er durch eben dieselben Worte auf, wenn er vorhersagt, daß die Heiligen verführt werden sollen. Nichts also schaffen die dummen Esel, wenn sie sagen, die Kirche sei nicht eine so lange Zeit verlassen gewesen und habe auch wohl gewußt, was jetzt Luther zu wissen versichert. Sie selbst nennen ihre Sekten die Kirche, aber sie sind nicht mit mehr Recht die Kirche als die Propheten, Priester, Ältesten, Könige, Fürsten, Pharisäer, Sadduzäer die Synagoge waren, die alle auch zu den Zeiten des Elias geirrt und in Unkenntnis gelebt haben (1. Kön. 19, 18), so daß nur 7000 überblieben, die aber so sehr verborgen waren, so sehr nicht als Synagoge angesehen wurden, daß auch Elias keinen von ihnen kannte. O, welch ein schreckliches Beispiel! Du siehst also hier auf Grund der Autorität Christi, daß es erlaubt, ja vielmehr gefordert ist zurückzukehren, wenn du in ihre Wüste hinausgegangen oder in ihre Kammern eingetreten bist. Was ist dies anderes, denn daß du dein Gelübde, das auf eine andere Lehre denn diejenige Christi getan ist, widerrufen und ungültig machen sollst, da es irrig und gottlos ist? Denn ich habe gesagt, daß St. Bernhard deswegen gerettet sei, weil er über die Gelübde und sein ganzes Leben von Herzen diesen Spruch gesprochen hat: »Ich habe verdammlich gelebt.« Macht er nicht mit diesem Wort und Bekenntnis seine Gelübde zunichte und kehrt zu Christus zurück? In derselben Weise sind auch die anderen Heiligen unter den Gelübden ohne die Gelübde erhalten worden, nur daß sie in dem Irrtum der Auserwählten unter den Gelübden gelebt haben, zu einer Schlinge und einer Wirkung des Irrtums für diejenigen, die verloren gehen und dem Evangelium nicht glauben. Da also diese Worte Christi so passend auf die Möncherei bezogen werden, zugleich auch ihre Argumente auflösen, muß man zuversichtlich sich auf sie stützen und die Gelübde ansehen, als wären sie keine Gelübde; als von denen du genau weißt, daß sie nicht auf die Worte und Werke Gottes, sondern der Menschen geschehen und darauf sich stützen, was verboten ist, und die ihrer Natur nach wider den Ruhm und das Reich Gottes sündigen.

Aus dem allen ergibt sich auch die Torheit des Gelübdes, zumal der Keuschheit, so daß, falls alles übrige es nicht hinfällig machte, doch schon die Torheit selbst die Gültigkeit des Gelübdes aufhöbe. Denn was gelobt der Ehelose, wenn er Keuschheit gelobt, anderes als etwas, das überhaupt weder in seiner Gewalt ist noch sein kann, weil es eben allein Gottes Gabe ist, die der Mensch empfangen, aber nicht darbieten kann? Er verspottet also Gott, wenn er gelobt, und zwar genau so, wie wenn er geloben wollte, ein Bischof, Apostel, Fürst oder König zu werden, während er doch weiß, daß nichts davon in seiner, des Gelobenden, Macht steht, sondern in eines anderen Willen und Gewalt, dessen, der dazu beruft. Stelle dir einmal einen Wahnsinnigen vor, der Gott in dieser Form geloben wollte: »Ich gelobe dir, Herr, neue Sterne zu schaffen oder Berge zu versetzen«. Wie wirst du über dies Gelübde urteilen? Doch von diesem Gelübde unterscheidet sich in keiner Weise das Gelübde der Keuschheit, da es nicht weniger ein wunderbares Werk Gottes ist, als Sterne schaffen und Berge versetzen. Da also der Herr befiehlt, daß, wer gelobt oder darbietet, von seiner eigenen Habe und den Gaben, die ihm Gottes Segen verliehen hat, darbieten soll, entsprechend dem Wortlaut aller Worte des mosaischen Gesetzes über das Gelübde, so ist es deutlich, daß das Gelübde der Keuschheit Gott nicht gefallen, auch nicht von ihm verlangt werden kann, da es im Hinblick auf eine Sache stattfindet, die noch gar nicht verliehen ist und in unserer Macht überhaupt nicht sich befindet. Denn wenn ein einziges Gelübde gültig ist, das im Hinblick auf Dinge geschieht, die uns nicht gehören, sondern in der Hand Gottes liegen, werden wir auch mit Fug und Recht alles geloben können, was Gott hat und tun kann. Wenn dies alles aber nicht gilt, wird auch jenes eine Gelübde der Keuschheit nicht gültig sein. Du magst also geloben, du werdest ganz gewiß selig werden, Petrus gleich sein, die Reiche der Türken verwüsten, so lange leben wie Methusalem und alles, was Gott an den Menschen tut oder tun kann. Wenn es jedoch nicht gestattet ist, dies zu geloben, weil es nicht dein ist, warum gelobst du denn die Keuschheit, die nicht dein ist? Warum gelobst du nur in einem, das Gottes allein und nicht dein ist, und nicht in allem? Wenn nicht in allem, warum in einem? Du wirst sagen: »Die Keuschheit kann ich durch Gebete erlangen.« Das höre ich wohl. Und was kannst du nicht durch Gebet erlangen? Hat Christus nicht verheißen: »Alles, was ihr bitten werdet in meinem Namen, glaubt nur, so soll es euch werden?« (Mt. 21,22; Mk. 11,24). Warum also gelobst du nicht auch alles andere und erlangst es?

Doch du wirst vielleicht einwenden: »Besteht diese Meinung zu Recht, so dürfte man auch in der Taufe nicht Gott geloben, da auch den Glauben und die Gebote Gottes zu erfüllen nicht in unserer, sondern allein in Gottes Gewalt steht«. Ich antworte darauf: Das wäre recht fein und schön, als ob die Gelübde der Taufe mit deinen Gelübden irgendwie zusammen stimmten. In der Taufe ist es die Verheißung Gottes, die anbietet, und unser Geloben ist nichts anderes, als Christus annehmen, der uns angeboten wird. Ein wirklich seliges Gelübde, welches nicht verspricht, etwas zu geben, sondern nur die Güter anzunehmen und den angenommenen anzuhangen! Hier geloben wir überhaupt nichts von unserem, noch von demjenigen, das in Gottes Gewalt ist; vielmehr, wenn man es recht überlegt, gelobt Gott uns, und das Gelübde ist auf seiten Gottes, der zugleich verheißt und verleiht die Gnade und das, was seine Gebote fordern. Wir wiederum geloben, das Gelübde und seine Verheißung gern und mit Freuden anzunehmen und zu halten. Doch wenn du Jungfräulichkeit oder Keuschheit gelobst, ist dann etwa Gott zugegen und gelobt sie dir, verheißt und bietet sie an? Wann denn hat er zugesagt, sie dir zu geben? Woher bist du dessen gewiß, daß er sie schenken wird? Trittst du nicht allein und ohne die Sache, die du versprichst, heran? Bist nicht du allein es, der verspricht, so daß keiner da ist, der dir antworte und das Versprechen empfange? Und warum sollte er es annehmen, da du ein leeres und törichtes Versprechen abgibst? Denn du versprichst, was du nicht hast. Du siehst also, daß die Gelübde der Taufe und der Enthaltsamkeit durchaus entgegengesetzter Natur sind: dies bietet an, was es nicht hat; jenes empfängt, was es nicht hat. Hier verspricht der Mensch mit leeren Händen etwas Fremdes, dort verheißt der reiche Gott sein Eigenes. So lange, als du demnach die Verheißung des gebenden Gottes im Gelübde der Enthaltsamkeit nicht beweisen kannst, wirst du die Torheit und Nichtigkeit eines solchen Gelübdes nicht entschuldigen können. Etwas Törichtes und Nichtiges aber kann Gott nicht annehmen und fordern, das Gelübde aber der Taufe ist wahr und vollkommen, denn es stützt sich auf den verheißenden und gebenden Gott.

Doch wie, wenn etliche es nicht annehmen? Es ist nichtsdestoweniger wahrhaftig der, der es anbietet.

Dieser Torheit fügen sie noch eine andere hinzu. Denn um die unerbittliche Strenge des Gelübdes recht auszustaffieren, gewähren diese staunenswert barmherzigen und gütigen Menschen dem, der die Gelübde ablegen will, ein ganzes Probejahr, wie sie es nennen. Und daß ich doch auch an ihnen etwas lobe, so könnte man ihnen beipflichten, wenn sie dies Probejahr dazu benutzten, daß der bei ihnen Eintretende ihre Gewohnheiten, Nahrung, Kleidung und anderes, was auf den Leib sich bezieht, sich ansehen könnte. Doch jetzt ist es deswegen ein Probejahr, daß derjenige, der bereit ist, das Gelübde abzulegen, in diesem Jahr erprobe, ob er auch keusch zu leben vermag. Um Himmels willen, kann es eine Torheit geben, die dieser gleich ist, wenn man das Klosterleben an und für sich ins Auge faßt? Denn die Heiligen mit ihren wunderbaren Rettungen nehme ich immer aus. Die Erprobung der Keuschheit wird nicht bemessen nach dem Vermögen des Geistes, sondern nach der Zahl der Tage, und wer ein Jahr keusch gelebt hat, den hält man für geeignet, sein ganzes Leben hindurch keusch zu leben. Wenn man also an äußeren Dingen die Keuschheit erproben soll, warum macht man denn nicht auch Stätten und Personen zum Maßstab? So daß also der geeignet wäre, der an vielen Orten vorüber gekommen ist und viele Menschen gesehen hat; auf diese Weise möchten wir Eilboten und Kaufleute zu Mönchen machen. Oder wenn innerliche Dinge bloß durch die Zeit erprobt werden können, warum wird dann nicht auch der geeignet zu Geduld, Milde, Glauben, Liebe, der ein Jahr sich darin versucht hat, so daß die Gnade Gottes dazu nicht nötig wäre? Denn es würde genügen, daß die Zeit an ihm vorübergegangen sei, und alsbald ist er geeignet, ein neuer Mensch zu werden; oder wenn dies bei diesen Tugenden nicht ausreicht, warum ist es bei der Keuschheit allein ausreichend? Ich sage dies, damit du siehst, daß in der ganzen Möncherei nichts ist, das nicht ganz hervorragend töricht und gottlos ist, ganz nur des Reiches der Papisten würdig.

Aber weiter; da Petrus will (1. Petr. 4, 11), daß in der Kirche nur das geschehe, von dem es gewiß ist, daß es aus dem Vermögen geschieht, das Gott verleiht, wer will sie dann dessen vergewissern, daß dieses Jahr der Prüfung vor Gott genüge? Wer hat gesagt, daß bei Gott diese Prüfung gebilligt werde? Ja, Petrus sagt sogar, daß sie bei Gott nicht gebilligt werde, da sie aus menschlicher Kraft festgesetzt ist; nach göttlicher Kraft und Absicht gibt es aber kein Probejahr, sondern das ganze Leben ist ein einziges Probejahr. Denn es kann geschehen, daß du nicht ein, sondern zwei und drei Jahre keusch lebst, hernach aber, wenn das Fleisch brennt und die Adern heiß werden, dazu der Satan mit seinem feurigen Atem dich anbläst, und so die Kohlen glühend macht, wie es im Buche Hiob heißt (Hiob 41,12), schlechterdings nicht mehr enthaltsam sein kannst. Die Erprobung der Keuschheit kann aber nicht stattfinden, wenn die Begierde schlummert, sondern nur, wenn sie wütet. In keines Menschen Macht aber ist es zu wissen, wann die Brunst in rasender Erregung da ist, d. h. also, die Zeit der Erprobung zu wissen. Warum zählt ihr also Zeit für Zeit, und nennt Erprobung, was keine Erprobung ist? Ich selbst habe an mir und vielen anderen erfahren, wie sanft und ruhig der Satan im ersten Jahr des Priester- und Mönchslebens sich zu verhalten pflegt, so daß nichts angenehmer als die Keuschheit zu sein scheint; aber dies tut der durch und durch hinterlistige Feind, um uns in Versuchung und Fallstricke zu führen; ihm stehen dann zur Seite die unsinnigen Mönche und bemessen das Probejahr nicht nur nicht nach dem Geist, aber auch nicht nach der Sache selbst, sondern nach dem Kalender und der Zahl der Tage, um zu beweisen, daß nichts Gesundes bei ihnen ist und sie aus nichts sich ein Gewissen machen, da sie auf diese geistlichen und äußerst gefährlichen Sachen losgehen, wie die unvernünftigen Tiere, wie Petrus sagt, von Natur dazu geboren, daß sie geschlachtet werden (2. Petr. 2,12). Da also dies Probejahr allein von törichten Menschen, die töricht allein die Tage zählen, abhängt, und es ungewiß ist, ob es Gott gefällt, vielmehr gewiß ist, daß es ihm mißfällt, dazu aus der Natur der Sache selbst und der Autorität Gottes keine bestimmte Probezeit gezeigt oder bestimmt werden kann, sondern das ganze Leben notwendig ein Probejahr ist, so siehst du, daß auch das Gelübde der Keuschheit nichts ist, das auf dieses Probejahr sich stützt. Denn da sie selbst urteilen, das Gelübde müsse zunächst mit einer Probe versucht werden, und da diese Probe niemals sicher ist, so wird auch das Gelübde niemals sicher sein können; ihr Probejahr aber, das ja von Menschen selbst erwählt und willkürlich gesetzt ist, macht, daß auch die Erfüllung des Gelübdes willkürlich sein muß, so daß, wenn sie das Jahr abtun und beseitigen, auf das sich das Gelübde stützt, auch das Gelübde abgetan und beseitigt werden muß.

Aber das Törichtste von allem ist dies, daß sie angefangen haben, die Jahre der Profeß abzugrenzen, indem die einen das vierzehnte, die anderen das achtzehnte Lebensjahr angeben.

Aber wer hat denn doch den Menschen dies Recht der Abgrenzung gegeben? Hier allerdings gefallen mir einmal etliche von ihnen in dem einen Punkt, daß sie den Mönchen, die vor dem achtzehnten Jahr ihre Profeß abgelegt haben, die Gelegenheit geben, aus dem Kloster auszutreten. Das ist das einzige Stück, das ich in der Möncherei lobenswert und evangelisch gesehen habe, obwohl ich es nicht bei allen überall gesehen habe. Und das schmerzt mich, daß sie nicht auch dasselbe tun mit allen, die vor dem sechzigsten Lebensjahr ihre Profeß abgelegt haben, auf daß sie Paulus doch teilweise nachahmten, der Witwen, die jünger sind als sechzig Jahre (1. Tim. 5, 9), zurückweist, damit sie nicht angenommen und aus dem Besitz der Kirchen ernährt werden. Denn Männer, die einen kräftigeren und rüstigeren Körper haben und später absterben als die Frauen, soll man erst im siebzigsten oder achtzigsten Jahr aufnehmen. Und hier verstricke ich fest und vollständig die Mönche mit ihrer eigenen Erklärung. Wenn sie einen Jüngling, der vor seinem achtzehnten Jahr die Profeß abgelegt hat, freigeben, und keine andere Ursache, gerade dies Jahr als Endpunkt zu bestimmen, vorhanden ist, als die reine menschliche Willkür, der folgend sie auch das dreißigste, vierzigste, fünfzigste und sechzigste Jahr hätten festsetzen können, so müssen sie aus demselben Grunde jeden, der in einem beliebigen Lebensjahr das Bekenntnis abgelegt hat, freigeben. Denn sie schauen nicht auf das Gebot Gottes oder das Gelübde, sondern auf die Schwachheit des Gelobenden, und ihr passen sie dann in gesunder und frommer Mildigkeit das Mönchsgelübde an. Nun kann es schon geschehen, und es ist in keines Menschen Macht, dies zu verhindern, daß der jüngere oder ältere Mann bis zum sechzigsten Jahr ebenso schwach oder auch schwächer ist, enthaltsam zu sein und heftiger unter der Glut der Begierde zu leiden hat, als ein Jüngling. Wenn also die Begierde und Schwachheit den Maßstab dafür abgibt, das Gelübde auszulegen, und das Gebot zu lindern, wie es denn wahr ist, und immer so von jeher gewesen ist, so müssen überhaupt alle Gelübde frei und zeitlich beschränkt sein. Wenn sie nicht demgemäß handeln, so sind sie die grausamsten und blutigsten Seelenmörder. Wenn sie aber meinen werden, ihnen sei dies nicht erlaubt, so werden sie auch nicht vor dem achtzehnten Jahr freigeben dürfen, und hätte auch ein Knabe oder ein Kind das Gelübde getan. Denn der junge Mann ist so ungewiß und unwissend darüber, was es heiße, keusch zu leben, oder ob er keusch leben werde, wie ein Knabe oder Kind. Denn wer weiß, was er in Zukunft kann? In der Taufe und den Sakramenten Gottes sind wir immer dessen gewiß, was wir empfangen oder leiden werden, nämlich göttliche Dinge; deswegen sind die Gelübde Gottes gegen uns fest und zuverlässig. Aber das geloben, das nicht unser ist, ist ein und dieselbe Torheit und bedeutet ein und denselben Grund zur Verwerfung beim Kind, beim Knaben, Mann, Greis und allen Menschen.

Wir wollen noch dem, das wir erledigt haben, eine Zugabe anfügen, nämlich jenen Spruch Mk. 3, wo Christus eine zuverlässige Richtschnur zu einem nachsichtigen Umgang mit allen Gesetzen gibt, indem er sagt: »Habt ihr nicht gelesen, was David tat, da er Not litt und ihn hungerte samt denen, die mit ihm waren? Wie er in das Haus Gottes ging zur Zeit Abjathars, des Hohenpriesters, und die Schaubrote aß, die niemand essen durfte als die Priester allein, und sie auch denen gab, die bei ihm waren. Und er sprach zu ihnen: Der Sabbat ist um des Menschen willen gemacht und nicht der Mensch um des Sabbats willen. So ist des Menschen Sohn ein Herr auch des Sabbats« (Mk. 2,25–28). Soweit jener. Laßt uns um Himmels willen nicht an diesen Worten der Majestät vorbeigehen, die voller Trost und geistlicher Erquickung sind, laßt uns sie nicht schläfrig anhören oder kalt behandeln. Erstlich ist gewiß, daß der Sabbat von Gott geboten gewesen ist, nicht erdichtet, sondern aufs allerernsteste. Mit nicht geringerem Ernst war den Laien das Schaubrot und das gesamte Gesetz verboten, und doch brach es David ruhigen Gewissens aus Not. Als darum der Priester Abimelech zitterte und sagte: »Ich habe nur heilige Brote« (1. Sam. 21,4.5) – denn er fürchtete das Gesetz – da legt David zuversichtlich das Gesetz aus und spricht: »Dieser Weg ist befleckt, aber er wird geheiligt werden in den Gefäßen,« d. h. nach Paulus: »Den Reinen ist alles rein, den Unreinen ist nichts rein« (Tit. 1,15).

Christus aber macht dies Beispiel zu einer allgemeinen Richtschnur, indem er vom Ähnlichen aus argumentiert und sagt: »David brach das Gesetz, welches die heiligen Brote zu essen verbot, also wird man auch den Sabbat und alle anderen Gesetze brechen dürfen. Denn wenn diese allgemeine Folgerung nicht gelten darf, so beweist Christus töricht, daß das Gesetz des Sabbats zu brechen sei durch das Beispiel des anderen Gesetzes, daß man nicht das heilige Brot essen dürfe. Deswegen ist hier deutlich, daß auch die göttlichen Gebote ihre in der Not, nicht nur der Seelen, sondern auch der Leiber und Sachen begründeten Ausnahmefälle haben. Denn aus demselben Grunde, aus dem ein Gesetz aufgelöst werden kann, kann ein jedes Gesetz aufgelöst, d. h. gedeutet und mit gesundem Sinn verstanden werden, inwiefern es bindet oder nicht bindet. Denn fürwahr, es kann die Schrift nicht aufgelöst werden, Joh. 10 (Joh. 10,35). Und »es soll kein Jota und kein Titelchen vom Gesetz vergehen, bis daß es alles geschehe« (Mt. 5,18). Wenn wir also von dem Auflösen und Brechen des Gesetzes sprechen, so muß man uns dahin verstehen, daß dessen falsches Verständnis preiszugeben und das wahre festzuhalten sei. So fügt Christus Mt. 12 hinzu, daß der Sabbat von den Priestern im Tempel verletzt werde, ohne daß sie schuldig seien (Mt. 12,5). Sodann kann er auch um dessentwillen gebrochen werden, daß man einen Ochsen aus der Grube ziehen oder ihn tränken muß, d. h. er kann nicht nur um der Not der Seelen und Leiber willen, sondern auch um der Habe willen gebrochen werden. Das heißt nichts anders, als zu sagen: Gott hat seine Gebote nicht gegeben, daß der Leib, die Habe oder die Seele umkomme, sondern daß dies in seinen Geboten vor Schaden bewahrt werde. Darum sind sie immer so zu verstehen, daß du gleichzeitig nicht vergessest, daß Gott den Leib geschaffen habe, die Seele und das Gut, und daß er will, du sollst dich darum bekümmern, auf daß, wenn eines davon in Gefahr kommt, du nun wissest, daß seine Gebote nicht mehr Gebote sind.

Doch laßt uns jetzt auf unseren Gegenstand kommen. Das Gelübde der Keuschheit ist ein rein leibliches Gesetz über ein ganz leibliches Ding. Darum soll es getrost gebrochen werden, ja es hat niemals gebunden und hat niemals binden können, wo Gefahr für Seele oder Leib auftauchte. Denn das Gelübde fordert nicht, daß du Seele und Leib verlierst. Und es muß, indem man Christus selbst zum Ausleger nimmt, das Gelübde diesen Sinn haben: »Ich gelobe Keuschheit, soweit sie möglich ist, ohne Gefahr für Leib und Seele.« Wenn du darum nachher merkst, daß du Brunst leidest, hat das Gelübde nichts mehr zu bedeuten, und ruhig magst du jenem Wort des Paulus folgen: »Wenn sie sich nicht enthalten, mögen sie freien« (1. Kor. 7,9). Und wiederum: »Es ist besser ehelich werden, denn Brunst leiden.« Oder hatten nicht die Juden so unerschütterlich das Gesetz des Sabbats und des heiligen Brotes gelobt, wie du die Keuschheit? Hier ist überhaupt kein Unterschied, ruhig magst du mit diesem Argument Christi argumentieren: Jene haben das Gesetz des Sabbats und des heiligen Brotes gebrochen, indem die Not eine Ausnahme machte und die Deutung gab; so will auch ich das Gesetz der gelobten Keuschheit brechen, und zwar auf Grund größerer Not und Gefahr für die Seele. Fürchte dich nicht, Christus wird dich nicht betrügen, denn du brichst nicht wirklich das

Gelübde, sondern eignest dir das gesunde Verständnis des Gelübdes an.

Hier wird etwa ein verdrehter Mensch sagen: »Aus demselben Grunde möchte es erlaubt sein, zu ehebrechen, wenn die Not es verlangt, ebenfalls zu morden und zu stehlen, und alle Gebote Gottes zu brechen.« Darauf antworte ich: Eine solche Not kann nicht kommen. Es gibt Weiber, es gibt Männer; heirate! Nimm dir eine Frau! Es ist auch keine Gefahr für den Leib oder das Gut, wenn du sanftmütig bist und deinen Zorn beherrschst. Aber zu stehlen kann man wenigstens in die Lage kommen? Ich antworte: Wenn Not da ist, ist es erlaubt. Denn dann gilt das Sprichwort: »In der Not sind alle Güter gemeinsam.« So töricht also und gottlos es wäre, wenn du aus Furcht vor dem Gesetz durch Hunger dich töten würdest, sobald du von dem Reichtum eines anderen dir Nahrung stehlen könntest, dein Leben zu erhalten, ebenso töricht bist du, wenn du dir keine Frau nimmst, sobald du Brunst leidest und nur mit Gefahr für die Seele enthaltsam sein kannst. Wie du aber das Gesetz über den Diebstahl auslegst, daß es im Fall des Hungers kein Verbot sei, so mußt du auch das Gesetz des Gelübdes auslegen, daß es im Fall der brennenden Lust keine Forderung stelle. Es scheint aber dies auch Salomo Spr. 6 erklärt zu haben, wo er auf hebräisch so spricht: »Sie sollen den Dieb nicht verachten, wenn er stiehlt, auf daß er satt werde, weil ihn gehungert hat. Und wird er ertappt, soll er es siebenfältig wiedergeben, und alles Gut seines Hauses soll er dahingeben. Ein Ehebrecher aber ist schlecht geworden am Herzen und wird seine Seele vernichten« (Spr. 6,30–32). Das will heißen: ein Dieb wird nicht verdammt werden, auch wenn er ertappt dem Gesetze gemäß bestraft wird von dem, der grausam sein möchte; nur muß er gestohlen haben aus Not, auf daß er satt würde.

Was sollen wir nun dazu sagen, daß wir Richter 21 lesen, daß die Kinder Benjamin auf Geheiß des ganzen Israel die Töchter der Siloniten als Weiber für sich geraubt haben (Richt. 21,23)? Es mag einmal sein, daß die Kinder Israel gesündigt haben, indem sie gelobten oder das Gelübde hielten, ihre Töchter nicht zu verehelichen; die Kinder Benjamin jedoch, die die Töchter raubten, haben nicht gesündigt, da keine anderen Frauen da waren, die sie heiraten konnten, indem beide die Israeliten wie Siloniten, ihre Töchter versagten. Doch wie viel leichter wiegt ein Diebstahl an Sachen, denn an Töchtern? Schändung und Raub war diese Tat, wenn man das Gesetz starr, durch den Buchstaben gefangen, d. h. töricht und abergläubisch auslegt. Darum spielen auch die Kinder Israel fein auf dies geistlich gesunde Verständnis an, wenn sie zu den Siloniten sagen: »Auf eurer Seite ist die Sünde, denn ihr habt denen nicht eure Töchter gegeben, die sie forderten« (Ri. 21,22).

Ja ich möchte sogar im Vertrauen auf diese Autorität Christi zu behaupten wagen: wenn Söhne oder Töchter, die Keuschheit gelobt haben, sich selbst oder die Eltern ungünstigen Falles auf keine andere Weise ernähren können, als daß sie einen Reichen heiraten, der sie ernähren kann, so sollen sie in diesem Falle das Gelübde und ihren Sabbat brechen. Hier darf das Geschwätz derer keinen Eindruck machen, die den Schatz der Keuschheit für unvergleichlich erklären. Ist auch nicht der Gehorsam gegen das Gesetz Gottes über den Sabbat und das heilige Brot unvergleichlich? Denn was ist kostbarer als Gehorsam? Und doch fordert Gott ihn so, daß er den Leib, den er geschaffen hat, durch dich nicht zugrundegerichtet, oder alle Dinge vernichtet sehen will, sondern daß er in Gehorsam geübt werde. Denn warum hat er uns sonst nicht vielmehr geboten, uns selbst zu töten, mit Krankheiten und Hunger uns zu peinigen? Denn welcher Unterschied ist dort zu finden, wenn man uns gebietet, uns selbst Krankheit und Untergang zu bereiten, und wenn man ein Gesetz fordert, das nur erfüllt werden kann, wenn wir uns selbst Krankheit und Untergang zufügen? Es sei unseren Gedanken eine solche Meinung von Gott fern. Um wie viel mehr hat es bei Gefahr der Seele nichts zu bedeuten, daß ein Gebot oder Gelübde als gefordert erkannt wird?

Summa: in diesem nachsichtigen Umgang mit den Gesetzen und deren gesundem Verständnis gibt es nichts, das sicher ist, außer der Liebe als Richterin. Denn was gegen die Liebe ist, davon kann kein Fall dispensieren und dazu Auslegungen geben, da es unmöglich ist, daß ein Fall der Not gegen die Liebe sich wende. Wiederum, was nicht gegen die Liebe ist, das ist frei, erlaubt, davon darf man dispensieren, besonders im Fall der Not. Denn es steht des Paulus Wort fest: »Seid niemand nichts schuldig, als daß ihr euch untereinander liebet« (Röm. 13,8). Wer kann neben und über dies Gesetz des Paulus ein anderes notwendiges Gesetz verordnen? Und wenn es verordnet, gelobt, gefordert wird, wie kann oder darf es notwendig erfüllt werden, da man nichts schuldig ist, als die Liebe? Darum können wir das Gelübde halten, müssen es aber nicht, da wir nichts als lieben müssen. Auch Christus sagt Mt. 7: »Dies ist das Gesetz und die Propheten« (Mt. 7,12); und Mt. 22: »In diesen beiden Geboten hanget das ganze

Gesetz und die Propheten« (Mt. 22,40). Nichts also bindet oder kann binden gegen die Liebe und über die Liebe hinaus. Es ist nun leicht zu sehen, warum es nicht erlaubt ist, beim Ehebruch, Mord, nicht notwendigen Diebstahl u. dgl. zu dispensieren. Wiederum, warum beim Gelübde der Keuschheit und allen Gelübden dispensiert werden kann und muß, weil nämlich in jenen die Liebe verletzt wird, in diesen aber sie nicht verletzt, vielmehr gewahrt wird. Denn es schadet niemandem, wenn du heiratest; vielmehr wie du möchtest, daß es dir erlaubt sei, zu heiraten, wenn du Brunst leidest, so mußt du auch wollen, daß es einem anderen erlaubt sei, ja nicht nur wollen, sondern auch mitwirken, daß es geschehe.

Dies bekräftigt Christus Mt. 12, wenn er die Barmherzigkeit allen Gesetzen vorzieht, zu jenen Pharisäern, die auf die Sabbate acht geben, sagend: »Wenn ihr aber wüßtet, was das ist: Barmherzigkeit will ich und nicht Opfer, so hättet ihr die Unschuldigen nicht verdammt« (Mt. 12,7). Denn dies sagt er deswegen, daß, wo Leib oder Gut in Not kommt, man sich erbarme und das Gesetz nicht so verstehe, daß es einer solchen Not entgegen sei. So schützt er auch die Apostel, die Ähren rauften, damit, daß sie Hunger gehabt hätten, d. h. Barmherzigkeit bedurft hätten in dieser Not. Um wieviel mehr muß darum das Gelübde der Keuschheit der Barmherzigkeit weichen, wenn die brennende Begierde die Heirat notwendig macht. Denn er will lieber Barmherzigkeit als dies unfreie Opfer der Keuschheit. Es mag also auch hier unser David die verbotenen Brote zuversichtlich essen und sprechen: »Das Gelübde der Keuschheit ist um des Menschen willen gemacht, nicht der Mensch um des Gelübdes der Keuschheit willen. Darum ist des Menschen Sohn ein Herr auch des Gelübdes und der Keuschheit.« Nicht aber verhält es sich so in der Sache des Glaubens gegen Gott; denn Gott ist nicht um des Menschen willen, sondern der Mensch ist um Gottes willen da; von diesem geistlichen Gesetz wollen wir zu anderer Zeit und an anderem Orte reden.

Darum möge der Dank sagen, der diese Wahrheit und diese gar liebliche Freiheit der Gläubigen Christi begreift, und er trete ruhig und zuversichtlich in die Ehe, wenn er nicht enthaltsam sein kann, und er verachte die tollen Puppen mit ihren ruchlosen und gottlosen Gesetzen und Drohungen, die in ihrer bekannten gotteslästerlichen Dekretale über das Leben und die Tugend der Geistlichen Gott zu lästern wagen, wenn sie behaupten, man könne Gott nicht in der Ehe dienen. Denn was ist dies anders, denn die Ehe des Unglaubens, der Gottlosigkeit und jeglichen Abfalls zu beschuldigen? Natürlich meinst du Papst, du Satansdiener, daß Abraham und alle Patriarchen, Zacharias und Elisabeth Gott nicht gedient haben. Doch was habe ich mit diesen Ungeheuern, die sich selbst noch an Ungeheuerlichkeit übertreffen, zu tun? Es ist bereits entschieden worden, daß man sie wegen ihrer allzugroßen Wut, Gott zu lästern, meiden und vertreiben müsse.

Wenn nun ferner viele die Beschwerde der Ehe vorschützen und deswegen raten, enthaltsam zu sein, so sind sie zwar menschlich klug, aber doch überaus töricht. Denn wie kannst du die Beschwerde der Ehe meiden lehren, und zur Marter des Gewissens einladen? Wir lehren nicht die Ehe, weil sie nicht beschwerlich sei, verheißen auch nicht solches, sondern wir wollen sie erlaubt und frei sehen, daß sich enthalten möge, wer es kann und so lange er will. Das Gewissen, nicht die Ehe, befreien wir von der Beschwerde. Um wie viel besser aber ist es, eine doppelt beschwerliche Ehe zu erdulden, als fortdauernd vom Stachel des Gewissens gepeinigt zu werden? Diese Beschwerde hat Gott auferlegt, und alle heiligen Patriarchen haben sie getragen. Paulus sagt dieselbe Beschwerde den Heiratenden vorher, aber er rät nicht ab und verdammt nicht. »Es werden solche«, sagt er, »leibliche Trübsal haben« (1. Kor. 7, 28). Aber er sagt nicht: »Unterzieht euch nicht dieser leiblichen Trübsal«, auch sagt er nicht: »Sie ist böse und verdammlich«; vielmehr ist sie ein Gewinn, wenn man sie recht und fromm trägt. Es ist Beschwerde, im Kerker für Christus gebunden zu liegen, aber wirst du deswegen etwa abraten? Wirst du nicht vielmehr vermahnen, daß man es standhaft ertrage? Wir schreiben hier nicht für diejenigen, die um des Müßiggangs und des Vergnügens willen heiraten, denen mit Recht Beschwerde statt Vergnügen wird, sondern wir schreiben für diejenigen, die die Gefährdung des Heils, die Notwendigkeit zu sündigen, die Unmöglichkeit, enthaltsam zu sein mitsamt der ganzen Hölle ihres Gewissens zu vertauschen wünschen mit jeder sonstigen Beschwerde und Mühseligkeit; die nicht im Vergnügen, sondern gut leben wollen. Mögen jene in Wohlleben ihre Tage hinbringen, wir sprechen zu unseren Eheleuten: »Im Schweiße deines Angesichts sollst du dein Brot essen« (1. Mos. 3, 19). Aber glaube nur nie, daß die glücklich sich enthalten, die, um die Beschwerde zu vermeiden, von der Ehe fern bleiben. Denn die Erfahrung lehrt, wie diese ausgezeichneten Verächter der Ehe und Lobredner der Keuschheit sich enthalten, da nur jene enthaltsam sind, nicht, die die Beschwerden fliehen, sondern denen es verliehen ist, daß sie um des Himmelreiches willen enthaltsam sind.

Aber was geht es schließlich uns an, was die Bullen urteilen? Laßt uns tun, was gut ist, durch böse Gerüchte und gute Gerüchte (2. Kor. 6. 8). Der Herr richtet die Völker und den Erdkreis in Gerechtigkeit (Ps. 96, 13). Alle Menschen sind Lügner. Gott allein aber ist wahrhaftig (Röm. 3, 4). Amen.

Über die Witwen bei Paulus 1. Timoth. 5

Es ist noch ein Spruch übrig, den irgendjemand noch für die Gelübde möchte meinen geltend machen zu können. Das ist das Wort des Paulus in 1. Tim. 5, wo er von den abgefallenen Witwen folgendermaßen redet: »Wenn sie im Widerspruch gegen Christus wollüstig geworden sind, so wollen sie heiraten; und fallen unter das Urteil, daß sie den ersten Glauben gebrochen haben« (1. Tim. 5, 11. 12). Es ist nicht verborgen, daß aus dieser Stelle jenes gefeierte Wort Augustins herstammt, in dem er erklärt, es sei den Nonnen nicht bloß zu heiraten, sondern auch heiraten zu wollen verdammlich. Aber laßt uns zunächst Paulus betrachten; denn wenn er nicht zu dieser Auffassung nötigt, so wird auch Augustin uns nicht nötigen. Erstlich ist dies gewiß, daß Paulus überhaupt nichts von dem Institut des Gelobens sagt, denn auch die erste Kirche hat diese Art des Gelübdes nie gekannt, sondern er spricht von den Witwen, die von den Gütern der Kirche sich Unterhalt geben und durch den Dienst der Diakonen sich warten ließen, wie wir im vierten Kapitel der Apostelgeschichte ein Beispiel dessen haben (Apg. 6, 1). Dort handelt nichts von Mönchen, nichts von Nonnen, sondern nur von armen Witwen, für die zu sorgen das Gesetz Moses aufs dringlichste empfiehlt. Denn in demselben Kapitel bestimmt Paulus, daß die Witwen, die von anderen unterhalten werden können, nicht aus dem Vermögen der Kirche unterhalten werden dürfen (1. Tim. 5, 16). Denn er sagt: »So ein Gläubiger Witwen hat, der versorge dieselben, und lasse die Gemeinde nicht beschweret werden, auf daß die, so rechte Witwen sind, genug haben«. Wiederum sondert er billig die Witwen, die Eltern oder Kinder haben, ab, wenn er sagt: »Wenn eine Witwe Kinder oder Neffen hat, solche laß zuvor lernen, ihr eigenes Haus regieren und den Eltern Gleiches vergelten; denn das ist angenehm vor Gott« (1. Tim. 5, 4). Zu einer rechten Witwe aber macht er die, die weder Eltern, noch Kinder, noch sonst jemand hat, der für sie sorgt. Denn er sagt also: »Das ist aber eine rechte Witwe, die einsam ist, die ihre Hoffnung auf Gott stellt und bleibet am Gebet und Flehen Tag und Nacht« (1.Tim.5,5).

Unter ihnen also findet er zwei Arten, die er verwirft, die eine, die in Wollust lebt, also zu denjenigen gehört, denen Mittel belassen sind, so daß sie reich sind, daher für sich selbst sorgen; von ihnen heißt es: »Die in Wollüsten lebt, die ist lebendig tot« (1.Tim.5,6). Die andere Art ist die, die von der Kirche um ihrer Armut willen angenommen war. Da diese aber zu jung waren, wurden sie wollüstig, fett durch fremdes Vermögen. Und die in ihrer eigenen Armut von niemand begehrt gewesen wären, begehren jetzt, durch anderer Leute Arbeit fett geworden, aus freien Stücken zu heiraten. Aber Paulus verdammt auch dies nicht an ihnen, daß sie heiraten wollen, sondern daß sie den ersten Glauben gebrochen haben. Denn also sagt er: »Und sie fallen unter das Urteil, daß sie den ersten Glauben gebrochen haben« (1.Tim.5,12). Sonst würde er auch sich selbst widersprechen, da es im folgenden lautet: »Ich will, daß die jungen Witwen heiraten, Kinder gebären« (1.Tim.5,14). Der Glaube kann aber an dieser Stelle nicht das Gelübde bezeichnen, denn sie hatten nicht Witwenstand gelobt, und in der ganzen Schrift bezeichnet der Glaube nicht das Gelübde, sondern der Glaube an Christus ist der, den sie, um sorgloser heiraten zu können, verleugneten und zum Judentum und Heidentum zurückkehrten, was auch der Zusammenhang und das Folgende beweist. Denn es folgen die Worte: »Denn es sind schon einige umgewendet nach dem Satan« (1.Tim.5,15). Und wiederum: »Zugleich lernen sie zu reden, was nichtsnutzig ist« (1.Tim.5,13). Dies wird gewißlich gesagt vom Abfall vom Glauben und der Lehre, wie es bekannt genug ist. In diesem Sinn schreibt er auch im zweiten Brief an Timotheus: »Demas hat mich verlassen und liebt diese Welt« (2.Tim.4,10). Und wiederum: »Du weißt, daß sich von mir abgewandt haben alle, die in Asien sind« (2.Tim.1,15). Denn wenn sie nicht wider den Glauben gesündigt hätten, würde er über sie nicht derartig sprechen, sondern befehlen, daß man sich gegen sie verhalte, wie gegen den Blutschänder bei den Korinthern (1.Kor.5,1ff.). Darum schließen wir, daß der »erste Glaube« der christliche Glaube sei, von dem viele in der ersten Kirche abfielen, da er noch neu war. Und diesen Abfall strafen die Apostel sehr, gegen den auch der Verfasser des Hebräerbriefes vorgeht, wenn er behauptet, es sei eine Erneuerung der Rettung für diejenigen unmöglich, die einmal abgefallen sind (Hebr. 6,4–6), weil natürlich diejenigen, die abfielen, auch durch einen anderen Glauben, nämlich den eigenen oder jüdischen Glauben, meinten selig zu werden. Es bezieht sich also dieser Spruch gar nicht auf die Gelübde, noch viel weniger auf die Gelübde der Mönchsorden; aber auch dies ist ein starker Beweis dafür, daß Paulus vom Glauben an Christus spricht, wenn er sagt: »Da sie im Widerspruch gegen Christus wollüstig geworden sind«. Im Widerspruch gegen Christus wollüstig werden, heißt nicht, aus Fleischeslust allein unsinnig sein, sondern gegen den Glauben an ihn aus Wollust etwas zu unternehmen und nach Verleugnung des Glaubens an ihn anderswohin zu schauen.

Aber stelle dir vor, der Apostel rede von den Gelübden und nicht von den Witwen; es tritt nun vollends dieser Spruch am kräftigsten unter allen für uns ein. Und keine Stelle der Schrift verdammt so kräftig und deutlich die Mönchsorden, so daß es durchaus zu wünschen wäre, daß sie von den Gelübden rede oder verstanden werde. Denn wenn sie die Gelübde im Auge hat, so ist es offenkundig, daß die Gelübde korrigiert und verdammt werden in alle Zukunft, wie auch immer jene Witwen in den früheren Gelübden gesündigt haben mögen. Denn er sagt: »Die jüngeren Witwen sollst du meiden«. Und wiederum: »Ich will, daß die jüngeren Witwen heiraten« (1. Tim. 5,11.14). Deswegen ist es nach dieser Bestimmung des Apostels überhaupt keinem mehr erlaubt, zu geloben, er sei denn sechzig Jahre alt geworden. Wähle also aus, was von beidem du willst: entweder spricht der Apostel von den Gelübden, oder er spricht nicht von den Gelübden. Wenn er nicht von den Gelübden spricht, so nötigt dieser Spruch zu nichts; wenn er von den Gelübden spricht, so ist von ihm selbst jedes Leben in Gelübden vor dem sechzigsten Jahr korrigiert und verdammt, und diese ganz zuverlässige Autorität wird unserem Urteil Schutz verleihen, so daß das Gewissen ganz ruhig ist, wenn es seine Gelübde aufgehoben hat.

Summa: Da übergenug gesagt ist, daß diese Art des Lebens mit dem Evangelium streitet, da es Speisen, Kleider, Getränke, Stätten, Personen, Werke, Gebärden zur Sünde macht, die Christus zu keiner Sünde macht, sondern hat frei sein lassen, und da diese Möncherei nicht bestehen kann, ohne eine derartige Sünde zu begehen und die Gewissen zu verstricken, wie es am allerdeutlichsten ist – denn sofort würde sie verschwinden, wenn sie dies für frei hielten, und die Gewissen nicht gefangen hielten – so ist zugleich ganz deutlich, daß solche Gelübde nichtig, unerlaubt, gottlos sind und mit dem Evangelium streiten.

Darum soll man nicht darüber disputieren, ob man in frommer oder unfrommer Meinung gelobt hat, da es gewiß ist, daß man unfromme Dinge gelobt hat. Man muß demnach dem Evangelium vertrauen und diese Gelübde, unter welchen Umständen, mit welcher Absicht, zu welcher Zeit auch immer sie gegeben sind, ganz zuversichtlich fahren lassen und zur Freiheit des christlichen Glaubens zurückkehren. Das ist mein festes und zweifelsfreies Urteil, um des willen ich preise und Dank sage dem gütigsten Erlöser, unserem Herrn Jesus Christus, welcher ist gebenedeiet in Ewigkeit, Amen.

Dies habe ich zur Zeit über die Möncherei sagen wollen; ich werde mehr sagen, wenn jemand dies angreift, obwohl ich der Meinung bin, daß alles mit klarer Schrift und Vernunftgründen so verschanzt ist, daß es nicht allein den Mund der Widersacher stopfen kann – worauf ich es wenig abgesehen habe – sondern auch die Gewissen zuversichtlich gegen Gott aufrichten und getrost machen kann, worauf ich es hauptsächlich abgesehen habe. Denn es ist sicher sehr schwierig, diejenigen, die in tägliche Gesetze, Bräuche, eigene Ängste und Skrupel verstrickt sind, sodann in die Autorität der Heiligkeit, die Menge und Größe der Menschen, besonders aber in die göttlichen Schriften, die sie mit irrigem Verständnis ganz tief eingesaugt haben, zu heilen und von der so fröhlichen Freiheit diejenigen zu überzeugen, die so verzweifelt sind und schon längst in der Hölle verloren. Denn daß dies wider den Papst und seine Synagogen, jene unbegrenzte Schar der hohen Schulen, Klöster und Stifte streitet und triumphiert, darüber freue ich mich nicht sehr. Denn was geht es mich an, welche Weisheit dies verderbte Reich des Papstes und der bösen Türken vorbringt, das ich schon längst verachtet habe? Unsere Sorge ist die, daß wir die Gewissen wider den Satan in der Stunde des Todes kräftigen und furchtlos werden lassen vor dem Menschensohn. Die Menschen mögen rasen, wie sie wollen, im Tode wenigstens werden sie uns fahren lassen, sei es als Besiegte, sei es als Sieger. Aber wer wird vor dem Satan und dem Richterstuhl Gottes bestehen, wenn er nicht durch die gewissesten und deutlichsten Worte Gottes geschützt auf dem Fels und auf seiner Wacht steht, bereit zu hören, was ihm an Widerspruch entgegengebracht wird, der ohne Zaudern und Zittern des Herzens seinem Gott sagen kann: »Dies hast du gesagt, der du nicht lügen kannst.«

Darum bitte auch ich um Christi willen alle, die diesen meinen Rat benutzen, das Kloster verlassen und wieder in die Freiheit eintreten wollen, daß sie vor allem ihr Gewissen prüfen, damit sie nicht etwa darauf sich einlassen, verlockt durch die Neuheit der Sache, oder allein aus Verachtung oder Haß der Menschen. Denn dieselben werden im Tode, wenn das Gewissen durch den Satan erweckt und gepeinigt wird, daß man abgefallen sei, das Gelübde gebrochen habe usw., nicht bestehen, sondern auf die gotteslästerliche Buße den Blick richten; und es wird das Letzte ärger werden, als das Erste. Denn man muß hier auf die lauteren Worte Gottes allein kräftig sich stützen und nicht einmal vor dem Gericht Gottes zurückweichen, da wir wissen, daß er wahr ist und sich selbst nicht verleugnen kann (2. Tim. 2, 13). Die Worte aber, die hier kräftig sein sollen, sind dieselben, die wir oben angegeben haben, in denen Christus allein uns als Licht und Führer vorgesetzt, und was von Menschen erfunden ist, verurteilt wird. Er selbst also, unser freundlicher Führer und unser Licht, Jesus Christus, erleuchte und stärke unser Herz in seiner eigenen Kraft und seinem heilsamen Wort zum ewigen Leben. Ihm sei Ehre und Gewalt von Ewigkeit zu Ewigkeit! Amen.

Petrus:

Als die Freien, und nicht als hättet ihr die Freiheit zum Deckmantel der Bosheit, sondern als die Knechte Gottes (1. Petr. 2, 16).

Paulus:

Ihr seid zur Freiheit berufen. Allein sehet zu, daß ihr durch die Freiheit dem Fleisch nicht Raum gebet (Gal. 5, 13).

Anmerkungen

1 In: Luthers Werke. Hg. von G. A. Buchwald, G. Kawerau u. a. Erg. Bd. 1. Hg. von O. Scheel, Berlin 1905, 199–376: Martin Luthers Urteil über die Mönchsgelübde. An einigen Stellen haben wir Scheels Übersetzung unserem heutigen Sprachgebrauch angeglichen.

2 Die Dekretalien sind Entscheidungen der Päpste, die entweder als Antwort auf Anfragen gegeben wurden, oder von den Päpsten selbst im Blick auf kirchendisziplinarisch strittige Punkte erlassen wurden. Schon seit dem 5. Jh. kommt ihnen kirchenrechtliche Autorität zu.

3 Evangelische Räte sind nach der Auffassung der mittelalterlichen Kirche bestimmte im Evangelium empfohlene Gebote, die geeignet sind, zur christlichen Vollkommenheit zu führen. Sie müssen nicht von allen Christen gehalten werden, sondern nur von denen, die den besonderen Weg christlicher Vollkommenheit gehen wollen, wie z. B. die Mönche.

4 Luther spielt hier an auf das Urteil, das die theologische Fakultät der Universität Paris über seine Schriften 1521 abgab.

5 Die Profeß bedeutet die Ablegung der mönchischen Gelübde.

6 Luther meint den Vulgatatext.

7 Luther meint damit das Psalterium Romanum, eine von Hieronymus (gest. 420) vorgenommene Revision des lateinischen Psalters.

8 Luther bezieht sich hier auf das Psalterium Hebraicum, eine aus dem hebräischen Urtext hergestellte lateinische Übersetzung der Psalmen durch Hieronymus.

9 Die Obervanten sind eine Abzweigung der Franziskaner, die 1373 von Papst Gregor XI. bestätigt wurde und auf eine strenge Befolgung der ursprünglichen Forderungen des Franziskus aus war.

10 Vgl. Anm. 4.

11 Vgl. o. S. 21 Anm. 2.

12 Daß der Eintritt in den Mönchsstand eine zweite Taufe sei, lehrte schon Hieronymus (MSL 22, 1115) und nach ihm auch der Hl. Bernhard.

13 Die Tatianer werden mehrfach von Luther erwähnt als solche, die die Ehe verbieten. Tatian lebte um die Mitte des 2. Jh. und übte strenge Askese im Zusammenhang gnostisch dualistischer Gedanken.

14 Eine von dem Perser Mani im 3. Jh. gegründete Sekte, die ebenfalls asketisch und dualistisch dachte.

15 Luther bezieht sich hier auf die christologischen Streitigkeiten in der Alten Kirche (Sabellius um 215 in Rom; Arianer genannt nach dem alexandrinischen Presbyter Arius, 3. Jh.).

16 Luther meint den Gnostiker Kerinthos um 100 in Ephesus, der nach der Legende mit Johannes in einem Bade zusammentraf (Iren. III,3,4).

17 Luther spielt hier auf den mittelalterlichen Brauch an, nach dem bestimmte Mönchsorden Briefe verkauften, die dem Käufer, der nicht in der Lage war, selbst Mönch zu werden, die Teilnahme an den Gnadengaben des die Briefe ausstellenden Ordens sicherten.

18 Die Hl. Agnes, nach der Legende eine zur Zeit Diokletians lebende römische Christin, wurde, da sie die Ehe mit dem römischen Stadtpräfekten ablehnte, in ein Bordell gebracht, ohne jedoch Schaden zu erleiden.

19 Feierliche und besonders wichtige Papsterlasse.

20 Jovinian lebte um 400. Obwohl Mönch, wurde er ein Gegner der Verdienstlichkeit der Virginität und des Fastens. Unter seinem Einfluß verließen Mönche das Kloster, und geweihte Jungfrauen traten in die Ehe. Deshalb schrieb Hieronymus 392 gegen ihn.

21 Eine Vertraute des Hieronymus, die in Bethlehem ein Nonnenkloster gründete.

22 Die vitae patrum, auch unter dem Namen historia monachorum, Geschichte der Mönche, bekannt, enthalten eine Reihe von Lebensbeschreibungen von Asketen und Stiftern des antiken Mönchtums.

23 Gemeint ist Santiago de Compostela in Spanien, wo das Grab des Apostels Jakobus gezeigt wurde.

24 Luther bezieht sich hier auf seine Schrift: Rationis Latomianae confutatio von 1521 (vgl. besonders WA 8,120).

25 Hugo von St. Viktor ist ein Zeitgenosse des Hl. Bernhard. Er starb 1141. Die von Luther hier behandelte Frage erörtert Hugo von St. Viktor in seinem Werk De sacramentis christianae fidei (lib. II, p. 12 c. 6).

26 Agathe war nach der Legende die Tochter vornehmer Eltern in Sizilien, die als Christin eine Ehe mit dem Statthalter Quintinianus zurückwies, und, in ein Bordell gebracht, ihre Jungfräulichkeit bewahrte und nach schweren Martern am 5. Febr. 251 im Kerker gestorben sein soll.

27 Papst Anastasius IV (1153–1154).

28 Die von der bischöflichen Mitra auf den Rücken herabhängenden Bänder.

5. Freiheit Gottes – Freiheit des Menschen

(Aus: De servo arbitrio; WA 18, 634, 16–641, 29)

Einleitung

Empfängt der Mensch seine geistliche Freiheit und Gerechtigkeit durch die Partizipation an der Freiheit und Gerechtigkeit Gottes allein im Glauben, so sind diese Heilsgüter nicht Gegenstand menschlicher Werke, so sehr sie sich auch positiv auf deren Gestaltung auswirken. Sie machen allein im Glauben die Person des Menschen gerecht, und die zuvor und passiv gerechtgemachte Person tut gerechte und gute Werke. Ist so die Freiheit und Gerechtigkeit eines Christenmenschen strikt das Werk Gottes an uns, so ist es nicht verwunderlich, daß Luther sich weigert, beide Heilsgüter in die Aktionsstruktur des Menschen hinein zu übersetzen bzw. in ihnen eine Mitbeteiligung des freien Willens am Gnadenhandeln Gottes zu lehren, wie es die scholastische Theologie tat. Entsprechend vertrat Luther bereits in seiner Heidelberger Disputation von 1518 in der 13. These die Ansicht: »Der freie Wille ist nach dem Sündenfall ein bloßer Name, und indem er tut, was in ihm ist, sündigt er tödlich.« (WA 1,354,5f.) Das Heil liegt für den gefallenen Menschen nach dem Sündenfall nicht in der Möglichkeit des freien Willens, d. h. des Zusammenspiels von praktischer Vernunft und Wille des Menschen, sondern ist eine Möglichkeit, die allein Gott im Glauben gewährt und schenkt. Diese These wurde 1520 von der Bannandrohungsbulle »Exsurge Domine« unter die 41 als häretisch geltenden Sätze Luthers aufgenommen, die dieser binnen 60 Tagen widerrufen sollte. Luther aber sah sich nicht in der Lage, jene These zu widerrufen, wenn er seiner neuen Rechtfertigungserkenntnis nicht widersprechen wollte, und verteidigte sie erneut in seiner Schrift: »Assertio omnium articulorum M. Lutheri per bullam Leonis X. 1520« (vgl. WA 1,142,22–149,7). Er hält die anthropologische Kategorie des freien Willens für ungeeignet, um in ihrem Zusammenhang die Gerechtigkeit des Glaubens angemessen zu diskutieren. Es ist deshalb nicht verwunderlich, daß er an dieser Stelle von der traditionellen, scholastisch orientierten Theologie, aber auch von der humanistischen Reformtheologie des Erasmus von Rotterdam, mit der er in seinen Anfangsjahren sehr vieles gemeinsam hatte, angegriffen wurde. Um die umstrittene Rechtfertigungslehre Luthers unter Gelehrten zu diskutieren und den Streit auf ein wissenschaftliches Niveau zu heben, schrieb der Humanist Erasmus von Rotterdam deshalb gegen Luther im Herbst 1524 seine »Diatribe de libero arbitrio«, d. h. seine »Abhandlung über den freien Willen«, in der er auf dem Hintergrund eines reduzierten Thomismus die These vertrat, daß der Mensch aufgrund der Gnade mit dieser in seinem freien Willen zu seinem Heil zusammenwirken könne. Im Dezember 1525 antwortete Luther mit seiner Schrift »De servo arbitrio«, d.h. »Über den gebundenen Willen«, in der er sich im einzelnen mit der Argumentation des Erasmus kritisch auseinandersetzte und die These vertrat, daß der freie Wille im Blick auf das Heil gebunden sei, d. h. daß der Mensch sein Heil und seine geistliche Freiheit allein im Glauben und nicht in der Aktionsstruktur seines freien Willens empfange. Luther hielt deshalb die Rede vom freien Willen des Menschen in Dingen des Heils für ungeeignet und vermied sie in den von uns bisher dargebotenen Schriften zur Freiheit eines Christenmenschen. Auch jetzt wiederholt er die These, daß die geistliche Freiheit des Menschen als Partizipation an der Freiheit Gottes zu verstehen sei, eine Partizipation, die allein im Glauben und nicht durch die Werke des Menschen realisiert wird. Ja Freiheit ist im Sinne des Sünde, Tod und Teufel überlegenen Heils des Menschen letztlich und streng ein Gottesprädikat bzw. ein Ehrenname Gottes. »Daraus folgt nun, daß der freie Wille ein völlig göttlicher Ehrenname ist und keinem anderen zustehen kann als allein der göttlichen Majestät. Sie nämlich kann und tut (wie Psalm 115,3 sagt) alles, was sie will, im Himmel und auf Erden. Wenn dieser Titel Menschen beigelegt wird, so geschieht das mit nicht mehr Recht, als wenn ihnen auch die Gottheit selbst zuerkannt würde. Größer als diese Gotteslästerung kann aber keine sein. Deshalb hätten die Theologen sich dieses Wortes (»freier Wille«) enthalten, wenn sie von menschlichem Vermögen sprechen wollten, und es allein Gott überlassen sollen« (vgl. u. S. 222). Dennoch will auch Luther nicht leugnen, daß der Mensch einen freien Willen hat, doch bezieht sich dieser nicht auf das Tod und Leben umgreifende Heil, sondern auf die innerweltliche Aktion des Menschen, auf seine ihm möglichen Werke im Zusammenspiel von Vernunft und Wille. Um diese kritische Argumentation Luthers gegenüber der scholastischen und humanistischen Auffassung vom freien Willen auf dem Hintergrund seines evangelischen Freiheitsverständnisses aufzuzeigen, bieten wir zum Abschluß noch einen Text aus Luthers Schrift »De servo arbitrio« von 1525 in der Übersetzung von K. Aland[1] dar.

Aus: De servo arbitrio von 1525:

Sobald das bewiesen ist, daß unsere Seligkeit außerhalb unserer Kräfte und Beschlüsse vom Wirken des alleinigen Gottes abhängt, was ich unten im Hauptteil der Untersuchung unumstößlich darzutun hoffe, folgt dann nicht klar, daß alles böse ist, was wir tun, wenn Gott mit seinem Wirken in uns nicht zugegen ist, und daß wir notwendig so zu handeln pflegen, daß es nichts für die Seligkeit wert ist? Wenn nämlich nicht wir, sondern Gott die Seligkeit in uns wirkt, so ist nichts heilsam, was wir vor seinem Wirken tun, ob wir wollen oder nicht....

Umgekehrt, wenn Gott in uns wirkt, will und handelt andererseits der durch den Geist Gottes gewandelte und freundlich eingeblasene Wille wiederum aus reiner Lust und Neigung, so daß er durch nichts Entgegengesetztes in etwas anderes verwandelt werden, ja nicht einmal durch die Pforten der Hölle besiegt oder gezwungen werden kann. Sondern er fährt fort, das Gute zu wollen, gern zu haben und zu lieben, so wie er vorher das Böse wollte, gern hatte und liebte. Das beweist wiederum die Erfahrung. Denn wie unüberwindlich und standhaft sind die heiligen Männer, während sie mit Gewalt zu anderem gezwungen werden sollen. Ja, sie werden dadurch noch mehr zum Wollen angespornt, so wie das Feuer vom Winde mehr angefacht als ausgelöscht wird. So daß auch hier nicht irgendeine Freiheit oder ein freier Wille, sich anderswohin zu wenden oder anders zu wollen, existiert, solange der Geist und die Gnade Gottes im Menschen andauert.

In Summa, wenn wir unter dem Gott dieser Welt sind, ohne die Einwirkung und den Geist des wahren Gottes, werden wir gefangengehalten (Eph. 2, 2f.) nach seinem Willen, wie Paulus zu Timotheus sagt (2. Tim. 2, 26), so daß wir nur wollen können, was er selbst will. Denn er ist der starke Gewappnete (Luk. 11, 21), der sein Haus so bewahrt, daß sich ruhig halten alle, die er besitzt, damit sie nicht irgendeine Erregung oder Empfindung gegen ihn hervorrufen. Sonst bliebe das Reich des Satans, in sich zerteilt, nicht bestehen, während doch Christus versichert, daß es bestehen bleibe. Und das tun wir willig und gern, entsprechend der Natur des Willens, der kein Wille mehr wäre, wenn er gezwungen würde. Denn Zwang ist vielmehr (um das so auszudrücken) Nichtwille. Wenn aber ein Stärkerer über ihn kommt, ihn besiegt und uns als seine Beute raubt, so werden wir umgekehrt durch dessen Geist Sklaven und Gefangene (was dennoch eine königliche Freiheit bedeutet), so daß wir gern wollen und tun, was er selbst will.

So ist der menschliche Wille in die Mitte gestellt (zwischen Gott und Satan) wie ein Zugtier. Wenn Gott sich darauf gesetzt hat, will er und geht, wohin Gott will, wie der Psalm (73,22f.) sagt: »Ich bin wie ein Tier geworden, und ich bin immer bei dir.« Wenn Satan sich darauf gesetzt hat, will und geht er, wohin Satan will. Und es steht nicht in seiner freien Entscheidung, zu einem von beiden Reitern zu laufen oder ihn sich zu verschaffen zu suchen, sondern die Reiter selbst kämpfen miteinander, ihn zu erlangen und zu besitzen.

Was nun, wenn ich aus Deinen eigenen Worten, mit welchen Du[2] den freien Willen behauptest, beweisen werde, daß es keinen freien Willen gibt? Wie, wenn ich unwiderleglich dartun werde, daß Du, ohne es zu wissen, verneinst, was Du mit so großer Klugheit behaupten willst? Fürwahr, wenn ich das nicht tun werde, schwöre ich, daß alles widerrufen sein soll, was ich gegen Dich in diesem Buch schreibe, und bestätigt, was Deine Diatribe gegen mich sowohl behauptet wie zu erlangen sucht.

Du veranschlagst die Kraft des freien Willens als sehr klein und so beschaffen, daß sie ohne die Gnade Gottes geradezu unwirksam ist. Gibst Du das nicht zu? Ich frage Dich nunmehr und bitte um Antwort: Wenn die Gnade Gottes fehlt oder von jener so kleinen Kraft getrennt wird, was kann sie (die Kraft des freien Willens) selbst tun? Unwirksam (sagst Du) ist sie und wirkt nichts Gutes. Also wird der freie Wille nichts tun, was Gott oder seine Gnade will, weil wir angenommen haben, daß die Gnade Gottes von ihm getrennt ist. Was aber die Gnade Gottes nicht tut, ist nicht gut. Daraus folgt, daß der freie Wille ohne die Gnade Gottes wahrlich nicht frei, sondern unwandelbar ein Gefangener und Sklave des Bösen ist, daß er sich nicht von allein zum Guten hinwenden kann.

Wenn dies feststeht, gestatte ich Dir, daß Du die Kraft des freien Willens nicht nur für sehr klein hältst, mache sie meinetwegen engelgleich, mache sie, wenn Du kannst, vollkommen göttlich, wenn Du nur diesen traurigen Anhang hinzufügst, daß Du sie, ohne die Gnade Gottes, als unwirksam bezeichnest. Dann hast Du ihr sogleich alle Kraft genommen. Denn was ist eine unwirksame Kraft, wenn nicht überhaupt keine Kraft? Zu sagen, es gebe einen freien Willen und er besitze eine bestimmte, aber unwirksame Kraft, bedeutet daher das, was die Sophisten[3] einen Widerspruch in sich selbst (oppositum in adiecto) nennen, gleich als wenn Du sagtest: der freie Wille ist etwas, was nicht frei ist, ebenso wenn Du das Feuer als kalt und die Erde als heiß bezeichnetest. Möge das Feuer durchaus die Kraft der Hitze, selbst der höllischen Hitze besitzen, wenn es nicht brennt und nicht versengt, sondern vielmehr kalt ist und kalt macht, soll es für mich nicht einmal Feuer und noch weniger heiß genannt werden, es sei denn, daß man etwas Gemaltes oder Eingebildetes auch für Feuer halten will.

Jedoch wenn wir das als Kraft des freien Willens bezeichnen sollen, wodurch der Mensch befähigt wird, vom Geist Gottes ergriffen und mit seiner Gnade erfüllt zu werden, als der zum ewigen Leben oder Tod erschaffen ist, so wäre das richtig gesagt. Diese Kraft nämlich, das heißt Fähigkeit, bekennen auch wir. Daß sie nicht den Bäumen und auch nicht den Tieren beigelegt ist, wer weiß das nicht? Denn Gott hat nicht, wie man zu sagen pflegt, für die Gänse den Himmel geschaffen.

Fest steht also, auch durch Dein eigenes Zeugnis, daß wir alles aus Notwendigkeit tun und nichts aus freiem Willen, da die Kraft des freien Willens nichts ist und nichts wirkt und nichts Gutes vermag, wenn die Gnade fehlt. Es sei denn, daß Du »Wirksamkeit« mit neuer Bedeutung als »vollkommenes Vollbringen« auffassen willst, gleichsam als ob der freie Wille etwas anfangen und wollen, aber nur nicht vollbringen könne. Aber das glaube ich nicht, und werde später ausführlicher über diesen Gegenstand reden.

Daraus folgt nun, daß der freie Wille ein völlig göttlicher Ehrenname ist und keinem anderen zustehen kann als allein der göttlichen Majestät. Sie nämlich kann und tut (wie Psalm 115,3 sagt) alles, was sie will, im Himmel und auf Erden. Wenn dieser Titel Menschen beigelegt wird, so geschieht das mit nicht mehr Recht, als wenn ihnen auch die Gottheit selbst zuerkannt würde. Größer als diese Gotteslästerung kann aber keine sein. Deshalb hätten die Theologen sich dieses Wortes (»freier Wille«) enthalten, wenn sie von menschlichem Vermögen sprechen wollten, und es allein Gott überlassen sollen. Weiter hätten sie es aus dem Mund und dem Sprachgebrauch der Menschen entfernen und es gleichsam als einen heiligen und ehrwürdigen Titel für ihren Gott in Anspruch nehmen sollen. Und wenn sie den Menschen überhaupt irgendein Vermögen zuerkennen wollten, hätten sie lehren sollen, daß man es mit einem anderen Wort als »freier Wille« benennen müsse, zumal es uns bekannt ist, und wir wahrnehmen, daß mit diesem Wort das Volk elend betrogen und auf Abwege geführt wird, da es in diesem Wort etwas ganz anderes hört und sich vorstellt, als die Theologen darunter verstehen und in ihren Erörterungen gebrauchen.

Denn das ist ein allzu prächtiges, umfassendes und inhaltsreiches Wort: »freier Wille«, von welchem das Volk (so wie es auch die Bedeutung und die Natur des Wortes fordert) glaubt, daß damit jene Kraft bezeichnet werde, welche sich frei nach beiden Seiten wenden kann und weder irgendjemand weichen muß noch unterworfen ist. Wenn es jedoch wüßte, daß sich das ganz anders verhält und daß es ein ganz winziges Etwas, kaum wie ein Fünklein bedeutet und daß auch das für sich allein ganz unwirksam ist, dem Teufel gefangen und dienstbar, so wäre es verwunderlich, wenn sie uns nicht als so große Spötter und Betrüger steinigten, die wir anders reden und etwas ganz anderes damit bezeichnen, während sogar nicht einmal feststeht oder Übereinkunft darüber erreicht ist, was wir damit bezeichnen sollen. Wer nämlich sophistisch redet, sagt der Weise (Spr. Sal. 6, 17), ist hassenswert, am meisten, wenn er das in Glaubensdingen tut, wo für das ewige Heil Gefahr besteht.

Da wir also die Bedeutung und die Sache eines so ruhmreichen Wortes außer acht gelassen, ja niemals besessen haben, warum behalten wir ein leeres Wort so hartnäckig bei, zur Gefährdung und Täuschung des gläubigen Volkes?

Das ist keine andere Weisheit als die, mit der jetzt Könige und Fürsten die leeren Herrschaftstitel von Königreichen und Gebieten beibehalten, für sich in Anspruch nehmen und sich damit rühmen, während sie indessen beinahe Bettler sind und nichts weniger als diese Reiche und Gebiete besitzen. Das ist freilich erträglich, da sie niemand täuschen oder betrügen, sondern nur sich selbst mit Prahlereien füttern, vollkommen ohne eigenen Gewinn. Jedoch hier handelt es sich um Gefährdung des Heils und allerschädlichste Täuschung. Wer würde nicht jenen unpassenden Worteveränderer verlachen oder vielmehr unausstehlich finden, der wider den Sprachgebrauch aller eine derartige Redeweise einzuführen versuchte, daß er den Bettler reich nennte, nicht weil er irgendwelches Besitztum hätte, sondern weil irgendein König ihm vielleich sein eigenes schenken könnte. Ebenso, wenn er einen Todkranken als vollkommen gesund bezeichnete, allerdings nur deshalb, weil ein anderer ihm seine Gesundheit geben könnte. Item, wenn er einen ganz ungelehrten, einfältigen Menschen sehr gelehrt nennte, weil irgendein anderer ihm vielleicht Gelehrsamkeit geben könnte. Ebenso klingt es auch hier: der Mensch hat einen freien Willen, freilich unter der Bedingung, daß Gott ihm seinen geben würde. Bei diesem Mißbrauch der Sprache könnte jeder beliebige sich einer jeden beliebigen Sache rühmen, wie z. B.: jener ist Herr des Himmels und der Erde (d. h. wenn Gott ihm das geben würde). Aber das schickt sich nicht für Theologen, sondern für Schauspieler und Betrüger. Unsere Worte müssen zuverlässig, ohne Vorbehalt und besonnen sein und, wie Paulus sagt, gesund und untadelig (Tit. 2, 8).

Wenn wir nun überhaupt dieses Wort (freier Wille) nicht aufgeben wollen, was am sichersten und frömmsten wäre, sollten wir lehren, es doch bis dahin gewissenhaft zu gebrauchen: daß dem Menschen ein freier Wille nicht in bezug auf die Dinge eingeräumt sei, die höher sind als er, sondern nur in bezug auf das, was so viel niedriger ist als er, d. h. er weiß, er habe in bezug auf seine zeitlichen Geldmittel und Besitztümer das Recht, etwas nach freiem Ermessen zu gebrauchen, zu tun, zu lassen (obwohl auch dies durch den freien Willen Gottes allein gelenkt wird, wohin immer es ihm gefällt). Im übrigen hat er gegenüber Gott oder in den Dingen, welche Seligkeit oder Verdammnis angehen, keinen freien Willen, sondern ist gefangen, unterworfen, verknechtet – entweder dem Willen Gottes oder dem Willen des Satans.

Das habe ich von den Hauptabschnitten Deiner Vorrede[4] gesagt, die auch selbst fast den ganzen Streitgegenstand umfassen, beinahe mehr als der folgende Hauptteil des Buches. Dennoch ist ihr eigentlicher Inhalt so beschaffen gewesen, daß er mit diesem kurzen Doppelsatz hätte erledigt werden können: Entweder sucht Deine Vorrede Worte Gottes zu ergründen oder aber Menschenworte. Erforscht sie Menschenworte, so ist sie ganz umsonst geschrieben und geht uns nichts an, wenn aber Worte Gottes, so ist sie ganz gottlos. Daher wäre es nützlicher gewesen, wenn darüber gesprochen worden wäre, ob es Worte Gottes oder der Menschen seien, über die wir disputieren....

Bevor Du in die eigentliche Disputation eintrittst, sagst Du zu, Dich nur auf die kanonischen Bücher der heiligen Schrift beziehen zu wollen; Luther halte sich ja doch nicht an die Autorität eines anderen Schriftstellers. Einverstanden, ich nehme Dein Versprechen an. Du gibst es zwar nicht, weil Du eben diese (anderen) Schriftsteller für Deine Zwecke als ungeeignet ansiehst, sondern Du willst Dir ja nur vergebliche Mühe ersparen. Du billigst nämlich keineswegs meinen

Wagemut oder wie man auch immer mein Vornehmen nennen mag. Gar zu sehr stehst Du noch unter dem Eindruck dieser langen Reihe hochgelehrter Männer, die Jahrhunderte lang in unbestrittenem Ansehen standen. Unter ihnen befanden sich hocherfahrene Kenner der heiligen Schrift, ja sogar Heilige, Märtyrer und berühmte Wundertäter. Dazu noch die neueren Theologen, so und so viele Akademien, Konzilien, Bischöfe, Päpste. In Summa: auf Deiner Seite stehen Gelehrsamkeit, Geist, Größe, Erhabenheit, Hoheit, Stärke, Gewissenhaftigkeit, Wundertaten und was nicht noch alles. Auf meiner Seite aber stehen allein Wiclif und allenfalls Laurentius Valla. Freilich auch Augustin könnte ich noch hinzunehmen, den Du zwar völlig übergehst, der aber doch ganz zu mir gehört.[5] Aber diese haben ja keine Bedeutung gegenüber jenen. Luther steht allein, ein einzelner Mann, erst kürzlich zur Welt gekommen, mit seinen Freunden, die keine so große Gelehrsamkeit, Geist, Größe, Erhabenheit, Heiligkeit und solche Wundertaten aufzuweisen haben; können sie doch nicht einmal einen lahmen Gaul gesund machen. Sie verweisen auf die Schrift, die ihnen aber nichtsdestotrotz ebenso zweifelhaft ist wie der Gegenseite. Ferner brüsten sie sich mit dem Geist, den sie jedoch niemals zeigen – und was Du sonst noch weiter mit Recht gegen uns vorbringen magst. Du läßt also nichts Gutes an uns und sagst zu uns wie der Wolf zur Nachtigall, die er verschlungen hatte: eine schöne Stimme hast du, aber sonst ist nichts dran an dir. Sie reden nämlich nur und wollen (so sagst Du), daß man ihnen allein daraufhin Glauben schenke.

Ich gebe es zu, Erasmus, daß Du nicht ohne Grund von dem allen beeindruckt bist. Ich selbst stand mehr als zehn Jahre derart unter diesem Einfluß, daß ich kaum glauben konnte, es gäbe niemanden, der in gleicher Weise davon durchdrungen wäre. Auch konnte ich nicht glauben, daß dieses unser Troja – so lange Zeit hindurch und in so vielen Kriegen unbesiegt – jemals würde eingenommen werden können. Und Gott rufe ich zum Zeugen für mich an, ich wäre bei der Stange geblieben, noch heute stünde ich unter dem gleichen Einfluß, wenn nicht Gewissensnot und die Einsicht mich in eine andere Richtung gezwungen hätten. In der Tat, Du kannst annehmen, daß ich kein Herz von Stein habe. Und wenn es von Stein wäre, so hätte es doch beim Sturm und Anprall so gewaltiger Fluten und Brandungswellen weich werden können, als ich es nämlich wagte und dann sah, daß die ganze Autorität jener Männer, die Du aufgezählt hast, sich wie eine Sintflut über mein Haupt ergießen werde. Aber hier ist nicht der Ort, die Geschichte meines Lebens und meiner Werke darzulegen, auch will ich nicht damit anfangen, uns selbst in einem günstigen Licht erscheinen zu lassen; sondern es geht darum, die Gnade Gottes zu preisen. Wer ich bin und von welchem Geist und Rat ich für diese Sache ergriffen bin, das (zu beurteilen) überlasse ich dem, der da weiß, daß alles nach seinem und nicht nach meinem freien Willen geschieht. Das hätte die Welt allerdings schon längst merken müssen.

Du bringst mich mit jener Vorrede wirklich in eine äußerst schwierige Lage, aus der ich nur schwer wieder herauskomme, ohne selbst zu prahlen und es besser wissen zu wollen als so und so viele Kirchenväter. Aber laß es mich kurz sagen: an Gelehrsamkeit, Geist, Größe, Ansehen und all den anderen Dingen scheide ich, jedenfalls nach Deinem Urteil aus. Wie steht es aber um den Erweis des Geistes, wie mit Wundertaten, wie mit wahrer Heiligkeit? Wenn ich Dich nach diesen dreien fragte, so würdest Du – soweit ich Dich aus Deinen Schriften und Büchern kenne – zu unerfahren und unwissend sein, als daß Du mit einer Silbe darauf antworten könntest. Oder wenn ich darauf dringen und fordern würde, wer unter all denen, die Du rühmst, nachweislich heilig gewesen sei oder es noch sei, den rechten Geist besitze und wirklich Wunder getan habe – ich glaube, dann würdest Du Dich sehr, aber vergeblich (um eine Antwort) abmühen. Du redest viel nach, was üblicherweise und allenthalben geredet wird; das verliert aber – Du glaubst es kaum – gewaltig an Glaubwürdigkeit und Ansehen, wenn es vor dem Gerichtshof, dem Gewissen, erscheinen muß. Das Sprichwort sagt die Wahrheit: Viele gelten auf Erden heilig, ihre Seelen aber sind in der Hölle.

Anmerkungen

1 Wir bieten mit freundlicher Genehmigung des Verlages Vandenhoeck & Ruprecht den Text aus K. Aland, Luther deutsch. Die Werke Martin Luthers in neuer Auswahl für die Gegenwart. Bd. 3 Der neue Glaube. Göttingen [3]1961, 195–203 dar.

2 Luther spricht hier Erasmus von Rotterdam an, mit dessen »Diatribe de libero arbitrio« von 1524 er sich auseinandersetzt.

3 Als Sophisten bezeichnet Luther gern die scholastischen Theologen.

4 Erasmus hat sein gegen Luther gerichtetes Werk mit zwei ausführlichen Vorreden versehen. In der ersten Vorrede stellt er die Frage, ob es theologisch legitim sei, im Zusammenhang der Lehre vom freien Willen das Problem des

Verhältnisses von freiem Willen und Prädestination zu behandeln. In der zweiten Vorrede fragt er nach dem Kriterium theologischer Wahrheit, d. h. nach der richtigen Schriftauslegung. Dann erörtert er in einem großen Hauptteil eine Reihe von biblischen Aussagen die für, und eine Reihe von biblischen Aussagen die gegen den freien Willen in Beziehung auf die Gnade sprechen, um dann in einem Schlußteil sich für das Zusammenwirken von Gnade und freiem Willen auszusprechen.

5 Luther beruft sich hier auf den schottischen Vorreformator John Wyclif (1328–1384), bedingt auch auf den Renaissancetheologen und Philosophen Laurentius Valla (1405–1457) und vor allem auf den antipelagianischen Augustin (354–43), der ihn in seinem neuen Verständnis der paulinischen Theologie bestätigt hatte, das ihn zur reformatorischen Rechtfertigungslehre führte.

Zur Bedeutung des Freiheitsverständnisses Luthers an der Epochenschwelle zur Neuzeit*

Als im Oktober 1520 der sächsische Landedelmann und Kammerjunker des Papstes Karl von Miltitz Luther aufforderte in allerletzter Minute doch noch eine Versöhnung mit Rom zu versuchen und außer einem Brief an Papst Leo X. einen kurzen Traktat zu verfassen, in dem klar und ohne Polemik seine reformatorische Position sichtbar werde, schrieb Luther seine berühmte Schrift »Von der Freiheit eines Christenmenschen«. Er gab diesen Traktat zugleich in deutscher und lateinischer Sprache heraus. Der lebendige und von instruktiver Sprachkraft durchdrungene deutsche Text wandte sich an die breite Öffentlichkeit und stellte noch einmal knapp und deutlich die reformatorische Position Luthers dar, die lateinische, ausführlichere Fassung war für Papst Leo X. und die Gelehrten bestimmt. Luther selbst verstand seine Schrift als »die ganze Summe eines christlichen Lebens« (WA 7, 11, 9f.), d. h. als den Inbegriff einer Beschreibung der christlichen Existenz. Dabei ist es nicht zufällig, daß Luther gegenüber einem kulturbeflissenen Renaissancepapst, wie Leo X. es war, das Thema Freiheit in den Vordergrund rückt. Und doch verdankt sich dieses Thema nicht einfach seinem Adressaten, sondern drückt zugleich Mitte und Ziel der neuen, reformatorischen Botschaft aus. Mit einer provozierenden Doppelthese schlägt Luther das Thema Freiheit an: »Ein Christenmensch ist ein freier Herr über alle Dinge und niemand untertan. Ein Christenmensch ist ein dienstbarer Knecht aller Dinge und jedermann untertan.« (WA 7, 21, 1–4) Es dauerte nicht lange, und Luther mußte persönlich unter Beweis stellen, was er hier theoretisch formuliert hatte. Im November 1520 verfaßte er seine Freiheitsschrift, im April 1521 stand er in Worms vor Kaiser und Reich und verteidigte nun seine reformatorische Position mit den bekannten Worten: »Weil denn Ew. Majestät und ihre Herrschaften eine einfache Antwort begehrt, so will ich eine geben ohne Hörner und Zähne. Wenn ich nicht durch Schriftzeugnisse oder helle Gründe der Vernunft überwunden werde (denn ich glaube weder dem Papst noch den Konzilien allein, da feststeht, daß sie oft geirrt und sich selbst widersprochen haben), so bin ich überwunden durch die von mir angeführten Schriftzeugnisse, und mein Gewissen ist gebunden in Gottes Wort. Widerrufen kann und will ich nichts, weil wider das Gewissen zu handeln nicht sicher und nicht lauter ist. Ich kann nicht anders, hier stehe ich, Gott helfe mir. Amen.« (WA 7, 838, 2–9) Hier beruft sich Luther auf sein freies, allein in Gottes Wort gebundenes Gewissen und will als Gründe seines Widerrufes nur die Hl. Schrift und Argumente der Vernunft gelten lassen. Es ist nicht verwunderlich, daß die Aufklärung sich auf Luthers Tat in Worms als einen entscheidenden Schritt aus der selbstverschuldeten Unmündigkeit des Menschen berief und daß kein geringerer als Hegel die Reformation als Fortschritt im Bewußtsein der Freiheit pries. Aber sind aufklärerisches und idealistisches Freiheitspathos und Luthers Zeugnis von der Freiheit eines Christenmenschen das Gleiche? Gehören sie nicht beide noch auf die Seite eines bürgerlichen Freiheitsbegriffes, der die Freiheit auf eine Bestimmtheit menschlichen Bewußtseins und der Gesinnung reduziert, die mit äußerlicher Unfreiheit verträglich und deshalb angesichts realer Unfreiheit nur Scheinfreiheit ist. Sind nicht, so fragt H. Marcuse, in Luthers Lehre von der Freiheit eines Christenmenschen »alle Elemente zum ersten Mal beisammen, die den spezifisch bürgerlichen Freiheitsbegriff konstitutieren«.[1] Versteht Luther und das bürgerliche Denken Freiheit nicht nur als Autonomie der Person, die das äußere Elend des Menschen nicht hinreichend in den Blick bekommt? Nach H. Marcuse findet dieser bürgerliche Freiheitsbegriff seine klarste Form bei Kant, für den es zwischen der Freiheit im menschlichen Bewußtsein und der empirischen Freiheit letztlich keine Vermittlung gibt. Freiheit ist für Kant eine transzendentale Tatsache, d. h. »sie ist etwas, was der Mensch immer schon hat, wenn er frei sein will. Wie bei Luther, liegt die Freiheit immer schon ›vor‹ jedem freien Handeln, als sein ewiges Apriori; sie ist nie erst das Resultat einer Befreiung, und sie bedarf nicht erst einer Befreiung.«[2] Indem Kant die Freiheit als eine Größe des menschlichen Bewußtseins versteht und dieses an das moralische Gesetz als an ihre einzige Wirklichkeit bindet, wird sie mit jeder äußeren Unfreiheit verträglich. Auch Luther weise die Freiheit an die Innerlichkeit der Person, an den innerlichen Menschen, während der äußerliche Mensch gleichzeitig den irdischen Autoritäten unterworfen bleibe. Luthers Aussage, daß kein äußerliches Ding die Seele frei zu machen vermöge und daß die christliche Freiheit und Frömmigkeit nicht leiblich noch äußerlich seien,[3] führe zur Entwertung des äußeren Elends und grenze die Freiheit auf die Sphäre der Innerlichkeit ein.

Schon vor H. Marcuse hatte M. Scheler ähnlich die Tendenz des deutschen Geistes kritisiert, sich pathetisch in die eigene, hochgeschätzte Innerlichkeit zurückzuziehen und auf deren Darstellung und Verwirklichung im ungefügen Äußerlichen zu verzichten. Scheler will nicht die Bedeutung der Innerlichkeit oder des inneren Lebens überhaupt bestreiten, sondern nur deren Folgelosigkeit für das äußere, politische Leben kritisieren.[4] »In den unsagbaren Tiefen der ›reinen Innerlichkeit‹ wird der Geist, werden die Ideen, werden Taten und Gesinnung, werden Schönheitssinn und Religion – wird selbst Christus in der Tat schlechthin harmlos, verantwortungslos, bedeutungslos; und je mehr sie dieses werden, desto hemmungsloser können Herrschsucht, Klassenegoismus, ideenlose Beamtenroutine, Militärdressur, und ebensowohl blinder Arbeits- und Betätigungsdrang wie geschmack- und geistfreie Genußsucht sich bei denen auswirken, die zur Innerlichkeit – zu diesem einzigen Luxus der Dienenden und Gehorchenden – nicht verpflichtet sind.«[5] Für diese Isolierung der Innerlichkeit und deren Folgen bzw. deren Folgelosigkeit sollen nicht nur die Philosophen des deutschen Idealismus, sondern auch die protestantischen Prediger und schließlich Luther selbst verantwortlich sein. »In Luther verzichtete der deutsche Geist zuerst auf dem Boden der höchsten, d. h. alle anderen Werte nach sich formierenden Werte auf den Einbau des Innerlichen in die äußere reale Welt – auf die Harmonie von Äußerem und Innerem.«[6] Trifft diese Kritik wirklich auf Luther zu? Hat er die Freiheit nur an die Sphäre der inneren Person verwiesen? Verzichtet er auf die Konformität von innerem und äußerem Menschen, von innerer und äußerer Freiheit? Kann man diese Kritik an der Innerlichkeit des deutschen Bürgertums im 18. u. 19. Jh. einfach auf Luther übertragen? Kann man Luther einfach von Kant her lesen? Bevor wir auf diese Fragen zu antworten versuchen, wollen wir zunächst einige Stationen nachzeichnen, auf denen Luther, an dessen 500. Geburtstag wir uns in diesem Jahr erinnern, die Freiheit eines Christenmenschen entdeckte.

I

Im Mittelalter konzentrierte sich die Freiheitsproblematik theologisch im wesentlichen auf zwei Problemfelder: nämlich einmal auf das geschichtspolitische Problem der »Libertät der Kirche« und zum andern auf die anthropologische Frage nach den Möglichkeiten des sogenannten »freien Willens«.[7] Die Libertät bzw. Freiheit der Kirche meinte deren göttliche Privilegien, die die mittelalterlichen Päpste vor allem seit Gregor VII. gegenüber dem Herrschaftsanspruch des kaiserlichen Imperium verteidigten. Der freie Wille meint dagegen eine anthropologische Kategorie, die die Selbstbestimmung des Menschen im Zusammenwirken mit der göttlichen Gnade beschreibt. In der italienischen Renaissance des 14. und 15. Jh. beginnt die Forderung der freien Selbstbestimmung des Menschen sich schon teilweise aus dem Zusammenhang der Gnade herauszulösen, doch wird zugleich auf die Folgen hingewiesen, die eintreten, wenn der Mensch seinen Weg ohne göttliche Hilfe und Zuwendung geht. Sofern die Philosophie der Renaissance im Humanismus des 16. Jh. nördlich der Alpen wirksam wird, bemüht man sich um einen behutsamen Ausgleich, zwischen dem, was der Mensch aus der Freiheit seines Willens kann, und dem, was die Gnade dabei wirkt. Ferner ist man im Rückgriff auf die Antike und insbesondere auf die christliche Antike daran interessiert, ein Lebensideal zu formulieren, das die Freiheit des Menschen durch die Originalität seiner Bildung wie durch seine ethisch-religiöse Lebenshaltung zu erreichen sucht. Auch Luther hat teil an diesem Humanismus, und seine frühe Schrifttheologie greift über das scholastische Mittelalter zurück auf die Hl. Schrift selbst, um hier erneut die lebendigen und ursprünglichen Kräfte christlichen Lebens zu entdecken. Es ist deshalb nicht verwunderlich, daß die Welt der gebildeten Laien zunächst Luther und Erasmus von Rotterdam, den in Europa gefeiertsten Humanisten zu Beginn des 16. Jh., eng zusammensieht und daß in den deutschen Reichsstädten schon in den Anfangsjahren der Reformation humanistisch-reformatorisch gebildete Theologen als Prädikanten an die Stadtkirchen berufen werden.

Auch darin zeigt sich eine Nähe Luthers zum Humanismus, daß er 1517 seinen elterlichen Namen Luder in Luther mit »th« umwandelt, womit er offensichtlich auf das griechische Wort ἐλεύθερος anspielt, dessen lateinische Form ›eleutherius‹ (= der Freie) er zeitweilig auch als Selbstbezeichnung verwendet. Diese Namensänderung geschieht im Oktober 1517, wenige Tage vor der Veröffentlichung der Ablaßthesen. Der erste Brief, in dem Luther die Unterschrift Eleutherius gebraucht, stammt vom 11. November des gleichen Jahres.[8] Ob wir in dieser Namensänderung nur eine humanistische Attitüde oder einen

Hinweis auf Luthers neues, reformatorisches Selbstbewußtsein vor uns haben, ist nur schwer zu entscheiden. Jedenfalls fällt auf, daß Luther im Reformationsjahr 1520 die Begriffe »Freiheit« und »frei« an zentraler Stelle benutzt, um den Inhalt seiner neuen reformatorischen Theologie zu beschreiben.

Dies geschieht z. B. in seiner Auslegung von Ps. 13,(14),1 im April 1520, in der Luther zum ersten Mal in nuce die Grundthesen seines Freiheitstraktates vom November 1520 vorstellt. Hier formuliert er die für seinen Freiheitstraktat grundlegende Spannung von Freiheit im Glauben und Dienstbarkeit in der Liebe. »Siehe also, wie uns alle Dinge frei sind durch den Glauben und dennoch Gegenstand des Dienstes durch die Liebe sind, so besteht miteinander die Dienstbarkeit der Freiheit und die Freiheit der Dienstbarkeit, weil wir niemand nichts schuldig sind, als daß wir einander lieben« (Röm. 13,8). (WA 5, 407, 42–408, 3; s. u. 17)[9] Der Christenmensch ist nach Paulus frei geworden vom Gesetz der Werke. Er muß sich nicht mehr selbst vor Gott rechtfertigen und hat zu seiner Gerechtigkeit vor Gott die Werke nicht mehr nötig. Dennoch entzieht er sich nicht den Werken, sondern übt in ihnen die Liebe gegenüber dem Nächsten. Auch ist er frei von Satzungen und Gebräuchen in der Kirche, doch folgt daraus nicht bilderstürmerische Aktivität, sondern um der Schwachen im Glauben willen nimmt er auch diese Formen der Kirchlichkeit auf sich, um die Schwachen Schritt für Schritt in die Freiheit eines Christenmenschen zu führen. So gründet im Glauben an Christus die Freiheit eines Christenmenschen, aber sie ist zugleich Freiheit zur Liebe, mit der der Christ nicht das Seine, sondern das Wohl des Anderen sucht und erstrebt.

Doch bevor Luther diese Einsichten in seinen Freiheitstrakt vom November 1520 einbringt, veröffentlicht er im Oktober 1520 seine berühmte Reformationsschrift »De captivitate Babylonica ecclesiae praeludium« (Über die Babylonische Gefangenschaft der Kirche, ein Vorspiel). Mit dieser Schrift macht er die »Libertät«, d. h. die Freiheit der Kirche, zu einem ekklesiologischen Thema. Zielte die These von der Libertät der Kirche im Mittelalter vor allem auf die Freiheit und Macht der Kirche gegenüber dem weltlichen Imperium, so unterscheidet Luther nun deutlich zwischen beiden Größen und schließt eine gegenseitige Bevormundung aus. Darüber hinaus aber macht er nun deutlich, daß die Kirche nicht nur durch äußerliche, sondern durch innerkirchliche Entscheidungen ihre Freiheit verloren habe. Vor allem ein unbiblisches Verständnis der Sakramente habe die Kirche ihrem Wesen entfremdet und halte sie gefangen. So sei das Sakrament des Altars gefangengesetzt durch die Verweigerung des Laienkelchs, durch die mit philosophischen Kategorien entwickelte Transsubstantiationslehre, nach der die Substanz von Brot und Wein in der Eucharistie in Leib und Blut Christi verwandelt wird, während ihre äußere Gestalt erhalten bleibt, und schließlich durch die Opfervorstellung der Messe. Durch die Transsubstantiationslehre werde die reale Gegenwart Christi im Gabewort der Abendmahlsverheißung und dem an dieser hängenden Glauben verfehlt. Schließlich sei die Eucharistie gefangen, weil man die Messe zu einem Opfer gemacht habe, in dem der konsekrierende Priester unblutig das Opfer Christi am Kreuz wiederhole und es Gott gleichsam als ein »Werk« anbiete, wie es besonders eklatant in den Still- und Winkelmessen zu Tage trete. Was die Taufe angehe, so sei sie zwar in Gestalt der Kindertaufe in ihrem rechten Gebrauch geblieben, doch habe das Bußsakrament in der mittelalterlichen Kirche die Taufe um ihre eigentliche Würde und Kraft gebracht.

Mit dem Taufsakrament war die Vergebung aller Sünden verbunden, doch lehrte man, daß durch erneute Sünden oder durch die erst entstehenden Aktualsünden der getauften Kinder die Taufgnade wieder verlorengehe und dann durch die Beichte und die Absolution des Bußsakramentes wieder neu zu erlangen sei. So verschob sich das eigentlich sakramentale Interesse von der Taufe auf die Buße. Demgegenüber stellt Luther heraus, daß in der Taufe der Täufling ein für allemal in Christi Tod und Auferstehung hineingetauft sei und daß ein für allemal sein Leben nun unter der von Gott über ihm aufgerichteten Taufverheißung stehe. Buße sei demgegenüber nichts anderes als ständige Rückkehr unter die Taufverheißung, ein ständiges Inbrauchnehmen der den Menschen von Sünde, Tod und Teufel befreienden Verheißung Gottes. Deshalb gehören Taufe und Freiheit eines Christenmenschen für Luther konstitutiv zusammen.

In der Taufverheißung hat der Glaube teil an allen Gütern Gottes, hat er teil an der Gerechtigkeit Christi und ist in ihrer Macht ein freier Christenmensch. Setzt er dagegen an die Stelle des Glaubens fromme Werke, Klostergelübde, Wallfahrten und ähnliche religiöse Leistungen, so ist nicht zu sagen, »wieviel dieser mehr als zuviel verbreitete Gelübdewahn der Taufe Eintrag tut und das Wissen um die christliche Freiheit verdunkelt; ganz zu schweigen von den unsagbaren, unzähligen Gefahren für die Seelen.« (WA 6, 538, 29–32; s. u. 32) Es ist hier zugleich der Mönch Luther, der die in der Taufe gründende Freiheit eines Christenmenschen als Befreiung von den unzähligen Gefahren monastischer Selbstanalyse und Selbstheiligung beschreibt. Entsprechend heißt es 1521 in einem Brief Luthers an seinen Vater: »Was hat es zu bedeuten, ob ich Kutte und Platte (d. h. die Tonsur) trage oder ablege? Es machen doch nicht die Kutte und die Platte den Mönch? ›Alles ist euer‹, sagt Paulus, ›ihr aber seid Christi‹ (1. Kor. 3,22.23); und ich sollte der Kappe gehören, und nicht vielmehr die Kappe mir? Mein Gewissen ist frei geworden; und das heißt im vollsten Sinn frei geworden sein. Darum bin ich schon ein Mönch und bin doch kein Mönch, eine neue Kreatur, nicht des Papstes, sondern Christi.« (WA 8, 575, 24–29; s. u. 81) Es ist die Gerechtigkeit Christi, die im Glauben empfangen wird und Luthers mönchisches Moratorium beendet, indem sie ihn von der selbst erwählten mönchischen Frömmigkeit und ihren seelischen Gefahren befreit; es ist die Gerechtigkeit Christi, die der Glaube durch die göttliche Verheißung in der Taufe und in der Eucharistie empfängt, die die Libertät der Kirche wie die Freiheit des einzelnen Christen begründet. Dieser theologische Kontext bietet den lebendigen Quellgrund für Luthers Sermon »Von der Freiheit eines Christenmenschen«, den er im November 1520 als Summe eines christlichen Lebens und seiner reformatorischen Botschaft verfaßt.

II

Nun formuliert Luther in lapidarer Einfachheit seine berühmte Doppelthese: »Ein Christenmensch ist ein freier Herr aller Dinge und niemand untertan; ein Christenmensch ist ein dienstbarer Knecht aller Dinge und jedermann untertan.« (WA 7, 21, 1–4; vgl. auch u. 41) Doch wie kann ein und derselbe Mensch ein freier Herr aller Dinge und zugleich ein dienstbarer Knecht aller Dinge sein, ist das nicht ein paradoxer Sachverhalt?

Auch Luther empfindet die scheinbare Widersprüchlichkeit seiner These und fügt deshalb kommentierend hinzu: »Obgleich sich diese Sätze zu widersprechen scheinen, werden sie doch, wenn ihre Übereinstimmung entdeckt wird, wohl zu unserem Vorhaben geeignet sein. Denn sie stammen von Paulus selbst, der beides in 1. Kor. 9 (,19) sagt: ›Obwohl ich frei bin, habe ich mich jedermann zum Knecht gemacht‹, und Röm. 13 (,8): ›Seid niemand etwas schuldig, als daß ihr euch untereinander liebet.‹ Die Liebe aber ist ihrem Wesen nach dienstbar und untertan dem, den sie liebt. So ist auch Christus, obwohl er ein Herr über alle Dinge ist, aus einem Weibe geboren, dem Gesetz untertan gemacht (Gal. 4,4), zugleich ein Freier und ein Knecht, zugleich in göttlicher Gestalt und in Knechtsgestalt (Phil. 2,6f.)« (WA 7, 49, 26–50, 4; s. u. 41) Luthers Verständnis der Freiheit eines Christenmenschen entspringt seiner Christologie. Wie die göttliche Freiheit Christus nicht daran hinderte, sondern geradezu veranlaßte, der Bruder und dienstbare Knecht des Menschen zu werden, so soll auch der Christ sich seiner im Glauben geschenkten Freiheit entäußern und in der Liebe ein dienstbarer Knecht des Nächsten werden. Auch Paulus versteht seine christliche Freiheit zugleich als Freiheit zur Liebe im Dienst am Anderen und den Schwachen. In der Unterscheidung von Glaube und Liebe wird für Luther die Freiheit eines Christenmenschen aussagbar. Im Glauben ist er ein freier Herr aller Dinge, in der Liebe ein dienstbarer Knecht aller Dinge. Entsprechend dieser Unterscheidung konzipiert Luther auch die beiden Hauptteile seines Freiheitstraktates, die er zugleich mit der paulinischen und an die deutsche Mystik erinnernden Unterscheidung von innerem und äußerem Menschen und der Unterscheidung von Seele und Leib, von Person und Werk verbindet.

Entsprechend ist der Christ ein freier Herr aller Dinge und niemand untertan nach dem inneren Menschen. Dieser meint nach Luther aber nicht eine weltabgeschiedene Innerlichkeit, die ihre Freiheit nur durch den Rückzug aus der äußerlichen Welt gewinnt, sondern paulinisch den geistlichen und neuen Menschen, der in der Welt, aber nicht aus der Welt lebt. Er lebt nicht mehr aus der Welt, weil er im Glauben aus der Gerechtigkeit und der Freiheit Gottes lebt. Dieser Glaube hat seinen Ort im Innenraum des Menschen, in seinem Herzen, seinem Gewissen oder seiner Seele, wie Luther traditionell sagen kann. Hier erfährt der Mensch seine geistliche Freiheit aus Gott, die der Seele durch kein äußeres Werk beschafft werden kann, weil sie nicht Sache äußerer Werke, sondern allein Sache Gottes ist und der Seele zuteil wird, indem Gott sie ihr durch das Evangelium zuspricht und zusagt. Denn »einer Sache und dieser allein bedarf es zum christlichen Leben, zur christlichen Gerechtigkeit und Freiheit. Dies ist das hochheilige Wort Gottes, das Evangelium Christi... Wenn sie (die Seele) das Wort hat, ist sie reich und bedarf sie keines Dinges, denn es ist ein Wort des Lebens, der Wahrheit, des Lichtes, des Friedens, der Gerechtigkeit, der

Freude, der Freiheit, der Weisheit, der Tugend, der Gnade, der Herrlichkeit und jedes Gutes in unschätzbarer Weise.« (WA 7, 50, 33–35 u. 51, 1–3; s. u. 42) Dieses Wort kann aber »nicht durch Werke, sondern nur durch den Glauben aufgenommen und gepflegt werden. Deshalb ist es klar, wie die Seele allein das Wort Gottes nötig hat zum Leben und zur Gerechtigkeit, so wird sie allein durch den Glauben und nicht durch die Werke gerechtfertigt.« (WA 7, 51, 20–24; s. u. 43) So regiert der Glaube den inneren, den neuen und geistlichen Menschen und gründet ihn außerhalb seiner selbst in der Gerechtigkeit und Freiheit Gottes. Es ist deshalb nicht schon die Innerlichkeit des Menschen als solche, die die Freiheit des Christen mit sich bringt, sie kann sich vielmehr auch materialistisch veräußerlichen und so zutiefst unfrei werden. Vielmehr ist die vom Glauben ergriffene und regierte Innerlichkeit der Ort der Freiheit eines Christenmenschen.

So schenkt der Glaube dem Menschen, der z. B. unter der Last moralischer Perfektion zusammenzubrechen droht, geistlich Freiheit, weil er darum weiß, daß das Sein des Menschen letztlich nicht Ergebnis seiner Praxis, sondern Geschenk Gottes ist. Der Glaube lebt deshalb nicht aus dem Gesetz, sondern aus der Verheißung Gottes, die vor allen Werken der Seele göttliche Freiheit und Gerechtigkeit zuspricht. So unterscheidet der Glaube zwischen der bedrängenden Wirklichkeit und der Wahrheit des Lebens, indem er der göttlichen Verheißung vertraut und Gott als den Herrn und Schöpfer des Lebens für wahr und gerecht hält. Denn »dies ist die höchste Gottesverehrung, ihm die Wahrheit, die Gerechtigkeit gegeben zu haben und alles gewährt zu haben, was man dem schuldet, dem man glaubt. Hier gibt sich die Seele wohlbereitet allen seinen Vorhaben hin, hier heiligt sie seinen Namen und läßt mit sich handeln, wie es Gott gefallen mag, denn an seinen Verheißungen hängend, zweifelt sie nicht, daß er (Gott) wahrhaftig, gerecht und weise sei und alles in bester Weise tun, ordnen und versorgen möge.« (WA 7, 54, 3–7; s. u. 47) So erfüllt die Seele das 1. Gebot, gibt sie Gott die ihm zukommende Ehre und wird wiederum von Gott geehrt, gerechtfertigt und befreit.

Dabei kommt es zu einem Gütertausch zwischen Gott und der Seele, zwischen Christus und der Seele, oder wie Luther – Vorstellungen der bernhardinischen Brautmystik aufnehmend – sagen kann, zwischen dem Bräutigam Christus und der Braut, der Seele. Denn im Glauben geht die Seele eine Ehe mit Christus ein, in der beide Ehepartner sich wechselseitig ihre Güter zueignen. »Christus ist voll von

Gnade, Leben und Heil, die Seele ist voll von Sünden, Tod und Verdammung. Tritt nun der Glaube dazwischen, so geschieht es, daß Sünden, Tod und Hölle Christus zueigen sind, der Seele aber Gnade, Leben und Heil zukommen. Denn wenn er der Bräutigam ist, muß er zugleich das annehmen, was die Braut hat, und der Braut mitteilen, was sein eigen ist.« (WA 7, 54, 39–55, 4; s. u. 48) Hier entsteht ein fröhlicher Güterwechsel, »wo der reiche und fromme Bräutigam Christus das verachtete, gottlose Hürlein zur Frau nimmt, indem er es loskauft von allen ihren Übeln und es schmückt mit allen seinen Gütern.« (WA 7, 55, 25–27; s. u. 49) Die Seele hat deshalb ihre Freiheit, indem sie an den Gütern Christi bzw. Gottes selbst partizipiert, d. h. an Gütern, die weder Sünde, Tod noch Teufel zu vernichten vermögen. Solche Güter sind nicht das Resultat menschlicher Werke, sondern Gaben Gottes, die allein der Glaube empfängt.

Partizipiert aber der Glaube an den Gütern Christi, so hat er auch, wie Luther im Rückgriff auf alttestamentliche Vorstellungen sagen kann, teil an dem Erstgeburtsrecht Christi und an der diesem Recht von Gott vorbehaltenen Würde des König- und Priestertums. Denn nach alttestamentlicher Anschauung war der erstgeborene Sohn Priester und Herr über alle seine Brüder. Dieses Erstgeburtsrecht ist in Christus dem erstgeborenen Sohn Gottes in Wahrheit über alles äußere König- und Priestertum hinaus erfüllt. So herrscht Christus geistlich über alle Dinge in der Welt und tritt vor Gott für uns als Priester ein. Im Glauben gibt er uns wiederum Anteil an dieser Würde und macht uns geistlich zu Priestern und Königen. So ist der Christ ein freier Herr und aller Dinge mächtig. Jedoch vollzieht sich diese Herrschaft nicht im Sinne äußerlicher, weltlicher Machtentfaltung, sondern geistlich, weil die geistliche Macht des Königtums Christi »inmitten der Feinde herrscht und inmitten von Bedrängnissen mächtig ist, was nichts anderes ist als die Kraft, die in der Schwachheit vollendet wird, und daß ich in allen Dingen das Heil gewinnen kann, so sehr, daß auch Kreuz und Tod gezwungen werden, mir zu dienen und zum Heil zu wirken.« (WA 7, 57, 15–18; s. u. 51) So herrscht Christus königlich, indem er durch Kreuz und Tod hindurch den Glauben geistlich an der Macht unüberwindlichen, göttlichen Lebens teilhaben läßt. Im Glauben sind wir so aber nicht nur »die freiesten Könige über alle Dinge, sondern auch Priester in Ewigkeit, was weit vortrefflicher ist als jene königliche Herrschaft, weil wir durch das Priestertum würdig sind, vor Gott zu erscheinen, für andere zu beten und uns wechselseitig die göttlichen Dinge zu lehren... Daraus kann jeder deutlich sehen, wie ein Christenmensch frei ist von allen und über alle Dinge, so daß er dazu keiner Werke bedarf, daß er gerecht und selig sei, sondern der Glaube schenkt dies alles mit Überfülle.« (WA 7, 57, 24–26 u. 58, 4–6; s. u. 52) Soweit die Grundgedanken des ersten Teils von Luthers Freiheitstraktat.

Luther formuliert hier ein partizipatives Freiheitsverständnis. So wie im antiken Freiheitsverständnis der Bürger frei war, indem er an der Freiheit der Polis, d. h. des Stadtstaates, und ihrer Privilegien partizipierte, so ist nach Luther der Christenmensch frei, indem er im Glauben an der Freiheit Gottes bzw. an den Privilegien und Gütern Christi teilhat. Diese Güter werden nicht durch Werke erworben, sondern gehen aus dem Seins- und Rechtsverhältnis zu dem Herrn der Güter hervor. Sie liegen nicht im Bereich der dem Menschen selbst verfügbaren Möglichkeiten, sondern sind als Möglichkeiten Gottes gewährte und geschenkte Güter. Wir können uns nicht durch eigene Anstrengung zu Söhnen und Kindern Gottes machen, sondern wir können es im Glauben nur sein bzw. immer mehr werden. Sofern der Glaube in uns dieses Sein realisiert, geht es in ihm um eine geistliche und innere Freiheit, die aber nicht mit der sogenannten Tiefe eigener Innerlichkeit zu verwechseln ist, weil der Mensch im Glauben gerade nicht aus selbst, sondern aus Gott und d. h. aus einer Außenrelation lebt, die das äußere Verfügtsein des Menschen radikaler aufdeckt als der Außenbereich der Werke und Verhältnisse, in denen wir leben und über die wir selbst verfügen können. Dennoch will jene Freiheit auch in unserem Handeln und den Verhältnissen unseres Lebens wirksam werden und zwar so, daß die äußere Freiheit der inneren entspricht, die der Glaube allein mit sich bringt.

Deshalb behält nach dem zweiten Teil des Freiheitstraktates der Christenmensch, der im Glauben ein freier Herr aller Dinge ist, seine Freiheit nicht im Pathos falscher Innerlichkeit für sich, sondern sucht ihre Entsprechungen in seinem eigenen, leiblichen Dasein und in der Gemeinschaft mit den Mitmenschen. »Obwohl der Mensch... innerlich nach dem Geist durch den Glauben reichlich und genug gerechtfertigt wird, und alles hat, was er haben soll, nur daß dieser Glaube selbst von Tag zu Tag wachsen muß bis zum zukünftigen Leben, bleibt er dennoch in diesem sterblichen Leben auf der Erde, auf welcher es notwendig ist, daß er seinen eigenen Leib regiert und mit Menschen umgeht. Hier beginnen nun die Werke, hier muß man nicht müßiggehen, hier muß man Sorge dafür tragen, daß der Leib durch Fasten, Wachen, Arbeiten und andere maßhaltende Disziplinen geübt und dem Geist unterworfen wird, daß er dem inneren Menschen und dem Glauben gehorche und gleichförmig werde, ihm nicht widerstrebe, noch ihn hindere, wie es sein Streben ist, wenn er nicht gezügelt wird.« (WA 7, 59, 37–60, 6; s. u. 55) Hier beginnt nach Luther die tägliche Arbeit des Menschen an sich selbst, durch Askese und Disziplin seinen eigenen Leib zu disziplinieren und seine Triebe so zu kontrollieren, daß die Unfreiheiten und Abhängigkeiten äußeren Lebens sich verringern. Doch heißt das für Luther nicht Askese um jeden Preis, weil der Christ sein leibliches Dasein frei von dem Wahn kontrolliert, seine geistliche Freiheit durch leibliche Aktivität erreichen zu können. Auch ist diese Freiheit nicht Ergebnis moralischer Perfektion, wie es dem humanistisch-antiken Menschenbild vorschwebte, sondern Gabe Gottes vor aller Praxis. Denn so hält Luther der antiken Moralphilosophie entgegen: »›Gute Werke machen nicht einen guten Mann, sondern ein guter Mann wirkt gute Werke…‹, so daß vor allen guten Werken die Substanz selbst oder die Person gut sein und die guten Werke folgen und aus der guten Person hervorgehen müssen.« (WA 7, 61, 26–27.28–30; s. u. 57)[10] Zwar scheint der Mensch durch gute Werke vor den Menschen gut zu sein, doch bleibt die eigentliche Frage offen bzw. verborgen, nämlich ob er in seinem Herzen Gott oder seine Werke als Vertrauensgrund seines Lebens gewählt hat. Denn von Natur aus bzw. aus seiner natürlichen Rationalität neigt nach Luther der Mensch dazu, sein Sein als Ergebnis seiner Selbstbegründung zu verstehen und zu wählen. Ja es ist geradezu unmöglich, den Menschen von dieser natürlichen Blindheit seiner praktischen Vernunft zu befreien, wenn ihn nicht der Glaube lehrt, zwischen dem zu unterscheiden, was er tun kann, und dem, was er nicht tun kann, was ihm zu seinem Besten entzogen und ihm nur von außen gewährt werden kann. »Darum bedarf es des Gebetes, daß uns der Herr zu sich ziehe und uns zu ›Theodidakten‹ (Joh. 6, 45), d. h. von Gott Gelehrten, mache und selbst nach seiner Verheißung das Gesetz in unsere Herzen schreibe, andernfalls ist es um uns geschehen.« (WA 7, 73, 6–8; s. u. 73). Es bedarf des Glaubens, der im Interesse der Freiheit den Menschen lehrt, zwischen der Wirklichkeit und der Wahrheit seines Lebens zu unterscheiden und zu erkennen, wo er sich in Wahrheit selbst entzogen ist und sich nur von außen aus Gott empfangen kann. Wahrt der Mensch diesen Unterschied, dann kann er auch recht mit seinem Leib und seinen

Werken umgehen und wird täglich daran arbeiten, in ihnen der Freiheit zu entsprechen, die er innerlich empfangen hat.

Das aber gilt nicht nur im Blick auf das Verhältnis des Glaubenden zu seinem leiblich konkreten Dasein, sondern auch und vor allem in seinem Verhältnis zum Nächsten. Denn wie nach Phil. 2, 5 ff. Christus sich seines göttlichen Herrseins entäußerte und in unserem Interesse Knechtsgestalt annahm und Mensch wurde, so soll auch der Christenmensch sich wiederum seiner Freiheit entäußern und in der Liebe alle Güter, die er aus Gott empfangen hat und empfängt, seinem Nächsten zuwenden. Ja in der Liebe soll einer dem andern »ein Christus werden«. (WA 7, 66, 27; s. u. 64) Der Christ kann zwar nicht an die Stelle Christi treten und den Andern erlösen, wohl aber kann er alles tun, ihn in die Freiheit des Glaubens einzuladen und in der Liebe sich als dienstbarer Knecht seiner Not und Unfreiheit annehmen. So soll der Christ in dem, was er tun kann, nicht sich selbst suchen, sondern den Nächsten. »Deshalb kommen wir zu dem Beschluß, daß ein Christenmensch nicht in sich selbst lebt, sondern in Christus und seinem Nächsten, oder er ist kein Christ, in Christus durch den Glauben, im Nächsten durch die Liebe; durch den Glauben wird er über sich hinaus und hinauf in Gott gerissen, durch die Liebe gleitet er wieder herab unter sich zu dem Nächsten, aber dennoch bleibt er immer in Gott und seiner Liebe.« (WA 7, 69, 12–16; s. u. 68) So lebt der Christ in einer doppelten Außenrelation: im Glauben in Gott, in der Liebe im Nächsten, und er muß im Interesse seiner Freiheit zwischen beiden Außenrelationen unterscheiden. Denn die Freiheit seines Seins hat er nicht aus sich selbst, sondern im Glauben aus der Freiheit Gottes. Gerade diese Freiheit entäußert sich in der Außenrelation des Nächsten zur Tat der Liebe, um ihm in seinem äußeren Elend zu dienen und Freiheit einzuräumen.

III

Von diesem Freiheitsverständnis, wie es Luther im November 1520 in seinem Freiheitstraktat artikuliert, nimmt er in verschiedenen Frontstellungen in der Folgezeit zum Thema Freiheit Stellung. So kann er z. B. die Mönche, die in Folge der Reformation die Klöster verlassen und ihre Gelübde brechen, oder die Pfarrgeistlichen, die das Gelübde der Ehelosigkeit aufgeben, in ihrem Tun nur bestärken, wenn dieses nicht rein emanzipativ, sondern in der christlichen Freiheit begründet ist. Deshalb legt er in seiner Schrift »Von den Mönchsgelübden« 1521 dar, daß das Gottesverhältnis sich allein auf den Glauben und nicht auf spezielle Gelübde gründet, so daß es keinen Sonderweg mönchischer Existenz zu Gott mehr gibt und der Mönch – wenn er denn schon charismatisch ein Leben voller Hingabe an Gott gelobt –, dieses freiwillig und nicht zeitlebens tun müsse. Auch sei seine Lebensweise in keiner Hinsicht dem Gottesdienst des Laien im Alltag vorzuziehen. Kritisch mußte sich Luther auch zur scholastischen Lehre über das Verhältnis von freiem Willen und Gnade äußern.[11] Wird nach Luther der Mensch allein durch den Glauben gerecht, so ist die rechtfertigende Gnade nicht in die Aktionsstruktur des Menschen hinein zu übersetzen, so daß der durch die Gnade befreite Wille des Menschen in guten Werken an seiner Rechtfertigung mitwirkt. Schon in der 13. These seiner Heidelberger Disputation von 1518 hatte Luther gelehrt, daß hinsichtlich des Heils die Lehre vom freien Willen eine bloß verbale Behauptung sei (vgl. WA 1, 354, 5f.). Diese These wurde in der Bannandrohungsbulle von 1520 unter die 41 Sätze aufgenommen, die Luther als häretische innerhalb von 60 Tagen widerrufen sollte. Luther aber verteidigt 1520 diese These erneut und bringt auch 1525 in seiner Schrift »De servo arbitrio« deren Gehalt gegenüber Erasmus von Rotterdam zur Geltung. Als Erasmus 1524 in einer Schrift »Über den freien Willen« auf dem Boden eines reduzierten Thomismus ein Zusammenspiel von heiligmachender Gnade und freiem Willen vertritt, betont Luther, daß Freiheit im Sinne letztgültigen Heils gewährender Macht nur Gott zukommen bzw. ein Gottesprädikat sei. Nur Gott ist frei im Sinne einer Sünde, Tod und Teufel überwindenden Freiheit und an dieser Freiheit partizipiert der Mensch nur im Glauben. Geht es beim freien Willen um eine bestimmte Aktionsstruktur des Menschen, so ist diese auch nach Luther innerweltlich überhaupt nicht zu bestreiten, nur gibt sie nicht den Interpretationshorizont ab, wenn es um das Heil vor und aus Gott geht. Wir können uns nicht selbst zu Söhnen und Kindern Gottes machen; wir können es im Glauben nur sein.

Als im gleichen Jahr 1525 sich die Bauern auf Luthers Lehre von der Freiheit eines Christenmenschen berufen, um ihre politischen und sozialen Forderungen durchzusetzen, verweigert ihnen Luther seine Führung, weil die Freiheit aus Glauben und soziale Veränderung nicht einfach zu identifizieren sind. Wohl aber hätte es nahegelegen, das, was Luther als Dienstbarkeit des Christen im Interesse des Nächsten im zweiten Teil seines Freiheitstraktates beschrieb, auch sozial in Hinsicht auf die weithin berechtigten Anliegen der Bauern durchzureflektieren. Das geschieht auch, insofern Luther z. B. den meisten Forderungen der 12 Artikel der Bauernschaft zu Schwaben zustimmte und die Fürsten immer wieder ermahnte, ihr obrigkeitliches Amt nicht klassenegoistisch zu mißbrauchen. Die sich hier zeigenden Ansätze, auch den weltlichen Feudalismus des 16. Jh. zu durchbrechen, wurden jedoch von Luther nicht fortgeführt, als die Bauern im Namen der Freiheit eines Christenmenschen ihre Forderungen gewaltsam durchsetzten. Luther suchte eine Lösung der sozialen Konflikte des 16. Jh. nicht nach mittelaltlich-germanischem Fehderecht, sondern nach römischem Recht mit Hilfe der dazu zur Verfügung stehenden obrigkeitlichen Institutionen. Sein Freiheitsverständnis im Sinne des Ethos der Freiheit, das sich im Dienst der Liebe gegenüber dem Nächsten realisiert, stand den Lösungen sozialer Konflikte im 16. Jh. keineswegs im Wege. Doch konnte durch Luthers Verhalten der Eindruck entstehen, daß er die christliche Freiheit auf die Innerlichkeit der Person eingeschränkt habe, so daß diese Freiheit mit äußerlicher Unfreiheit verträglich sei. Wie ist dieser Eindruck bzw. diese Kritik z. B. Marcuses und Schelers[12] auf Hintergrund von Luthers Freiheitsverständnis zu beurteilen?

IV

So sehr Luther in der Tat in seinem Freiheitstraktat von der Freiheit des inneren Menschen spricht, weil dieser im Glauben an der Freiheit Gottes partizipiert, so wenig schränkt er diese Freiheit auf die Sphäre der Innerlichkeit bzw. der Person ein. Im Gegenteil, die Freiheit im Glauben befreit den Christenmenschen zur Liebe, die sich der realen Not des Nächsten annimmt und ihm ein dienstbarer Knecht wird. Luther entwertet also nicht das äußere Elend, indem er die Freiheit eines Christenmenschen dem Glauben vorbehält. Die Freiheit im Glauben bringt vielmehr die konkrete Tat der Liebe mit sich. Luthers Verständnis von Freiheit meint also keineswegs nur die Freiheit des inneren Menschen und als solche eine Scheinfreiheit angesichts äußeren Elends. Dieser Eindruck kann nur entstehen, wenn man das menschliche Elend nicht radikal genug denkt und es auf den Sektor des sozialen

Elends einschränkt, wie Marcuse es zu tun scheint, wenn er Freiheit als Befreiung von äußerem Elend durch eine Synthese von Theorie und Praxis versteht. Luther dagegen deutet das Elend des Menschen nicht nur als soziales, sondern darüber hinaus als das Elend dessen, der Sünde, Tod und Teufel unterworfen ist. Denn menschliches Elend resultiert nicht nur aus der Herrschaft des Menschen über den Menschen, sondern auch aus der diesen Mißbrauch von Herrschaft ermöglichenden Macht der Sünde, aus der Verfehlung des Lebens durch Eigensucht und Angst sowie aus dem Ausgeliefertsein des Menschen unter Tod und Vergänglichkeit. Wenn es dementsprechend in der Freiheit des Glaubens um die Freiheit von der Macht der Sünde, des Todes und des Teufels geht, so transzendiert der Glaube den Bereich politisch-sozialer Realisierung von Freiheit, so sehr er diese durch die Taten der Liebe selbst zu seiner eigenen Sache macht. In der Freiheit des Glaubens aber geht es um die Partizipation an der Freiheit Gottes, die der Sünde, des Todes und des Teufels mächtig ist. Diese Macht realisiert sich jetzt schon im Glauben als die Kraft, die in der Schwachheit und in Bedrängnissen mächtig ist. Durch Kreuz und Tod hindurch antizipiert jetzt schon der Glaube die Erlösung des kommenden Gottesreiches, doch in dem klaren Wissen darum, daß diese sich durch geschichtlich-politische Realisierungen von Freiheit noch nicht vorwegnehmen läßt.

Weil aber der Glaube schon jetzt aus der Freiheit des kommenden Gottesreiches lebt, motiviert er selbstlos und kritisch zur Liebe, die möglichen Chancen der Freiheit wahrzunehmen. Solche Chancen sind z. B. die Gewährung der Grundwerte menschlichen Lebens, die den Freiraum des Einzelnen in der Gesellschaft rechtlich sichern und Möglichkeiten bieten, Freiheitskonflikte in der Gesellschaft rational auszutragen. Jene Liebe widersteht auch Klassenegoismus und hemmungsloser Herrschaft des Menschen über den Menschen, weil sie Freiheit nicht als liberalistische Willkür, sondern als ethische Verpflichtung gegenüber dem Nächsten versteht. Sie identifiziert aber auch nicht unkritisch Freiheit und Emanzipation, weil sie keine Freiheit auf Kosten der Schwachen erstrebt. Wieviele Familien und Ehen geraten heute in unlösbare Konflikte, weil die Freiheit fehlt, mit Rücksicht auf den Schwächeren abstrakt berechtigte, emanzipatorische Ziele konkret zurückzustecken.[13] Doch wie verhalten sich die Intentionen von Luthers Freiheitsverständnis zu neuzeitlichem Freiheitspathos? Wurde Luthers Freiheitsverständnis in der Neuzeit nicht zur Freiheit der sittlichen Person verkürzt?

Sofern Luther die aus dem Glauben entspringende Freiheit als eine im Gewissen des Menschen erfahrene versteht, die den Menschen von klerikaler wie politischer Bevormundung befreit, ist eine Affinität zwischen der Reformation und der Aufklärung nicht zu bestreiten, und es ist durchaus protestantisches Erbe, das z. B. bei Kant wirksam wird. Dennoch treten hier erhebliche Transformationen ein, die Luthers Freiheitsverständnis verändern und säkularisieren. Denn wenn Kant die Freiheit des Menschen als Übereinstimmung des sittlichen Bewußtseins mit dem Sittengesetz versteht, so reduziert er Freiheit im Sinne Luthers auf die Autonomie der sittlichen Person. Für Luther aber ist die Freiheit eines Christenmenschen mehr als die transzendentale Übereinstimmung des sittlichen Subjektes mit dem Guten. Denn er versteht sie nicht nur als sittliche Freiheit im Horizont des Sollens, sondern als die das Sein des Menschen umgreifende Freiheit, die im Glauben an der Sünde, Tod und Teufel überwindenden Macht Gottes partizipiert. Die aus dieser Freiheit entspringende Liebe ist dann auch mehr als ein in sittlicher Freiheit gründendes Postulat. Sie ist eine reale Ermächtigung dazu, täglich neu die faktische Macht des Bösen im Interesse des Nächsten einzuschränken. Dieses Freiheitsverständnis Luthers ist deshalb auch nicht einfach – nach Marcuse – als der Anfang des transzendentalen, bürgerlichen Freiheitsverständnisses, sondern bei aller Affinität zu diesem als ein bleibendes Korrektiv desselben zu verstehen. Denn Luthers Rede von der Freiheit eines Christenmenschen ergreift die menschliche Unfreiheit ursprünglicher als ein im Horizont der Sittlichkeit gedachtes Freiheitsverständnis.

Man sollte ferner mit Max Scheler Luther auch nicht für ein falsches Pathos deutscher Innerlichkeit verantwortlich machen, das auf die Umsetzung des Inneren in das Äußere verzichtet und deshalb das Äußere hemmungsloser Herrschsucht, Klassenegoismus und blindem Arbeits- und Betätigungsdrang überläßt. Luthers Freiheitstraktat zielt in seinem zweiten Teil gerade auf die Entsprechung von innerem und äußeren Menschen, auf die Gestaltung des Lebens in der Kraft christlicher Freiheit. Auch wenn er sich dabei bewußt ist, daß die Freiheit des inneren Menschen als Teilhabe an der Freiheit Gottes nicht Sache des Werkes, sondern des Glaubens ist, befreit doch gerade dieser Glaube zur Liebe, die dem Nächsten dient und hemmungsloser Herrschaft des Menschen über den Menschen widersteht. Indem diese Freiheit zugleich auch den Leib diszipliniert, gibt sie ihn nicht einfach blindem Arbeits- und Betätigungsdrang preis, weil sie darum weiß, daß man das Leben und das Sein des Menschen aus Gott nicht machen und erzwingen, sondern nur empfangen kann. Luthers Anschauung von der Freiheit und die Rezeption derselben sind also zweierlei. Schon Luther selbst klagt in seiner Freiheitsschrift, wie sehr die christliche Freiheit unbekannt und wie wenig sie realisiert sei. Das spricht aber nicht gegen die Möglichkeit, sie im täglichen Kampf um die Freiheit zu entdecken und aus ihr zu leben.

Was die Rezeption Luthers durch den neueren, deutschen Protestantismus angeht, so ist nicht zu bestreiten, daß im 19. Jh. der Protestantismus im Gefolge von Aufklärung und deutschem Idealismus die Einheit Deutschlands mehr im Sinne einer inneren Kultureinheit als durch die Versöhnung der mit der industriellen Revolution in Deutschland aufbrechenden gesellschaftlichen Konflikte suchte. Das ist eine Aufgabe, an der wir heute zu arbeiten haben, jedoch nicht ohne ein kritisches Bewußtsein im Blick auf den Unterschied zwischen dem, was wir verändern können, und dem, was der Veränderung entzogen und nur als Freiheit aus Glauben wahrzunehmen ist. Denn ob wir die Kraft zu äußerer Freiheit haben, wird letztlich davon abhängen, ob wir innerlich immer wieder dazu frei werden. Denn, so möchten wir mit J. Habermas feststellen, daß »unter den modernen Gesellschaften ... nur diejenige, die Wesentliches ihrer religiösen, über das Menschliche hinausweisenden Überlieferung in die Bezirke der Profanität einbringt, auch die Substanz des Humanen »wird« retten können.«[14]

Anmerkungen

* Der folgende Beitrag wurde am 8. und 14. März 1983 in Osnabrück und in Bielefeld vorgetragen.

1 H. Marcuse, Studie über Autorität und Familie. In: Ders., Studien über Autorität und Familie. Forschungsberichte aus dem Institut für Sozialforschung. Paris 136–228. = Ders., Ideen zu einer kritischen Theorie der Gesellschaft. Frankf. a. Main [2]1969, 55–156, Zitat 59.

2 AaO 94.

3 AaO 60.

4 M. Scheler, Von zwei deutschen Krankheiten. In: Schriften zur Soziologie und Weltanschauungslehre. Ges. Werke Bd. 6, [2]1963, 204–219. Zur Kritik Marcuses und Schelers vgl. auch E. Jüngel, Zur Freiheit eines Christenmenschen. Eine Erinnerung an Luthers Schrift. München 1978, 59–69 u. ö.

5 M. Scheler, aaO 208f.

6 AaO 212.

7 Vgl. dazu G. Tellenbach, Libertas. Kirche und Weltordnung im Zeitalter des Investiturstreits. Stuttgart 1936. H. Grundmann, Freiheit als religiöses, politisches und persönliches Postulat im Mittelalter. HZ 183, 1957, 23–53. Zum Freiheitsverständnis Luthers im Unterschied zum Mittelalter vgl. G. Ebeling, Frei aus Glauben. Das Vermächtnis der Reformation (1968). In: Ders., Lutherstudien I, Tübingen 1971, 308–329.

8 B. Moeller/K. Stackmann, Luder – Luther – Eleutherius. Erwägungen zu Luthers Namen. NAWG I. phil.-hist. Kl. Nr. 7, 1981, 171–203, bes. 174 f.

9 Bei den Lutherzitaten geben wir im Anschluß an die Stellen der WA die S. der vorliegenden Textauswahl an. Zum Zusammenhang von Luthers 2. Psalmenvorlesung und Freiheitstraktat vgl. W. Maurer, Von der Freiheit eines Christenmenschen. Zwei Untersuchungen zu Luthers Reformationsschriften 1520/21. Göttingen 1949, 8 ff.

10 Zum Zusammenhang von Person und Werk bei Luther vgl. K.-H. zur Mühlen, Reformatorische Vernunftkritik und neuzeitliches Denken. Dargestellt am Werk M. Luthers und Fr. Gogartens. (BHTh 59) Tübingen 1980, 52 ff.

11 Zu Luthers Kritik am scholastischen Freiheitsverständnis vgl. u. a. O. H. Pesch, Freiheitsbegriff und Freiheitslehre bei Thomas von Aquin und Luther. Cath. 17, 1963, 197–244. H. Vorster, Das Freiheitsverständnis bei Thomas von Aquin und Martin Luther. (KuK 8) Göttingen 1965. Zur neueren Diskussion vgl. W. Behnk, Contra Liberum Arbitrium Pro Gratia Dei. Bern 1982.

12 Zur Kritik an Marcuse und Scheler vgl. E. Jüngel Anm. 4. O. Bayer, Marcuses Kritik an Luthers Freiheitsbegriff. In: Ders., Umstrittene Freiheit. Theologisch-philosophische Kontroversen. (UTB 1092) Tübingen 1981, 13 ff., K.-H. zur Mühlen, Reformatorische Vernunftkritik und neuzeitliches Denken, 1 ff.

13 Zur gegenwärtigen Diskussion um die Konkretion von Freiheit vgl. G. Brakelmann (Hg.), Freiheit konkret. Über Wahrheit und Wirklichkeit eines Schlagworts. Gütersloh 1979.

14 J. Habermas, Die verkleidete Tora. Rede zum 80. Geburtstag von G. Scholem. Merkur 356 (32, 1978, 96–104), 104.

rororo sport
Herausgegeben von Bernd Gottwald

Clarissa Sagerer / Jürgen Freiwald

Aufwärmen Leichtathletik: Lauf und Sprung

Erfolg mit Warm-up und Cool-down

Mit Fotos von Horst Lichte

rororo
Rowohlt

Veröffentlicht im Rowohlt Taschenbuch Verlag GmbH,
Reinbek bei Hamburg, Juli 1994

Redaktionsassistenz Sven Brouwers
Umschlaggestaltung Peter Wippermann/Jürgen Kaffer
(Foto: Walter Fogel)
Satz Sabon PostScript, QuarkXPress 3.2 (Dolev 800)
Gesamtherstellung Clausen & Bosse, Leck
Printed in Germany
1690-ISBN 3 499 19400 7

Inhalt

Vorwort

Schon seit Jahren wird immer wieder auf die Notwendigkeiten des Auf- und des Abwärmens hingewiesen. Obwohl jeder Athlet die Notwendigkeiten des Vor- und Nachbereitens sportlicher Tätigkeiten kennt, werden sie nicht systematisch und konsequent durchgeführt.

Im Vordergrund steht dabei nicht nur der positive Einfluß auf die sportliche Leistung. Mittel- und langfristig bieten auf- und abwärmende Maßnahmen auch einen Schutz vor Verletzungen und degenerativen Schädigungen.

Mit Hilfe dieses Buches fällt es Athleten und Trainern leichter, die Wichtigkeit auf- und abwärmender Maßnahmen zu erkennen und die geeigneten Maßnahmen individuell auszuwählen.

Die Autoren besitzen ein hohes Maß an praktischer und wissenschaftlicher Kompetenz. Zum Nutzen der leichtathletischen Disziplinen wünsche ich mir eine weite Verbreitung dieses Buches.

Siggi Wentz

Zu diesem Buch

Dieses Buch soll dazu beitragen, Verständnis für das gezielte Auf- und Abwärmen zu wecken. Ausgewählte Übungen und die beispielhafte Zusammenstellung der Übungen sollen die kurz-, mittel- und langfristige Leistungsprognose des Leichtathleten verbessern helfen. Neben den aktiven Übungen werden über die direkte Vor- und Nachbereitung hinausgehende Maßnahmen vorgestellt und beschrieben.

Danken möchten wir den Firmen Polar-Electronic für die freundliche Überlassung der telemetrischen Pulsfrequenzerfassung. Ebenso zu großem Dank sind wir gegenüber der Firma Reebok verpflichtet, die die Athleten für die Fotoproduktion eingekleidet hat.

Clarissa Sagerer *Dr. Jürgen Freiwald*

Einführung

Jeder Sportler weiß mittlerweile, daß sportliche Leistungen durch Aufwärmen vorbereitet werden müssen. Aufwärmen wird jedoch meist recht willkürlich durchgeführt und ist nicht immer auf die kommende Leistungsanforderung abgestimmt.

Aus der Vernachlässigung und methodisch falschen Durchführung des vor- und nachbereitenden Teils einer Trainingseinheit können Probleme resultieren, die sich zum Beispiel in Form von Über- und Fehlbelastungen des aktiven und passiven Bewegungsapparates sowie im Auftreten von Verletzungen zeigen.

Auf unterer und mittlerer Ebene sollte die sportliche Belastung an sich einen Ausgleich zur alltäglichen beruflichen Tätigkeit darstellen und nicht etwa ein eigenes Schadens- und Verletzungsrisiko in sich bergen. Beim Leistungs- und Hochleistungssportler steht die Maximierung der Leistung im Vordergrund der Trainingsplanung. Ohne spezielle auf- und abwärmende Maßnahmen wird sowohl kurz-, als auch mittel- und langfristig keine optimale Leistungsprognose gegeben sein. Gerade in einer Zeit, da der Spitzenathlet die Grenze des verträglichen Belastungsumfanges erreicht hat, kommt es ganz besonders auf die richtige Planung und Ökonomisierung der Trainingsmaßnahmen an.

Nach hohen Belastungen dauert die Phase der Regeneration länger als nur einen Tag. Um zu optimalen Anpassungen zu gelangen, muß am Tag nach hartem Training oder Wettkampf dem Körper die Wiederherstellung und die Steigerung seiner funktionellen Fähigkeiten ermöglicht werden – die körperliche Beanspruchung muß nachbereitet werden und das Lebensregime entsprechend geplant sein.

In den vergangenen Jahren wurde die Bedeutung von Maßnahmen, die das Training bzw. den Wettkampf vor- und nachbereiten, immer deutlicher. Bis noch vor kurzer Zeit bezogen sich die Maßnahmen des Aufwärmens speziell auf das Vorbereiten des Herz-Kreislauf-Systems und der Muskulatur.

Die Statistiken der letzten Jahre zeigen uns jedoch, daß Einschränkungen der Leistungsfähigkeit sich immer mehr auf den passiven als auf den aktiven Bewegungsapparat konzentrieren. Sportliche Aktivitäten müssen in den meisten Fällen wegen Überlastungsschäden am passiven Stütz- und Bewegungsapparat eingeschränkt werden. Ein sinnvoll abgestimmtes Auf- und Abwärmprogramm kann an dieser Stelle im Sinne der Verhütung von Schäden (Prävention) einen wesentlichen Beitrag zum gesünderen Sporttreiben leisten.

Ein weiteres Thema sind die sich unterscheidenden Maßnahmen der Sportler der Vor- und der Nachbereitung je nach ausgeübter Spezialisierung. Der Leichtathlet aus den Sprint- und Sprungdisziplinen mit relativ wenigen und intensivsten Krafteinsätzen muß gegenüber dem Langstreckenläufer teilweise vergleichbare, teilweise andere Maßnahmen des Vor- und des Nachbereitens einsetzen.

Je nach Anforderung müssen geeignete Maßnahmen ausdifferenziert werden und eine Aufteilung nach den speziellen Anforderungen (Disziplinen), Leistungsstufen, Leistungsprognosen und dem Alter erfolgen.

Zu diesen Themen will dieses Buch einen praxisbezogenen Beitrag leisten.

Auf- und Abwärmen – was ist das?

Da während einer Trainingseinheit mittlere und hohe Intensitäten erzielt werden, hat der sportlichen Tätigkeit eine Phase des Aufwärmens vorauszugehen. Das Aufwärmen soll auf die kommenden Belastungen vorbereiten und sie damit ohne Verletzungsgefahr tolerierbar machen. Mit dem Aufwärmen wird der Zeitraum unmittelbar vor dem Wettkampf bzw. der Anfangsteil einer Trainingseinheit bezeichnet.

Dem Aufwärmen werden unabhängig von der sportlichen Disziplin folgende Wirkungen zugewiesen:

1. Verbesserung der allgemeinen organischen Leistungsbereitschaft
2. Verbesserung der koordinativen Leistungsbereitschaft
3. Verbesserung der psychischen Leistungsbereitschaft
4. (Präventive Funktion der) Verletzungsvorsorge

Obwohl das Aufwärmen fester Bestandteil einer jeden sportlichen Disziplin geworden ist, ist die Wirksamkeit des Aufwärmens im Sinne der präventiven Funktion bis heute noch nicht ausreichend bewiesen. Beobachtungen stützen jedoch die Erfahrungen und die Notwendigkeit des Aufwärmens unter präventiven Gesichtspunkten.

Verletzungen, besonders Verletzungen der Muskulatur, treten gehäuft zu Beginn und gegen Ende von Belastungen auf. Während für die Verletzungen im Anfangsteil einer Trainingseinheit oder eines Wettkampfes ein mangelhaftes Aufwärmen verantwortlich sein kann, ist für die Verletzungen gegen Ende einer Belastung die zunehmende Erschöpfung ausschlaggebend (mangelnder Trainingszustand!). Aufwärmen ist allerdings nur ein Teilaspekt von einem Bündel aktiver und passiver Maßnahmen, die mit der Zielsetzung der «...Herstellung einer optimalen psycho-physischen Verfassung vor sportlichem Training oder Wettkampf» (Röthig 1983, 40) getroffen werden (vgl. Tab. A1 bis A5, S. 154–156).

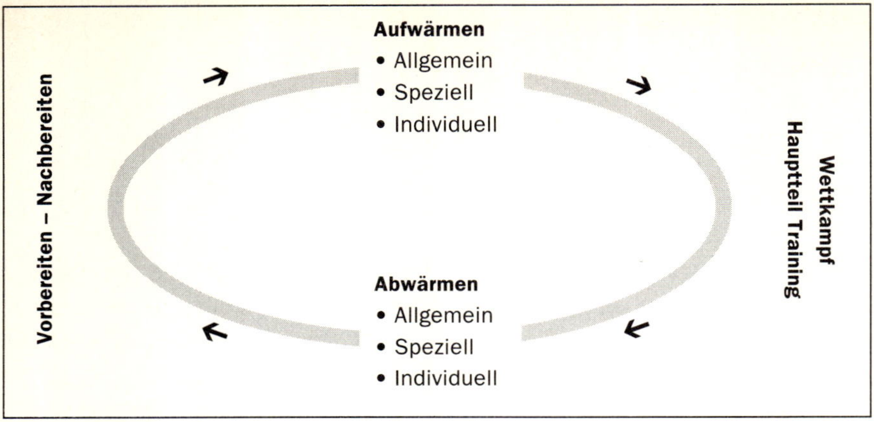

Abb. 1

In der Literatur wird in ein allgemeines und ein spezielles Auf- und Abwärmen unterschieden (Weineck 1988 u. a.). Ergänzend wird das individuelle Auf- und Abwärmen aufgenommen. Angesichts der dargelegten Ziele des Auf- und Abwärmens eine längst überfällige Ergänzung.

Besonders im Sinne der Verletzungsprophylaxe darf sich das Aufwärmen nicht nur an der künftigen sportlichen Tätigkeit orientieren. Das Individuum, der Sportler, muß mit seinen ganz persönlichen Voraussetzungen, eventuellen Belastungsunverträglichkeiten sowie -möglichkeiten weit mehr als bisher in den Mittelpunkt der Überlegungen zum Auf- und Abwärmen gestellt werden. Daß mit dieser Sichtweise und den damit initiierten Handlungen ein mittel- und langfristig leistungspositiver Effekt verbunden ist, ist ganz natürlich.

Allgemeines, spezielles und individuelles Aufwärmen (Warm-up)

Allgemeines Aufwärmen

Schon das allgemeine Aufwärmen hat sich auf die künftige Tätigkeit (Sportart) zu beziehen. Es ist im Rahmen einer jeden Sportart verschieden. Ein Weitspringer wärmt sich immer anders auf als ein Marathonläufer. Beide werden jedoch ihren Organismus mittels allgemeiner Übungen aus ihrer Disziplin auf die künftigen Belastungen vorzubereiten versuchen. Während der Marathonläufer eher sehr niedrig dosiert läuft, wird der Weitspringer schon in das allgemeine Aufwärmen einige Hopserläufe mit geringer Intensität integrieren. Schon beim allgemeinen Aufwärmen sollte darauf geachtet werden, daß die Bewegungsabläufe in den zeitlich-räumlichen und den dynamischen Bewegungsmerkmalen der sportlichen Disziplin nahekommen, auf die man sich vorbereitet.

Beim allgemeinen Aufwärmen sollte ca. ein Drittel (mindestens ein Sechstel) der gesamten Muskulatur in die Bewegungen mit einbezogen werden, um einen möglichst günstigen Reiz auf das Herz-Kreislauf-System auszuüben. Es wird eine allgemeine Verbesserung der organischen Leistungsbereitschaft angestrebt, die eine gute Basis für das nun folgende spezielle Aufwärmen darstellt.

Spezielles Aufwärmen

Im Leistungssport geht das allgemeine Aufwärmen immer dem speziellen Aufwärmen voraus. Das spezielle Aufwärmen orientiert sich in erster Linie an der Sportart und den damit verbundenen, für die Sportart typischen Anforderungen. Das spezielle Aufwärmen zielt direkt auf die optimale Bewältigung der kommenden Trainings- und Wettkampfanforderungen ab. Durch das spezielle und auf die künftige Belastung abgestimmte Aufwärmen werden im Gesamtorganismus und in den Muskelgruppen, die an der späteren Bewegung vorrangig beteiligt sind, optimale Voraussetzungen geschaffen. Diese Optimierung betrifft nicht nur die speziellen Stoffwechselabläufe, sondern in gleicher Weise die nervösen Vorgänge der Bewegungskoordination und das Einstimmen der Psyche auf die Trainings- und Wettkampfinhalte.

Folgen im Hauptteil eines Sprinttrainings beispielsweise Übungen zur Entwicklung der Antrittsschnelligkeit, dann orientieren sich die Inhalte des Aufwärmens an der geplanten, spezifischen und hohen Belastung (maximale Antritte). In das entsprechende Aufwärmtraining sind erste, submaximale Antritte ebenso zu integrieren wie gezielte Maßnahmen zur Anspannung und Dehnung der im Sprint bevorzugt beanspruchten Muskulatur (gesamte Hüftmuskulatur, die Beinstreck- und Beugeschlinge).

> Folgen im Hauptteil eines Hürdenlauftrainings Übungen zur Verbesserung der Hürdentechnik, werden im speziellen Aufwärmtraining sicherlich die gesamten das Hüftgelenk umspannenden Muskelgruppen (Dehnung und Tonisierung) eine besondere Berücksichtigung finden.

Die Leistungsfähigkeit und das koordinative Zusammenspiel der vorrangig beteiligten Muskulatur werden optimiert und die Gefahr von Verletzungen durch die spezifische Beanspruchung gemindert.

Nach wie vor ist eine Differenzierung von allgemeinen und speziellen Maßnahmen innerhalb des Aufwärmprozesses möglich. Die getroffenen Maßnahmen sind insofern alle «spezifisch», als sie sich auf die gewählte sportliche Disziplin beziehen. Es kommen die Maßnahmen des individuellen Aufwärmens hinzu.

Individuelles Aufwärmen

Das individuelle Aufwärmen ist in erster Linie auf den Leichtathleten mit seinen ganz persönlichen Voraussetzungen abgestimmt. Es folgt zeitlich dem allgemeinen Aufwärmen und ist in das spezielle Aufwärmen zu integrieren. Ein Abgleich zwischen den individuellen Voraussetzungen und den folgenden Trainings- und Wettkampfanforderungen wird vorgenommen.

Persönliche Belastungsunverträglichkeiten sind zu berücksichtigen.

Als Beispiel sei an dieser Stelle ein Hürdenläufer angesprochen, der durch hypertone Adduktoren eine eingeschränkte Beweglichkeit im Hüftgelenk hat. In einem solchen (Dys-)Funktionszustand leiden alle Techniken, die von einer ausreichenden Hüftgelenkbeweglichkeit abhängig sind (Vorschwung- und Nachziehbein).
Mittel- und langfristig sind Schmerzen am Ansatz und im Verlauf der Adduktorenmuskeln zu erwarten; eventuell sogar Schädigungen des Hüftgelenkes.
Ein individuelles Aufwärmen berücksichtigt diese Faktoren und setzt die entsprechenden, gleichsam präventiven wie leistungssteigernden Maßnahmen ein (vgl. Anhang).
Für einen *Hürdensprinter* kann das Ganze folgendermaßen aussehen:

Beispiel: Vorbereiten eines Hürdensprinters auf die künftige Belastung
Der Hürdensprinter bereitet sich auf einen Wettkampf vor. Durch das allgemeine Aufwärmen verfolgt er das Ziel des Anregens der Herz-Kreislauf-Tätigkeit. Damit gekoppelt sind eine Erhöhung der Körpertemperatur und ein persönliches, erstes Einstimmen auf den folgenden Lauf. Er steuert das Ziel durch ein lockeres Traben und das Dehnen der Hauptmuskelgruppen an.
Im Rahmen des speziellen Aufwärmens paßt er seine Laufarbeit den typischen, im Wettkampf geforderten Laufformen an. Er führt erste Antritte durch und durchläuft im submaximalen und später maximalen Tempo einzelne Teilstrecken. Vorbereitend und immer wieder eingestreut werden im Rahmen des individuellen Aufwärmens Dehnungen seiner zur Hyperaktivität neigenden Adduktorenmuskeln durchgeführt. Es folgen die Muskulatur tonisierende Übungen.
Auf diese Art und Weise systematisch aufgewärmt, ist von diesem Athleten im Wettkampf eine bessere persönliche Leistung sowie eine verringerte Anfälligkeit für Verletzungen zu erwarten.

Allgemeines, spezielles und individuelles Abwärmen (Cool-down)

Der Zeitraum des Abwärmens bezeichnet den kurzen Zeitraum nach dem Hauptteil einer Trainingseinheit bzw. die sich direkt an einen Wettkampf anschließenden aktiven oder passiven Maßnahmen.

Das Abwärmen (Cool-down) und Nachbereiten können wie das Aufwärmen aktiv (z. B. Auslaufen) oder passiv (Massage, Sauna u. a.) erfolgen. Direkt im Anschluß an den Hauptinhalt des Trainings bzw. des Wettkampfes stehen die *aktiven* Maßnahmen des kontrollierten Abwärmens im Vordergrund. Die aktiven Maßnahmen sind dabei den passiven Maßnahmen überlegen.

Eine verbesserte Erholung durch gezielt eingesetzte Abwärmmaßnahmen bedeutet nicht nur eine schnellere und erhöhte Wiederbelastbarkeit im Sport, sondern ebenfalls im beruflichen Leben. Nicht nur der Leistungssportler, sondern auch der Freizeit- und Breitensportler sollte im Sinne des langfristigen Erhaltens seiner Leistungsfähigkeit ein Augenmerk in Richtung des Aufwärmens und besonders auch auf die gezielte Einleitung und Unterstützung seiner Erholungsprozesse durch systematisch eingesetzte abwärmende Maßnahmen richten. Das gezielte Cool-down sollte für Athleten aller Leistungsklassen ein fester Bestandteil in der Trainingsplanung sein.

Im freizeitsportlichen Bereich steht im Vordergrund des Abwärmens eine intensitätsgeminderte Fortführung der vorhergegangenen sportlichen Tätigkeit. Da der Freizeitsportler meist keinen fachkundigen Trainer zur Seite hat, muß er allein die Verantwortung für seine Trainingsplanung und damit auch für seinen Körper tragen. Auch der Freizeitsportler sollte bewußt Maßnahmen des Abwärmens einsetzen, um nicht erschöpft, sondern teilregeneriert mit der sportlichen Belastung aufzuhören.

Es gilt der Grundsatz, nicht erst dann aufzuhören, wenn man gar keine Energie mehr hat und keinerlei Lust verspürt weiterzumachen. Beenden Sie die sportliche Tätigkeit (Freizeitsport) mittels abwärmender Inhalte auf eine solche Weise, daß Sie gleich wieder Lust auf das nächste Mal verspüren!

Beispiel: Abwärmen im Freizeitsport nach einem Lauftreff

Auch bei einem Lauftreff bietet es sich an, gegen Ende der sportlichen Betätigung die Intensität zu mindern. Die Laufintensität wird gezielt verringert. Dieses Vorgehen im Rahmen des Abwärmens ist spezifisch (an die Sportart gebunden) und gestattet dem Organismus die sofortige Einleitung regenerativ wirksamer Stoffwechselregulationen und -umstellungen.

Ergänzend hat sich die Durchführung von gymnastischen Übungen (Dehnungsübungen) bewährt, die noch auf der Trainingsstrecke bzw. unter der Dusche absolviert werden können. Sie sind allgemein gehalten, d. h., es werden alle Hauptmuskelgruppen gedehnt. Ebenso können individuelle Dehnungen vorgenommen werden.

Aufgrund der hohen Belastungen des Stoffwechsels und der Flüssigkeitsverluste bietet sich nun der sofortige Ersatz der Flüssigkeitsverluste durch geeignete Getränke an. Bei besonders starken Beanspruchungen der Muskulatur und der Gelenke kann anschließend ein warmes Bad oder ein Saunabad genommen werden. Durch solche (passiven) Maßnahmen werden sowohl der Muskel- als auch der Gelenkstoffwechsel im regenerativen Sinne positiv beeinflußt. Als weiterer Effekt einer solchen Vorgehensweise findet eine (weitere) psychische Entspannung statt.

Abwärmen und Nachbereiten im Leistungs- und Hochleistungssport

Im Hochleistungssport spielen die Maßnahmen zur Wiederherstellung und der damit verbundenen erneuten Belastbarkeit natürlich eine weit größere Rolle als im Freizeit- und Breitensport. In den letzten Jahren haben sich im Bereich des Hochleistungssports wesentliche Veränderungen in der Trainingsplanung und -methodik vollzogen. Eine dieser Veränderungen betrifft das Vorgehen, Trainingsmaßnahmen in ihrem zeitlichen Verlauf dergestalt zu planen, daß zeitweilig (gewollt) auf eine vollständige Wiederherstellung des Organismus verzichtet wird (z. B. während der Vorbereitungsperiode, im Aufbautraining während der Rekonvaleszenz).

Bei einer gut abgestimmten Planung der Trainingsprozesse im Hochleistungsbereich führt eine solche Trainingsplanung zu einer verbesserten Anpassung an die gesetzten Trainingsreize. Die Sportler arbeiten jedoch an ihrer persönlichen Leistungsgrenze und sind in solchen Phasen höchster Belastung wesentlich anfälliger für Verletzungen. Durch die tiefere Ausschöpfung aller Funktionssysteme befindet sich der Sportler zeitweilig und gewollt in einer Phase des «Übertrainings».

Das Abwärmen wird gezielt auf die vorhergegangene Belastung abgestimmt. Es wird eine Verkürzung der Wiederherstellungszeit durch die zeitliche Beschleunigung und eine qualitative Verbesserung der Regenerationsprozesse beabsichtigt. Neben einer ersten psychischen Erholung soll so schnell wie möglich aus einer katabolen Stoffwechsellage (es werden energiereiche Verbindungen verbraucht) in eine anabole Stoffwechsellage (es werden energiereiche Verbindungen aufgebaut) umgeschaltet werden. Bei der Regulation dieser Prozesse spielen u. a. hormonelle Faktoren eine Rolle, sie werden durch dosierte Abwärmmaßnahmen positiv beeinflußt.

Durch aktiv-abwärmende Maßnahmen wird die Sekretion von Hormonen reduziert, die während einer sportlichen Beanspruchung vermehrt ausgeschüttet werden (Adrenalin, Noradrenalin, lipolytische, d. h. fettspaltende, und glykogenolytische, d. h. zuckerspaltende Hormone).

Der Athlet gelangt so schon während des aktiven Abwärmens in eine Stoffwechsellage, die für Erholungsprozesse typisch ist. Sie ist eng mit der Ausschüttung von Insulin gekoppelt und füllt die Glykogen- und Triglyceridspeicher in den Muskel-, Leber- und Fettzellen wieder auf.

Aber nicht nur das mit dem Training bzw. dem Wettkampf in direkter zeitlicher Verbindung stehende Auf- und Abwärmen ist von entscheidender Bedeutung. Die Planung des gesamten Lebensregimes, also über die direkt mit Training und Wettkampf in Verbindung stehenden Maßnahmen hinaus, gewinnt im Leistungssport einen immer größeren Einfluß. Eine angepaßte Lebensführung dient sowohl der Gesunderhaltung als auch der positiven Leistungsprognose des Leistungssportlers (vgl. Tab. A1 bis A2, S. 154/155).

Wird die Phase direkt vor und nach Training und Wettkampf nicht optimal genutzt, dann kommt es in der Nachbelastungsphase nur zu einer verminderten Anpassung an die gesetzten Trainingsreize. Das leistungssteigernde Potential der jeweiligen Trainingsinhalte wird vom Athleten nicht vollständig genutzt. Es besteht die Gefahr des Übertrainings, von akuten Verletzungen und der Entstehung eines sich langsam entwickelnden Sportschadens durch sich summierende Fehl- und Überbelastungen.

Mit zunehmender Belastung gewinnen spezielle vor- und nachbereitende Maßnahmen an Bedeutung. Nach hochintensiven und stark gerichteten (einseitigen) Belastungen sind abwärmende Maßnahmen, nicht nur allgemein, sondern spezifisch auf die vorangegangene Belastung bezogen, zu planen und durchzuführen.

Durch das konsequente Nachbereiten findet neben den körperlichen Erholungsprozessen durch die Reflexion des Trainings und des Wettkampfes eine nicht zu unterschätzende psycho-physische Entspannung statt. Die von Anspannung und Leistungsbereitschaft gekennzeichnete, symphatokone Erregungslage wird in eine vagotone Erregungslage überführt, die von einem Überwiegen der Erholungsprozesse gekennzeichnet ist.

Beispiel: Allgemeines, spezielles und individuelles Abwärmen und Nachbereiten im Hochleistungssport – 400-Meter-Läufer

Nach einem maximal schnellen 400-Meter-Lauf wird durch ein lockeres, erholsames Traben über einen Zeitraum von ca. 10 bis 20 Minuten die hohe Übersäuerung der Muskulatur in ihrer Abbaurate positiv beeinflußt. Der Sportler erholt sich physisch und psychisch schneller, und die sportliche Belastung (400-Meter-Lauf) führt zu einer verbesserten Anpassung des Sportlers im Sinne einer Leistungssteigerung (allgemeines Abwärmen).

An das Traben anschließend dehnt der Sportler seine zur Hyperaktivität neigende, hypertonisierte Muskulatur mit Formen des Stretchings, die geeignet sind, die muskuläre und bindegewebige Erholung zu fördern (spezielles und individuelles Abwärmen).
Bei sehr hoher Umgebungstemperatur kühlt der Sportler seine Arbeitsmuskulatur durch Eisabreibungen oder ein kühles Ganzkörperbad. Die Eisabreibungen können sich individuell auch auf besonders gefährdete Stellen (Achillessehne, Kniescheibenband, rückwärtige Oberschenkelmuskulatur, u. a.) erstrecken.
Eine lockernde und entmüdende Massage mit tiefenwirksamen und rückflußfördernden Griffen, ob als Selbst- oder Fremdmassage, schließt sich an. Außerdem ersetzt der Leichtathlet seine Flüssigkeitsverluste durch Elektrolyt-Mineralstoffgetränke mit Vitamingaben. Zu einem späteren Zeitpunkt füllt er seine Kohlehydratspeicher durch ein geeignetes, leicht verdauliches Essen auf.

Bedeutung des Auf- und Abwärmens für den Leichtathleten

Während früher der Begriff des Aufwärmens überwiegend im Sinne der Verletzungsvorbeugung genannt wurde, ist inzwischen die leistungssteigernde Dimension des Auf- und Abwärmens immer mehr in den Vordergrund getreten.

Das Abwärmen (Cool-down) ist erst in den letzten Jahren für den Sport auf unterer und mittlerer Leistungsebene ‹entdeckt› worden. Es wurde bisher erst in ersten Ansätzen mit dem Ziel systematisiert, zu einer schnelleren und qualitativ hochwertigeren Erholung zu kommen.

Wenn dem Auf- und Abwärmen positive Wirkungen in bezug auf die kurzfristige Verletzungsvorsorge und die mittel- und langfristige Leistungsprognose im Sinne der Schadenverhütung zugeschrieben werden, dann müssen vom Auf- und Abwärmen auch diejenigen Faktoren positiv beeinflußt werden, die sich als vorzeitig (Sport-)Karriere beendend erweisen. Im sportlichen Alltag stehen hierbei sicher nicht Herz-Kreislauf-Themen oder nur muskuläre Probleme im Vordergrund; vielmehr sind es häufiger Schäden an den Gelenken und an allen mit den Gelenken in Verbindung stehenden Strukturen. Besonders der gelenküberziehende Knorpel, der Kapsel- und Bandapparat sowie die Sehnen und deren Ansätze sind gefährdet.

Hohe sportliche Leistungen bringen zwangsläufig starke Auslenkungen der energieliefernden und der energieverarbeitenden Systeme sowie eine beachtliche mechanische Belastung des passiven Bewegungsapparates mit sich. Im Bewußtsein vieler Leichtathleten ist viel zu sehr der reine Leistungsgedanke, die erstrebte Spitzenleistung dominierend, weniger jedoch das Wissen um die unbedingte Notwendigkeit des Vor- und Nachbereitens einer sportlichen Höchstleistung. Es besteht jedoch eine enge Wechselbeziehung zwischen der sportlich-körperlichen Belastung und den Phasen der Wiederherstellung. Sportliche Belastungen und die zeitlich folgende Wiederherstellung sind die zwei Seiten ein und desselben Prozesses.

Ziele und Inhalte vorbereitender, aufwärmender, abwärmender und nachbereitender Maßnahmen

Vorbereitung (passiv – aktiv):
Erhalt und Ausbau der mittel- und langfristigen Leistungsperspektive

- Sportmethodische Maßnahmen (vgl. Tab. A1, S. 154)
- Sportmedizinische Maßnahmen (vgl. Tab. A2, S. 155)

Aufwärmen (aktiv – passiv):
Zielorientiertes Aktivieren aller für die zu erbringende Leistung relevanten Faktoren

- Anregen und Einpegeln der Herz-Kreislauf-Tätigkeit
- Anregen und Einpegeln des Muskelstoffwechsels
- Anregen und Einpegeln der Wahrnehmungs- und (psychischen) Steuerungsmechanismen
- Anregen und Einpegeln der neuronalen Steuerungsprozesse (Vorbereitung auf koordinativ betonte Beanspruchungen)
- Anregen und Einpegeln des Stoffwechsels der passiven Strukturen des Bewegungsapparates (Vorbereitung auf mechanische Belastungen)

Hauptteil – (Training / Wettkampf)

Abwärmen (aktiv – passiv):
Zielorientiertes Rückführen aller ausgelenkten Funktionsmechanismen und Einpegeln regenerativer Mechanismen

- Optimierung und Einpegeln der trainings- und wettkampfbedingten Anpassungsprozesse
- Kontrollierte Beruhigung der Herz-Kreislauf-Tätigkeit
- Kontrollierte Beruhigung des Muskelstoffwechsels
- Kontrolliertes Anregen des regenerativen Bindegewebsstoffwechsels
- Kontrollierter Einsatz vagoton (beruhigend) wirksamer Maßnahmen

Nachbereitung (passiv – aktiv):
Erhalt und Ausbau der mittel- und langfristigen Leistungsperspektive

- Sportmethodische Maßnahmen (vgl. Tab. A1, S. 154)
- Sportmedizinische Maßnahmen (vgl. Tab. A2, S. 155)

Tabelle 1

Das Ziel von Trainingsmaßnahmen ist im allgemeinen eine Leistungssteigerung. Die angestrebten Anpassungen treten jedoch erst im Ergebnis der Belastungsverarbeitung auf; dabei unterstützt ein auf die vorausgegangenen Belastungen abgestimmtes Abwärmen die folgenden Erholungs- und Anpassungsprozesse.

Die Belastungsverarbeitung stellt einen vierphasigen Prozeß dar:
1. Phase der funktionellen Auslenkung
2. Phase der Kompensation (Früh- und Spätphase)
3. Phase der Superkompensation
4. Phase des Rückschwingens auf das Ausgangsniveau bzw. auf ein neues (höheres) Niveau

Abb. 2: Belastungsverarbeitung des Organismus mit und ohne vor- und nachbereitende Maßnahmen (idealtypisch). Der Sportler, der vor- und nachbereitende Maßnahmen einsetzt, erholt sich schneller und qualitativ besser. Er ist früher wieder zu belasten und weist eine höhere Trainingseffektivität auf.

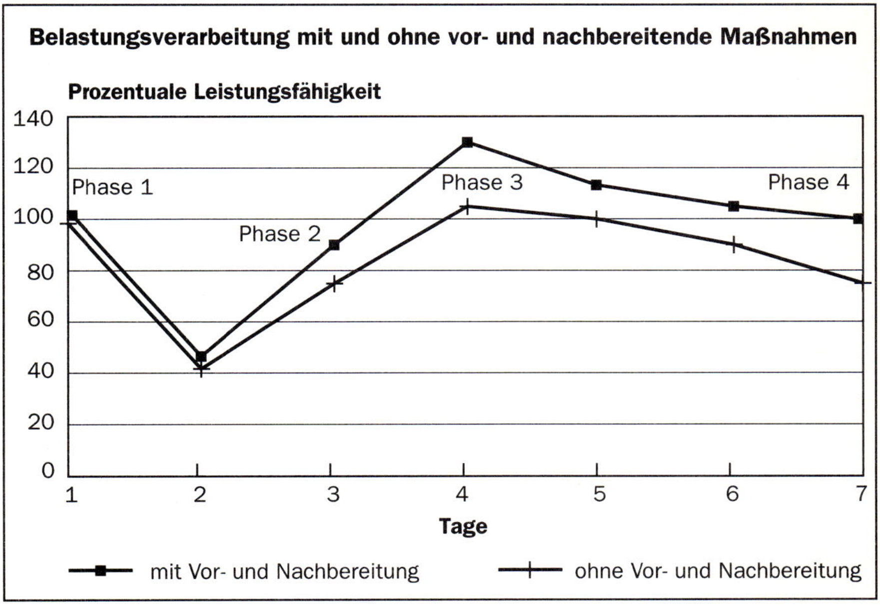

Das Abwärmen und folgend die Nachbereitung der sportlichen Belastung setzen am Ende der ersten Phase direkt nach dem Training bzw. nach dem Wettkampf ein. Es dient der quantitativen sowie qualitativen Verbesserung der dritten und der vierten Phase der Belastungsverarbeitung.
Das Abwärmen soll mittels aktiver und passiver Maßnahmen das ‹Rückschwingen› der ausgelenkten Funktionssysteme unterstützen sowie optimale Voraussetzungen für die nachfolgenden Anpassungen schaffen.
Die konsequente und fachkundige Nutzung dieser Phasen zeigt sich in einer schnelleren Erholung des Athleten. Die nächsten Belastungen können früher und mit einer erhöhten Intensität/Umfang (wieder) eingegangen werden.

Wirkungen auf das Herz-Kreislauf-System und die Muskulatur

Das Aufwärmen beschreibt im engeren Sinne die gezielte Steigerung der Körpertemperatur; im weiteren Sinne die Vorbereitung aller wichtigen Funktionssysteme auf die künftigen Leistungsanforderungen. Die Körperkerntemperatur des Menschen verfügt nur über eine schmale Toleranzbreite von ca. 37 bis 41,5 °C. Der Körper, der ca. 70 Prozent seines Stoffwechselgeschehens in die Aufrechterhaltung der Temperatur und nur ca. 30 Prozent in muskuläre Arbeit steckt, ‹brennt› bei 37 Grad Celsius auf Sparflamme. Für sportliche Leistungen muß die Körpertemperatur erhöht werden. Die für die sportliche Leistung maßgeblichen Enzymsysteme haben erst bei einer Körperkerntemperatur von ca. 38,5 Grad Celsius eine optimale Arbeitstemperatur. Enzyme sind Eiweißkörper, die den Stoffwechsel regeln. «Beim Erreichen einer Optimaltemperatur laufen alle für die motorische Leistungsfähigkeit entscheidenden physiologischen Reaktionen mit dem günstigsten Wirkungsgrad ab» (Israel 1977, 387). Dabei folgen die Stoffwechselvorgänge der sogenannten Reaktions-Geschwindigkeits-Temperaturregel (RGT-Regel). «Mit jedem Grad Temperaturerhöhung ist ein Anstieg der Stoffwechselvorgänge um 13 % festzustellen» (Lullias 1973, 372; aus Weineck 1988, 451 f). Um eine Körpertemperaturerhöhung zu erzielen, müssen große Muskelmassen eingesetzt werden, damit deren Wärmebildung genutzt wird. Durch ganzkörperliche Belastungen wird die Herz- und Kreislauftätigkeit angeregt und die zirkulierende Blutmenge durch die Einbeziehung der Blutspeicher besonders aus dem Bereich der Verdauungsorgane (Magen-Darm-Trakt) erhöht. Die Sauerstoff- und Substratversorgung der Muskulatur wird durch die Durchblutungssteigerung optimiert. Es kommt zur Mehrdurchblutung der Muskulatur bis zum Sechsfachen des Ausgangswertes. Erzielt wird die Mehrdurchblutung der Muskulatur durch das Umverteilen der Blutmenge aus den weniger beanspruchten Regionen und den Blutspeichern (Leber, Milz) in die Arbeitsmuskulatur sowie das vermehrte Öffnen und Weitstellen der Kapillaren (kleinste Blutgefäße).

Durch die Tatsache, daß eine der wesentlichen Aufgaben des Blutes die Wärmeleitung ist, betrifft das Aufwärmen über die Verteilfunktion des Blutes den gesamten, durchbluteten Anteil des Körpers. Die verbesserte Durchblutung ist gekoppelt mit einer Temperaturerhöhung des gesamten Organismus und einer Abnahme der inneren Reibungswiderstände (Viskosität) in der Arbeitsmuskulatur. Als Folge der beschriebenen Vorgänge nimmt die Leistungsfähigkeit der Muskulatur zu und deren Verletzungsanfälligkeit ab. *Hormonelle* Einflüsse spielen bei diesen regulativen Vorgängen eine große Rolle. Der Ausstoß von Katecholaminen (Adrenalin; Noradrenalin) sowie von Insulin und weiteren wichtigen Hormonen des Leistungsstoffwechsels steigt zu Beginn des Aufwärmens an. Wird das Aufwärmen behutsam und langsam steigernd durchgeführt, dann sind mit Beginn des Hauptteils im Training bzw. mit Beginn des Wettkampfes alle Stoffwechselparameter schon auf Leistung eingepegelt; es entfällt der ‹tote Punkt› (vgl. S. 45) zu Beginn einer intensiveren Belastungsphase.

Die *Atemtätigkeit* des Sportlers paßt sich ebenfalls den erhöhten Ansprüchen an. Die Atemtätigkeit wird schneller (höhere Atemfrequenz) und verstärkt sich; es wird pro Atemzug mehr Sauerstoff eingeatmet; die Verwertung des eingeatmeten Sauerstoffs nimmt zu.

Parallel zur Beschleunigung der Atmung und des Herzschlags findet eine Steigerung des *Blutdrucks* statt. Der systolische (obere) Wert steigt an; der diastolische (untere) Blutdruckwert verändert sich nur geringfügig. Die zunehmende Differenz zwischen beiden Werten erhöht die Blutflußgeschwindigkeit und damit die Versorgung der beanspruchten Muskulatur.

Denken Sie beim Aufwärmen nicht nur an ‹Einlaufen›, also die Beanspruchung großer Muskelgruppen über einen längeren Zeitraum vor einer Trainings- oder Wettkampfbeanspruchung. Ebenso wichtig ist die gezielte Tonisierung der Muskulatur. Durch Übungen, die ausschließlich dem kräftigenden Übungsgut entliehen sind, wird die Muskulatur in ihrer Stoffwechsel- und Reflextätigkeit angeregt. Die Übungen sollten jedoch von so kurzer Dauer (Wiederholungszahl) sein, daß eine echte Kräftigung mit einhergehendem muskulärem Wachstum ausbleibt. Würden die Übungen mit einem zu großen Umfang durchgeführt, dann wäre der Sportler schon vor dem Wettkampf ermüdet – und das ist nicht das Ziel des Aufwärmens. Tonisieren Sie Ihre Muskulatur gezielt (Übungen TK 1–25) und durch kurze, intensive Reize. Die tonisierenden Trainingsreize folgen *nach* dem allgemeinen Erwärmen und den Dehnungen.

In der Praxis hat sich eine rund zehnminütige Phase der Beanspruchung großer Muskelmassen zum ersten Aufwärmen bewährt. Circa $^1/_6$ bis $^1/_7$ der gesamten Muskulatur soll in die Bewegungsabläufe durch entsprechende Belastungsformen wie Laufen und eine ganzkörperliche Gymnastik einbezogen

Abb. 3: Beispiel für zu intensives Aufwärmen

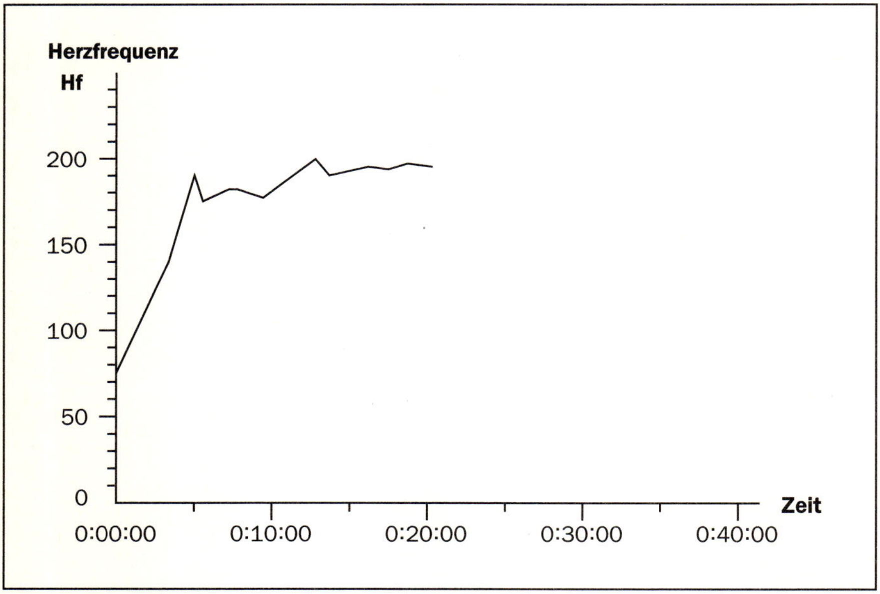

werden. Der Beginn des Aufwärmens sollte mit einer niedrigen bis mittleren Intensität durchgeführt werden. Das allgemeine Aufwärmen soll einerseits die vorgenannten Regulationsmechanismen des Herz-Kreislauf-Systems und in der Muskulatur in Gang setzen, andererseits Ihre Leistungsreserven durch zu hohe Intensitäten nicht vorzeitig in Anspruch nehmen.

Das Aufwärmen wird häufig zu kurz und zu intensiv durchgeführt. Es kann vorkommen, daß schon zu Beginn des Aufwärmens Pulsfrequenzen von 160 bis 195 Schlägen pro Minute erreicht werden (vgl. Abb. 3).

Das Abwärmen beschreibt im engeren Sinne die Rückführung der Körpertemperatur auf den Ruheausgangswert; im weiteren Sinne die kontrollierte Beruhigung aller durch die sportliche Tätigkeit verursachten, kurzfristig reversiblen (wieder umkehrbaren) Auslenkungen.

Wie aus Abb. 4 zu ersehen ist, bildet sich die Körperkerntemperatur nach einer länger dauernden, sportlichen Belastung (Radrennen) anfangs recht

Abb. 4: Die Rückbildungscharakteristik der Körperkerntemperatur nach einem Radrennen (nach Badtke 1989, 310)

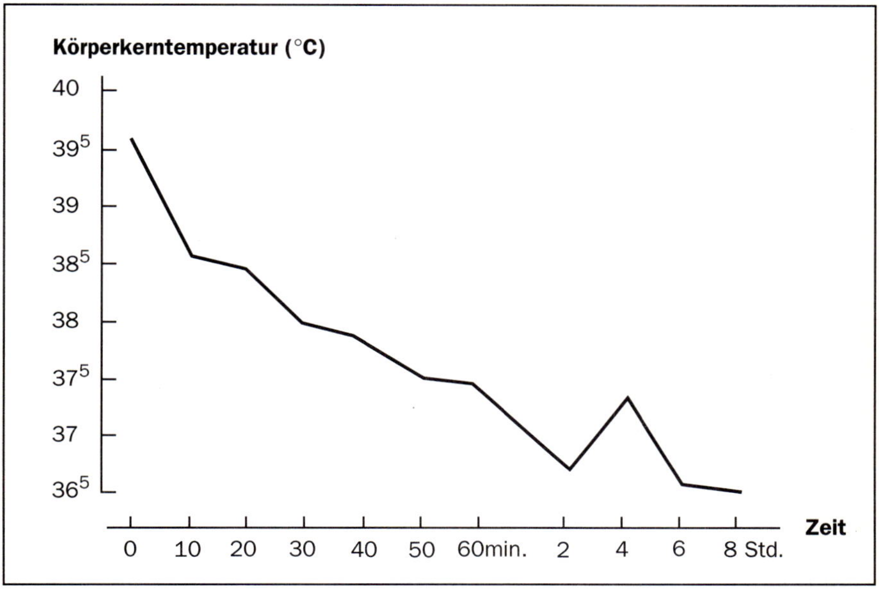

schnell zurück und nähert sich dann langsamer dem Ausgangswert. Das ist die Folge einer Umverteilung des Blutes in die Hautgefäße, «...das erhitzte Blut wird unter die Haut geleitet, denn allein über die Körperoberfläche kann eine Abgabe der Wärme an die Umgebung stattfinden. Das Blut wird in der Haut gekühlt» (Badtke 1989, 310) (Abb. 4). Die Umverteilung des Blutes in die Hautareale hat auch Nachteile. Wenn Sie sich beispielsweise nach einer intensiven sportlichen Leistung nicht ‹abwärmen›, sondern sich setzen oder legen, dann fällt eben durch diese Blutumverteilung Ihre Körperkerntemperatur schneller ab, als wenn Sie sich noch locker mit geringer Intensität weiterbewegen.

Indem Sie Ihre Herz-Kreislauf- und Muskelfunktionen nicht sofort ‹in den Keller fallen lassen›, sondern sich durch ganzkörperliche Belastungen langsam abwärmen, verbuchen Sie Vorteile. Die Arbeitsmuskulatur wird weiterhin, wenn auch verringert, gut durchblutet. Sie hält eine erhöhte Temperatur noch für einige Zeit aufrecht bzw. verlangsamt den Temperaturabfall. Der Vorteil liegt sowohl in der Ausschwemmung der sauren Stoffwechselzwi-

Abb. 5: Schematisierte Isothermen bei Außentemperaturen von 20 °C und 35 °C (mod. nach Aschoff 1971, 56), nach Maehl, O., Höhnke, O.: 1988, 154

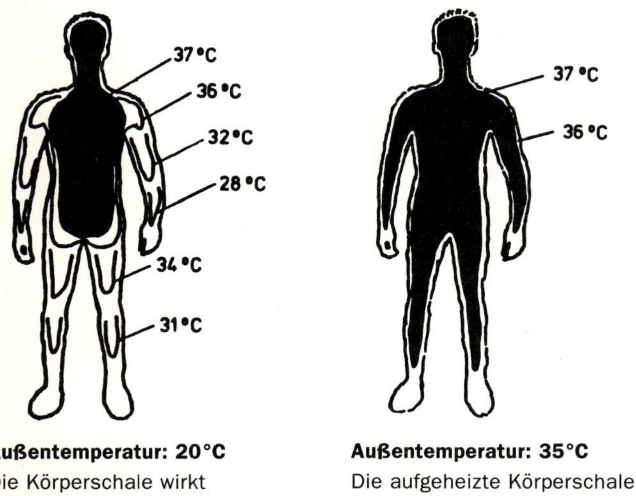

Außentemperatur: 20 °C
Die Körperschale wirkt isolierend gegen Auskühlung

Außentemperatur: 35 °C
Die aufgeheizte Körperschale gibt vermehrt Wärme ab

schenprodukte aus den Muskelzellen als auch in der Aufrechterhaltung einer günstigen Arbeitstemperatur der Enzymsysteme, die für optimale Arbeitsgeschwindigkeiten eine leicht erhöhte Temperatur von ca. 38 bis 39 Grad Celsius benötigen. Stoffwechsel(zwischen)produkte des Belastungsstoffwechsels werden schneller abgebaut und abtransportiert; benötigte Stoffe werden schneller herbeigeschafft. Die Sofortregeneration nach sportlicher Belastung ist sowohl quantitativ als auch qualitativ verbessert.

Im passiven Maßnahmenbereich hat sich besonders das warme Bad (39 bis 41 Grad Celsius) bewährt. Im Gegensatz zum Saunagang ist beim warmen Bad keine Temperaturregulation durch eine vermehrte Schweißabgabe möglich; die Muskeltemperatur wird erhöht, die Durchblutung gefördert. Neben den physiologischen Wirkungen wirkt das warme Bad entspannend; der Sportler empfindet nach dem Bad eine wohlige Müdigkeit, die durch beruhigende Badezusätze noch verstärkt werden kann.
Wenn keine Möglichkeit zum Baden besteht, kann auch die warme Dusche gute Dienste leisten. Unter der Dusche sind Dehnübungen mit den bekannten muskeltonussenkenden Wirkungen gut durchführbar.

Wirkungen auf die nervösen Systeme (Koordination und Technik)

Das angemessene Aufwärmen hat einen positiven Einfluß auf die nervösen Systeme und damit auf die gesamte sportliche Leistung, denn von den nervösen Systemen hängt (neben anderen Faktoren) die technische Meisterschaft innerhalb der jeweiligen leichtathletischen Disziplinen ab. Die Erhöhung der Körpertemperatur verbessert die Empfindlichkeit der Sinnesrezeptoren und beschleunigt die Weiterleitung der nervalen Impulse. Körperliche Empfindungen werden sensibler wahrgenommen und schneller weitergeleitet.

Spezifische Reflexe und die technisch korrekten Bewegungsabläufe müssen in den jeweiligen Disziplinen zu Beginn des Trainings und Wettkampfes ‹eingespielt› werden. Mit fortschreitendem Aufwärmen wird das Wahrnehmen und Reagieren optimiert. Dazu müssen die Bewegungsabläufe in ihren räumlichen und zeitlichen Verläufen der bevorstehenden Tätigkeit ähneln oder entsprechen. In die Tat umgesetzt bedeutet das die Präferenz des spezifischen Aufwärmens. Das spezielle Aufwärmen des Sprinters muß im Aufwärmen Antritte beinhalten, der Weitspringer muß in sein aufwärmendes Programm Sprünge integrieren.

Untersuchungen haben gezeigt, daß spezielles Aufwärmen, also auf die Sportart bezogenes Aufwärmen, die nachfolgenden Leistungen positiv beeinflußt (De Vries 1959; Jensen 1969; Villwock 1985 u. a., vgl. auch Abb. 11). Unspezifisches, nicht disziplinbezogenes Aufwärmen besitzt dagegen eine geringere Wirkung. Die nachgewiesenen Leistungsverbesserungen nach einem disziplinspezifischen Aufwärmen lassen sich in den technisch betonten Sportarten in erster Linie auf nervöse (koordinative) Anpassungen zurückführen. Besonders vor technisch anspruchsvollen Trainings- und Wettkampfinhalten ist auf ein dementsprechend geplantes und durchgeführtes Aufwärmen zu achten.

Zu diesen positiven Wirkungen trägt ebenfalls die *Tonisierung* der Muskulatur bei. Durch ein Anregen der nervösen Prozesse wird die Muskulatur tonisiert; eine Erhöhung des Spannungszustandes der späteren Arbeitsmuskulatur tritt ein. Die Muskel- und Sehnenreflexe sind mit Beginn der sportlichen Tätigkeit eingespielt. Die Muskulatur kontrahiert schneller und ist damit leistungsfähiger und weniger verletzungsanfällig als eine unvorbereitete Muskulatur, die nur ‹gestretcht› wurde und dann schnellkräftigen Belastungen wie im Weitsprung oder im leichtathletischen Lauf ausgesetzt wird. Es besteht die Gefahr, daß durch zu umfangreiches Dehnen mit nicht angepaßten Methoden der Tonus der Muskulatur (‹Muscular stiffness›) zu sehr verringert und die Leistungsfähigkeit eingeschränkt sowie die folgenden Belastungen nicht optimal toleriert werden.

Bei den Übungen (vgl. TK 1–25) sollte auf einen möglichst nahen Bezug zur späteren sportlichen Tätigkeit (spezielles Aufwärmen) als auch zur durchführenden Person (individuelles Aufwärmen) geachtet werden. Ein

Sprinter tonisiert vor dem Wettkampf bewußt seine Beinbeuger und seine gesamte Beinstreckschlinge, während der Werfer ein verstärktes Augenmerk auf seine Arm- und Schultermuskulatur legen wird.

Im Rahmen eines Aufwärmprogramms müssen alle spezifischen Bewegungsabläufe, die für die jeweilige Sportart typisch sind, durchgeführt werden. Nur dergestalt vorgegangen, kann während des Trainings bzw. Wettkampfes das individuell optimale technische Leistungsvermögen erreicht werden.

Beim Abwärmen ist darauf zu achten, daß z. B. eine intensive ‹Lernstunde› zur Entwicklung technisch-koordinativer Fähigkeiten nicht durch andere, dem Hauptinhalt entgegengesetzte Inhalte abgeschlossen wird. Die Lerneffekte können vermindert werden, postmentale Erregungen werden unterdrückt. Wenn im Wurfbereich bevorzugt eine technische Schulung des Wurfstils stattgefunden hat, dann ist es für den Übungs- und Behaltenseffekt ungünstig, das Training mit einem lockeren Fußballspiel zu beenden. Behaltenseffekte werden durch abschließende Inhalte, die sich in ihren räumlich-zeitlichen und dynamischen Merkmalen vom Haupttrainingsinhalt kaum unterscheiden oder ihm völlig entgegengesetzt sind, vermindert; das Training wird nicht effektiv sein.

Wirkungen auf Kapseln, Bänder, Sehnen, Knorpel und die Gelenkfunktionen

Beim Aufwärmen spielt für die Bindegewebe die planmäßige Erhöhung der Körpertemperatur eine bedeutende Rolle. Die schon beim Herz-Kreislauf-System feststellbare Trägheit, die für jedes biologische Regulationssystem typisch ist, ist beim Bindegewebe noch ausgeprägter. Das zeigt sich in der langsameren Umstellung von Ruhezustand auf einen Belastungszustand, der dadurch gekennzeichnet ist, daß höhere mechanische Belastungen toleriert werden. Erst bei einer Temperatur von 39 bis 40 Grad

Celsius ist eine optimale Zunahme der Elastizität und Plastizität der kollagenen Fasern zu erwarten (Peterson / Renström 1987). Diese Kenntnis spielt für alle Formen des Dehnens, aber auch für sonstige mechanische Belastungen gerade in den Sprint- und Sprungdisziplinen, die hohe mechanische Kräfte auf das Bindegewebe wirken lassen, eine große Rolle. Bei jeder sportlichen Betätigung unterliegen die Gelenke hohen Belastungen. Besonders der gelenküberziehende Knorpel und die Wirbelsäule (Bandscheiben und die kleinen Wirbelgelenke) sind hoch beansprucht.

Der Athlet muß wissen, daß das Vorbereiten des Knorpels auf die folgenden mechanischen Belastungen durch die geringere Stoffwechselgeschwindigkeit des Knorpels länger dauert als das Vorbereiten der Muskulatur. Bindegewebe, aus denen der gelenküberziehende Knorpel (hyaliner Knorpel) und die Bandscheiben (Faserknorpel) bestehen, werden im Erwachsenenalter fast ausschließlich durch Diffusion ernährt. Die Gelenkflüssigkeit (-schmiere), die sogenannte Synovialflüssigkeit, wird in der jedes Gelenk umspannenden Kapsel, und zwar von der zarten Innenhaut gebildet. Erst wenn das Gelenk über einen Mindestzeitraum von 5 Minuten bewegt worden ist, wird vermehrt die knorpelernährende Gelenkflüssigkeit gebildet, und der gesamte Gelenkstoffwechsel kommt in Gang. Zur Verbesserung und Vorbereitung des Gelenkstoffwechsels auf die künftige Belastung werden intermittierende, wechselnde Belastungen, wie sie beim Laufen oder der Ganzkörpergymnastik vorkommen, eingesetzt. Stellen Sie sich einen nassen Schwamm vor, in den bei Entlastung Wasser einströmt und beim Zusammendrücken wieder ausströmt. Ständig wechselnde Be- und Entlastung durchsaftet das Bindegewebe (Knorpelgewebe); es wird gut ernährt. Punktueller, statischer Druck (vgl. Abb. 6) zerstört mit der Zeit das Knorpelgewebe, auch außerhalb des Aufwärmens stellt sich die Frage nach Sinn und Zweck solcher knorpelbelastenden Übungen. Ebenfalls zu streichen sind Übungen in extremen Gelenkwinkelstellungen wie «Entengang» oder «Kosakentanz» (vgl. Abb. 7). Solche und ähnliche Übungen stellen eine fast sichere Methode zur mittel- und langfristigen Zerstörung der Gelenkknorpel und sonstiger bindegewebiger Anteile in den Kniegelenken (Menisken, Kapseln, Bänder) dar.

Abb. 6 und 7: Solche Übungen beeinträchtigen auf Dauer die Festigkeit der das Gelenk stabilisierenden Strukturen (Seiten- und Kreuzbänder, Kapseln, Menisken). Sie verschlechtern die strukturelle Integrität der Gewebe und schädigen den gelenküberziehenden Knorpel. Besonders widersinnig erscheinen die Übungen auch deshalb, weil sie keinen direkten Beitrag zur Verbesserung der leichtathletischen Leistungsfähigkeit leisten.

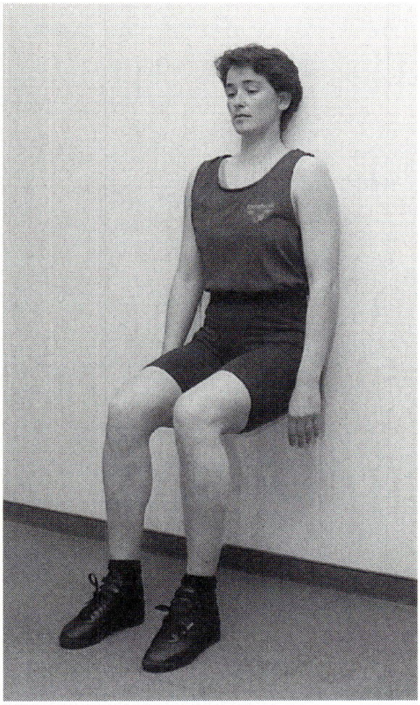

In das Aufwärmprogramm sollten Übungen integriert werden, die den Stoffwechsel der Gelenke (Knorpelgewebe) und der Bandscheiben positiv stimulieren. Allgemein wirkt sich Fahrradfahren sehr günstig auf das Kapsel-, Band-, Sehnen- und Knorpelgewebe der Hüft-, Knie- und Sprunggelenke aus. Speziell für den Leichtathleten (Lauf und Sprung) sind alle niedrig dosierten Laufbewegungen geeignet; sie beziehen fast alle Gelenke in den Bewegungsablauf mit ein und wirken damit sehr positiv auf die Ernährung der gelenküberziehenden Knorpel und der sonstigen bindegewebigen Strukturen (Kapsel-, Band- und Sehnengewebe). Es sollten immer ganzkörperliche gymnastische Übungen aus dem Bereich des Dehnens (vgl. D 1–15) und des Tonisierens (vgl. TK 1–25) mit einbezogen

werden, da insbesondere die Wirbelsäule (Bandscheiben) nur durch Laufen nicht ausreichend ‹durchbewegt› wird.
Im Sport sind sowohl der Trainer als auch der Spieler zunehmend gezwungen, präventiv zu denken. Viele Leichtathleten leiden unter Beschwerden der Wirbelsäule, besonders der Lendenwirbelsäule. Nicht selten führen diese Beschwerden zu einem zeitweisen Aussetzen mit dem Sport. Diesem Problem kann mit geeigneten Maßnahmen des Aufwärmens (u. a. auch mit speziellen Dehn- und Kräftigungsübungen) entgegnet bzw. vorgebeugt werden.

Im Rahmen des Abwärmens sollte dem gelenküberziehenden Knorpel und den Bandscheiben gezielt eine mehrminütige Entlastung verschafft werden. Sowohl der Knorpel der Gelenke als auch die Faserknorpel der Wirbelsäule (Bandscheiben) werden durch Lauf- und Sprungbelastungen ständig ‹gestaucht›. Sie verlieren während der Belastung Flüssigkeit, was für die Druckdämpfung des Knorpels von entscheidender Bedeutung ist. Eine Entlastung z. B. der Wirbelsäule kann durch eine ‹Stufenlagerung› erzielt werden (vgl. Abb. 8). Durch eine solche spezielle Positionierung wird das Einströmen von

Abb. 8: Stufenlagerung

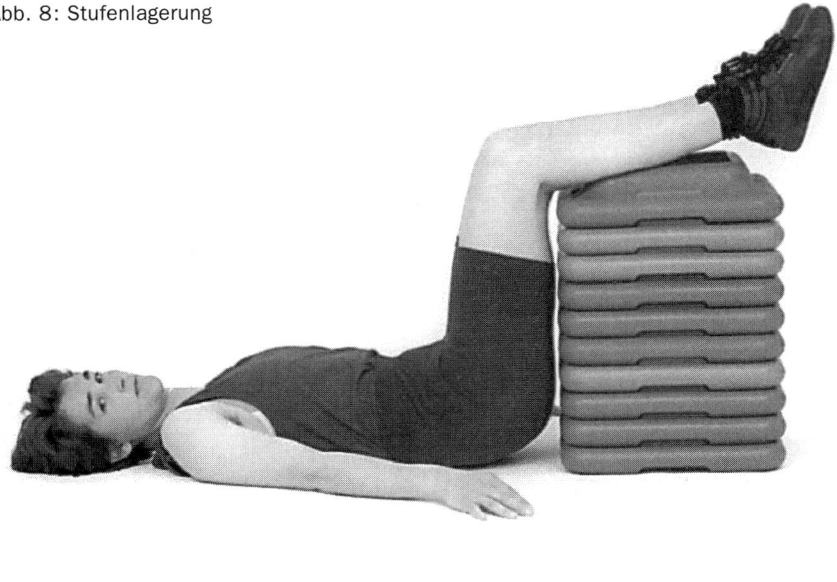

Wasser in die Gelenkknorpel gefördert, das Bindegewebe erholt sich schneller und qualitativ besser von der vorausgegangenen Belastung.

Die inhaltlichen Maßnahmen des Abwärmens ähneln im aktiven Bereich denen des Aufwärmens. Intensitätsgemindertes Durchbewegen aller Gelenke bewirkt einen verstärkten Gelenkstoffwechsel mit all seinen positiven Folgen wie den beschleunigten Abtransport von Stoffwechselzwischen- und -endprodukten. Nach sehr starken Gelenkbelastungen bietet sich im passiven Bereich des Abwärmens neben der gezielten Einnahme von entlastenden Körperhaltungen (vgl. Abb. 9) besonders der Einsatz des Saunabades an, das einen äußerst positiven Einfluß auf den regenerativen Gelenkstoffwechsel hat. Diese (trainingsmethodischen) Maßnahmen sind ganz besonders im Sinne der langfristigen, positiven Leistungsprognose wirksam, tragen zur Verhütung von Spätschäden an den Gelenken und der Wirbelsäule bei und eröffnen mittel- und langfristig eine positive Leistungsprognose.

Tabelle 2

Funktionen und Wirkungen des Auf- und Abwärmens auf einen Blick

Herz-Kreislauf-System – Aufwärmen

- Anstieg der Herzfrequenz
- Regulation des Blutdrucks
- Regulation des Gefäßtonus im Zusammenspiel mit hormonellen Einflußfaktoren
- Erhöhung der Sauerstoffaufnahme und Kohlendioxydabgabe durch die Erhöhung von Atemminutenvolumen und Herzminutenvolumen
- Steigerung der (Muskel-)Durchblutung durch Öffnung der Kapillaren (kleinste Blutgefäße)
- Engstellung der Gefäße in der nicht an der Arbeit beteiligten Muskulatur und in den Organen (z. B. Magen-Darm-Trakt; Sexualorgane)
- Verbesserte Energie- und Sauerstoffversorgung (Erhöhung der Stoffwechselkapazität)
- Vermehrte Ausschüttung von bestimmten, für die Leistungsfähigkeit wichtigen Hormonen (u. a. Glukagon, Wachstumshormone, Adrenaline u. a.)

Herz-Kreislauf-System – Abwärmen

- Beruhigung und kontrollierte Rückführung aller auf Leistung eingestellten Parameter

Muskulatur – Aufwärmen
- Erhöhung der Muskel- und Körperkerntemperatur
- Steigerung der (Muskel-)Durchblutung durch Öffnung der Kapillaren (kleinste Blutgefäße)
- Intensivierung des Stoffwechsels durch eine verbesserte Versorgung der Muskulatur mit Sauerstoff und Nährstoffen
- Verminderung elastischer und visköser Widerstände in der Muskulatur durch die erzielte Temperaturerhöhung
- Erhöhte Kontraktionsgeschwindigkeit
- Sensibilisierung der Muskelspindelaktivitäten
- Optimierung des muskulären Tonus (Spannungszustand der Muskulatur)
- Verringerte Verletzungsanfälligkeit

Muskulatur – Abwärmen
- Beruhigung und kontrollierte Rückführung aller auf Leistung eingestellten Parameter
- Beschleunigter Abtransport von Stoffwechselzwischen- und -endprodukten
- Beschleunigte Einleitung regenerativer Stoffwechselprozesse (anabole Stoffwechsellage)

Kapsel-Band-Sehnen-Knorpel-System – Aufwärmen
- Vorbereitung der Kapseln, Bänder und Sehnen auf mechanische Belastung
- Verdickung des gelenküberziehenden Knorpels; einwirkende Kräfte werden auf eine größere Auflagefläche verteilt und durch die zunehmende Elastizität (Wasserbindung) besser abgepuffert
- Verbesserte Ernährungs- und Belastungsbedingungen werden geschaffen

Kapsel-Band-Sehnen-Knorpel-System – Abwärmen
- Ausschwemmen von Stoffwechselprodukten (Belastungsstoffwechsel) aus den Gelenkräumen
- Schaffung günstiger Bedingungen zur Gelenkregeneration (Flüssigkeitseinströmen in die Knorpelgewebe z. B. durch die gezielte Einnahme von Entlastungshaltungen)

Nervöses System – Aufwärmen
- Mit steigender Körpertemperatur laufen alle nervösen Vorgänge schneller ab (Wahrnehmungs- und Weiterleitungsgeschwindigkeit)
- Verbesserung des koordinativen Leistungsvermögens (Reaktivierung des Lernsystems); der Sportler ‹lernt leichter›

- Erhöhung der Reaktionsfähigkeit
- Verbesserte Koordination

Nervöses System – Abwärmen
- Beruhigung und kontrollierte Rückführung aller auf Leistung eingestellten Parameter
- Aufrechterhalten der spezifischen, nervösen Erregungen des Techniktrainings

Psychisches System – Aufwärmen
- Einstimmen auf das Training, auf den Wettkampf
- Regulation des Startfiebers (Vorstartzustand), der psychischen Erregungs- und Hemmungszustände

Psychisches System – Abwärmen
- Beruhigung und kontrollierte Rückführung aller auf Leistung eingestellten Parameter
- Aufrechterhalten der postmentalen Erregungen des Techniktrainings
- Geistige Auseinandersetzung und Verarbeitung des Trainings bzw. Wettkampfes

Wirkungen auf die Psyche

Die Überschrift könnte genausogut heißen: Der Einfluß der Psyche auf den Prozeß des Aufwärmens. Es gibt Situationen, die Sie sicherlich auch kennen: Man kommt nicht auf Touren, an manchen Tagen geht rein gar nichts, es kann keine Motivation aufgebaut werden. In solchen Situationen scheinen Stress, und, mit dem Stress gekoppelt, veränderte nervöse und hormonelle Bedingungen eine Rolle zu spielen. Das Aufwärmen soll zu einer psychischen Aktiviertheit führen, zu einem Zustand der Wachheit. Wenn dieser Zustand erreicht ist, dann ist der Sportler bereit und in der Lage, zu lernen, zu üben und Leistung zu erbringen. Die Leistung erreicht dann ein Maximum, wenn ein mittlerer psychischer Aktiviertheitsgrad besteht. An dieser Stelle wird deutlich, daß das Aufwärmen nicht nur aus körperlicher Tätigkeit bestehen kann. Das Motivieren, ob sich selbst oder durch einen Trainer, gehört ebenso dazu wie bei besonders aufgeregten Sportlern mit Startfieber das gezielte und dosierte Beruhigen.

«Die allgemeine Aktivierung bewirkt eine Gewöhnung an die Lernsituation, fördert die Einstellung und weckt die Arbeitsbereitschaft. Die spezifische Aktivierung verfolgt das gleiche Ziel, ist aber an die Konstellation, die Struktur der Aufgabe, gebunden, die gelernt werden soll» (Janssen/Wittmer 1970). Besonders bei koordinativ anspruchsvollen Sportarten bzw. vor Beginn der Schulung technischer Inhalte ist ein spezifisches Aufwärmen und Einstimmen auf die kommenden Anforderungen von größter Wichtigkeit. Es dient der Verbesserung der speziellen Leistungsbereitschaft, das ‹Lernsystem› wird reaktiviert, der Sportler lernt besser und schneller, und die Leistung im Training und Wettkampf wird nach einem solchen spezifischen Aufwärmen positiv beeinflußt.

Bei Wettkämpfen kommen noch einige besondere, psychisch wirkende Faktoren hinzu. Der Sportler muß sich geistig mit dem Wettkampfort, der Wettkampfstätte, mit der Ausrüstung, seinen Gedanken und Gefühlen auseinandersetzen. Ebenso befaßt sich der Sportler mit seinen Partnern (Staffel), seinen Mannschaftskollegen und mit seinen Gegnern. Die geistige Auseinandersetzung mit der künftigen Leistungsanforderung vor dem Wettkampf beeinflußt ebenfalls positiv die Leistung des Sportlers im Wettkampf.

In der sportlichen Praxis, in der Betreuung von Sportlern, kann man häufig erleben, daß Sportler zu negativ eingestellt sind. «Das kann ich nicht...», «der Gegner ist zu stark...» und andere negative Vorstellungen schaffen eine subjektive Realität, der sich die objektive Realität fast unweigerlich anpaßt. Wenn Sie als Trainer oder Athlet solche Einstellungen entwickeln, dann sollten Sie schleunigst gegensteuern, um nicht ‹negativ motiviert› zu sein und dadurch Ihre volle Wettkampfleistung niemals voll ausnutzen zu können (vgl. z. B. Syer/Connolly 1988).

Im Rahmen abwärmender Maßnahmen soll sich der Leichtathlet nochmals die Hauptinhalte des Trainings oder des Wettkampfes vergegenwärtigen. Besondere Beachtung sollen dabei die positiv bewältigten Aufgaben finden.

Randbedingungen des Auf- und Abwärmens

Externe Faktoren

Das Aufwärmen des Sportlers ist u. a. auch von der Gewöhnung an äußere Faktoren wie die Sportanlage, Orts- und Platzverhältnisse sowie vom Zustand der Sportgeräte abhängig. Besonders bei Veranstaltungen im Spitzenbereich spielen die Zuschauer eine nicht zu unterschätzende Rolle. Ist es ein Wettkampf vor heimischem Publikum, oder findet er auswärts statt? Wie hoch ist die Bedeutung des Wettkampfes einzuschätzen? Sind die Zuschauer auf fremdem Gelände aggressiv, oder feuern sie bei einer Heimveranstaltung die Athleten an? Vom Zuschauerverhalten werden psychische Reaktionen beim Athleten stimuliert, die über die Ausscheidung verschiedener, leistungsbeeinflussender Hormone (u. a. Adrenalin, Noradrenalin) das Aufwärmen in seiner Qualität mitbestimmen. Um sich ausreichend an die äußeren Gegebenheiten gewöhnen zu können, ist es ratsam, z. B. immer etwas früher als unbedingt notwendig zum Trainings- und Wettkampfort zu kommen.

Trainingszustand

Je besser der Trainingszustand des Sportlers, desto mehr Zeit wird sein Aufwärmen in Anspruch nehmen, um alle physiologischen Parameter auf die kommenden Leistungsanforderungen einzustellen. Leistungs- und Hochleistungssportler benötigen bis zu einer Stunde reine Vorbereitungs- und Aufwärmzeit, in einigen Disziplinen sogar länger. Weniger trainierte Athleten benötigen eine kürzere Aufwärmzeit; sie sollte jedoch zwanzig Minuten grundsätzlich nicht unterschreiten.

Alter

Je älter ein Sportler ist, desto langsamer und behutsamer hat das Aufwärmen zu erfolgen. Die Schnelligkeit der Regulation (Einpegeln auf Leistung) ist bei älteren Sportlern eingeschränkt. Die Erhöhung der Stoffwechselgeschwindigkeit erfolgt langsamer. Gerade beim älteren Sportler nimmt das Maß an individueller Aufwärmarbeit zu. Der ältere Leichtathlet muß dabei sowohl seine allgemeine körperliche Verfassung berücksichtigen als auch eventuelle Vorschädigungen und sonstige Leistungseinschränkungen. Nicht selten berichten ältere Leichtathleten über die Notwendigkeit, sich wegen ‹Anlaufschmerzen› zunehmend länger aufwärmen zu müssen. Sie fühlen sich steif, und diese Steifigkeit vergeht erst nach einem ausreichend langen Aufwärmen. Diese Zeichen sollten vom Athleten ernst genommen werden. Sie können auf eine sich entwickelnde Arthrose hindeuten.

Aufwärmen und Tageszeit

Am frühen Morgen ist gegenüber der Mittagszeit eine verlängerte Aufwärmzeit vonnöten. Das Optimum der Körperkerntemperatur ist gegen 15.00 Uhr erreicht, sie folgt einem 24-Stunden-Rhythmus (vgl. Abb. 9). Aus eigenen Erfahrungen weiß jeder Sportler, daß das Aufwärmen am frühen Morgen länger dauert als gegen Abend, wenn die Körpertemperatur durch die über den gesamten Tag hinweg geleisteten Aktivitäten schon erhöht ist. Schwankungen der physiologischen Leistungsbereitschaft im Verlauf des Tages besitzen ebenso eine Bedeutung. Jeder Sportler kennt aus eigener Erfahrung das ‹Leistungsloch› am frühen Nachmittag, dem mit einem intensiver gestalteten Aufwärmen zu begegnen ist (vgl. Abb. 10).

Abb. 9: Die Körpertemperatur des Menschen im tagesperiodischen Verlauf (nach Keidel 1979, 9.3.) aus Weineck, J.: Sportbiologie 1988, 436.

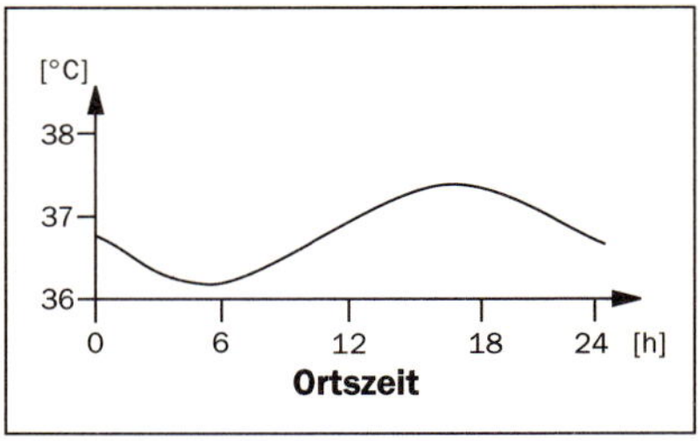

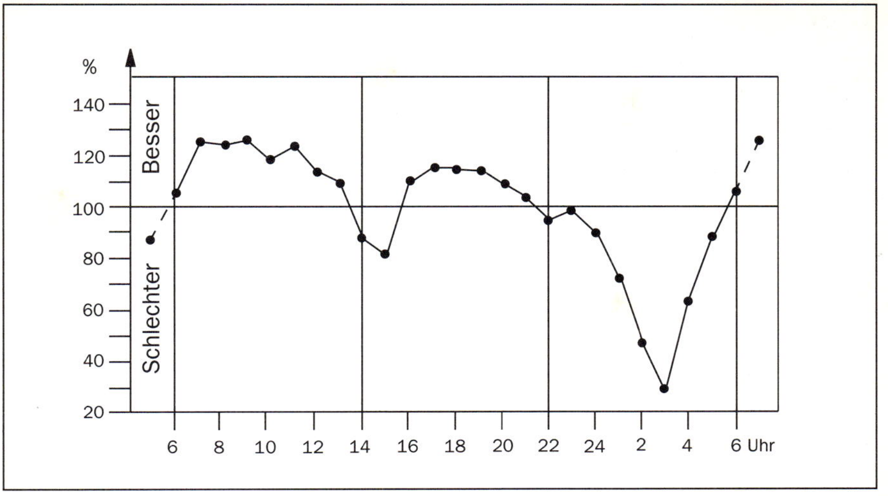

Abb. 10: Prozentuale Schwankungen der physiologischen Leistungsbereitschaft über 24 Stunden (Schmidtke 1965) aus Weineck, J.: Sportbiologie 1988, 437.

Typ

Es gibt sogenannte ‹Langsamstarter›, Sportler, die nur sehr schwer in Schwung kommen. Das Aufwärmen muß bei diesen Sportlern mehr anregend und motivierend gestaltet werden. Es dauert länger, und es kommen intensivere Beanspruchungen zum Einsatz als bei den ‹Schnellstartern›. Der Schnellstarter ist vor dem Training und Wettkampf übererregt und neigt zur Nervosität (Startfieber). Er benötigt ein kürzeres Aufwärmen mit geringer dosierten Inhalten und eine eher beruhigende Einflußnahme beispielsweise durch den Trainer; als zusätzliche Maßnahmen können beruhigende Dehnungsformen oder entsprechend geplante mentale, meditative Techniken eingesetzt werden. Ob ein Sportler grundsätzlich zu einer mehr symphatokonen (aktiveren) oder vagotonen (gedämpfteren) Erregungslage tendiert, ist auch vom ‹Typ› des Sportlers, seiner Anlage (Vererbung) abhängig.

Nervös-hormonelle Einflußfaktoren (Vorstartzustand)

Das Aufwärmen wird von einem vermehrten Ausstoß von Hormonen begleitet. Sie beeinflussen die Leistungsfähigkeit positiv. Die Durchblutung der Muskulatur wird stimuliert (hämodynamische Faktoren), die Atemtätigkeit erhöht (pulmonale Faktoren) und der gesamte Leistungsstoffwechsel angeregt (metabolische Faktoren). Das Blutdruckverhalten ist ebenfalls von nervös-hormonellen Faktoren mit beeinflußt. Mit Beginn der Belastung fällt der Blutdruck zunächst für einige Sekunden ab und steigt dann wieder. Bei allen dynamischen Beanspruchungen steigt im allgemeinen nur der systolische Blutdruck an. Bei hohen Krafteinsätzen, gekoppelt mit Preßatmung, sowie bei isometrischer Haltearbeit steigt auch der diastolische Blutdruck stark an. Während körperlicher Ruhe scheint der Blutdruck seitens der psychischen Verfassung großen Einflüssen ausgesetzt zu sein. Unter Belastung nimmt der Einfluß der psychischen Verfassung jedoch deutlich ab.

Die mit der Steigerung des Hormonausstoßes verbundenen Wirkungen sind in der Tab. 3 zusammengefaßt:

Wirkungen der belastungsbedingten vermehrten Hormonausscheidung (Katecholamine)

- Steigerung der Herzfrequenz
- Zunahme des Minutenvolumens
- Steigerung der Herzmuskelkraft durch Calcium-Release aus den sarkotubulären Vesikeln
- Erweiterung (Dilatation) der peripheren Gefäßgebiete in der arbeitenden Muskulatur
- Erweiterung der glatten Ringmuskulatur im Endstreckenbereich der Atmungswege
- Engstellung (Konstriktion) der Gefäße in nicht an der Arbeit beteiligten Muskeln und Organen (z. B. Magen-Darm-Trakt, Sexualorgane)
- Steigerung der Glykogenese
- Ausschüttung von Glukagon (hebt den Blutzuckerspiegel und hemmt die Darmmotorik sowie die Magensekretion)
- Anfänglicher Anstieg der Ausschüttung des Wachstumshormons (fällt während der Belastung wieder ab)

(in Anlehnung an Weicker 1981)

Tabelle 3

Aktives und passives Aufwärmen

Von den Sportlern werden gerne Maßnahmen aus dem physiotherapeutischen Bereich (Massage, Einreibungen) eingesetzt. Ganze Sporttaschen sind voller Fläschchen und Tuben mit hyperämisierenden (durchblutungssteigernden) Wirkungen. Sowohl die Massagen als auch die Einreibungen mit den genannten Mittelchen können die aktiven Maßnahmen des Aufwärmens nicht ersetzen; sie dienen, besonders die Massagen, nur der Ergänzung der vorbereitenden Maßnahmen. Einreibungen mit erwärmenden Salben führen durch eine Verbesserung der Hautdurchblutung nur zu einem angenehmen Wärmegefühl, die tatsächlichen Wirkungen auf das Erwärmen der Arbeitsmuskulatur sind sicherlich mehr im psychologischen denn im physiologischen Bereich zu suchen.

Differenziertes Aufwärmen vor Training und Wettkampf für den Freizeit- und Breitensportler sowie den Leistungs- und Hochleistungssportler

Während im Leistungs- und Hochleistungssport das Auf- und Abwärmen schon fast ‹traditionell dazugehört›, wird im Breiten- und Freizeitsport dem Aufwärmen beobachtbar zu wenig Aufmerksamkeit geschenkt; abwärmende Inhalte kommen meist gar nicht zum Tragen.

Besonders im unteren Leistungsbereich der Leichtathletik sowie im Kinder- und Jugendtraining können diese Mängel beobachtet werden. Gerade im letzteren Bereich sollte das planmäßige und regelhafte Auf- und Abwärmen schon vom ersten Training an angeleitet werden. Dazu eignen sich kindgerechte Einlauf- und Spielformen, die immer wieder von gymnastischen Pausen (Dehnung, Tonisierung) unterbrochen werden. Wenn dies nicht so ist, dann entwickeln sich schon von frühester Jugend an Fehl- und Überlastungsschäden. Sie werden jedoch erst im Erwachsenenalter akut und durch Schmerzen bewußt. Für eine grundlegende Therapie ist es dann meist zu spät. Das Leistungsvermögen kann nicht ausgeschöpft werden.

Primäre Zielsetzung des Aufwärmens beim Freizeit- und Breitensportler ist die positive Tolerierung der künftigen sportlichen Belastung. Aufwärmen ist bei dieser Zielgruppe geprägt von einer präventiven Funktion, der Verletzungsvorsorge. Erst an zweiter Stelle der Zielsetzungen steht die möglichst optimale Adaption an die Trainingsreize der Hauptinhalte des Trainings in Form eines Leistungsanstiegs.

Die Funktion des Aufwärmens des Leistungssportlers ist neben den präventiv wirksamen Zielsetzungen in erster Linie an der Leistungsentwicklung orientiert.

Das Training des Leistungs- und Hochleistungssportlers unterliegt den allgemeinen Trainingsprinzipien. Verschiedene Trainingsmethoden und -inhalte kommen je nach Trainingsphase mit dem Ziel einer Leistungssteigerung zum Einsatz. Ein trainingsmethodisches Prinzip ist die adäquate Vorbereitung des Sportlers auf hohe Trainings- und Wettkampfbelastungen, wobei präventive, verletzungsvorbeugende Absichten mit verfolgt werden.

Untersuchungen von Asmussen u. Böje, 1945 und von Villwock 1985 haben gezeigt, daß ein adäquates Aufwärmen die Sprintzeiten deutlich verbessert (vgl. Abb. 11).

Abb. 11
Asmussen und Böje 1945, aus Hollmann und Hettinger 1990, S. 548

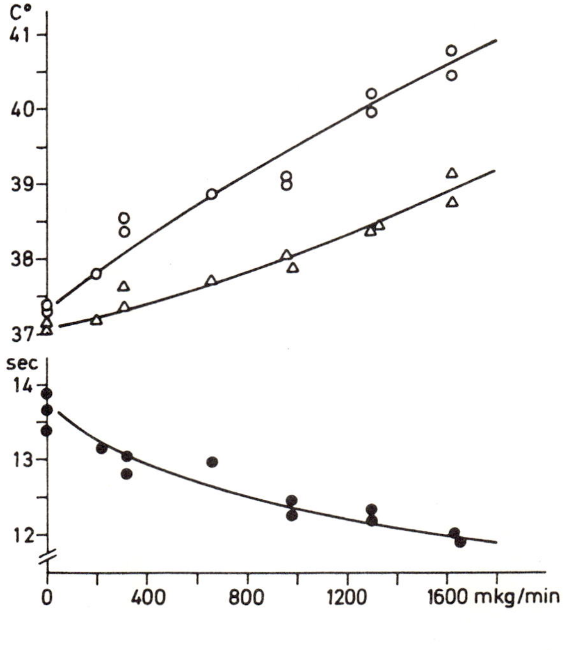

Häufige Fehler beim Auf- und Abwärmen

Das Aufwärmen wird vielfach zu kurz und zu intensiv durchgeführt. Manchmal spürt der Sportler kurz nach Aufnahme des Trainings bzw. zu Beginn eines Wettkampfes einen toten Punkt. Er ist gekoppelt mit übermäßig verstärkter Atmung (Hyperventilation) und geht einher mit einer zeitlich begrenzten Leistungsminderung. Dieses zeitlich auf wenige Minuten begrenzte Phänomen läßt sich auf eine noch nicht abgeschlossene Kreislaufregulation, also auf ein ungenügendes oder falsch durchgeführtes Aufwärmen, zurückführen. Der Sportler kommt aufgrund der geforderten Leistung kurz nach Beginn des Trainings in eine anaerobe Stoffwechsellage. Das bedeutet, daß er momentan mehr Sauerstoff verbraucht, als er durch seine Transportkapazitäten an den Ort der Verarbeitung heranschaffen kann. Sorgfältiges Aufwärmen mit dem gezielten Ansprechen aller leistungsrelevanten Stoffwechselprozesse verhindert ein solches (vorübergehendes) Leistungstief.

Es ist wichtig zu wissen, daß die Energiegewinnung nach einem dosierten, sich langsam steigernden Aufwärmen vermehrt aerob stattfindet. Die anaeroben Energiereserven werden geschont. Durch dosiertes Aufwärmen liegen die Laktatwerte während der Hauptbelastung niedriger, als wenn der Sportler auf das Aufwärmen verzichtet hätte (vgl. Jakowlew 1977). Diese Erkenntnis ist besonders für die Mittel- und Langstreckler unter den Leichtathleten von großer Bedeutung.

Beispiele für richtig und falsch dosiertes Auf- und Abwärmen

Beispiel 1: Falsche Intensitätswahl während des Aufwärmens (Einlaufen)

In der Abb. 12 ist die schnelle Steigerung der Pulsfrequenz auf Werte um 170 bis 180 durch eine unangepaßte, zu schnell gesteigerte und zu intensive Aufwärmphase zu erkennen. Die betreffende Sportlerin hatte nach nur kurzer Zeit einen ‹toten Punkt› und große Schwierigkeiten, sich zur weiteren Teilnahme zu motivieren und die Belastung zu tolerieren.

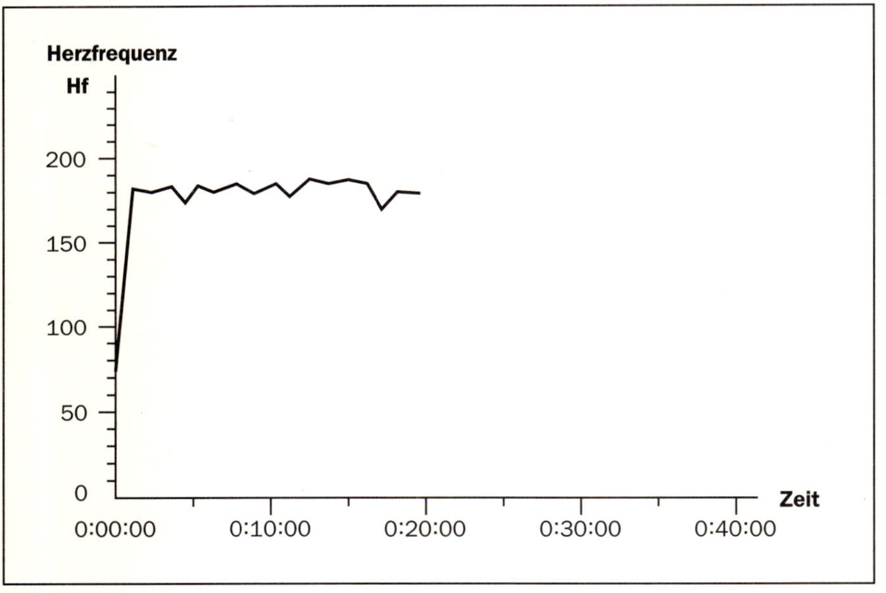

Abb. 12

Beispiel 2: Richtige Intensitätswahl beim Aufwärmen (Einlaufen)

Bei diesem Beispiel wurde das Aufwärmen allmählicher durchgeführt. Die Sportlerin hatte genügend Zeit alle leistungsrelevanten Herz-Kreislauf-Parameter auf die Leistung einzupegeln. Der Puls steigt langsam an und verbleibt auf einem mittleren Niveau.

Die starke Herz-Kreislauf-Belastung in der Hauptphase des Trainings nach dem dosiert durchgeführten Aufwärmen wurde von der Sportlerin wesentlich positiver toleriert.

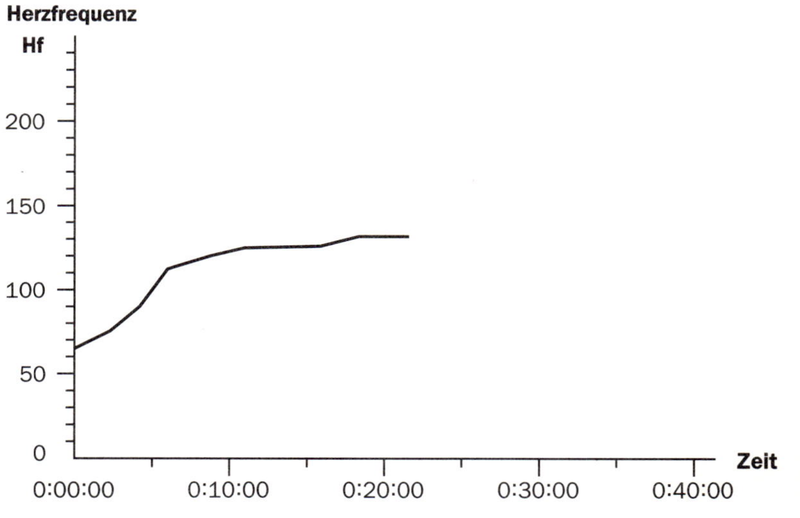

Abb. 13

Beispiel 3: Falsche Intensitätswahl beim Abwärmen

Ein Kurzstreckenläufer hat die Aufgabe, sich nach einem intensiven Schnelligkeitsausdauertraining locker auszulaufen. Anhand der Pulsfrequenz wird deutlich, daß der Athlet eine zu hohe Intensität wählt. Er baut keine Stoffwechselzwischenprodukte (Laktate) ab, sondern produziert durch die zu hohe Intensität der Belastung neue Laktate (vgl. Abb. 14, S. 48).

Die Belastungsverarbeitung des Hauptteils des Trainings erhöht die Pulsfrequenz durch die Anforderungen an metabolische Verarbeitungskapazitäten der im Hauptteil des Trainings eingegangenen Belastungen. Das Auslauftempo zum Ende einer Trainingseinheit sollte grundsätzlich niedriger als das Einlauftempo zu Beginn einer Trainingseinheit sein.

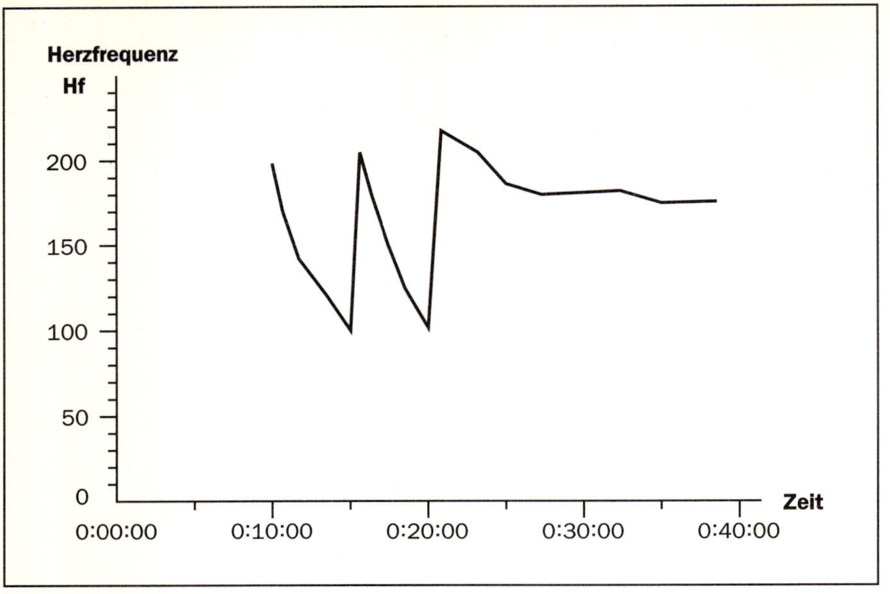

Abb. 14: Nach wiederholten Sprintbelastungen gestaltet der Sprinter seine Pause mit Gehen. Der Puls geht schnell in Richtung Ausgangswerte. Nach dem letzten Sprint (22. Minute) beendet der Sportler die Trainingseinheit mit Auslaufen. Das Tempo ist zu hoch gewählt, es findet keine ausreichende Regeneration statt.

Beispiel 4: Falsche Durchführung von Stretchingübungen

Gerade im Amateur- und Freizeitsportbereich haben gymnastische Übungen während der aufwärmenden Phase häufig mehr rituellen denn einen funktionellen Charakter. Es werden keine korrekten Ausgangs- und Endstellungen eingenommen, und die Übungsauswahl und -zusammenstellung folgt spontanen Eingebungen (vgl. Abb. 15).

Beispiel 5: Fehler bei der Pulsfrequenzbestimmung

Um die Intensität von Herz-Kreislauf-Belastungen zu erfassen, hat sich die Pulsfrequenzerfassung durch Palpation (Fühlen mit der Hand) als gut geeignet erwiesen. Wenn die Messungen jedoch nicht korrekt durchgeführt werden, besitzen die gewonnenen Werte keinen trainingssteuernden Erkenntniswert.

- Es verstreicht viel zuviel Zeit zwischen Belastungsende und der anschließenden Pulsmessung, die eigentlich Auskunft geben soll über den Belastungspuls während des Aufwärmens (Unterschätzung der Pulsfrequenzen).

- Es werden zu lange Meßzeiträume verwendet (höchstens 15 Sekunden). Dabei besteht die Gefahr, daß der Sportler den Erholungspuls und nicht etwa den Puls mißt, der bei der aktuellen Belastung tatsächlich vorlag (Unterschätzung der Pulsfrequenzen).

- Bei kurzen Meßzeiträumen, z. B. 10 Sekunden, verzählt sich der ungeübte Sportler recht häufig. Das fehlerhafte Erfassen von nur einem Pulsschlag wirkt sich bei der Multiplikation (x 6) fatal aus. Es werden entweder viel zu hohe oder viel zu niedrige Pulsfrequenzen angenommen.

In der Praxis haben sich Geräte zur telemetrischen Pulsfrequenzerfassung bewährt. Sie geben genaue Hinweise auf die tatsächlich vorliegende Herz-Kreislauf-Belastung (Intensität). Der große Vorteil liegt u. a. darin, daß die Werte *während* der Belastungen gemessen werden. Es besteht auch die Möglichkeit, die gewonnenen Werte im Anschluß an die Belastung auszudrucken (vgl. von Abb. 12 bis Abb. 14) und mit der vom Hersteller mitgelieferten Software (Polar-Electronic) vielfältig weiterzuverarbeiten.

Abb. 15

Dehnung (Stretching) – Durchführung und Wirkung

Auf den Sportplätzen und in den Sporthallen wird mittlerweile fast gesetzmäßig ‹gestretcht›. Stretching ist heutzutage fester Bestandteil eines jeden Trainingsprogramms. Die feste Integration ist inzwischen allgemein akzeptiert. Dabei wurden insbesondere die Dehntechniken propagiert, die mit gehaltenen Dehnungen operierten, ohne einen Beweis ihrer Überlegenheit gegenüber anderen Techniken in der Hand zu halten. Durch zunehmende Untersuchungen weiß man mittlerweile immer mehr über die Effekte der einzelnen Dehnungsformen (vgl. Übersicht in Wydra 1993, vgl. Tab. 5, S. 52/53). Es hat sich gezeigt, daß je nach Zielsetzung *alle* Formen des Dehnens ihre Berechtigung haben.

Wirkungen von Dehnungen
(dehntechnikübergreifende Darstellung)

- Verbesserung der Beweglichkeit; Vergrößerung der Gelenkamplitude
- Beeinflussung des muskulären Tonus (Spannungszustand der Muskulatur)
- Steigerung der Durchblutung (Aufwärmeffekt)
- Entwicklung von Muskel- bzw. Körpergefühl
- Koordinative Gewinne
- Entspannende, regenerative Wirkungen nach Belastung (Abwärmeffekt)
- Verletzungsvorbeugende Wirkungen
- Schmerzlindernde Wirkungen

Tabelle 4

Dehnübungen können ein eigenständiger Inhalt im Rahmen eines speziellen Beweglichkeitstrainings sein. Sie können ebenso auch in ein Aufwärmprogramm eingebettet werden. Dehnübungen im Rahmen des Aufwärmens dürfen nicht verwechselt werden mit einer speziell geplanten Trainingseinheit mit dem Trainingsziel der Förderung der Beweglichkeit. Eine ausreichend ausgebildete Beweglichkeit hat neben den ihr zugeschriebenen verletzungsprophylaktischen Wirkungen auch einen positiven, leistungsverbessernden Einfluß. In den jeweiligen sportlichen Disziplinen sind die verschiedenen Gelenke mehr oder weniger in die typischen Bewegungsabläufe einbezogen. Bei den Sprint- und Sprungdisziplinen werden neben den Wirbelsäulengelenken besonders die Hüft-, Knie- und Sprunggelenke annähernd maximal beansprucht (Kraftwirkungen, Bewegungsausschläge). Das Erreichen bzw. Erhalten einer ausreichenden, anforderungsspezifischen Beweglichkeit ist von großer, leistungs- und verletzungsbeeinflussender Bedeutung.

Bezüglich der Anordnung und der Bedeutung dehnender Übungen sind häufig Mißverständnisse zu beobachten. Dehnübungen im Rahmen eines Aufwärmtrainings haben nur zum Teil die Förderung der Gelenkbeweglichkeit zur Aufgabe. Eine andere Aufgabenstellung kann auch sein, durch geeignete Durchführungsformen die Muskel- und Sehnenspindeln zu aktivieren (regulieren) und auf ein gewolltes und der kommenden sportlichen Anforderung gemäßes Niveau einzupegeln.

Dehnübungen beziehen sich nicht nur auf die Muskulatur, sondern auf alle von der Dehnung beanspruchten Anteile des aktiven und passiven Bewegungsapparates. Dazu gehört auch der Band-, Sehnen- und Kapselapparat, dessen Strukturen relativ häufig von Verletzungen betroffen sind.

> Sowohl der Sprinter als auch der Springer müssen besonders darauf achten, daß sie vor dem Wettkampf den Tonus der Muskulatur nicht zu weit herabsetzen und ihre Schnellkraft beeinträchtigen. In Kenntnis der vorgenannten Tatsachen hat das Dehnen vor Training und Wettkampf die Funktion des Vorbereitens, des Erreichens und des Erhaltens der Gelenkbeweglichkeit. Die Übungen haben im Rahmen des Vor- und Nachbereitens jedoch nicht die Funktion des Erweiterns der potentiellen Gelenkamplitude; dazu sollen und müssen eigenständige Trainingseinheiten geplant werden.

Aktive Dehntechniken

Aktive Dehnungen werden durch eigene muskuläre Aktivitäten in Gang gesetzt und durch den Gegenspieler (Antagonist; in diesem Falle der zu dehnende Muskel) begrenzt.

Eine aktiv-dynamische Dehnung liegt dann vor, wenn der Sportler rhythmisch bzw. intermittierend wippt. Das hat nichts mit einer ‹Zerrgymnastik› zu tun. Es wird vielmehr durch kleine, sich langsam steigernde Bewegungen ein einschleichender Reiz gesetzt. Die Schwingungsweite des Gelenks soll unter der subjektiven Kontrolle des Dehnungsgefühls zunehmend erweitert werden. Diese Form des Dehnens mobilisiert nicht die Reflexaktivitäten, da sie weder ruckartig, schmerzhaft noch schädigend ist (Hoster 1989, Schober u. a. 1990, Wydra/Karisch 1990).

Dehnungsarten und Durchführung

Aktive Dehnungsarten		**Durchführung**
Aktiv-dynamische Dehnungsübungen	–	es werden mehrfach wiederholte federnde Bewegungen durchgeführt
Aktiv-statische Dehnungsübungen	–	es wird ein aktives Halten in der Endstellung angestrebt (es können 3 bis 4 schwingende Bewegungen vorausgehen)
Passive Dehnungsarten		**Durchführung**
Passiv-dynamische Dehnungsübungen	–	durch ein rhythmisches, intermittierendes Dehnen ‹tastet› sich der Sportler an die Beweglichkeitsgrenze heran, die Bewegung wird durch einen Partner oder ein geeignetes Gerät unterstützt
Passiv-statische Dehnungsübungen (1)	–	der Sportler hält die maximale Dehnstellung für einige Sekunden bei
Passiv-statische Dehnungsübungen (2)	–	der Sportler hält die maximale Dehnstellung für längere Zeit (> 60 Sekunden) bei (Dauerdehnung)

Intermittierende, passive Dehnungs-übungen	–	der Sportler wechselt ständig die Dehnungs- und Entdehnungsstellung der Muskulatur
Stretching		**Durchführung**
Passives, leichtes Stretchen	–	der Sportler versucht die Endstellung (Spannungsgefühl) für ca. 10 bis 30 Sekunden zu halten
Passives, intensives Stretchen	–	der Sportler dehnt an das passive, leichte Stretchen anschließend nochmals nach und versucht diese Dehnposition für weitere 10 bis 30 Sekunden beizubehalten
Anspannen-Entspannen-Dehnen (AED-Methode); postisometrische Relaxationsmethode	–	der Sportler spannt unmittelbar vor dem Dehnen den zu dehnenden Muskel isometrisch für ca. 10 bis 30 Sekunden leicht an; anschließend entspannt er den Muskel für 2 bis 3 Sekunden völlig und dehnt ihn abschließend für ca. 10 bis 30 (60) Sekunden (Sölveborn 1983; Weineck 1988)

(vgl. Hoster 1987, 1989, Schober u. a. 1990, Sölveborn 1983, Freiwald 1990)

Tabelle 5

Wird die Dehnstellung für einige Sekunden gehalten, liegt eine aktiv-statische Dehnung vor. Durch das aktive Einnehmen und Halten einer Dehnstellung wird der Muskel gedehnt. Ein positiver Nebeneffekt dieser Dehnungsform ist in der Kräftigung der angespannten Muskulatur zu sehen; nicht immer genügt jedoch die Kraft, um die beabsichtigte Dehnung optimal durchzuführen.

Passive Dehntechniken

Passive Dehnungen werden von der Schwerkraft, dem Partner, einem Gerät oder der agonistisch wirkenden Muskulatur unterstützt.

Passiv-dynamische Dehnungen werden durch einen Partner unterstützt; es wird versucht, sich rhythmisch intermittierend an die Beweglichkeitsgrenze heranzutasten. Auch hier soll durch kleine, sich langsam steigernde Bewegungen die Schwingungsweite des Gelenks langsam erweitert werden. Die Bewegungen sollen unter der subjektiven Kontrolle des Dehnungsgefühls (keine Schmerzen!) stehen; durch eine weiche, nicht ruckartige Bewegungsführung werden die Reflexe des reaktiven Gegenspannens umgangen. Im Sinne eines Beweglichkeitsgewinns ist wie bei den aktiv-dynamischen Dehnungsformen auch bei der passiv-dynamischen Dehnung der größte Effekt zu erwarten (vgl. Übersicht in Wydra 1993).

Passiv-statische Dehnungen (1) werden von der Schwerkraft, dem Partner, einem Gerät oder der agonistisch wirkenden Muskulatur unterstützt. Die zu dehnende Muskulatur wird in eine gedehnte Stellung gebracht und in dieser Spannung für einige (10 bis 20) Sekunden gehalten. Diese Form der Dehnung kommt dem Stretching sehr nahe bzw. überschneidet sich mit dem passiven, leichten Stretchen.

Passiv-statische Dehnungsübungen (2) unterscheiden sich von Form 1 durch die Herbeiführung einer Dauerdehnung. Der Sportler versucht über einen längeren Zeitraum (mehr als 60 Sek.) die Dehnstellung beizubehalten. Diese Dehnungsform wird in der sportlichen Praxis nur bei ganz bestimmten Zielsetzungen eingesetzt. Die Methode wird insbesondere bei der begleitenden Behandlung von Verletzungen und deren Folgen verwendet (muskuläre Hyperaktivität und bindegewebige Verkürzungen und Schrumpfungen).

Intermittierende, passive Dehnungsübungen sind durch einen ständigen Wechsel von Dehnungs- und Entdehnungsstellungen gekennzeichnet. Die jeweiligen Stellungen werden nur für ca. 5 bis 20 Sekunden beibehalten.

Stretching ist unter dem Begriff der passiven Dehnung einzuordnen. Sich zu ‹stretchen› beschreibt eine passive Dehnung oder eine Dehnung nach vorheriger Anspannung der anschließend zu dehnenden Muskulatur. Über die

Stärke des Anspannens, die der Dehnung bei der AED-Methode (Anspannen-Entspannen-Dehnen) vorausgeht, besteht keine Einigkeit. Die Angaben reichen von der Empfehlung, Muskeln mit größtmöglicher Kraft anzuspannen (Sölveborn 1983), über mäßige Anspannung (Badtke 1987) bis zur vorherigen Anspannung mit minimaler Kraft (Lewit 1983).

Das vorherige Anspannen der Muskulatur bewirkt eine sich direkt anschließende, verbesserte Fähigkeit zur Dehnung. Es gibt jedoch sehr unterschiedliche Auffassungen darüber, wie lange die Phase der verbesserten Dehnbarkeit nach einer muskulären Anspannung dauert. In der Praxis hat sich die Vorgehensweise des An- und Entspannens und Dehnens jedoch bewährt; auch und besonders unter dem Aspekt zur Entwicklung eines ‹muskulären Feelings›. Durch das vorgeschaltete Anspannen wird dem Sportler die Dehnung der vorher auf Spannung beanspruchten Muskulatur bewußter.

Wirkungen der aktiven Dehnungsformen (dynamische und statische Dehnungsformen)

- Es findet ein Aufwärmeffekt durch Muskelarbeit statt (Durchblutungssteigerung; Entstehen eines lokalen Wärmegefühls).
- Die Antagonisten der zu dehnenden Muskulatur werden gleichzeitig gekräftigt.
- Die Gegenspieler (Antagonisten) der angespannten Muskulatur werden reflektorisch gehemmt (reziproke Innervation).
- Durch die notwendige aktive Anspannung wird die neuromuskuläre Steuerung geschult (Bewegungsspezifik), und das Bewegungsempfinden (Muskel- und Körpergefühl) wird verbessert (intra- und intermuskuläre Koordination).
- Je nach Durchführung wird eine Tonussenkung bzw. Tonussteigerung der Muskulatur erzielt.
- Nach der ‹schnellen Dehnung›, bei der bewußt das Ansprechen der reflektorischen Aktivität in Kauf genommen wird, ist ein folgender Kraftgewinn nachweisbar.

(vgl. Hoster 1989)

Tabelle 6

Wirkungen der passiven Dehnungsformen (statische Dehnungsformen, inklusive der AED-Methode)

- Gegenüber den aktiven Dehnungsformen findet eine Energieersparnis durch weniger muskuläre Arbeit statt.
- Passive Dehnungsformen sind eine besonders entspannende Form der Dehnung; der muskuläre Tonus kann durch die Beeinflussung der Dehnungsrezeptoren in Muskulatur, Sehnen-, Band- und Kapselapparat bedeutend gesenkt werden.
- Durch die tonussenkende Wirkung der passiven Dehnungstechniken können Schmerzzustände positiv beeinflußt werden (Linderung).
- Das Gefühl für Muskulatur und Körper wird verbessert.
- Durch sehr ausgiebige passive Dehnungen kann ein vorübergehender Kraftverlust eintreten.
- Passive Dehnungstechniken sollten nur sehr vorsichtig nach (metabolisch) sehr hoch beanspruchenden Trainingseinheiten eingesetzt werden, die Fähigkeit zur Regeneration kann durch eine Behinderung der Stoffwechselprozesse (Kompression der Blutgefäße) vorübergehend eingeschränkt werden.

Tabelle 7

Allgemeine Grundsätze des Dehnens vor und nach sportlichen Belastungen

Dehnen vor dem Training oder dem Wettkampf, in welcher Form auch immer, ist in der Leichtathletik fester Bestandteil der Vorbereitung. Das Dehnen muß jedoch auf die Person und die jeweilige Disziplin abgestimmt sein. Für besonders bewegliche Sportler, und hier sind insbesondere die Sportlerinnen gemeint, stellt sich des öfteren die Frage, ob überhaupt Dehntechniken bzw. eigene Trainingseinheiten mit dem Ziel der vermehrten Beweglichkeit eingesetzt werden sollen, die die Beweglichkeit langfristig weiter erhöhen. Schlimmstenfalls gehen weitere, für die Sportart nicht notwendige Zuwächse der Beweglichkeit auf Kosten der Gelenkstabilität. Vermehrte Beweglichkeit kann eine eingeschränkte Gelenkstabilität bedeuten. Und diese wiederum kann mit einer erhöhten Anfälligkeit für Verletzungen der Gelenkanteile durch mangelnde Führung (Stabilität) einhergehen.

Sich nur und ausschließlich mit Dehntechniken warmzumachen und auf Training und Wettkampf vorzubereiten ist nicht ausreichend. Auf der Grundlage eines gezielten und vielseitigen Aufwärmens großer Muskelgruppen und der daraus resultierenden Aktivierung des Herz-Kreislauf-Systems und der Temperaturerhöhung kann die Muskulatur sowie der Sehnen-, Kapsel- und Bandapparat gut gedehnt werden.

Erst bei einer Gewebetemperatur von 39 bis 40 Grad Celsius ist eine optimale Zunahme der Elastizität und Plastizität der kollagenen Fasern zu erwarten (Peterson/Renström 1987), durch die vorherige Erwärmung werden die Gefahren für Verletzungen und Fehlbelastungen dieser Strukturen herabgesetzt.

Wenn die künftigen Anforderungen hohe Bewegungsgeschwindigkeiten (z. B. eine Sprintbelastung, Speerwurf) und/oder hohe Krafteinsätze (z. B. Krafttraining, Kugelstoß) voraussetzen, dann müssen andere Dehntechniken eingesetzt werden, als wenn die künftige (Teil-)Belastung in ihrer Qualität in erster Linie (neben anderen Faktoren) von einer ausgeprägten Beweglichkeit abhängig ist.

Neben dem körperlichen Befinden muß beim Einsatz der richtigen Dehntechnik der ‹Typ› des Sportlers berücksichtigt werden. Übernervöse, aufgeregte Athleten, häufig mit hyperton verspannter Muskulatur, müssen mehr entspannend wirkende Dehntechniken einsetzen. Ruhige, schwer motivierbare Sportler, häufig mit hypoton eingestellter Muskulatur (verringerte Grundspannung), sollten aktivierenden Dehntechniken den Vorzug geben.

Dehnen vor und nach Training und Wettkampf

Bevor Sie mit dem vorbereitenden Dehnen beginnen, sollten Sie sich durch ganzkörperliche Übungen mit mindestens zehn- bis fünfzehnminütiger Dauer erwärmt haben, um optimale Voraussetzungen für das sich anschließende Dehnen zu schaffen.

> Das vorbereitende Dehnen wird mittels Grundübungen (vgl. D 1–16) vollzogen und durch Übungen ergänzt, die der speziellen Disziplin, den persönlichen Zielen und den physisch / psychischen Voraussetzungen entsprechen. Konkret bedeutet das, daß ein Läufer vermehrt die Muskulatur der Beine und die hüftumspannende Muskulatur dehnt, während ein Hochspringer intensiver die Dehnungen der Rücken- und Rumpfmuskulatur sowie die Muskulatur der oberen Extremitäten betont.
> Die Tendenzen bestimmter Muskeln zur Hyperaktivität können durch die speziellen Anforderungen der jeweiligen Disziplinen und ihre immer wiederkehrenden Bewegungsabläufe bedingt sein. Im Anschluß an die disziplinspezifischen Belastungen können im Rahmen einer individuellen Trainingsplanung Dehnübungen eingesetzt werden, die diesen Tendenzen entgegenwirken. Sowohl der Sprinter (Hürde und Flachstrecke) als auch der Weit- und Dreispringer werden insbesondere auf die Hüftbeugemuskulatur und die ein- und zweigelenkige Wadenmuskulatur achten müssen. Persönliche Besonderheiten des Sportlers (z. B. frühere Verletzungen) können ebenfalls besondere Dehnungen notwendig machen.

In der Praxis hat sich die individuelle Durchführung eines Muskel- und Gelenkfunktionstests bewährt. Die computergestützte Muskelkraftmessung (z. B. isokinetische Muskelfunktionsanalyse, elektromyographische Überprüfung der muskulären Funktionen) zur genauen Bestimmung des Kontraktionsverhaltens und die Überprüfung des Dehnungsverhaltens bietet trainingsplanende Hinweise. Mittels solcher Tests sind ebenfalls Aussagen über muskuläre Ungleichgewichte (Dysbalancen) sowie orientierende Erkenntnisse über sich eventuell anbahnende Muskel- und Gelenkschädigungen möglich. Sie können jedoch nur in speziellen Einrichtungen (Kliniken, Reha-Zentren) durchgeführt werden. Die Bestimmung des muskulären Status (Kraft- und Dehnungsverhalten) versetzt den Athleten bzw. den Trainer in die Lage, den individuellen Anteil des Auf- und Abwärmens besser angepaßt zu gestalten.

Als einfache Alternative bietet sich der sogenannte Muskelfunktionstest nach Janda (1976) an. Er ist von jedem gut ausgebildeten Krankengymnasten bzw. Sporttherapeuten zu leisten und kann ebenso einen Beitrag zur Trainingsplanung, speziell des Beweglichkeitstrainings, leisten. Denken Sie bei der Beobachtung von verkürzter Muskulatur nicht nur an einseitig durchgeführtes Training und an falsches oder mangelhaft durchgeführtes Dehnen, sondern auch an krankhafte Veränderungen an den von verkürzten Muskeln umspannten Gelenken!

Vor- und nachbereitendes Dehnen – Kurzstrecke und Sprung

Bei schnelligkeitsorientierten Sportarten sollten der Hauptbelastung keine passiven Dehntechniken direkt vorgeschaltet werden. Um optimale Leistungen in schnelligkeitsorientierten Sportarten zu erbringen, müssen die Muskelspindelaktivitäten erhöht werden. Eine umfangreiche, vorwiegend statisch-passive Dehnung (Stretching) dagegen führt zu einer geringer werdenden Kontraktionsfähigkeit der Muskulatur und damit zu einem vorübergehenden Kraftverlust; der Muskel scheint ‹umzukippen›, er wird zu sehr entspannt (Knebel 1985). Ein weiteres Argument gegen den Einsatz statisch-passiver Dehntechniken direkt vor Schnelligkeits- und Schnellkraftbelastungen ist die erzielte plastische Verformung der kollagenen Fasern in der Muskulatur und den Sehnen und die damit verbundene verminderte Rückstellkraft der elastischen Anteile des Bewegungsapparates (vgl. Hoster 1989, 124).

Dehnen vor schnelligkeits- und schnellkraftorientierten Sportarten kann mit passiv-statischen oder auch aktiv-statischen Übungen eingeleitet werden; es wird dann jedoch übergegangen zur aktiv-dynamischen Dehnung, um die Vorteile dieser Dehnungsform (u. a. Aktivierung und Regulierung der Muskelspindelaktivität) für schnelligkeits- und schnellkraftorientierte Sportarten zu nutzen. Die Arbeitsmuskulatur kontrahiert anschließend schnellkräftiger, und die disziplinspezifische Leistungsfähigkeit des Sportlers nimmt zu.

Da bei schnelligkeits- und schnellkraftorientierten sportlichen Tätigkeiten im allgemeinen keine wesentlichen Übersäuerungen auftreten (ausgenommen die längeren Sprintstrecken), sind spezielle Techniken zur Ausschwemmung saurer Stoffwechselzwischen- und -endprodukte nicht notwendig. Trotzdem kann ein lockeres, im Sommer möglichst barfuß durchgeführtes, Auslaufen nur Nutzen bringen. Es trägt nicht nur zur körperlichen, sondern ebenso zur geistigen Regeneration bei. Anschließend werden im Rahmen des Abwärmens in erster Linie detonisierend wirkende passiv- bzw. aktiv-statische Dehnungsformen eingesetzt.

Vor- und nachbereitendes Dehnen – Mittel- und Langstrecke

Vor umfangsbetonten Trainingseinheiten können im vorbereitenden Teil alle Dehnungsformen eingesetzt werden.

Mit ausdauerbetonten Trainingsinhalten ist zwangsläufig ein Substratverlust der Muskulatur verbunden. Erschöpfenden Belastungen folgt immer eine reaktive Erhöhung des muskulären Tonus. Diese Tonuserhöhung (Grundspannung der Muskulatur) kann, wenn nicht systematisch gedehnt wird, zu massiven muskulären Verspannungen führen. Aus diesem Grunde sollten nach Training und Wettkampf immer Dehnungen eingesetzt werden. Sie dienen dem Herabsetzen des muskulären Tonus, der nach jeder länger dauernden sportlichen Belastung erhöht ist (Badtke 1989). In erster Linie sollten intermittierende, passive Dehnungen eingesetzt werden; sie haben sich nach (metabolisch-muskulärer) Ausbelastung am besten bewährt (vgl.

Tab. 5). Da nach (erschöpfenden) Ausdauerbelastungen noch ein relativ erhöhter, zum Stoffan- und -abtransport notwendiger Stoffwechsel erwünscht ist, dürfen keine Dehnungsformen eingesetzt werden, die den zellulären Stoffaustausch behindern könnten. So bewirkt die AED-Methode (Anspannen-Entspannen-Dehnen) im Rahmen des Abwärmens keine verbesserte Entspannungsfähigkeit der Muskulatur. Ebenso wie die AED-Methode sind direkt nach Training und Wettkampf alle Formen der Dauerdehnung zu meiden (Schober, H., u.a. 1990). Bei der postisometrischen Relaxation (AED-Methode) wird durch das Anspannen ebenso wie bei der Dauerdehnung eine räumliche Verengung der Blutgefäße herbeigeführt. Der Abbau von Stoffwechselzwischen- und -endprodukten wird behindert. Die u. a. von der örtlichen Stoffwechselsituation (Durchblutung) abhängige Entspannung der Muskulatur ist eingeschränkt.

Aus den vorgenannten Gründen sollte im Rahmen der abwärmenden Tätigkeiten zuerst der Stoffwechsel durch ein intensitätsgemindertes Auslaufen beruhigt werden. Erst folgend können Dehnungen effizient eingesetzt werden.

Neben den Maßnahmen des abschließenden Dehnens steht eine breite Palette weiterer Maßnahmen im Rahmen der Physiotherapie zur Verfügung, die den muskulären Tonus nach einer sportlichen Belastung herabsetzen (vgl. Tabelle A4, S. 155).

Durchführung des Aufwärmens und Abwärmens

Das Auf- und Abwärmen folgt sportartenübergreifend nach dem in Abb. 1 (S. 12) dargestellten Schema. Dem allgemeinen Aufwärmen (Abwärmen) folgen spezielle, auf die Disziplin bezogene Tätigkeiten. Sie werden begleitet und ergänzt von einem auf die individuellen Besonderheiten des Sportlers zugeschnittenen Programm. Allgemein erwärmende, ganzkörperliche Tätigkeiten stehen dabei vor Dehnungen; Dehnungen wiederum vor den tonuserhöhenden, kräftigenden Übungen. Das Aufwärmen vor dem Training soll aktivieren, während es vor dem Wettkampf regulierend wirken soll.

Sprint und Sprung

Schnelligkeitsorientierte Sportarten wie der leichtathletische Sprint oder schnellkraftorientierte Sportarten wie die Sprungdisziplinen zeichnen sich durch explosive Krafteinsätze und die Erzielung höchster Bewegungsgeschwindigkeiten aus. Durch den maximalen Willens- und Kräfteeinsatz werden besonders hohe Belastungen auf alle an der Bewegung beteiligten Strukturen ausgeübt. In schnelligkeits- und kraftorientierten Disziplinen wie im Sprint- und Sprungbereich unterliegen die Gelenke, besonders der gelenküberziehende Knorpel, und die Wirbelsäule, besonders die bindegewebigen Bandscheiben und die kleinen Wirbelgelenke, höchsten Belastungen. Auf diese Belastungen muß durch ein gezieltes Programm vorbereitet werden. Die der sportlichen Disziplin entsprechenden Bewegungsabläufe müssen mit mehreren Wiederholungen bei verminderter Last bzw. Geschwindigkeit eingeübt und erst folgend mit voller Belastung durchgeführt werden. Neben der sehr spezifischen Vorbereitung der Muskulatur und aller Anteile des passiven Bewegungsapparates erfolgt eine Gewöhnung und damit eine koordinative Schulung des Bewegungsablaufs (Lauf- und Sprungschule). Je kürzer und maximaler die sportlichen Belastungen sind, desto umfangreicher und spezifischer hat das Aufwärmen zu erfolgen.

Für den Sportler in den schnelligkeits- und schnellkraftorientierten Sportarten ist es von besonderer Wichtigkeit, sich im Rahmen des Aufwärmens eine Art ‹körperlicher Intelligenz› anzueignen. Das Aufwärmen soll aktivieren, es soll zu höchster Leistung im Wettkampf verhelfen. Es ist jedoch nur ein schmaler Grat zwischen dem die energieliefernden Prozesse aktivierenden Aufwärmen und dem ersten Verbrauch leistungsnotwendiger Energieträger. Trainer wie Sportler müssen einen optimalen Weg finden, der nur über die Entwicklung einer ‹psychosomatischen Intelligenz› funktioniert.

> Auch in der Vorbereitung auf schnelligkeits- und schnellkraftorientierte Sportarten steht das allgemeine Aufwärmen mit der Folge einer erhöhten Körpertemperatur am Anfang. Es schließen sich erste Dehnungen, bevorzugt Dehnungen aus dem Stretching (AED-Methode), an. Es folgen erste sportartspezifische Bewegungen ohne maximalen Kraft- und Geschwindigkeitseinsatz. Während der Sprinter mehrere Starts (Steigerungsläufe) mit submaximalem Einsatz durchführt, vollzieht der Springer erste submaximale Sprünge. Im Rahmen einer solchen Vorbereitung können die sportlichen Techniken überprüft, eingestellt und optimiert werden.

Es folgen spezielle, sportartbezogene und individuelle Dehnungen aus dem Bereich der aktiv-dynamischen Dehnungsarten. Abschließend werden Bewegungsabläufe aus der jeweiligen Disziplin in allen Variationen mit submaximalen, anschließend maximalen Intensitäten durchgeführt. Nach dem Ablegen (und eventuellem Wechseln) der Aufwärmkleidung kann der Wettkampf bzw. das Training (Hauptteil) beginnen.

Beim *Abwärmen* im Rahmen schnelligkeits- und schnellkraftorientierter Sportarten müssen angesammelte Stoffwechselzwischen- und -endprodukte aus der Muskulatur ausgeschwemmt werden. Für das muskuläre Abwärmen kommen in erster Linie Formen des gering dosierten Auslaufens und gering dosierte, ganzkörperliche Gymnastikformen in Frage. Es schließen sich Dehnungsübungen (Lockerungsgymnastik) an, um nach dem Training den erhöhten muskulären Tonus zu normalisieren. Dehnungsübungen können auch in das Auslaufprogramm oder zu einem späteren Zeitpunkt in Kombination mit physikalischen Maßnahmen eingesetzt werden. Nach starken anaeroben Trainingsbelastungen, z. B. einem Schnelligkeitsausdauer- oder

Kraftausdauertraining, sollte auf Dehnübungen im Sinne der AED-Methode und der statischen Dauerdehnung verzichtet werden. Diese Formen des Dehnens sollten erst 8 bis 12 Stunden nach der Kraftbelastung eingesetzt werden. Besondere Beachtung sollte hierbei die Muskulatur finden, die aufgrund der Disziplin oder aufgrund individueller Besonderheiten zur Hyperaktivität neigt.

Direkt im Anschluß an die Haupttrainingsinhalte können zur Verbesserung der Flüssigkeitsaufnahme der bindegewebigen Strukturen (Bandscheiben; Gelenkknorpel) gezielte Entlastungshaltungen eingenommen oder spezielle Bewegungsformen wie zum Beispiel Armpendeln unter Entlastung der Schulter- und Armgelenke durchgeführt werden. Diese speziellen Lagerungs- und Bewegungsformen (vgl. auch Abb. 8, S. 34) haben sich auch unter dem Aspekt des mentalen Entspannens sehr bewährt.

Nach starken muskulären Belastungen ist das Entspannungsbad bei einer Temperatur von 39 bis 40 Grad Celsius ein gutes Mittel zur Regeneration; nach sehr starken Belastungen der Gelenke hat sich die Sauna als besser geeignet erwiesen.

Mittel- und Langstrecke

Auch bei Mittel- und Langstreckenläufen ist eine adäquate Vorbereitung des Herz-Kreislauf-Systems und der Muskulatur auf die folgende Belastung notwendig. Es gibt in der sportlichen Realität keine reinen Ausdauerleistungen, die mit mittlerer Intensität beginnen und deren Intensität bis zum Ende des Wettkampfes nicht verändert werden. Selbst bei Wettkämpfen auf unterer Ebene kann beobachtet werden, daß kurz nach dem Start die vorderen Positionen mit einem Tempo eingenommen werden, das bei Langstrecken weit über dem durchschnittlichen Wettkampftempo liegen kann. Wer hier unvorbereitet startet, der hat schon zu Beginn des Rennens verloren. Bei den Mittelstrecken wird betont im anaeroben Bereich gelaufen. Bei beiden Disziplinen müssen in der Vorbereitung auf den Wettkampf anaerobe Stoffwechselprozesse (kurz) angesprochen werden. Der Sportler kann sich bei anfänglichen Positionskämpfen besser behaupten und bei Zwischen- und Endspurts nochmals an Tempo zulegen.

Im Rahmen der zeitlich folgenden Nachbereitung sollten Sie die notwendige Kohlenhydrat- und Eiweißaufnahme, am besten über Obst(-säfte) und Magermilchprodukte, nicht vergessen.

Dem ersten allgemeinen Teil des Aufwärmens folgen allgemeine, spezielle und individuelle Dehnübungen. Falls im folgenden Wettkampf erwartungsgemäß von Anfang an Positionskämpfe stattfinden, die unter dem Einsatz anaerober Energiebereitstellungsmechanismen ablaufen, dann werden im Rahmen der gezielten Vorbereitung dem Wettkampf einige submaximale Läufe vorgeschaltet. Dadurch wird der anaerobe Stoffwechsel stimuliert und ein Umschalten von aerobe auf anaerobe Stoffwechselmechanismen erleichtert.

In Ergänzung zum umfangsreduzierten allgemeinen Aufwärmen mit eingeflochtenen dehnenden Übungen werden einige ausgewählte Übungen zur Aktivierung und zur Tonisierung der Muskulatur eingesetzt.

Während langdauernder Wettkämpfe (Marathon) müssen Flüssigkeiten zugeführt werden, um eine mit dem Flüssigkeitsverlust verbundene Leistungsabnahme zu vermeiden. Spätestens während dem Abwärmen bzw. direkt im Anschluß an das Abwärmen muß ein Ersatz für die mit jeder längerwährenden Ausdauerbelastung verbundenen Flüssigkeitsverluste durch Trinken vorgenommen werden. Es bieten sich handelsübliche Elektrolyt-Vitamingetränke bzw. als preisgünstigere Lösung ein gut ausgesuchtes, kohlensäurearmes und mineralstoffreiches Mineralwasser mit Fruchtsaftzusatz (Orange, Grapefruit, Apfelsaft u. a.) an.

Nach dem Wettkampf erfolgt das Auslaufen. Der Mittel- und Langstreckler (bis 10000 Meter) mit erhöhten Laktatwerten in der beanspruchten Muskulatur führt ein lockeres, betont langsames und entspannendes Auslaufen durch. Es kann von kurzen Gymnastikpausen (Lockerung, Dehnung) unterbrochen werden. Anschließend kommt ein individuelles Dehnprogramm zum Einsatz. Auch ausdauernde Leistungen sind immer mit einem reaktiven Muskelhypertonus verbunden. Die erhöhte muskuläre Spannung wird durch tonussenkende Dehntechniken reduziert. Sie werden zur Beschleunigung der Regeneration eingesetzt. Ebenso soll das Ausbilden von muskulären Dysbalancen vermieden werden. Dabei wird auf die AED-Methode und den Einsatz von passiven Dauerdehnungen direkt im Anschluß an die sportliche Belastung verzichtet. Sie haben in diesem Stadium wegen der Behinderung der metabolischen Restitution keinen positiven Einfluß im Sinne einer schnelleren muskulären Erholung und Entspannung. Wiederholte Dehnungen über einen kürzeren Zeitraum (intermittierende, passive Dehnungen) haben sich dagegen als geeignet zur Tonusminderung nach hohen Belastungen erwiesen.

Eigene Untersuchungen (Freiwald 1990) haben gezeigt, daß die Verwendung von Biofeedback-Geräten, die die muskuläre Spannung rückmelden (EMG mit akustischer Signalgebung), eine besonders geeignete Möglichkeit darstellt, um muskuläre Spannungen zu objektivieren. Durch die Rückkopplung (Synchroninformation) des Spannungszustandes der Muskulatur und durch das bewußte Erfassen seitens der Sportler kann die Fähigkeit der Entspannung über die Ausbildung von Selbstwahrnehmungsmechanismen gefördert werden.

Einen weiteren Aspekt des Abwärmens nach ausdauerbetonten Belastungen stellt die mit langdauernden Stoffwechselbeanspruchungen gekoppelte Erhöhung der Körpertemperatur dar. Wenn die Umgebungstemperatur sehr hoch oder wenn die Luftfeuchtigkeit erhöht ist, dann ist die Schweißabgabe an die Umgebung und die damit verbundene Regulation (Senkung) der Körpertemperatur eingeschränkt. In solchen Fällen hat sich eine lauwarme, später kälter werdende Dusche bzw. ein entsprechend niedrig temperiertes Wannenbad bewährt. Wenn diese Möglichkeiten nicht zur Verfügung stehen, bieten sich Eisabreibungen der erhitzten Arbeitsmuskulatur zur Kühlung an, wobei die letzteren Maßnahmen der gezielten Kühlung nur bei extremen Umgebungstemperaturen und bei ausdauer- oder kraftbetonten Leistungen eine Rolle spielen. Sie sollten insbesondere die Bereiche der Muskel-Sehnen-Übergänge erfassen (Adduktorenursprünge, Kniescheibenband, Achillessehne).

Praxis – Die Übungen

Auch beim Aufwärmen müssen einige methodische Grundregeln befolgt werden, um den vollen Erfolg zu sichern. Neben der individuellen Mindestdauer des Aufwärmens ist es wichtig zu wissen, daß der Aufwärmeffekt nur für ca. 20 bis 30 Minuten nachweisbar bleibt. Als optimaler Zeitabstand zwischen dem Abschluß des Aufwärmens und dem Wettkampfstart hat sich ein Zeitraum von längstens 5 bis 10 Minuten erwiesen, da ansonsten die durch das Aufwärmen erzielten Effekte schon wieder zurückgehen.

Suchen Sie sich aus dem folgenden Übungsangebot die für Sie geeigneten Übungen aus, und kombinieren Sie die ausgewählten Übungen zu einem Programm. Verfallen Sie nicht der Versuchung, nur diejenigen Übungen auszuwählen, die Sie schon besonders gut können, und die (manchmal die für Sie individuell wichtigeren) Übungen wegzulassen, die Ihnen ‹nicht so liegen›.

Die Übungsbeschreibungen haben nur einen empfehlenden Charakter und erlauben eine erste Einordnung der jeweiligen Übung. Sie sind jedoch nicht als rigide Handlungsanweisung zu verstehen. Bewußt wurde auf Angaben bzgl. der Intensität und des Umfangs (Wiederholungszahlen; Dauer der Übungsdurchführungen) verzichtet. Die Auf- und Abwärm- sowie Dehn- und Tonisierungsübungen des allgemeinen Teils, die einseitig beschrieben sind, sollen selbstverständlich rechts und links ausgeführt werden. Beginnen Sie immer mit der Seite, die Ihnen weniger liegt.

In den Beschreibungen der Übungen sind die Begriffe des Aktivierens, des Tonisierens und der Kräftigung verwendet.

- Als *Aktivierung* wird das Ingangsetzen von Prozessen, Tätigkeiten und Handlungen bezeichnet.
- Als *Tonisierung* wird die Aktivierung der nervösen und metabolischen Prozesse bezeichnet. Es wird ein erhöhter Spannungszustand der Muskulatur angestrebt; die Reize sind jedoch unterschwellig, es kommt zu keiner Massenzunahme der Muskulatur.

- Als *Kräftigung* wird der Einsatz von überschwelligen Reizen bezeichnet, die zu funktional und morphologisch faßbaren Anpassungen (u.a. Massenzunahme der Muskulatur) führen.

Die Dehnübungen, die in den übungsbegleitenden Texten als geeignet für das allgemeine Aufwärmen empfohlen sind, sollten disziplinübergreifend vor jeder sportlichen Tätigkeit eingesetzt werden.

Mit manchen Dehnungsübungen ist ebenfalls ein diagnostischer Ertrag verbunden. Zum einen kann eine Aussage über eine allgemein oder speziell genügende oder eingeschränkte Beweglichkeit gemacht werden, zum anderen kann bei bestimmten Defiziten ein Rückschluß auf eventuelle Gelenkschädigungen getroffen werden.

Im Rahmen des Abwärmens sollten alle Übungen gegenüber den aufwärmenden Übungen grundsätzlich mit *verminderter Intensität* durchgeführt werden.

Die Übungen zur Kräftigung und zur Tonisierung, die in den Übungsbegleittexten als geeignet für das allgemeine Aufwärmen empfohlen sind, sollten sportartübergreifend vor jeder sportlichen Tätigkeit eingesetzt werden. So gehört z. B. die Tonisierung und Kräftigung der Bauchmuskulatur in jedes Vorbereitungsprogramm.

Allgemeines
Auf- und Abwärmen (A)

Einsatzmöglichkeiten	
Allgemeines Aufwärmen	Allgemeines Abwärmen
Spezielles Aufwärmen	Spezielles Abwärmen
Wettkampfvorbereitung	Entspannung

Locker traben, mindestens 10 Minuten.

Variationen

Verändern Sie Ihre Schrittfrequenz.
Laufen Sie um und über Hindernisse.
Laufen Sie in einer Gruppe.
Immer der letzte Läufer überholt die anderen Läufer und setzt sich an die Spitze.
Wie oben, beim Überholen wird in Schlangenlinien um die anderen Läufer herumgelaufen.

◆ Beim Auslaufen nach dem Training achten Sie bitte darauf, daß Sie bewußt langsam laufen.

Einsatzmöglichkeiten	
Allgemeines Aufwärmen	Allgemeines Abwärmen
Spezielles Aufwärmen	Spezielles Abwärmen
Wettkampfvorbereitung	Entspannung

A 2 Vorbereitung auf schnelle und dynamische Krafteinsätze, Aktivierung und Tonisierung der gesamten Beinbeuge- und Beinstreckschlinge, Entwicklung des Tempogefühls, erste anaerobe Belastungen

Beginnen Sie langsam zu laufen, und steigern Sie Ihre Geschwindigkeit kontinuierlich bis zum Maximum. Werden Sie dann wieder langsamer, stoppen Sie nicht abrupt ab. Steigerungsläufe sollten zwischen 80 und 100 m lang sein.

◆ Bleiben Sie trotz hoher Geschwindigkeit locker! Werden Sie bei beginnender Verkrampfung langsamer.

Einsatzmöglichkeiten	
Allgemeines Aufwärmen	Allgemeines Abwärmen
Spezielles Aufwärmen	Spezielles Abwärmen
Wettkampfvorbereitung	Entspannung

Stellen Sie die Füße hüftbreit auseinander, und drehen Sie die Fußspitzen leicht nach außen. Das Gewicht liegt auf den Fußballen. Die Fersen berühren zwar den Boden, sind aber kaum belastet. Halten Sie den Oberkörper aufrecht. Beugen Sie die Knie, bis die Fersen vom Boden abheben. Setzen Sie die Fersen als erstes wieder ab, und strecken Sie dann wieder die Knie.

Variation
Stellen Sie die Beine weiter auseinander.

Einsatzmöglichkeiten	
Allgemeines Aufwärmen	Allgemeines Abwärmen
Spezielles Aufwärmen	Spezielles Abwärmen
Wettkampfvorbereitung	Entspannung

A 4 Tonisierung und Kräftigung der Beinmuskulatur, Förderung der Beweglichkeit der Lenden-, Becken-, Beinregion

Tippen Sie mit dem gestreckten Fuß einmal vorn, einmal seitlich und anschließend hinten auf den Boden.

Einsatzmöglichkeiten	
Allgemeines Aufwärmen	Allgemeines Abwärmen
Spezielles Aufwärmen	Spezielles Abwärmen
Wettkampfvorbereitung	Entspannung

A 5 Tonisierung und Kräftigung der Beinmuskulatur, Förderung der Beweglichkeit der Lenden-, Becken-, Beinregion

Heben Sie den Oberschenkel bis zur Waagerechten an, und ziehen Sie die Fußspitzen zum Körper. Drehen Sie dann das Knie nach außen.

Variation
Führen Sie das Bein gestreckt nach vorn und nach außen.

◆ Halten Sie den Körper gerade und, weichen Sie nicht zur Seite aus!

Einsatzmöglichkeiten	
Allgemeines Aufwärmen	Allgemeines Abwärmen
Spezielles Aufwärmen	Spezielles Abwärmen
Wettkampfvorbereitung	Entspannung

A 6 Dehnung der Adduktoren, Entspannung

Ziehen Sie die Knie an die Brust, und lassen Sie sie nach außen fallen. Um die Dehnung zu verstärken, ziehen Sie die Knie mit Hilfe der Hände nach außen-unten.

Einsatzmöglichkeiten	
Allgemeines Aufwärmen	Allgemeines Abwärmen
Spezielles Aufwärmen	Spezielles Abwärmen
Wettkampfvorbereitung	Entspannung

A 7 Dehnung der Gesäß- und der Oberschenkelmuskulatur, Entspannung

Ein Partner führt Ihren rechten Oberschenkel sanft auf Ihre Brust.

Variation
Während der Dehnung vorsichtige Ein- und Auswärtsdrehung im Hüftgelenk.

Einsatzmöglichkeiten	
Allgemeines Aufwärmen	Allgemeines Abwärmen
Spezielles Aufwärmen	Spezielles Abwärmen
Wettkampfvorbereitung	Entspannung

A 8 Lockerung der Beinmuskulatur, Förderung des Blutrückflusses

Strecken Sie die Beine senkrecht in die Luft. Ihr Partner stützt Sie ab.

Einsatzmöglichkeiten	
Allgemeines Aufwärmen	Allgemeines Abwärmen
Spezielles Aufwärmen	Spezielles Abwärmen
Wettkampfvorbereitung	Entspannung

Lockerung der Beinmuskulatur

Legen Sie sich völlig entspannt auf den Bauch. Ihr Partner lockert Ihre Waden, indem er die Füße faßt und sanft ausschüttelt. Ihre Knie bleiben am Boden.

Variation

Ihre Oberschenkel werden gelockert, indem Ihr Partner das gesamte Bein abhebt und ausschüttelt.

◆ Verkrampfen Sie nicht, sondern bleiben Sie völlig locker.

Einsatzmöglichkeiten	
Allgemeines Aufwärmen	Allgemeines Abwärmen
Spezielles Aufwärmen	Spezielles Abwärmen
Wettkampfvorbereitung	Entspannung

Vor- und nachbereitendes Dehnen (D)

Einsatzmöglichkeiten	
Allgemeines Aufwärmen	Allgemeines Abwärmen
Spezielles Aufwärmen	Spezielles Abwärmen
Wettkampfvorbereitung	Entspannung

D 1 Dehnung der hinteren Hals- und Nackenmuskulatur, Tonisierung der Agonisten

Schieben Sie das Kinn nach vorn (nicht nach unten!), und ziehen Sie es wieder zurück.

Variationen

Wenn Sie den Kopf ausgestreckt haben, nicken Sie ein wenig («kleines Ja»).
Schieben Sie den Kopf nicht gerade, sondern seitlich vor.

Einsatzmöglichkeiten	
Allgemeines Aufwärmen	Allgemeines Abwärmen
Spezielles Aufwärmen	Spezielles Abwärmen
Wettkampfvorbereitung	Entspannung

D 2 Dehnung der hinteren Hals- und Nackenmuskulatur

Ziehen Sie das Kinn auf die Brust, die Ellbogen zeigen nach vorn.

Einsatzmöglichkeiten	
Allgemeines Aufwärmen	Allgemeines Abwärmen
Spezielles Aufwärmen	Spezielles Abwärmen
Wettkampfvorbereitung	Entspannung

D 3 Dehnung der seitlichen Rumpfmuskulatur, Brust- und Gesäßmuskulatur

Ziehen Sie das linke Knie an die Brust, und führen Sie es dann zur rechten Seite in Richtung Boden. Die Schultern bleiben fixiert, der Kopf wird gegengleich gedreht.

Einsatzmöglichkeiten	
Allgemeines Aufwärmen	Allgemeines Abwärmen
Spezielles Aufwärmen	Spezielles Abwärmen
Wettkampfvorbereitung	Entspannung

D 4 Dehnung besonders der seitlichen Rumpfmuskulatur, Förderung der Beweglichkeit der Brust- und Lendenwirbelsäule

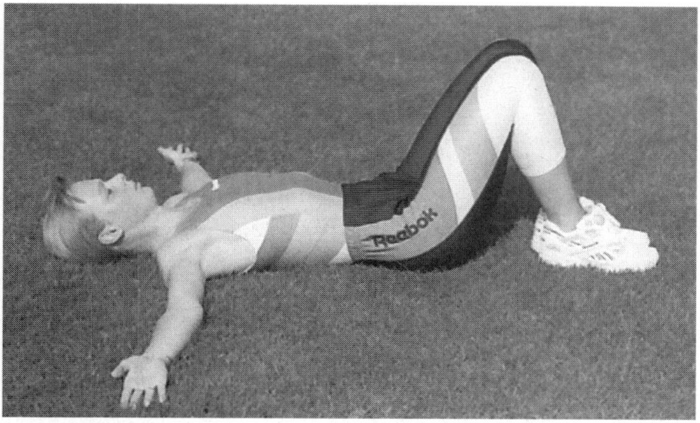

Legen Sie die geschlossenen Beine auf einer Seite ab. Schauen Sie in die entgegengesetzte Richtung.

◆ Knöchel, Knie und Beininnenseiten berühren sich während der gesamten Übung, die Schultern bleiben fest am Boden.

Einsatzmöglichkeiten	
Allgemeines Aufwärmen	Allgemeines Abwärmen
Spezielles Aufwärmen	Spezielles Abwärmen
Wettkampfvorbereitung	Entspannung

Aus dem Schneidersitz beugen Sie sich so weit wie möglich nach vorn. Richten Sie sich langsam wieder auf, indem Sie von der Lendenwirbelsäule beginnend die Wirbelsäule aufrollen (ohne Abb.).

Variationen

- Neigen Sie den Oberkörper zur Seite, das Gesäß behält dabei festen Kontakt mit dem Boden, und richten Sie sich dann wieder auf.
- Verwringen Sie die Wirbelsäule, indem Sie über die Schulter nach hinten schauen. Halten Sie das Gesäß am Boden.

◆ Halten Sie den Oberkörper gerade.

Einsatzmöglichkeiten	
Allgemeines Aufwärmen	Allgemeines Abwärmen
Spezielles Aufwärmen	Spezielles Abwärmen
Wettkampfvorbereitung	Entspannung

D 6 Förderung der Beweglichkeit der Wirbelsäule, besonders der Brustwirbelsäule

Greifen Sie mit der linken Hand unter der rechten Schulter durch, bis das linke Ohr auf dem Boden liegt. Die Handinnenfläche zeigt nach oben.

Einsatzmöglichkeiten	
Allgemeines Aufwärmen	Allgemeines Abwärmen
Spezielles Aufwärmen	Spezielles Abwärmen
Wettkampfvorbereitung	Entspannung

D 7 Dehnung der vorderen Oberschenkelmuskulatur

Fassen Sie mit der linken Hand die rechte Ferse und ziehen sie bis zum Gesäß. Die Hüfte hebt nicht von der Bank ab. Der Kopf bleibt in Verlängerung der Wirbelsäule.

Einsatzmöglichkeiten	
Allgemeines Aufwärmen	Allgemeines Abwärmen
Spezielles Aufwärmen	Spezielles Abwärmen
Wettkampfvorbereitung	Entspannung

Schieben Sie die Hüfte so weit wie möglich nach vorn, der hintere Fuß bleibt bei gestrecktem Bein am Boden.

◆ Der hintere Fuß zeigt nach vorn.

Einsatzmöglichkeiten	
Allgemeines Aufwärmen	Allgemeines Abwärmen
Spezielles Aufwärmen	Spezielles Abwärmen
Wettkampfvorbereitung	Entspannung

D 9 Dehnung der rückwärtigen Oberschenkelmuskulatur

Legen Sie ein Bein mit der Ferse auf eine Bank, und ziehen Sie die Fußspitze zum Körper an. Neigen Sie sich mit dem aufrechten Oberkörper nach vorn.

◆ Rücken gerade halten.

Einsatzmöglichkeiten	
Allgemeines Aufwärmen	Allgemeines Abwärmen
Spezielles Aufwärmen	Spezielles Abwärmen
Wettkampfvorbereitung	Entspannung

D 10 Komplexe Dehnung der unteren Rückenmuskulatur, der rückwärtigen Oberschenkel- und Wadenmuskulatur

Ziehen Sie die Fußspitzen an, und beugen Sie sich mit geradem Rücken nach vorn.

Einsatzmöglichkeiten	
Allgemeines Aufwärmen	Allgemeines Abwärmen
Spezielles Aufwärmen	Spezielles Abwärmen
Wettkampfvorbereitung	Entspannung

D 11 Dehnung der Gesäß- und rückwärtigen Oberschenkel- und Wadenmuskulatur

Ziehen Sie das Knie an die Brust. Fassen Sie mit beiden Händen an den hinteren Oberschenkel, und strecken Sie das Kniegelenk so weit wie möglich, ohne den Oberschenkel von der Brust zu entfernen. Ziehen Sie beide Fußspitzen an!

- Heben Sie den Kopf leicht an, halten Sie den Rücken am Boden.

Einsatzmöglichkeiten	
Allgemeines Aufwärmen	Allgemeines Abwärmen
Spezielles Aufwärmen	Spezielles Abwärmen
Wettkampfvorbereitung	Entspannung

D 12 Dehnung der Gesäßmuskulatur, besonders des großen Gesäßmuskels

Im Langsitz schlagen Sie ein Bein über das andere und setzen es oberhalb des Knies ab. Verwringen Sie den Rumpf, und ziehen Sie dabei den Knöchel noch weiter an das Gesäß.

Einsatzmöglichkeiten	
Allgemeines Aufwärmen	Allgemeines Abwärmen
Spezielles Aufwärmen	Spezielles Abwärmen
Wettkampfvorbereitung	Entspannung

Beugen Sie sich aus dem abgewandelten Hürdensitz, bei dem auch das vordere Bein abgewinkelt ist, mit geradem Oberkörper nach vorn.

Einsatzmöglichkeiten	
Allgemeines Aufwärmen	Allgemeines Abwärmen
Spezielles Aufwärmen	Spezielles Abwärmen
Wettkampfvorbereitung	Entspannung

D 14 Dehnung der Adduktoren

Verlagern Sie das Gewicht auf das gebeugte Bein. Halten Sie den Oberkörper aufrecht.

Variation
Das gestreckte Bein wird ein- und ausgedreht.

Einsatzmöglichkeiten	
Allgemeines Aufwärmen	Allgemeines Abwärmen
Spezielles Aufwärmen	Spezielles Abwärmen
Wettkampfvorbereitung	Entspannung

D 15 Dehnung der Wadenmuskulatur

Verlagern Sie Ihr Gewicht auf das vordere, gebeugte Bein, das hintere wird gestreckt, die Ferse bleibt am Boden.

Einsatzmöglichkeiten	
Allgemeines Aufwärmen	Allgemeines Abwärmen
Spezielles Aufwärmen	Spezielles Abwärmen
Wettkampfvorbereitung	Entspannung

Tonisierung und Kräftigung (TK)

Einsatzmöglichkeiten	
Allgemeines Aufwärmen	Allgemeines Abwärmen
Spezielles Aufwärmen	Spezielles Abwärmen
Wettkampfvorbereitung	Entspannung

TK 1 Tonisierung und Kräftigung der seitlichen Hals- und Nackenmuskulatur

Drücken Sie mit dem Kopf gegen die Hand, und halten Sie gleichzeitig mit der Hand dagegen. Neigen Sie den Kopf nicht zur Seite. Es findet keine Bewegung statt (isometrische Anspannung).

◆ Die Hals- und Nackenmuskulatur muß besonders bei Hochspringern gut entwickelt sein, da deren Halswirbelsäule durch die Landung auf der Matte stark strapaziert wird.

Einsatzmöglichkeiten	
Allgemeines Aufwärmen	Allgemeines Abwärmen
Spezielles Aufwärmen	Spezielles Abwärmen
Wettkampfvorbereitung	Entspannung

TK 2 Tonisierung und Kräftigung der arm- und rumpfstabilisierenden Muskulatur

Bewegen Sie die Arme mit kleinen Gewichten wie beim Laufen, und wippen Sie in den Knien mit.

Einsatzmöglichkeiten	
Allgemeines Aufwärmen	Allgemeines Abwärmen
Spezielles Aufwärmen	Spezielles Abwärmen
Wettkampfvorbereitung	Entspannung

TK 3 Tonisierung und Kräftigung der Bauchmuskulatur, besonders der geraden Bauchmuskulatur

Strecken Sie die Arme nach vorn aus, und streichen Sie mit den Handinnenflächen von den Fingerspitzen bis zur Handwurzel über die Knie und wieder zurück.

Variation

Zur Tonisierung und Kräftigung der schrägen Bauchmuskulatur verschränken Sie die Hände hinter dem Kopf und führen den rechten Ellbogen zum linken Knie.

Einsatzmöglichkeiten	
Allgemeines Aufwärmen	Allgemeines Abwärmen
Spezielles Aufwärmen	Spezielles Abwärmen
Wettkampfvorbereitung	Entspannung

TK 4 Tonisierung und Kräftigung der Bauchmuskulatur, besonders der geraden Bauchmuskulatur

Ziehen Sie die Fußspitzen an. Heben Sie das Gesäß mit Hilfe der Bauchmuskulatur vom Boden ab. Stützen Sie sich mit den Armen seitlich ab.

◆ Führen Sie die Übung ohne Schwung durch! Anfänger können sich an einem Partner oder einer Sprossenwand festhalten.

Einsatzmöglichkeiten	
Allgemeines Aufwärmen	Allgemeines Abwärmen
Spezielles Aufwärmen	Spezielles Abwärmen
Wettkampfvorbereitung	Entspannung

TK 5 Tonisierung und Kräftigung der Bauchmuskulatur, besonders der schrägen Bauchmuskulatur

Streichen Sie mit der rechten Hand außen am linken Knie vorbei und umgekehrt.

Variation

Legen Sie den Oberkörper nie ganz ab.

- Vermeiden Sie Preßatmung.

Einsatzmöglichkeiten	
Allgemeines Aufwärmen	Allgemeines Abwärmen
Spezielles Aufwärmen	Spezielles Abwärmen
Wettkampfvorbereitung	Entspannung

TK 6 Tonisierung und Kräftigung der rumpf- und beckenaufrichtenden Muskulatur

Ziehen Sie die Schultern in Richtung Boden, und schieben Sie das Brustbein nach vorn. Kippen Sie nun Ihr Becken vor, und richten Sie Ihren Oberkörper auf.

Einsatzmöglichkeiten	
Allgemeines Aufwärmen	Allgemeines Abwärmen
Spezielles Aufwärmen	Spezielles Abwärmen
Wettkampfvorbereitung	Entspannung

TK 7 Tonisierung und Kräftigung der Bauchmuskulatur, Förderung der Beweglichkeit der Brustwirbelsäule

Legen Sie sich bis zur Brustwirbelsäule auf ein Keilkissen. Lassen Sie den Oberkörper nach unten sinken, und atmen Sie dabei tief aus. Richten Sie sich anschließend wieder auf. Sie können die Übung auch ohne Partner durchführen.

Einsatzmöglichkeiten	
Allgemeines Aufwärmen	Allgemeines Abwärmen
Spezielles Aufwärmen	Spezielles Abwärmen
Wettkampfvorbereitung	Entspannung

Heben Sie das Becken so weit an, daß der Körper eine gerade Linie bildet.

Einsatzmöglichkeiten	
Allgemeines Aufwärmen	Allgemeines Abwärmen
Spezielles Aufwärmen	Spezielles Abwärmen
Wettkampfvorbereitung	Entspannung

Strecken Sie Arme und Beine aus, und heben Sie sie vom Boden ab. Rollen Sie auf der Seite vor und zurück, ohne auf den Bauch oder Rücken zu fallen.

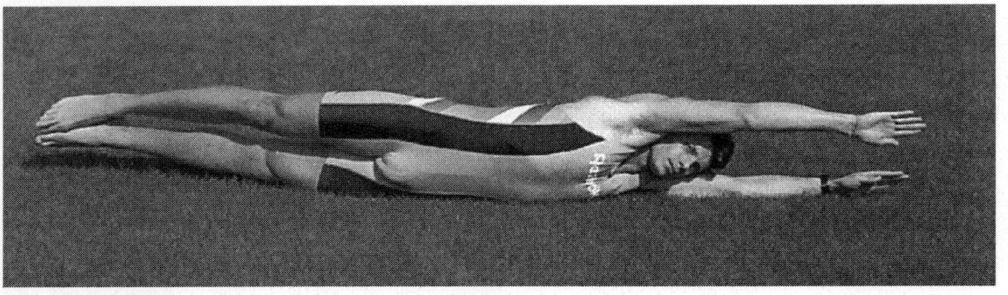

Einsatzmöglichkeiten	
Allgemeines Aufwärmen	Allgemeines Abwärmen
Spezielles Aufwärmen	Spezielles Abwärmen
Wettkampfvorbereitung	Entspannung

TK 10 Tonisierung und Kräftigung der rumpfstabilisierenden Muskulatur, besonders der Rückenmuskulatur, Förderung der aktiven Beweglichkeit der Wirbelsäule

Strecken Sie aus dem Vierfüßlerstand den Arm und das gegengleiche Bein bis zur Waagerechten aus. Führen Sie dann Ellbogen, Knie und Kopf unter dem Körper zusammen, und strecken Sie sich wieder.

Einsatzmöglichkeiten	
Allgemeines Aufwärmen	Allgemeines Abwärmen
Spezielles Aufwärmen	Spezielles Abwärmen
Wettkampfvorbereitung	Entspannung

TK 11 Tonisierung und Kräftigung der gesamten rumpfstabilisierenden Muskulatur

Stützen Sie sich aus der Bauchlage nur auf Ihre Unterarme und Fußballen auf.

◆ Vermeiden Sie ein Hohlkreuz.

Variation
Strecken Sie den linken Arm oder das rechte Bein oder beide gleichzeitig bis zur Waagerechten aus.

Einsatzmöglichkeiten	
Allgemeines Aufwärmen	Allgemeines Abwärmen
Spezielles Aufwärmen	Spezielles Abwärmen
Wettkampfvorbereitung	Entspannung

Strecken und beugen Sie die Beine im Wechsel.

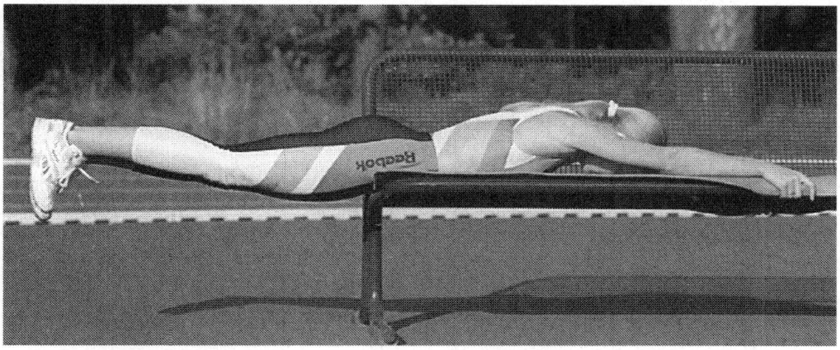

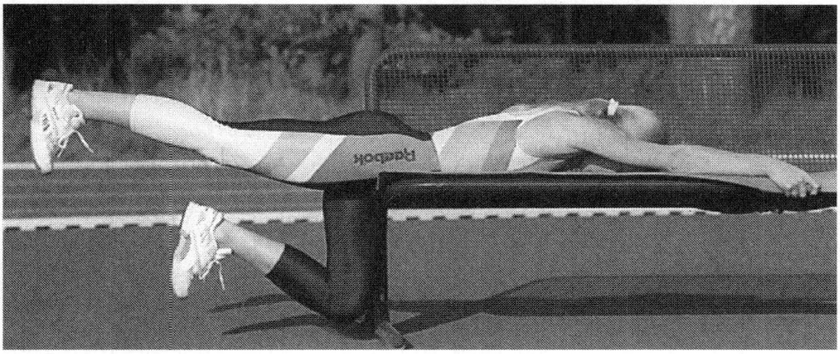

Variation

Ziehen Sie das linke Bein mit dem Oberschenkel an die Bank, und strecken Sie das rechte Bein aus (Wechsel).

Einsatzmöglichkeiten	
Allgemeines Aufwärmen	Allgemeines Abwärmen
Spezielles Aufwärmen	Spezielles Abwärmen
Wettkampfvorbereitung	Entspannung

TK 13 Förderung der Beweglichkeit und gleichzeitige Tonisierung und Kräftigung der Lenden-, Becken- und Beinregion und besonders der Hüftrotatoren

Falten Sie die Hände unter der Stirn, und spannen Sie Bauch- und Gesäßmuskulatur an. Heben Sie die gestreckten Beine leicht vom Boden ab, und spreizen und schließen Sie sie im Wechsel. Drehen Sie dabei die Füße abwechselnd ein bzw. aus, so daß sich einmal die Fußspitzen und einmal die Fersen berühren.

Einsatzmöglichkeiten	
Allgemeines Aufwärmen	Allgemeines Abwärmen
Spezielles Aufwärmen	Spezielles Abwärmen
Wettkampfvorbereitung	Entspannung

TK 14 Tonisierung und Kräftigung der Adduktoren, Abduktoren und der seitlichen Rumpfmuskulatur

Heben und senken Sie das obere Bein. Das untere ist ebenfalls vom Boden abgehoben.

- Die Fußspitzen zeigen nach vorn.

Einsatzmöglichkeiten	
Allgemeines Aufwärmen	Allgemeines Abwärmen
Spezielles Aufwärmen	Spezielles Abwärmen
Wettkampfvorbereitung	Entspannung

TK 15 Tonisierung und Kräftigung der Abduktoren und der Gesäßmuskulatur

Legen Sie das obere Bein im Wechsel vor und hinter dem unteren Bein auf den Boden ab.

◆ Die Fußspitzen zeigen nach vorn.

Einsatzmöglichkeiten	
Allgemeines Aufwärmen	Allgemeines Abwärmen
Spezielles Aufwärmen	Spezielles Abwärmen
Wettkampfvorbereitung	Entspannung

TK 16 Tonisierung und Kräftigung der Wadenmuskulatur

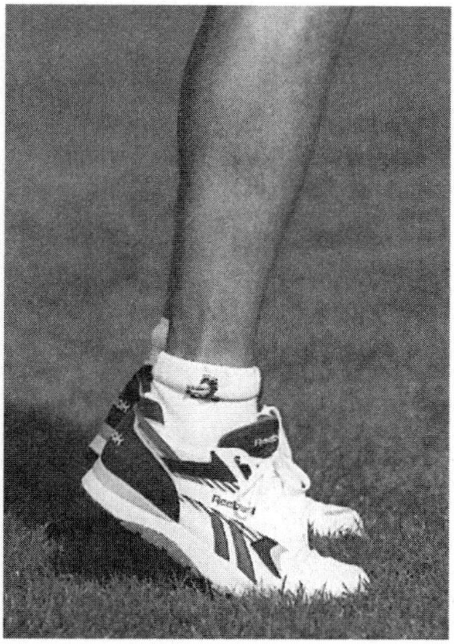

Spannen Sie Bauch- und Gesäßmuskulatur an. Gehen Sie in den Ballenstand, und senken Sie die Fersen wieder ab. Vermeiden Sie, mit dem Oberkörper nach vorn zu kippen.

Variation

Für die Tonisierung und Kräftigung besonders der eingelenkigen Wadenmuskulatur üben Sie mit gebeugten Beinen.

Einsatzmöglichkeiten	
Allgemeines Aufwärmen	Allgemeines Abwärmen
Spezielles Aufwärmen	Spezielles Abwärmen
Wettkampfvorbereitung	Entspannung

TK 17 Tonisierung und Kräftigung der Beuge- und Streckmuskulatur der Beine, Rumpf- und Beinachsenstabilisierung

Einbeinstand auf dem Minitrampolin. Heben Sie den rechten Oberschenkel bis zur Waagerechten an. Halten Sie das Gleichgewicht, und stabilisieren Sie bewußt Ihre Beinachse.

Einsatzmöglichkeiten	
Allgemeines Aufwärmen	Allgemeines Abwärmen
Spezielles Aufwärmen	Spezielles Abwärmen
Wettkampfvorbereitung	Entspannung

TK 18 Tonisierung und Kräftigung der gesamten Muskulatur (Laufen), Rumpf- und Beinachsenstabilisierung

Strecken Sie das rechte Bein, ohne das Becken zu kippen (statische Imitation der Laufbewegung).

Variation

Imitieren Sie die Nachziehbeinbewegung beim Hürdensprint.

Einsatzmöglichkeiten	
Allgemeines Aufwärmen	Allgemeines Abwärmen
Spezielles Aufwärmen	Spezielles Abwärmen
Wettkampfvorbereitung	Entspannung

TK 19 Tonisierung der gesamten Rumpf- und Beinmuskulatur, Rumpf- und Beinachsenstabilisierung

· Springen Sie barfuß mit einem Bein, von der Seite oder frontal, auf das Minitrampolin. Bleiben Sie sofort ruhig und mit stabiler Beinachse stehen.

Einsatzmöglichkeiten	
Allgemeines Aufwärmen	Allgemeines Abwärmen
Spezielles Aufwärmen	Spezielles Abwärmen
Wettkampfvorbereitung	Entspannung

TK 20 Tonisierung und Kräftigung der gesamten Fuß- und Unterschenkelmuskulatur, besonders der Muskulatur des oberen Sprunggelenks

Heben Sie den rechten Fuß vom Boden ab. Strecken und beugen Sie langsam das Fußgelenk, so weit es geht.

Einsatzmöglichkeiten	
Allgemeines Aufwärmen	Allgemeines Abwärmen
Spezielles Aufwärmen	Spezielles Abwärmen
Wettkampfvorbereitung	Entspannung

TK 21 Tonisierung und Kräftigung der gesamten Fuß- und Unterschenkelmuskulatur, besonders des unteren Sprunggelenks

Ziehen Sie abwechselnd die Fußinnenseite und die Fußaußenseite nach oben (Supination bzw. Pronation).

Einsatzmöglichkeiten	
Allgemeines Aufwärmen	Allgemeines Abwärmen
Spezielles Aufwärmen	Spezielles Abwärmen
Wettkampfvorbereitung	Entspannung

TK 22 Tonisierung und Kräftigung der gesamten Fuß- und Unterschenkelmuskulatur, besonders der Zehenmuskulatur

Beugen und strecken Sie die Zehen abwechselnd.

Einsatzmöglichkeiten	
Allgemeines Aufwärmen	Allgemeines Abwärmen
Spezielles Aufwärmen	Spezielles Abwärmen
Wettkampfvorbereitung	Entspannung

TK 23 Tonisierung und Kräftigung der gesamten Fuß- und Unterschenkelmuskulatur

Laufen Sie abwechselnd auf Ferse und Vorderfuß.

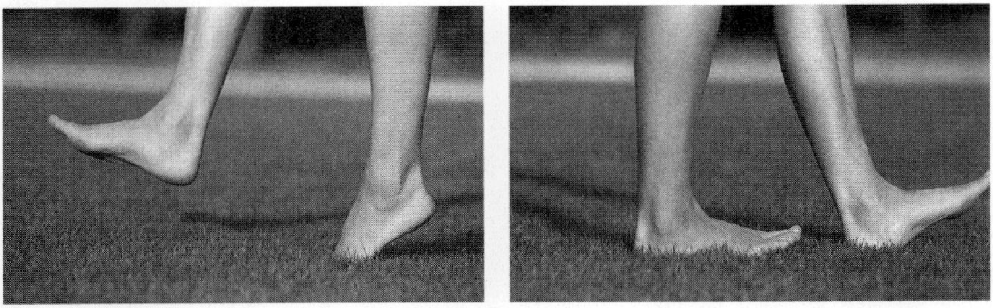

Einsatzmöglichkeiten	
Allgemeines Aufwärmen	Allgemeines Abwärmen
Spezielles Aufwärmen	Spezielles Abwärmen
Wettkampfvorbereitung	Entspannung

TK 24 Tonisierung und Kräftigung der Fußmuskulatur, besonders der Zehenbeuger

Bewegen Sie sich im «Raupengang» vorwärts, indem Sie durch Krallen der Zehen und gleichzeitiges Wölben des Fußes mit der Ferse nach vorn rutschen und die Zehen wieder ausstrecken.

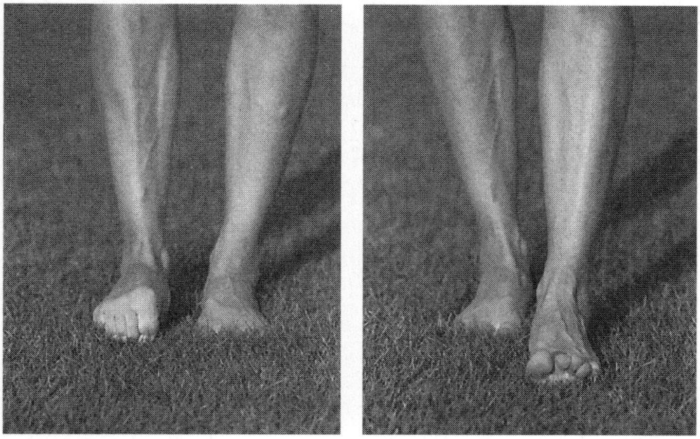

Einsatzmöglichkeiten	
Allgemeines Aufwärmen	Allgemeines Abwärmen
Spezielles Aufwärmen	Spezielles Abwärmen
Wettkampfvorbereitung	Entspannung

TK 25 Tonisierung und Kräftigung der Sprunggelenk- und Fußmuskulatur, Förderung der aktiven Beweglichkeit der Sprung- und Fußgelenke

Heben und senken Sie im Ausfallschritt abwechselnd die Ferse bzw. die Fußspitze. Ziehen Sie ganz bewußt die Außenseite des Fußes nach oben.

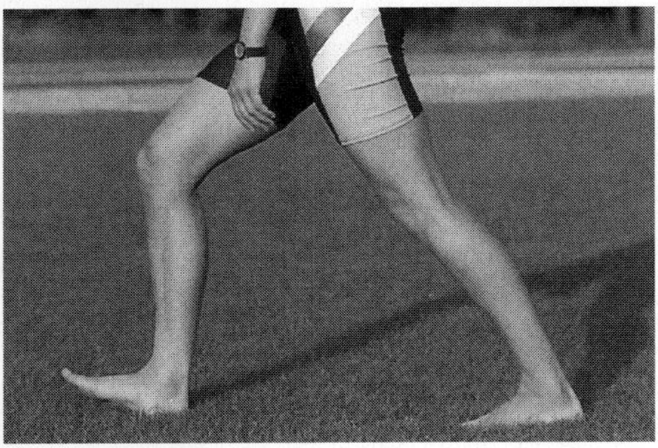

◆ Diese Übung eignet sich besonders gut zur Stabilisierung der Sprunggelenke bei Tendenz zum Umknicken.

Einsatzmöglichkeiten	
Allgemeines Aufwärmen	Allgemeines Abwärmen
Spezielles Aufwärmen	Spezielles Abwärmen
Wettkampfvorbereitung	Entspannung

Sprint / Lauf (TKSL)

Einsatzmöglichkeiten	
Allgemeines Aufwärmen	Allgemeines Abwärmen
Spezielles Aufwärmen	Spezielles Abwärmen
Wettkampfvorbereitung	Entspannung

TKSL 1 **Koordinationsschulung, Aktivierung und Tonisierung der gesamten Bein- und Fußmuskulatur, Rumpfstabilisierung**

Gehen Sie langsam, und heben Sie das Knie so weit an, bis der Oberschenkel die Waagerechte erreicht hat. Ziehen Sie die Fußspitze des Schwungbeins an, und strecken Sie das jeweilige Standbein bis zum Ballenstand.

◆ Schwingen Sie die Arme locker mit, richten Sie Ihre Augen geradeaus. Halten Sie Körperspannung, und setzen Sie das Schwungbein aktiv von oben mit dem Ballen auf.

Einsatzmöglichkeiten	
Allgemeines Aufwärmen	Allgemeines Abwärmen
Spezielles Aufwärmen	Spezielles Abwärmen
Wettkampfvorbereitung	Entspannung

TKSL 2 Koordinationsschulung, Aktivierung und Tonisierung der Hüft- und Fußmuskulatur, Förderung der Beweglichkeit der Fußgelenke

Fußgelenklauf: Machen Sie kleine, schnelle Schritte, fast ohne von der Stelle zu kommen. Rollen Sie nicht über die Ferse ab, sondern setzen Sie mit dem Ballen zuerst auf. Drücken Sie dann die Knie durch.

Variationen

Führen Sie die Fußgelenkläufe aktiv aus, indem Sie beim Aufsetzen des Fußballens gegen den Boden schlagen. Strecken Sie die Arme über den Kopf, nach vorn oder zur Seite aus.

Einsatzmöglichkeiten	
Allgemeines Aufwärmen	Allgemeines Abwärmen
Spezielles Aufwärmen	Spezielles Abwärmen
Wettkampfvorbereitung	Entspannung

TKSL 3 Koordinationsschulung, Tonisierung der gesamten Hüft-, Bein- und Fußmuskulatur, Variation: Erste anaerobe Belastungen

Skippings: Laufen Sie mit schnellen Bewegungen, aber mit geringem Raumgewinn vorwärts. Heben Sie Ihre Knie nicht ganz bis zur Waagerechten an.

◆ Nehmen Sie eine leichte Oberkörpervorlage ein, und strecken Sie beim Abdruck vom Boden das hintere Bein. Vermeiden Sie ein Absenken des Beckens.

Variation
Führen Sie die Übung mit einem elastischen Band als Partnerübung durch.

Einsatzmöglichkeiten	
Allgemeines Aufwärmen	Allgemeines Abwärmen
Spezielles Aufwärmen	Spezielles Abwärmen
Wettkampfvorbereitung	Entspannung

TKSL 4 Koordinationsschulung, Aktivierung und Tonisierung der gesamten Hüft-, Bein- und Fußmuskulatur, Rumpfstabilisierung

Kniehebelauf: Laufen Sie mit geringer Frequenz. Heben Sie den Oberschenkel bis zur Waagerechten an, und strecken Sie Ihr jeweiliges Stützbein, bis Sie nur noch mit dem Ballen den Boden berühren.

◆ Vermeiden Sie das Absenken des Beckens. Halten Sie den Oberkörper gerade; fallen Sie nicht in die Rücklage.

Einsatzmöglichkeiten	
Allgemeines Aufwärmen	Allgemeines Abwärmen
Spezielles Aufwärmen	Spezielles Abwärmen
Wettkampfvorbereitung	Entspannung

Hopserlauf: Springen Sie abwechselnd zweimal mit dem rechten und zweimal mit dem linken Fuß vorwärts, durch den Beinwechsel erfolgt ein längerer Schritt.

Variationen

- Springen Sie mit aktivem Schwungbein.
- Springen Sie mit horizontalem Druck (so weit wie möglich).
- Springen Sie mit vertikalem Druck (so hoch wie möglich).
- Armkreisen vorwärts und rückwärts, pro Hopser einmal armkreisen.
- Springen Sie mit einem Sprungseil.

Einsatzmöglichkeiten	
Allgemeines Aufwärmen	Allgemeines Abwärmen
Spezielles Aufwärmen	Spezielles Abwärmen
Wettkampfvorbereitung	Entspannung

TKSL 6 Koordinationsschulung, Sprung- und Reaktivkraftschulung, Tonisierung und Kräftigung der gesamten Beinstreckschlinge, besonders der Fuß- und Wadenmuskulatur

Wechselhüpfer vorwärts, wobei mit beiden Füßen abgesprungen wird und abwechselnd mit rechts und links vorn gelandet wird.

Variationen
- Kurze, schnelle Hüpfer.
- Betont horizontaler Druck.
- Betont vertikaler Druck.
- Springen Sie rückwärts.

Einsatzmöglichkeiten	
Allgemeines Aufwärmen	Allgemeines Abwärmen
Spezielles Aufwärmen	Spezielles Abwärmen
Wettkampfvorbereitung	Entspannung

Hürdensprint (TKH)

Einsatzmöglichkeiten	
Allgemeines Aufwärmen	Allgemeines Abwärmen
Spezielles Aufwärmen	Spezielles Abwärmen
Wettkampfvorbereitung	Entspannung

TKH 1 Tonisierung und Kräftigung der hüftgelenkumgebenden Muskulatur, Förderung der disziplinspezifischen Beweglichkeit

Stellen Sie ein Bein auf, und ziehen Sie das andere an die Brust. Beschreiben Sie mit diesem Bein einen Kreis, indem Sie es nach außen strecken und es knapp über dem Boden zurückführen.

Einsatzmöglichkeiten	
Allgemeines Aufwärmen	Allgemeines Abwärmen
Spezielles Aufwärmen	Spezielles Abwärmen
Wettkampfvorbereitung	Entspannung

TKH 2 Tonisierung und Kräftigung der Gesäß- und unteren Rückenmuskulatur

Heben Sie aus dem Vierfüßlerstand das rechte Bein an, so daß der Oberschenkel parallel zum Boden verläuft und der Kniegelenkwinkel 90 Grad beträgt. Wippen Sie aus dieser Position ohne Veränderung des Kniegelenkwinkels mit dem Bein.

◆ Gehen Sie nicht ins Hohlkreuz.

Einsatzmöglichkeiten	
Allgemeines Aufwärmen	Allgemeines Abwärmen
Spezielles Aufwärmen	Spezielles Abwärmen
Wettkampfvorbereitung	Entspannung

TKH 3 Tonisierung und Kräftigung der hüftgelenkumgebenden Muskulatur, Förderung der disziplinspezifischen Beweglichkeit, Imitation der Nachziehbeinbewegung

Heben Sie aus dem Vierfüßlerstand das Bein seitlich an, führen Sie es nach vorn unter den Körper, und strecken Sie es anschließend maximal nach hinten und wieder in die Ausgangsposition zurück.

◆ Führen Sie die Bewegung fließend aus; gehen Sie nicht ins Hohlkreuz.

Einsatzmöglichkeiten	
Allgemeines Aufwärmen	Allgemeines Abwärmen
Spezielles Aufwärmen	Spezielles Abwärmen
Wettkampfvorbereitung	Entspannung

TKH 4 Tonisierung und Kräftigung der Beinstreck- und Beinbeugeschlinge, Förderung der disziplinspezifischen Koordination

Gehen Sie auf den Fußballen, und imitieren Sie die Nachziehbeinbewegung, d. h., ziehen Sie ein Knie seitlich am Körper vorbei, und setzen Sie es vor dem Körper auf den Boden.

Einsatzmöglichkeiten	
Allgemeines Aufwärmen	Allgemeines Abwärmen
Spezielles Aufwärmen	Spezielles Abwärmen
Wettkampfvorbereitung	Entspannung

TKH 5 Tonisierung und Kräftigung der hüftgelenkumgebenden Muskulatur, Förderung der disziplinspezifischen Koordination, Schnellkraftschulung

Springen Sie beidbeinig. Heben Sie beim Springen ein Bein vorn an, und setzen Sie es seitlich ab.

Variationen
Heben Sie ein Bein vorn an, und setzen Sie es seitlich ab. Heben Sie das Bein vorn an, setzen Sie es erst seitlich und dann hinten ab. Üben Sie aus dem Stand oder in der Vorwärtsbewegung.

Einsatzmöglichkeiten	
Allgemeines Aufwärmen	Allgemeines Abwärmen
Spezielles Aufwärmen	Spezielles Abwärmen
Wettkampfvorbereitung	Entspannung

TKH 6 Tonisierung und Kräftigung der Beinstreck- und Beinbeugeschlinge, Förderung der disziplinspezifischen Koordination

Überqueren Sie die Hütchen im Kniehebelauf.

Variationen

Verändern Sie die Abstände der Hütchen.

Überqueren Sie die Hütchen im Fußgelenklauf, Skipping oder Hopserlauf.

Einsatzmöglichkeiten	
Allgemeines Aufwärmen	Allgemeines Abwärmen
Spezielles Aufwärmen	Spezielles Abwärmen
Wettkampfvorbereitung	Entspannung

TKH 7 Disziplinspezifische Tonisierung und Kräftigung der gesamten Hüftgelenk- und Beinmuskulatur, Förderung der disziplinspezifischen Koordination und Beweglichkeit

Überqueren Sie die Hürde nur mit der Nachziehbeinbewegung, d. h., setzen Sie das Schwungbein hinter die Hürde, und ziehen Sie gleichzeitig das Nachziehbein unter der linken Achsel nach vorn. Setzen Sie aktiv den linken Fuß weit vor dem rechten auf.

Variation
Überqueren Sie die Hürde nur mit der Schwungbeinbewegung.

Einsatzmöglichkeiten	
Allgemeines Aufwärmen	Allgemeines Abwärmen
Spezielles Aufwärmen	Spezielles Abwärmen
Wettkampfvorbereitung	Entspannung

TKH 8 Disziplinspezifische Tonisierung und Kräftigung der gesamten Hüftgelenk- und Beinmuskulatur, Förderung der disziplinspezifischen Koordination und Beweglichkeit

Setzen Sie den Schwungbeinfuß aktiv hinter der Hürde auf. Lösen Sie gleichzeitig und schnellkräftig das Nachziehbein, und überqueren Sie die Hürde.

Einsatzmöglichkeiten	
Allgemeines Aufwärmen	Allgemeines Abwärmen
Spezielles Aufwärmen	Spezielles Abwärmen
Wettkampfvorbereitung	Entspannung

TKH 9 Disziplinspezifische Tonisierung und Kräftigung der gesamten Hüftgelenk- und Beinmuskulatur, Förderung der Antrittsschnelligkeit (Abdruck), Förderung der disziplinspezifischen Koordination und Beweglichkeit

Gehen Sie nur mit dem Nachziehbein über die Hürde. Drücken Sie sich in dem Moment explosiv vom Boden ab, wo der Fuß den Boden wieder berührt.

Einsatzmöglichkeiten	
Allgemeines Aufwärmen	Allgemeines Abwärmen
Spezielles Aufwärmen	Spezielles Abwärmen
Wettkampfvorbereitung	Entspannung

TKH 10 Tonisierung und Kräftigung der gesamten Hüft- und Beinmuskulatur, Förderung der disziplinspezifischen Koordination und Beweglichkeit

Gehen Sie seitwärts über die Hürden. Nehmen Sie dabei aktiv das Schwungbein nach oben, und betonen Sie die aktive Armbewegung.

Einsatzmöglichkeiten	
Allgemeines Aufwärmen	Allgemeines Abwärmen
Spezielles Aufwärmen	Spezielles Abwärmen
Wettkampfvorbereitung	Entspannung

TKH 11 Tonisierung und Kräftigung der gesamten Hüft- und Beinmuskulatur

Hüpfen Sie auf einem Bein auf die Hürde zu, und halten Sie den anderen Oberschenkel bei gebeugtem Kniegelenk waagerecht. Überqueren Sie die Hürde erst mit dem gehaltenen und dann mit dem anderen Bein, und hüpfen Sie dann weiter zur nächsten Hürde.

Einsatzmöglichkeiten	
Allgemeines Aufwärmen	Allgemeines Abwärmen
Spezielles Aufwärmen	Spezielles Abwärmen
Wettkampfvorbereitung	Entspannung

Sprung (TKSP)

Einsatzmöglichkeiten	
Allgemeines Aufwärmen	Allgemeines Abwärmen
Spezielles Aufwärmen	Spezielles Abwärmen
Wettkampfvorbereitung	Entspannung

TKSP 1 Tonisierung und Kräftigung der gesamten Hüft-, Beinstreck- und Beinbeugemuskulatur, Schulung des Kniehubs

Ziehen Sie die Fußspitzen an, und heben Sie das gebeugte Knie so weit an, bis der Oberschenkel waagerecht ist. Strecken Sie gleichzeitig das andere Bein maximal weit nach hinten.

Einsatzmöglichkeiten	
Allgemeines Aufwärmen	Allgemeines Abwärmen
Spezielles Aufwärmen	Spezielles Abwärmen
Wettkampfvorbereitung	Entspannung

TKSP 2 Tonisierung und Kräftigung der gesamten Bein- und Hüftmuskulatur, Schulung des Kniehubs

Heben Sie gegen den Zug des Gummibandes den Oberschenkel bis zur Waagerechten an.

Einsatzmöglichkeiten	
Allgemeines Aufwärmen	Allgemeines Abwärmen
Spezielles Aufwärmen	Spezielles Abwärmen
Wettkampfvorbereitung	Entspannung

TKSP 3 Tonisierung und Kräftigung der gesamten Beinstreck- und Beinbeugeschlinge

Schrittwechselsprünge auf der Stelle.

◆ Während der Flugphase ist der Körper aufrecht, und die Beine sind gestreckt.

Einsatzmöglichkeiten	
Allgemeines Aufwärmen	Allgemeines Abwärmen
Spezielles Aufwärmen	Spezielles Abwärmen
Wettkampfvorbereitung	Entspannung

TKSP 4 Tonisierung und Kräftigung der gesamten Beinstreck- und Beinbeugeschlinge, Sprung- und Reaktivkraftschulung, Koordinationsschulung

Sprunglauf: Streben Sie mit jedem Sprung maximalen Raumgewinn an. Halten Sie den Schwungbeinoberschenkel waagerecht und im Knie- und Fußgelenk einen rechten Winkel. Strecken Sie das hintere Bein so weit wie möglich.

◆ Kicken Sie nicht den Unterschenkel nach vorn aus. Achten Sie auf kurze Bodenkontakte.

Einsatzmöglichkeiten	
Allgemeines Aufwärmen	Allgemeines Abwärmen
Spezielles Aufwärmen	Spezielles Abwärmen
Wettkampfvorbereitung	Entspannung

Kniehebeläufe in Schlangenlinien an den Hütchen vorbei. Legen Sie sich dabei mit dem Kopf und dem Oberkörper in die Kurve, und erreichen Sie so eine Kurveninnenlage.

Einsatzmöglichkeiten	
Allgemeines Aufwärmen	Allgemeines Abwärmen
Spezielles Aufwärmen	Spezielles Abwärmen
Wettkampfvorbereitung	Entspannung

TKSP 6 Tonisierung und Kräftigung der Beinstreck- und Beinbeugeschlinge, Förderung der disziplinspezifischen Koordination

Springen Sie im Hopserlauf mit aktivem Schwungbein. Halten Sie den Oberschenkel des Schwungbeins möglichst lange waagerecht.

Einsatzmöglichkeiten	
Allgemeines Aufwärmen	Allgemeines Abwärmen
Spezielles Aufwärmen	Spezielles Abwärmen
Wettkampfvorbereitung	Entspannung

TKSP 7 Tonisierung und Kräftigung der gesamten Beinstreck- und Beinbeugeschlinge

Steigesprünge über 3 bis 5 Hürden. Strecken Sie das Sprungbein nach dem Absprung. Halten Sie das Schwungbein so lange wie möglich waagerecht, und heben Sie zwischen den Hürden die Knie deutlich an.

Einsatzmöglichkeiten	
Allgemeines Aufwärmen	Allgemeines Abwärmen
Spezielles Aufwärmen	Spezielles Abwärmen
Wettkampfvorbereitung	Entspannung

TKSP 8 Tonisierung und Kräftigung der Beinstreck- und Beugeschlinge, disziplinspezifische Schulung des Absprungverhaltens und des Schwungbeineinsatzes (Hochsprung)

Scherensprung. Laufen Sie bogenförmig an, und springen Sie mit Ihrem Sprungbein ab. Landen Sie mit dem Schwungbein möglichst dicht hinter der Latte. Halten Sie den Oberkörper aufrecht.

Einsatzmöglichkeiten	
Allgemeines Aufwärmen	Allgemeines Abwärmen
Spezielles Aufwärmen	Spezielles Abwärmen
Wettkampfvorbereitung	Entspannung

TKSP 9 Tonisierung und Kräftigung der Beinstreck- und Beugeschlinge, disziplinspezifische Schulung des Absprungverhaltens und des Schwungbeineinsatzes (Weitsprung)

Take offs. Springen Sie aus dem Kniehebelauf mit Ihrem Sprungbein ab, halten Sie das Schwungbein so lange wie möglich, und landen Sie damit zuerst. Laufen Sie weiter bis zum Ende der Grube.

◆ Springen Sie aktiv ab, indem Sie versuchen, den Boden unter sich wegzuschieben.

Einsatzmöglichkeiten	
Allgemeines Aufwärmen	Allgemeines Abwärmen
Spezielles Aufwärmen	Spezielles Abwärmen
Wettkampfvorbereitung	Entspannung

TKSP 10 Tonisierung und Kräftigung der gesamten Beinstreck- und Beugeschlinge, disziplinspezifische Schulung des Absprungverhaltens und des Schwungbeineinsatzes (Weitsprung)

Springen Sie mit dem Sprungbein ab, und landen Sie mit dem Schwungbein. Strecken Sie Knie- und Hüftgelenk, und berühren Sie im Flug die Hand des Partners mit der Hüfte.

Einsatzmöglichkeiten	
Allgemeines Aufwärmen	Allgemeines Abwärmen
Spezielles Aufwärmen	Spezielles Abwärmen
Wettkampfvorbereitung	Entspannung

Anhang

In den Tabellen A1 bis A5 sind spezielle Maßnahmen der Vor- und Nachbereitung aufgeführt. Springer und Läufer leiden vorwiegend an Patellaspitzen- und Tibiakantensyndromen sowie an Achillessehnenschmerzen. Die Lendenwirbelsäule ist bei allen Disziplinen einer hohen Belastung ausgesetzt. An dieser Stelle muß eine besondere Betonung aktiv-stabilisierender und passiv-regenerativer Maßnahmen getroffen werden. Analog zu den hohen Belastungen der kraftübertragenden Strukturen sind die gefährdeten Sehnenansätze sowohl während der aufwärmenden als auch während der abwärmenden Maßnahmen im besonderen Maße zu berücksichtigen. Exogene, von außen auf das System wirkende Kräfte können durch ein geeignetes Trainingsterrain, eine angepaßte Ausrüstung (Schuhe) sowie orthedische Hilfsmittel (Schienen, Bandagen, Einlagen u. a.) abgemildert bzw. verändert werden. Setzen Sie die in Tab. A1 bis A5 dargestellten Maßnahmen den individuellen Erfordernissen entsprechend ein.

Sportmethodische Maßnahmen (Auswahl)

- Effektive Belastungsgestaltung durch Beachtung trainingswissenschaftlicher Grundsätze (Trainingsmethodik) wie die konsequente Anwendung von vor- und nachbereitenden Trainingsübungen und -inhalten.
- Beachtung der Wechselbeziehungen zwischen Belastung und Erholung.
- Vermeidung von Einseitigkeiten in der Belastungsgestaltung.
- Spitzenbelastungen nur unter dem konsequenten Einsatz speziell und individuell vor- und nachbereitender Maßnahmen.
- Bei hohen bzw. einseitigen Belastungen Nutzung anderer Sportarten (Ausgleichssport) im Sinne der aktiven Erholung.
- Bei Überlastungs- bzw. Fehlbelastungssymptomen konsequente Nutzung sportmethodischer und -medizinischer Wiederherstellungsmethoden (vgl. A2 wie dosierte Dehnungen bzw. leichte, durchblutungsfördernde Bewegungen) sowie aller zur Verfügung stehenden passiven Maßnahmen (vgl. Tab. A2 bis A5).
- Prinzipielle Anwendung regenerationsfördernder sportmethodischer Maßnahmen (z.B. Auslaufen, Dehnen u.a.) während bzw. nach jeder Trainings- und Wettkampfeinheit.

Tabelle A 1

Sportmedizinische Maßnahmen (Auswahl)
• Optimale Tagesgestaltung im Sinne des eigenen Biorhythmus, des Schlaf-Wach-Rhythmus, der Eß- und Trinkgewohnheiten, der Aufnahme von Genußmitteln (Nikotin, Alkohol) und des Sexualverhaltens. • Auf den Sportler und dessen sportliche Betätigung abgestimmter Einsatz physiotherapeutischer Anwendungen mit deren gesamter Palette von Möglichkeiten. Gezielte Förderung, Hemmung und Regulation des lokalen und globalen Stoffwechsels (vgl. Tab. A 3, A 4 und A 5). • Bedarfsgerechte und belastungsadäquate Ernährung. • Einnahme von nahrungsergänzenden Zusatzpräparaten (Vitamine, Mineralstoffe, andere Substanzen). • Einnahme von ärztlich verordneten Medikamenten. • Beratung bei der Sportausrüstung (Schuhwahl, Einlagengestaltung, Schlägermaterial u. a.).

Tabelle A 2

Sympathikoton (anregend) wirkende Maßnahmen (Selbstanwendung)
• Körperübungen • Wechselbäder / Wechselduschen • Kneippgüsse • Wassertreten • Eisbaden • Luftbäder (Gymnastik am offenen Fenster) • Teilmassagen • Bürstenmassagen

Tabelle A 3

Vagoton (dämpfend, entspannend) wirkende Maßnahmen (Selbstanwendung)
• Entspannungsbäder (Wannenbäder mit Badezusätzen) • Massagen (Unterwassermassagen) • Sauna • UV-Bestrahlungen (Solarium) • Warme Packungen

Tabelle A 4

Durchblutungsfördernde Maßnahmen (Selbstanwendung)		
• Wärmehyperämie	Vermehrter venöser Bluteinstrom ins Gewebe durch Weitstellung der peripheren Gefäße bei Wärmeanwendung	– Wasseranwendungen mit und ohne Badezusatz (Wannenbäder) – Sauna – warme Packungen (Fango), Heizkissen – Heißluft
• Kältehyperämie	Sofort nach Absetzen des Kältereizes findet ein vermehrter arterieller Bluteinstrom ins Gewebe durch Weitstellen des arteriellen Anteils des Gefäßsystems statt	– Kaltwaschungen – Wechselduschen (heiß-kalt) – Kneippgüsse – Wassertreten – barfuß im Tau oder Schnee – Eisbaden (Sauna-Abkühlbecken) – Sauna mit anschließendem Eisbaden
• Mechanische Hyperämie	Vermehrter Bluteinstrom ins Gewebe durch mechanische Einwirkungen	– Bürstungen, Bürstenmassagen – Massage (Selbstmassage) – Vibrationsgeräte
• Chemische Hyperämie	Durchblutungssteigerung im Gewebe	– Einreibungen nach der sportlichen Belastung (Fluids, Salben u. a.)
• Andere Formen der Hyperämie	Durchblutungsförderung der Gewebe (global) durch äußere, physikalische Reizeinwirkungen	– UV-Bestrahlungen (Solarium) – natürliche Sonneneinstrahlung – Reizklima (Aufenthalt am Meer, im Hochgebirge)

Tabelle A 5

Literaturverzeichnis

Anderson, B.: Stretching. Waldeck-Dehringshausen 1982.

Aschoff, J./Günther, B./Kramer, K.: Energiehaushalt und Temperaturregulation. München 1971.

Badtke, G.: Sportmedizinische Grundlagen. Harri Deutsch Verlag/Frankfurt 1989.

Banzer, W./Freiwald, J.: Thermodiagnostik im Sport – Einsatzmöglichkeiten in Prävention und Rehabilitation von funktionellen und morphologischen Störungen des Bewegungssystems. In: ThermoMed 5 (1989), 35–40.

Bauersfeld, M./Voß, G.: Neue Wege im Schnelligkeitstraining. Münster 1992.

Berthold, F./Thierbach, P.: Zur Belastbarkeit des Halte- und Bewegungsapparates aus sportmedizinischer Sicht. Medizin und Sport, 21 (1981), 6, 163–171.

Beyer, L./Schober, F./Acheron, R.: Optimierung der Erwärmung aus zentralnervaler Sicht. In: Medizin und Sport, 26 (1986) 5, 145.

Cotta, H.: Der Mensch ist so jung wie seine Gelenke. München/Zürich 1983.

Cotta, H./Krahl, H./Steinbrück, K.: Die Belastungstoleranz des Bewegungsapparates. Stuttgart 1980.

Eder, K.: Regeneration im Leistungssport. Leistungssport, Münster, 5/88, 20–22.

Ehricht, H. -G.: Prinzipielles zur Genese von Fehlbelastungen. Medizin und Sport, 13 (1973), 5, 146–147.

Fahrer, H.: Physiotherapie bei sportbedingten Überlastungsschäden. Schweizer Zeitschrift für Sportmedizin, 27 (1979), 3, 131–136.

Fauls, D.: General training techniques to warm up and cool down the throwing arm. Aus: Zarins, B. et al. (Hrsg.): Injuries to the throwing arm. Sports medicine council, Philadelphia; Toronto; 1985, 266–276.

Flippin, R.: Cool down your body-Gimme Swelter: summers here and the time is right for the lustful vigor of exercise. But don't get beat by the heat. American health, New York, 7/1987, 78–80; 82.

Freiwald, J.: Die Bedeutung der Gymnastik für die Auf- und Abwärmphase. In: Huber, G./Binkowski, H. (Red.): Gymnastik in der Therapie. DVGS e.V. (Hrsg.) Kleine Schriftenreihe Bd. 4 (1993), 117–135.

Freiwald, J.: Fitness für Männer. Reinbek 1991.

Freiwald, J.: Untersuchungen zum Herzfrequenzverhalten während auf- und abwärmender, sportlicher Tätigkeiten. Unv. Arbeit, Frankfurt 1990.

Freiwald, J.: Untersuchungen zum Effekt abwärmender Tätigkeiten mittels EMG-Oberflächenableitung an ausgewählten Muskeln und die gezielte Beeinflussung durch ein EMG-Biofeedback System. Unv. Arbeit, Frankfurt 1990.

Freiwald, J.: Muskelfunktionstests mit Fußballspielern verschiedener Leistungsklassen und deren prädisponierende Dimensionen. Unv. Arbeit, Frankfurt 1990.

Freiwald, J.: Prävention und Rehabilitation im Sport. Reinbek 1989/1992[2].

Gottschalk, K.: Zum Problem der Wiederherstellung der Leistungsfähigkeit im Massensport. Theorie und Praxis der Körperkultur 37 (1988) 6, 408–415.

Graff, K.-H./Prager, G.: Der Kreuzschmerz des Leistungssportlers. In: Leistungssport 16 (1986, 4/6), 14–22/31–36.

Grosser, M.: Gelenksbeweglichkeit und Aufwärmeffekt. In: Leistungssport 7 (1977), 1, 38–43.

Hoster, M.: Zur Bedeutung verschiedener Dehnungsarten bzw. Dehnungstechniken in der Sportpraxis. In: Die Lehre der Leichtathletik 38 (1987), 31, 1523–1526.

Hoster, M.: «Stretching» versus «konventionelles Dehnen». In: Sporttherapie (5) 1989, 3, 5–6, Teil 1.

Hoster, M.: «Streching» versus «konventionelles Dehnen». In: Sporttherapie (5) 1989, 4, 7–9, Teil 2.

Hoster, M.: Die Bedeutung der Muskeldehnung für vorausgehende bzw. nachfolgende Kraftbelastungen. In: Binkowski, H./Huber, G. (Red.): Muskeltraining in der Sporttherapie. Band 1. Echo Verlags-GmbH Köln, 1989, S. 121–130.

Jacobson, E.: Progressive Relaxation. University of Chicago Press, 1938.

Jakowlew, N. N.: Sportbiochemie. Leipzig 1977.

Janda, V.: Muskelfunktionsdiagnostik. Heidelberg 1976.

Jensen, C. R.: The controversy of warm-up. In: Swimming Technique 6 (1969), 104–105.

Jonath, U. (Hrsg.): Lexikon Trainingslehre. Reinbek 1988.

Keul, J.; et al.: Aufwärmen – Verhütung von Verletzungen und Förderung der Leistungsfähigkeit. Leistungssport 13, (1983), 6, 13–18.

Keydel, H.: Ganzkörpergymnastik als Aufwärmprogramm? Die Lehre der Leichtathletik, 31 (1980), 1/2, 25.

Knebel, K. P./Herbeck, B./Hamsen, G.: Fußball-Funktionsgymnastik. Reinbek 1988/1993[4].

Knebel, K. P./Herbeck, B./Schaffner, S.: Tennis-Funktionsgymnastik. Reinbek 1988/1992[4].

Knebel, K. P.: Funktionsgymnastik. Reinbek 1988/1994[12].

Kortmann, O.: Spielnahes Aufwärmen steigert den Lernerfolg. Deutsche Volleyballzeitschrift 5/1981; Beilage Lehre und Praxis des Volleyballspiels, 13–14, 1981.

Koyama, T./Kazio, Y.: Total Japanese warm-up and cool-down programm. Aus: Bertucci, B. (Hrsg.): Championship volleyball: by the experts, New York, Leisure Press, 1982, 211–225.

Kraft, W./Kunzelmann, G./Schober, H.: Zum Einfluß der postisometrischen Relaxation (PIR) und der propriozeptiven neuromuskulären Fazilitation (PNF) auf die muskuläre Erholungsfähigkeit. Sportverletzung-Sportschaden 3. Jahrg. 3 (1993) 87–88.

Krejci, V./Koch, P.: Muskelverletzungen und Tendopathien der Sportler. Stuttgart 1982.

Kuntoff, R./Darwish, Z.: Wie erwärmen wir uns vor dem Wettkampf? In: Der Leichtathlet (1975) 46, 5 u. 8.

Kuprian, W., et al.: Sport-Physiotherapie, Stuttgart 1981.

Leard, J. S./Guilfoyle, J. E.: Physiological basis of warm-up and cool-down. Aus: Bernhardt, D. B. (Hrsg.): Sports physical therapy, New York, 1986, 11.

Lydiard, A.: Aufwärmen: wie lange und warum? Spiridon, 5 (1979), 2, 20.

Maehl, O.: Beweglichkeitstraining. Ahrensburg 1986.

Maehl, O./Höhnke, O.: Aufwärmen. Ahrensburg 1988.

Makay-Smith, M.: Warm-up and cool-down: perfomance essentials. Maximizing athletic success and preventing injury in only a few moments time. Equus, Gaithersburg, 10/1985, 14–17.

Matuszewski, W.: Rehabilitative regeneration in sports. Sports science periodical on research and technology in sport. Ottawa, 1/1985, 1–5.

Metcalf, J. A.: The physiological significance of warm-up and cool-down periods in the exercise bout. Virginia journal, Harrisonburg, 11/1983, 6–7.

Nichols, R. M.: Warm-up cool-down exercises. Runners world, 11/1984, 56–59.

Preibsch, M./Reichardt, H.: Schongymnastik. München 1989.

Rost, R.: Krafttraining bei Herz-Kreislauf-Erkrankungen. In: Sporttherapie in Theorie und Praxis, (5) 2/1989, 9–12.

Röthig, P. (Red.): Sportwissenschaftliches Lexikon. Schorndorf 1983.

Scheibe, J./Buhl, H./Keil, E.: Wiederherstellung nach extremen Ausdauerbelastungen. Medizin und Sport 21, 1981, 12–14.

Schober, H./Kraft, W./Wittekopf, G./Schmidt, H.: Beitrag zum Einfluß verschiedener Dehnungsformen auf das muskuläre Entspannungsverhalten des M. quadriceps femoris. In: Medizin und Sport 30 (1990), 3, 88–91.

Sölveborn, S. A.: Das Buch vom Stretching. München 1983.

Sommer, H. M.: Muskuläre Ungleichgewichte im Bereich der unteren Extremitäten als Ursache für Leistungsverlust und Überlastung. In: Jeschke, D. (Hrsg.), Stellenwert der Sportmedizin in Medizin und Sportwissenschaft. Berlin 1984, 440–444.

Spring, H.: Was bringt Stretching? Ergebnisse einer Nachkontrolle bei Skirennfahrern. Schweizer Zeitschrift für Sportmedizin, 33 (1985), 21–24.

Steinbach, M.: Medizinisch-psychologische Betrachtungen zum Vorstartzustand. In: Sportarzt und Sportmedizin 21 (1970), 4, 82–90.

Syer, J./Connolly, C.: Psychotraining für Sportler. Reinbek 1987/1993[3].

Thiess, G./Schnabel, G.: Grundbegriffe des Trainings. Berlin (DDR) 1986.

Tschiene, P.: Der aktuelle Stand der Theorie des Trainings. In: Leistungssport, Philippka-Verlag 20 (1990), 3, 5–9.

Vries, H. A. de: Effects of various warm-up procedures on 100-yard times of competition swimmers. In: Res. Quart. 30 (1959), 11–20.

Weineck, J.: Sportbiologie. Erlangen 1988.

Wendler, H. J.: Ausgewählte Gymnastikprogramme zur Vorbereitung und Unterstützung sportlichen Trainings und sportmedizinischer Rehabilitation. In: Medizin und Sport 23 (1983), 4, 118–126.

Werchoschanski, J. W.: Effektiv trainieren. Sportverlag Berlin (DDR) 1988.

Wiemann, K.: Stretching. Grundlagen, Möglichkeiten, Grenzen. Sportunterricht, Schorndorf 42 (1993) 91–106.

Wiemann, K.: Beeinflussung muskulärer Parameter durch ein zehnwöchiges Dehnungstraining. Sportwissenschaft 21 Jahrg. 3 (1991) 295–306.

Wydra, G.: Muskeldehnung – aktueller Stand der Forschung. Deutsche Zeitschrift für Sportmedizin 44, 3 (1993) 104–111.

Wydra, G./Karisch, G.: Zur Bedeutung der palpatorischen Pulsbestimmung im Gesundheitssport. In: Gesundheitssport und Sporttherapie, (6), 1/1990, 4–7.

Zischang, K.: Zum Einfluß des Aufwärmens auf den motorischen Lernprozeß. In: Beiheft zu Leistungssport, 22 (1980), 7, 63–73.

Die Autoren

Clarissa Sagerer, Jahrgang 1963, ist Diplom-Sportwissenschaftlerin und war fünf Jahre lang Leitende Landestrainerin des Hessischen Leichtathletik-Verbandes. In ihrer Karriere als Leichtathletin errang sie zahlreiche Hessische Meistertitel im Siebenkampf sowie im Hoch- und Weitsprung.

Dr. Jürgen Freiwald, Jahrgang 1957, ist Sportwissenschaftler und arbeitet an der orthopädischen Universitätsklinik in Frankfurt. Er beschäftigt sich seit Jahren besonders mit präventiven und rehabilitativen Maßnahmen in Sport und Medizin. Als Inhaber eines Fitness- und Gesundheitszentrums konnte er viele praktische Erfahrungen sammeln. Neben vielen wissenschaftlichen Veröffentlichungen hat er eine Reihe von Sportbüchern publiziert.

Das Team

Stefan Biaesch, vielfacher Hessischer, Süddeutscher und Deutscher Seniorenmeister im Sprint.

Susanne Faulhaber, Deutsche Hochschulmeisterin und mehrfache Hessische Meisterin im Sprint.

Andrea Sagerer, mehrfache Hessische Meisterin im Mehrkampf.